应用型高等院校经管类规划教材
湖北省精品课程辅助教材

全球品牌100强营销案例集

主 编 李桂陵 邵继红 张晓娟
副主编 袁 蓉 王 琼

WUHAN UNIVERSITY PRESS
武汉大学出版社

图书在版编目(CIP)数据

全球品牌100强营销案例集/李桂陵,邵继红,张晓娟主编.—武汉:武汉大学出版社,2016.1
应用型高等院校经管类规划教材　湖北省精品课程辅助教材
ISBN 978-7-307-17556-3

Ⅰ.全…　Ⅱ.①李…　②邵…　③张…　Ⅲ.市场营销—案例—世界—高等学校—教材　Ⅳ.F713.50

中国版本图书馆 CIP 数据核字(2016)第 018911 号

责任编辑:陈　红　　　责任校对:汪欣怡　　　版式设计:马　佳

出版发行:**武汉大学出版社**　　(430072　武昌　珞珈山)
　　　　(电子邮件:cbs22@whu.edu.cn 网址:www.wdp.com.cn)
印刷:湖北省京山德兴印刷有限公司
开本:787×1092　1/16　印张:23.75　字数:560 千字　插页:1
版次:2016 年 1 月第 1 版　　2016 年 1 月第 1 次印刷
ISBN 978-7-307-17556-3　　　定价:38.00 元

前 言

Interbrand（国际品牌集团）成立于 1974 年，是全球最大的综合性品牌咨询公司，致力于为全球大型品牌客户提供全方位一站式的品牌咨询服务。Interbrand 的客户群体覆盖约 2/3 全球财富 100 强的公司。作为全球广告、营销和公司传播领域领导先驱——宏盟集团（Omnicom Group）的成员企业，Interbrand 拥有覆盖全球的资源网络，迄今已在 28 个国家设有 42 个办事处。

本书根据品牌咨询机构 Interbrand 公司 2015 年 10 月 6 日发布的本年度全球 100 强品牌榜单，分别介绍了这 100 个著名品牌的品牌价值、品牌简介、品牌的营销策略以及各品牌在美国《财富》杂志发布的 2015 年世界 500 强企业名单中的排名。

本书是《市场营销学》教材的辅助教材。全书结构紧凑、内容丰富，可读性和实用性强，理论与实践相结合，强调运用营销理论对实际问题进行分析，能够适应教师配合营销理论教学、学生开阔视野的能力培养目标的教学需要。全书每个品牌案例都包括品牌简介、品牌营销介绍、品牌营销分析和思考题部分。

本教材的编写目的和任务是使学生通过学习，了解知名品牌的诞生与发展，学习品牌建设的经验，深刻理解现代营销知识，学会分析市场，通过分析成功企业的经验，提示营销新观念以及营销实践中的问题，开拓读者对市场营销的新视野。本书在每个品牌案例后都有思考题，以提高学生解决市场营销实际问题的能力，使学生对市场营销学从理论到实践有一个全面的认识和较好的把握。本书由多年来从事湖北省精品课程市场营销学教学的教授们共同讨论和编写。

本教材可作为大专院校管理类专业本科生、研究生、MBA学员的教材，也适用于企业营销经理的培训。

本书由李桂陵、邵继红、张晓娟、袁蓉老师参与编写，王琼同学承担了资料收集与整理工作。本书在编写过程中参考了许多国外的品牌案例和文献资料，未能一一注明出处，在此一并表示歉意，对有关作者表示衷心的感谢！由于水平有限，书中难免有不妥之处，恳请同行专家及教师、学生和广大读者批评指正。

最后，谨借此书出版之机，表达我们对我国营销学前辈、海内外学术界同仁以及关心与支持我们的社会各界人士的衷心感谢。

本书得到武汉大学出版社的大力支持，在此表示衷心感谢。

编　者

2015 年 12 月

目 录

全球品牌100强营销案例集

■■ **Interbrand**
品牌价值评估法

品牌咨询机构 Interbrand 公司 2015 年 10 月 6 日发布了本年度全球最佳品牌榜单。苹果以 1702.76 亿美元的品牌价值蝉联榜首位置。谷歌则以 1204.14 亿美元继续位列第二。据统计，在全球品牌榜单 100 强中，有 28 家来自科技领域，在总品牌价值中的占比超过 1/3。其他上榜的科技公司包括微软（第 4 位）、IBM（第 5 位）、三星（第 7 位）、亚马逊（第 10 位）、英特尔（第 14 位）、思科（第 15 位）、甲骨文（第 16 位）、惠普（第 18 位）、Facebook（第 23 位）、eBay（第 32 位）、Paypal（第 97 位）、联想集团（第 100 位）。其中，Facebook 的上升幅度最大，从第 29 位提升至第 23 位，这要归功于该公司品牌价值增长了 54%。

中国公司中，华为位居第 88 位，品牌价值为 49.52 亿美元，同比增长 15%；联想是新上榜公司，品牌价值为 41.14 亿美元，位居第 100 位，是继华为之后第二个登上 Interbrand 品牌价值榜单的中国品牌。阿里巴巴集团没有上榜。Interbrand 全球 CEO 杰斯·弗兰普顿（Jez Frampton）曾预计，在完成了 2014 年创纪录的首次公开招股（IPO）后，阿里巴巴有可能在 2015 年登上 100 强最具价值品牌榜单。

一、 Interbrand 品牌价值评价方法的基本思路

Interbrand 品牌价值评价方法的一个基本假定是，品牌之所以有价值不全在于创造品牌付出了成本，也不全在于有品牌产品较无品牌产品可以获得更高的溢价，而在于品牌可以使其所有者在未来获得较稳定的收益。

就短期而言，一个企业使用品牌与否对其总体收益的影响可能并不很大。然而，就长期看，在需求的安全性方面，有品牌产品与无品牌产品，品牌影响力大的产品与品牌影响力小的

1

产品，会存在明显的差异。

以牙膏品牌为例，"中华"、"高露洁"等知名品牌会较一些地方性品牌具有更为稳定的市场需求。原因是今年购买这些知名品牌的消费者很可能明年还会继续选用这些品牌，而购买那些影响力较小的品牌的消费者则更有可能转换品牌。需求稳定性较大，意味着知名品牌较不知名品牌能给企业带来更确定的未来收益。正是在这一意义上，知名品牌具有价值。

Interbrand 品牌价值评估法认为应该以未来收益为基础评估品牌资产，其计算公式是：

$$品牌价值 = \sum_{1}^{n} 第 n 年的收益 \div (1 + 贴现率)^n$$

二、品牌价值的未来收益分析

品牌价值的未来收益通过财务分析、市场分析、品牌强度分析得到。

（一）财务分析

财务分析是为了估计某个产品的沉淀收益（Residual Earnings），即产品的未来收益扣除有形资产创造的收益后的余额。

换言之，沉淀收益反映的是无形资产，其中包括品牌所创造的全部收益。

（二）市场分析

市场分析的主要目的是确定品牌对所评定产品或产品所在行业的作用，以此决定产品沉淀收益中，多大部分应归功于品牌，多大部分应归功于非品牌因素。

Interbrand 品牌价值评估法是采用一种叫"品牌作用指数"的方法来决定非品牌无形资产所创造的收益在沉淀收益中的比重。其基本想法是从多个层面审视哪些因素影响产品的沉淀收益，以及品牌在多大程度上促进了沉淀收益的形成。

（三）品牌强度分析

品牌强度分析是确定被评估品牌较之同行业其他品牌的相对地位。其目的是衡量品牌在将其未来收益变为现实收益过程中的风险。Interbrand 品牌价值评估法主要从以下 7 个方面评价一个品牌的强度：

（1）市场性质。一般而言，成熟、稳定和具有较高市场壁垒的品牌，品牌强度得分就高。

（2）稳定性。较早进入市场的品牌往往比新进入的品牌拥有更多的忠诚消费者，因此应赋予更高分值。

（3）品牌在同行业中的地位。居于领导地位的品牌，由于对市场具有更大的影响力，因此，它较居于其他位置的品牌得分更高。

（4）行销范围。品牌行销越广，产品销售的领域越大，其抵御竞争者和扩张市场的能力越强，因而得分越高。

（5）品牌趋势。品牌越具有时代感，与消费者需求越趋于一致，就越具有价值。如果有被时代抛弃的可能，那么价值就要大打折扣。

（6）品牌支持。获得持续投资和重点支持的品牌通常更具有价值，同时，除了投资力度外，投资的质量与品牌强度也有密切的关系，也就是不仅在于投资多少，还在于投资的效率与质量。

（7）品牌保护。获得注册、享有商标专用权从而受到商标法保护的品牌较未注册品牌或注册地位受到挑战的品牌价值更高。另外，受到特殊法律保护的品牌较受一般法律保护的品牌具有更大的市场价值。

Interbrand 品牌价值评估法可用图 1 表示如下。

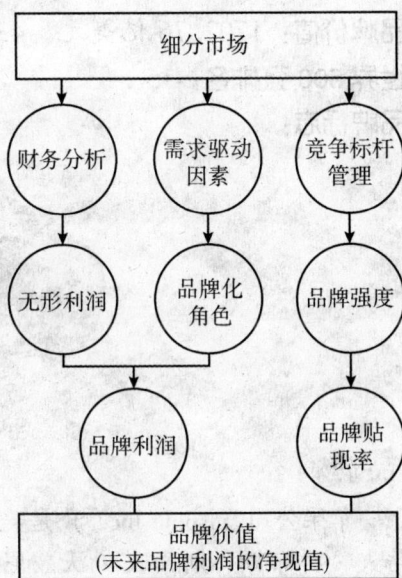

图1　Interbrand 品牌价值评估法

◼◼ 1. 科技

Apple（苹果）

品牌价值：1702.76 亿美元　43%①

世界 500 强排名：15

品牌标志：

🏛 品牌简介

　　苹果公司（Apple Inc.）是美国的一家高科技公司。由史蒂夫·乔布斯、斯蒂夫·沃兹尼亚克和罗·韦恩等三人于 1976 年 4 月 1 日创立，并命名为美国苹果电脑公司，2007 年 1 月 9 日更名为苹果公司，总部位于加利福尼亚州的库比蒂诺。

　　苹果公司 1980 年 12 月 12 日公开招股上市，2012 年创下 6235 亿美元的市值纪录，截至 2014 年 6 月，苹果公司已经连续三年成为全球市值最大公司。苹果公司在 2014 年世界 500 强排行榜中排名第 15 名。2013 年 9 月 30 日，在宏盟集团的"全球最佳品牌"报告中，苹果公司超过可口可乐成为世界最有价值品牌。

　　2014 年 12 月 9 日，日本首相安倍晋三表示，苹果公司将在日本建立一个大型研发中心。

　　2015 年 1 月 28 日，调研公司 Canalys 表示，苹果公司 2014 年第四季度首次成为中国智能手机市场最大厂商。2 月

① 百分数指品牌价值相对于上一年的变动情况，后同。

全球品牌 100 强营销案例集

24 日，美股收盘苹果股价涨 3.51 美元、涨幅为 2.71%，报收于 133 美元，创历史新高。

营销策略介绍

2008 年 12 月 18 日，在经过漫长的期待后，iPhone 终于横空出世。乔布斯再次发布蛊惑性言论，苹果要推出三款革命性产品：宽屏 iPod、iPhone、网络通信装置。伴随 iPhone 的出世，苹果甚至启动了改名战略——从苹果电脑改为苹果公司。

和传统的消费电子厂商不同，乔布斯信奉的是另一套游戏规则，这从乔布斯发布 iPhone 时暗损 MOTO、黑莓、PALM、诺基亚等可以看出来。苹果绝对是一个"快"公司，但是，横空出世的 iPhone 再一次让我们见识了苹果及乔布斯的"快就是慢"理念。

营销策略分析

（1）虽然苹果式设计很知名，但是，设计并非第一位。排名第一位的是用户体验。乔布斯擅长把握消费者的未来需求，他认为创新产品的概念就是重新想象："这是消费者明天会想要的东西。"

（2）苹果式设计，我们看一个细节，很多苹果产品白色之上有一层透明的塑料，这被称为"共铸"（co-molding），能为产品带来纵深感，成本很高。

（3）优秀的产品设计源于外表，更精于内在。设计是个有趣的词。有些人认为设计代表外形看起来如何，但是如果深入思考，它实际上代表的是如何运作。要设计出好东西，就必须抓得住它，得与它心意相通。

（4）在硬件背后，强大的软件功能才是真正的杀手铜，iPhone 的 UI 的确很独特，让人感到意外的是，iPhone 竟然支持诺基亚的 Widgets，乔布斯的网络野心应该不小。

（5）iPhone 的突然曝光法。为保持神秘感，苹果在发布新品之前总是做足保密工夫，大吊胃口。

（6）让消费者为 iPhone 营销。乔布斯喜欢把苹果电脑同宝马汽车相比，宝马也是一家从细分的市场份额中获得巨大利润的高端产品供应商，而且擅长利用消费者的口碑进行营销。苹果在全球拥有众多的粉丝，他们开设有自己的网站，甚至出版自己的杂志。苹果用户被称为"苹民"。

（7）媒体对营销的价值。iPhone4 在国内的销售让我们意识到了苹果的强势营销能力。自从国内第一台苹果 iPhone4 被新浪编辑花 10800 元购入囊中，对其进行产品测试后，"第一台"这个具有价值的营销出现了，以至于出现产品在首发当天用户排队购买的火爆场面。这是媒体在产品的"第一台"概念下，为大众营造了一个强势效应，可以说苹果强势营销的成功，媒体的功劳是最大也是最关键的。

（8）脱销为其升华。媒体在消费者的心里埋下了电子产品很好的概念，使其开始纷纷抢购，而抢购的背后却不为人知，记得在 iPad 进入国内的时候，苹果曾有部分 iPad 是免费送给意见领袖给予测试和为之宣传的。在这之后呢？苹果拿出了脱销的黄牌，开始限制其销售量，使得更多的人开始想方设法地为自己弄一台，来彰显自己的时尚。而这种所谓的脱销，无非是一种营销手段罢了。

（9）苹果的自我保护。苹果的应用可谓数不尽数，而大多应用软件来自于苹果的 AppStore。AppStore 的高分成以及对程序的苛刻检查，是为了软件本身的质量，还是为了打击对手，保护自我利益呢？苹果能够成立 AppStore，得益于它自身的强势地位，如果说诺基亚或者索尼爱立信也来搞一个类似的商店，可能会被盗版山寨淹没掉。AppStore 为苹果自身的成长撑起了保护伞。

（10）苹果的中国市场。中国可谓电子产品的消费和应用大国，各大电子终端厂商纷纷进驻中国，打压民族企业掠夺中国这块世界独一无二的大蛋糕。而苹果是如何看待中国这块所谓的大蛋糕呢？据了解苹果的任何产品从未将中国列为首发地，而且苹果产品在国内的价格也是最高的。这与厂商重视中国市场的现状貌似恰恰相反。不在中国首发和中国独有的高价格，这是苹果不重视中国市场吗？不是这样的，苹果深知它在中国的地位和中国的国情，这是它在中国开展的一场强势营销战略。

结合以上观点，我们认为这都是一种营销手段，而且苹果的这种"强势营销"做得很到位很成功，这点是值得佩服和学习的。

资料来源：张艳菊. 智能手机产品的体验式营销研究——以苹果手机为例. 现代妇女（下旬），2013（10）.

思考题

1. 苹果公司的体验营销为什么可以获得成功？
2. 苹果公司运用了什么生产战略？
3. 苹果公司的成功带来的启示有哪些？

2. 科技
Google（谷歌）

品牌价值：1203.14 亿美元　12%

世界 500 强排名：124

品牌标志：

Google™

品牌简介

　　Google 公司（Google Inc.），是一家美国的上市公司（公有股份公司），于 1998 年 9 月 7 日以私有股份公司的形式创立，设计并管理一个互联网搜索引擎。Google 公司总部位于加利福尼亚山景城，在全球各地都设有销售和工程办事处。Google 网站于 1999 年下半年启动，2004 年 8 月 19 日，Google 公司的股票在纳斯达克（Nasdaq）上市，成为公有股份公司。在其创办人拉里·佩奇退下后，Novell 公司的前任行政总裁埃里克·施密特博士成为 Google 公司的行政总裁。

　　Google 创始人 Larry Page 和 Sergey Brin 在斯坦福大学的学生宿舍内共同开发了全新的在线搜索引擎，然后迅速传播给全球的信息搜索者。Google 目前被公认为全球规模最大的搜索引擎，它提供了简单易用的免费服务，用户可以在瞬间得到相关的搜索结果。

营销策略介绍

　　2011 年 8 月 15 日，互联网巨头谷歌和移动终端巨头摩托罗拉移动控股有限公司共同宣布，谷歌将以每股 40.00 美元、总额达到 125 亿美元的价格收购摩托罗拉移动，并且全部以现金支付。

对于收购原因，谷歌 CEO 拉里·佩奇的解释是：（1）主要是为进一步强化 Android。（2）摩托罗拉完全致力于发展 Android 平台。（3）Android 将继续开放，摩托罗拉将继续支持 Android。（4）摩托罗拉移动将作为谷歌的独立业务继续运营。

营销策略分析

作为一个创新公司，Google 这几年的发展渐现疲软，在 Facebook 的冲击下，安卓的压力也与日俱增。当然，Google 并不满足于做一个单纯的互联网公司，自从收购安卓后，安卓在移动市场的卓越表现，让 Google 始料未及，这从当年 Google 着力推 Chrome os 平台可见一斑。但正当安卓一路高歌猛进，拿下全球 50% 的智能平台市场时，却因专利遭遇巨大瓶颈。在微软、苹果等专利巨头的猛攻下，Google 因安卓专利战所承受的压力可想而知。

而摩托罗拉在移动市场领域所拥有的巨多专利，相信也是 Google 收购其的重要因素。不然，Google 为何不收购三星，不收购 HTC？要知道，它们也同样是专注安卓平台的大厂商，甚至在智能手机市场的表现丝毫不逊于摩托罗拉。有了摩托罗拉的专利和其在硬件上的出色表现，Google 对抗微软和苹果，将如虎添翼，威力大增。

首先来说微软。之前的专利战，微软凭借强大的专利储备，很有不劳而获、大捞一笔并痛扁安卓的架势，而 Google 收购摩托罗拉后，依靠摩托罗拉丰富的移动专利，将渐渐扭转其在与微软、苹果的专利战中的被动挨打局面，一举击毁其"联合扼杀"安卓的企图。

同时，微软 WP7 千呼万唤，始终犹抱琵琶半遮面，之前，在安卓攻城略地的强悍动作面前，微软的压力已经很大，后来与内外交困的诺基亚联合，也始终是"两只火鸡"，难变雄鹰。有人推测，对于谷歌此次收购，微软很可能会通过收购诺基亚来还击。

当然，从另一方面看，一旦安卓分化，三星和 HTC 转投微软怀抱的可能性还是很大的，这样，WP7 阵营的扩大，对于微软将是个很好的消息。

再来说苹果。和微软一样，安卓的迅猛势头已经对苹果产生了很大的冲击，之前和微软联合的专利战可以说，在相当大的程度上也牵制了安卓的发展，至少，因为专利安卓未来的发展顿时变数增多。此次收购，Google 将获得与苹果 iPhone 竞争所需的专利，也让苹果之前的算盘落空。

收购之后，Google 将成为苹果全方位的竞争对手，也可能是最大的竞争对手，从此以后，Google 将不仅有自己的安卓操作平台，在终端硬件领域，它们也可能正面 PK。

当然在很大意义上，苹果模式的存在，也是 Google 不得不改变单一操作的平台策略，收购摩托罗拉的重要原因。

资料来源：薛天宇. 谷歌搜索引擎营销分析. 中国报业，2012（8）。

思考题

1. 谷歌为拓展市场做了哪些努力？
2. 谷歌的成功给我们带来了哪些启示？

3. 饮料

Coca-Cola（可口可乐）

品牌价值：784.23 亿美元　-4%

世界 500 强排名：232

品牌标志：

品牌简介

　　可口可乐公司是全球最大的饮料公司，拥有 500 多种汽水和不含气饮料品牌，每天为全球的人们提供怡神畅爽的饮品。以可口可乐为首，可口可乐公司拥有 20 个年销售额超过 10 亿美元的品牌，其中包括健怡可口可乐、芬达、雪碧、零度可口可乐、酷乐仕维他命获得、POWERADE、美汁源、Simply、乔雅、Dasani、FUZE TEA 和 Del Valle 等。可口可乐是世界上最大的汽水、即饮咖啡、果汁和果汁饮料供应商。通过全球庞大的饮料分销系统，全球 200 多个国家和地区的消费者每日享用 19 亿杯可口可乐系列产品。可口可乐公司长期致力于推动社区可持续发展，一直倡导环保节能理念，支持积极健康的生活，为员工创建安全包容的工作环境，并努力推动业务所在地的经济发展。可口可乐及其装瓶合作伙伴在全球拥有 70 万名员工，是全球十大私营雇主之一。

营销策略介绍

可口可乐倡导"积极乐观，美好生活"，在全球各地市场通过多种形式的活动体现爱的主题。应用情感营销手段，与可口可乐"打开幸福"品牌愿景完美应和，再利用分布式视频的病毒式传播扩大影响。在互动媒体的时代，可口可乐用极富创意的方式发展与消费者之间的情感纽带。一次又一次地将可口可乐品牌与爱紧紧联系在一起，使品牌深入人心。

2009 年初，全球金融危机爆发。在历史上的众多危急关头，可口可乐都会挺身而出传达乐观以及振奋人心的信息，在这次的金融危机中，可口可乐开展了主题为 *A genuine encounter with happiness in times of crisis*（一次在困难年代的快乐"邂逅"）的活动。

广告公司寻找到一个 102 岁高龄的老人 Josep 和一个即将出生的女婴 Aitana。他们之间将进行一次最长生命与最年轻生命的对话。

老人的话：Aitana（即将出生的小女孩），我叫 Josep，我已经 102 岁了，我算是一个幸运儿了（活了一百多岁）。

你也是一个即将来到这个世间的幸运儿，你可以认识我，认识我的妻子，我的朋友，同样你可以问你自己，为什么这个白发苍苍的老人会在我一出生就过来看我呢？因为，现在有很多人都说，你选择了不好的年代来到这个世间；现在整个社会处于混乱状态，所有的事情都处于危机当中。

但这样可以让你变得更加强壮哦！我就是一个例子，我出生的年代甚至比现在更糟糕，但到最后，所有的事情都会变得很美好的，不要浪费你的时间，也不要担心太多，在时间流逝前做一些能让你快乐的事情吧（可口可乐的主题）！我活了 102 年，如果可能的话，我想再多活几年，因为生活总是过得太快了，我还没享受够！尽情享受快乐吧！

网上实时视频播放新生儿实况。大众可以通过视频祝福，也吸引了众多名人送上祝福。有西班牙财政大臣佩德罗，网坛明星萨芬、纳达尔等。最后把所有祝福制作成册子，送给孩子的家长。等孩子长大，可以跟他们分享今天的故事——可口可乐影响几代人！全球 113 个国家近 40 万人浏览活动网页，留下近 1.6 万条祝福信息。Youtube 一个月的浏览量达到 100 万次，成为最受欢迎的视频之一。Facebook 上用户自发创建了超过 30 个相关群组（此次活动并没有计划在 Facebook 上面投放广告）。大量博客、网站纷纷报道此次事件。最重要的是，这次活动让很多人忘记了金融危机所带来的痛苦，积极面对生活，展现了可口可乐"Open Happiness"的品牌精神。

在菲律宾，有超过 1100 万人为了寻求更好的工作机会，只身到海外打拼，只为了供给家人更好的生活，迫于现实因素，许多人长达数年不曾回家。可口可乐公司在菲律宾发起一项计划，资助这些长年在外的工作者回乡和家人团圆，整个过程被记录下来，感动了许多人。

可口可乐资助 3 名海外劳工，在他们的家庭不知情的情况下，帮他们付机票钱，为他们的家庭策划了团圆之旅。派出可口可乐的红色专车、专人接送，带给家人一个大惊喜。家人阔别多年后终于重聚的喜悦和激动的画面，让镜头前的许多人流下眼泪。影片中，离乡 5 年的 Joe 是 X 光检验师，这段时间得知父亲因生病逐渐失明，但舍不得把钱花在机票上回乡，宁可寄钱回家让父亲买药。当看护的 Leonie 离乡 9 年，家里所有小孩仰赖她扶养，不论多想回家，都因为每个月的生活压力她脱不了身。当保姆的 Joey 离乡 11 年，离开时儿子才 1 岁，如今儿子已经 12 岁，异地打拼的孤独，哀戚的神情全写在脸上。但是，有了可口可乐，幸福洋溢在每个人的脸上。细看可口可乐这场活动，预算不会太高，整篇故事只有 4 分钟 27 秒的影片，但却成了一则影响巨大的宣传影片。里面不必表演，不必假装，所有笑容，所有眼泪，都是真真实实的。这样的情感营销方式与可口可乐全球推行的"打开幸福"活动完美应和。单部影片的感染力就充分地传播了品牌理念，一个月内就吸引了 76 万人次观赏。

营销策略分析

　　这些只是可口可乐在全球推广的创意营销的一小部分，但是不难看出在微电影广告流行的当下，可口可乐远在 2009 年就推出了这样一种创意营销方式，将生命和可口可乐的主题紧密联系，突出了可口可乐在生活中的重要性。此后可口可乐不止将目光放了了生命，还放在了各种节日以及欧洲杯和音乐上，实施了一系列脍炙人口的营销手段，让世人皆服。

资料来源：李光斗. 鼠标的失败和可口可乐的成功. 财务与会计（理财版），2011（1）.

思考题

　1. 在我们可见之处，可口可乐有哪些营销手段？
　2. 可口可乐成功的秘诀是什么？
　3. 从可口可乐与百事可乐的市场角逐中我们可以得到什么启发？

4. 科技

Microsoft（微软）

品牌价值：676.70 亿美元　11%

世界 500 强排名：95

品牌标志：

品牌简介

微软（Microsoft），是世界 PC（Personal Computer，个人计算机）软件开发的先导，由比尔·盖茨与保罗·艾伦创办于 1975 年，公司总部设立在华盛顿州的雷德蒙德市（Redmond，邻近西雅图），以研发、制造、授权和提供广泛的电脑软件服务业务为主。

最为著名和畅销的产品为 Microsoft Windows 操作系统和 Microsoft Office 系列软件，微软目前是全球最大的电脑软件提供商。

微软 2013 年在世界 500 强企业排行榜中排名 110 位，2014 年排名第 104 位。

2015 年 1 月，在第 66 届艾美奖上，国家电视艺术和科学学院为微软颁发了"电视功能强化设备奖"。

虽然微软是一家软件公司，但它也生产一些电脑硬件产品，通常用来支援其特殊的软件商品策略。

早期的一个例子是微软鼠标，其被用来鼓励更多用户使用微软操作系统的图形用户界面（GUI）。由于使用 GUI 而不用到鼠标是很罕见的，因此鼠标的流行会帮助更多用户使用 Windows。微软确立了 IntelliMouse（中键带滚轮的鼠标）鼠标标准，新增的滚轮方便了用户在浏览网页时上下翻页。

1. 便携媒体播放设备

Zune 是微软公司提供的高级视频和音乐服务，是供 Windows Phone 和 PC 使用的一款免费应用软件，能管理和播放数字音乐和视频。

微软 2006 年 11 月 14 日于美国推出 Zune。它可以将新购买的应用软件自动下载到所有的设备和电脑上。它还是用户的虚拟商店，可以随时发现和享受娱乐。2011 年 10 月 4 日，微软宣布，停止生产便携式播放器 Zune，但 Zune 的音乐服务仍得以保留。

2. Xbox360

Xbox360 是世界最大的电脑软件公司微软所开发的第二代家用视频游戏主机，在开发时被称为 "Xenon"、"Xbox 2" 及 "Xbox Next" 等。微软 Xbox360 是唯一一款具备定时功能的游戏机，家长们可轻松设定相应游戏时间，同时也能对孩子们所玩、所观看的内容加以限制。

Xbox Live 诞生于 2002 年，是微软为其游戏主机 Xbox 所提供的网络服务。联机游戏的功能：语音短信、私人语音聊天、个性化设置以及统一标准的好友列表。

2001 年公司推出 Xbox 游戏机标志着公司开始进入价值上百亿美元的游戏终端市场，这个市场之前一直由索尼公司（Sony）和任天堂（Nintendo）两家公司主导。

2005 年 11 月 22 日，微软公司发售第二代家用视频游戏主机 Xbox360。

3. Xbox One

Xbox One 指微软下一代视频游戏机。微软上一代视频游戏机为 Xbox 360，于 2005 年底上市。

微软家庭娱乐事业部副总裁彼得·摩尔此前也曾暗示，下一代 Xbox 游戏机有望于 2013 年或 2014 年上市。不过，下一代 Xbox 的名称尚未确定。除了 Xbox 720，还有可能被命名为 Xbox 3 或 Next Xbox。

2013 年 5 月 21 日正式发布 Xbox 新机型，并非 Xbox720，而是 Xbox one。

2014 年 9 月 29 日 Xbox one 在中国正式发售。

营销策略介绍

随着微软被判违反美国反垄断法并被进行拆分，微软股票缩水近一半，董事长比尔·盖茨蝉联了四届的 "世界首富" 宝座也岌岌可危。毫无疑问，微软已成为 IT 界、法学界、经济学界、管理学界和世界各大媒体关注的焦点。为什么微软会遭遇美国司法部和 19 个州的反垄断诉讼？为什么在各国政府对垄断的态度由严厉变为温和的背景下，美国司法部仍认为拆分微软是 "适当时机的适当矫正措施"？为什么不惩罚标的为 3500 亿美元的美国在线（AOL）与时代华纳的巨额合并，反而去肢解微软？个中原因，众说纷纭。

各界的看法大多局限于 "诉讼案" 本身，即从微软外部（如竞争对手、国家利益、时代特征）以及微软与竞争对手的相互关系（如垄断行为说）着手。我们认为，微软遭遇反垄断诉讼案，有其深刻的内因，微软的管理"瓶颈"是不可忽视的一个层面。

败因之一：违背摩尔法则的价格战略

摩尔法则是指以最有竞争力的价格提供尽可能量好的产品。摩尔法则在 IT 业的表现就是 IT 产品在快速提高性能、功能的同时，还要不断降低价格。正是这双倍效应，成为 IT 业的最大魅力以及最大的发展动力。但是微软认为，新产品无论是功能还是性能都胜过旧产品，提高价格天经地义。从 1996 年到 1998 年，全球软件平均售价下降了 6.83%，而同期微软各类软件的平均售价却上升了 16.33%。微软的售价变动与全球软件的价格变动背道而驰，这可能是因为微软产品在升级，质量更好，功能更佳，但是，微软的垄断才是其价格策略的基础。

微软要想寻求更大的发展，就应注重各类软件价格的协调，力争在各类软件总体平均售价下降的同时，运用产品价格组合策略即可将有潜力、在未来有竞争力的产品定高价，其他产品则定低价。

败因之二：必欲尽剿而后快的竞争战略

微软公司为维持其领导地位，激励员工努力工作，勤于树敌、好战，如果"敌人"不与它合作，就全力封杀。微软公司每年都会列出自己的主要竞争对手，其中最典型的事例莫过于微软"封杀"网景。网景 1994 年推出导航者浏览软件，微软感到了威胁，在 1995 年要求将该软件纳入 Windows 系统。遭到拒绝后，就极力阻碍网景新一代浏览器的研究，打压其市场，并将自己的 IE 浏览器与 Windows 捆绑销售，运用金钱诱惑与取消授权的恫吓来逼迫那些 PC 厂商 ISP 软件销售商与网上出版商一起推广 IE 而舍弃网景的产品。微软公司推出浏览软件 Explorer 之后，网景公司的亏损高达 100 亿美元，市场份额急剧下降，严重影响了网景的生存与发展。微软公司通过"限制竞争"的行为提高了自己的市场份额。但微软的竞争战略过于极端，尽管其他 IT 业公司无法与微软相提并论，但所有的 IT 业公司相加却能与微软抗衡。微软这种"你死我活"的竞争战略会迫使美国其他 IT 业公司联合起来。本次微软遭反垄断诉讼正中了其竞争对手的"下怀"，而且也正是其竞争对手联合起来的结果。微软成为"众矢之的"与其过于极端的竞争策略不无关系。现代企业生态理论认为企业与企业之间是竞争与合作的协调关系。微软的竞争战略破坏了美国 IT 业竞争与合作的"生态"系统，"分拆"微软则是使该生态系统恢复协调的可能途径之一。

败因之三：从不创新的"创新"战略

尽管微软每年耗资 30 亿美元投入研究与开发机构，但大多数微软工程师多年来只把时间花在给视窗和应用软件增添新的功能上。而电子商务、网络的发展，远远超越了微软已占领的个人电脑软件市场。微软在利润驱动下，疯狂购买创新，遏制创新，甚至不花钱就将其他公司的创新整合进其视窗操作系统及其他应用软件。微软的创新能力令人不敢恭维，但它捕捉创新的能力却令人惊诧。MS-DOS 灭掉 CP/M，Excel 打垮 lotusl-2-3，Word 干掉 Wordperfect，Windows 害惨 OS/2 和 MAC，等等，在 Windows 许多新添加的功能中，真正属于微软发明创造的少之又少。在因特网技术上，微软就花了两年时间以追赶网景公司开发的浏览器技术。微软至今还在试图吸收太阳微系统公司（Sun）的划时代技术——Java 语言。长期以来，微软对拥有创新技术的公司"软""硬"兼施，既是其"树敌"

思想的后遗症，又体现了技术创新"瓶颈"已对微软的发展构成约束。

败因之四：穿旧鞋走新路的营销战略

微软的制造、销售及促销产品的方法仍是比较传统的，这也不符合时代潮流。也就是说，微软公司制作了产品，然后销售给用户。这里有明确的买家和卖家。当软件升级后，就需要考虑与前面软件的兼容性。如果有人私自拷贝其软件，就要引起知识产权的争端。但是，以 Linux 为代表的自由软件的兴起，彻底地改变了这种传统的方法，每一个用户既是这种软件的用户，又是这种软件的主人。这无疑是对微软传统制造、销售方式的有力挑战。微软促销产品主要靠 PC 生产商，即微软授权 PC 生产商（如英特尔）使用其操作系统及 Explorer 等浏览器，期限为 1~2 年，按照 PC 生产商销售的 PC 机台数收取特许使用费。PC 生产商为了使自己投入的成本（付给微软的使用费）有最大回报，就会"满负荷"使用这一授权，将自己生产的 PC 机都装上微软的产品，而且会花费人、财、物推销微软的产品。微软的这一传统促销方式会使微软受制于 PC 制造商。例如，英特尔公司曾宣布，他们将解除与微软公司的合作，推出自己的计算机，并称该计算机将不使用微软公司的视窗软件为驱动系统。接着，康柏、宏碁等 PC 生产商也效仿英特尔公司，与微软"断绝关系"。这种促销方式易使微软"受制于人"。

败因之五：滞后疲弱的公关战略

微软的公关策略不到位，使微软在谋求市场份额的同时不能有效保护自己。通过公关寻求政府的支持，是美国各大公司的必修课，而微软在这方面显得很蹩脚。微软公司自 1975 年创立以来，主要靠自我发展，向政府公关与游说才刚刚起步。不久前，微软才任命林达·斯通为该公司副总裁，专门负责维护公司形象和协调公司与客户、合作伙伴和竞争对手的关系，以修复因微软强硬态度给公司带来的巨大形象损失。上述措施属"东窗事发"之后的补救措施，同时也折射出微软在过去的经营中忽视了公关与形象策略，使微软"面子上"很难堪。

综合起来，微软以上五大方面的管理"瓶颈"加速或者说部分地促成了微软今天遭反垄断诉讼并即将遭受"分割"的命运。那么，当今国内外 IT 业公司是否也具备上述的五大管理"瓶颈"呢？如果具备其中之一，就应该采取对策，完善企业的管理，制定适宜的价格战略、竞争战略、技术创新战略、生产与营销战略以及公关战略，避免遭受与微软相类似的重创。

营销策略分析

微软的失败，从一定程度上可以说是市场营销的失败。现代市场营销学一般是围绕着消费者这个中心分析市场环境，进而实施相应的营销策略，具体包括产品（product）、分销渠道（distribution channel of place）、促销（promotion）和定价策略（pricing），简称 4P。微软的市场营销，无论是市场竞争战略，还是价格以及促销策略等方面，都在一定程度上影响了企业的成功发展。

从价格战略来看，微软的产品定价与全球软件的价格变动趋势背道而驰。从 1996 年到 1998 年，全球软件平均售价下降了 6.83%，而同期微软各类软件的平均售价却上升了

16.33%。任何行业都有它自身固有的法则。摩尔法则，即以最有竞争力的价格，提供尽可能最好的产品，这是软件业的法则之一。这一法则的形成，是和软件业的"成本特性"密切相关的。软件开发的"固定成本"很高，但其生产的"边际成本"却几乎为零，所以软件这一产品的价格应该随着市场占有率的不断扩大和"固定成本"的不断收回而不断降低，但微软的产品定价却大大违背了摩尔法则，打着产品在升级、质量更好、功能更佳的"幌子"，实质上是利用其已经取得的垄断地位实行"垄断定价"，价格不但没有降低，反而愈来愈高，最终导致反垄断诉讼。这种价格战略上的失误，是微软失败表现最突出的原因之一。

从竞争战略来看，微软奉行的"你死我活"的战略思想与行为也与软件业的竞争规律大相径庭。软件业是一个"众人拾柴火焰高"的产业，在这个产业中，不同的企业之间既存在着残酷的竞争，同时也需要真诚的合作。也就是说，"合作竞争"是软件业的竞争规律之一。但微软却推行了与"合作竞争"截然相反的"你死我活"的战略行为，"封杀"网景就是一个最为典型的例子。微软的这种做法，不但使它遭到了企业竞争对手的联合反击，成为"众矢之的"，大大恶化了自己的生存环境，而且也使它背上了"限制竞争"的罪名，从而导致可能被"分拆"的结局。

从产品战略来看，随着市场消费需求的不断变化而不断研究开发新产品，是企业在市场竞争中不断保持竞争优势的重要一环。尽管微软每年也耗资30亿美元投入研究与开发机构中，但它的大多数工程师却只把时间花在给视窗和应用软件增添新的功能上，从而对电子商务、网络的发展等新产品的研究创新不足。微软在利润驱动下，疯狂购买创新，遏制创新，甚至不花钱就将其他公司的创新整合进其视窗操作系统及其他应用软件。微软的这种"创新瓶颈"从根本上削弱了其竞争能力，并且也使其遭到了众多公司的攻击。

从渠道策略来看，微软利用PC生产商促销产品的传统方式在新形势下容易"受制于人"。企业的销售渠道有很多种模式，既可以经过中间商销售，也可以进行厂家直销，每种模式各有利弊，企业应根据其具体情况来选择。微软通过授权PC生产商使用其操作系统以及各种应用软件，期限为1~2年，按照PC生产商销售的PC机台数收取特许使用费。这种间接渠道策略的优点在于可以节省大量的渠道建设费用，同时还可以极大地调动渠道中间商的销售积极性，因为此时微软的软件与作为中间商的各家PC生产商的硬件是正相关的，是"拴在同一根绳子上的蚂蚱"，PC生产商大力推进各自产品销售的时候也就等于在大力推进软件的销售。但是，这种渠道策略的良性运作取决于PC生产商所需的软件没有"替代品"，否则，PC生产商就有可能对微软发难，从而使微软受制于PC生产商。由于Linux等自由软件的兴起，英特尔、康柏、宏碁等PC生产商纷纷采用其他操作系统，与微软"断绝关系"，就是一个很明显的例子。所以，在这种策略下，如何维护与中间商的关系是一个很重要的问题。

从促销策略来看，微软对公关与形象策略的忽视使其"面子"很难堪。现代营销理论认为，企业是一个"生态系统"，供应商、顾客、竞争者、社区、政府、公众等主体都对企业的生存和发展起着一定的影响作用，所以，企业必须与他们搞好关系，其中公关策略是一个很好的工具。但是，微软在这一方面显得很蹩脚，公司自1975年创立以来，主要靠自我发展，向政府公关与游说才刚刚起步，专门负责维护公司形象和协调公司与客户、合作伙伴和竞争对手关系的高层管理人员才刚刚被任命，这种落后的公关意识与行为从很大程度上影响了微软的生存环境与企业发展。

微软的失利给予我们很大启示，那就是无论企业发展到何种程度，都可能存在着这样那样的问题，而不重视市场营销就可能导致企业的失利则是更直接的启示。IT 行业是一个年轻但难于预测的行业，所以，我们不能够预测未来的微软将如何。同样，对于中国 IT 业而言，我们也只能说，请注意企业的市场营销，这是一个企业无论何时何地何种状态下都必须注意的问题。

资料来源：江永保. 微软公司发展战略研究. 复旦大学，2009（10）.

🦉 思考题

1. 你认为微软失败的根本原因是什么？
2. 微软的失败给你最大的启示是什么？
3. 结合微软案例，请你谈谈中国企业在发展中应该注意的问题。

5. 商业服务

IBM（国际商业机器公司）

品牌价值：650.95 亿美元　-10%

世界 500 强排名：82

品牌标志：

IBM

品牌简介

国际商业机器公司或万国商业机器公司，简称 IBM（International Business Machines Corporation），总公司在纽约州阿蒙克市，1911 年由托马斯·沃森创立于美国，是全球最大的信息技术和业务解决方案公司，拥有全球雇员 30 多万人，业务遍及 160 多个国家和地区。

该公司创立时的主要业务为商用打字机，后转为文字处理机，再转到计算机和有关服务，2011 年 IBM 在中韩两国行贿被罚 1000 万美元。2013 年 9 月 19 日，IBM 收购了英国商业软件厂商 Daeja Image Systems，打算将其并入软件集团和企业内容管理业务。2014 年 1 月 9 日，IBM 宣布斥资 10 亿美元组建新部门，负责公司最新的电脑系统 Watson。

北京时间 2014 年 12 月 17 日，欧盟委员会表示，已批准了汉莎航空公司将其 IT 基础设施部门出售给美国国际商用机器公司的交易。

IBM 为计算机产业长期的领导者，在大型/小型机和便携机（ThinkPad）方面的成就最为瞩目。其创立的个人计算机标准，至今仍被不断地沿用和发展。2004 年，IBM 将个人电脑业务出售给中国电脑厂商联想集团，正式标志着从"海量"

产品业务向"高价值"业务全面转型。

另外，IBM 还在大型机、超级计算机（主要代表有深蓝、蓝色基因和 Watson）、UNIX、服务器方面领先业界。

IBM 软件集团的产品（包括服务）分为软件行业解决方案以及中间件产品，包括业务分析软件（Cognos、SPSS）、企业内容管理软件、信息管理软件（DB2、Infomix、InforSphere）、ICS 协作（包括 Lotus 等）、Rational 软件（软件生命周期管理）、Tivoli 软件（整合服务管理）、WebSphere 软件（业务整合与优化）、System z 软件。

IBM 在材料、化学、物理等科学领域也有很深造诣。硬盘技术、扫描隧道显微镜（STM）、铜布线技术、原子蚀刻技术都是 IBM 研究院发明的。

营销策略介绍

IBM 网络营销副总裁辛迪·卡特是 IBM 的领头创新者，她积极地推动 Web2.0 在公司营销上的应用，有人称她已经成为 IBM 的 Web2.0 大师。2006 年，她领导了 3 次营销活动，都是采用的这种新兴技术，因为很成功而颇受赞誉。她说："这种新营销方法也很节约成本，非常酷，可以帮助你突破电子邮件带来的混乱局面。"2006 年早期，卡特接受了一个不寻常的挑战任务：在 1 年时间里领导两个项目的启动。一个是社区版 WebSphere 软件，这是 IBMWebSphere 软件应用服务的一个免费、资源开放的版本。另一个是 SOA，即面向服务的体系结构，一个新的、更精力充沛的连接企业 IT 系统的通路。

"仔细研究我们的细分市场，我们知道 30%～60% 的购买决定都是基于口碑。"卡特说。她认定打造口碑的最好方法就是通过病毒式营销，而传播病毒式营销的最好方法就是通过社交网络。"我们相信社交网络可以帮助我们接触到我们以前接触不到的受众，而且是以一种非常有效的方法。把钱花在已经存在的社交网络上非常有效，比第三方广告更有力，因为来自朋友的推荐会产生暗示性作用。"于是卡特建立了"创新委员会"，主要负责为病毒式营销活动开发有创意的想法。委员会首先以社区版 WebSphere 软件为突破口，因为它的目标受众已经有了一个强有力的、生气蓬勃的在线网络。"我们寻找我们需要的人才，发现这些人常会聚集在一些固定的在线社区里。"卡特说。而其中最突出的社区是开源技术组织（OSTG）。这个组织网站上为 IT 专业人员、开源编程者和其他技术人员提供了很多消息、回顾、论坛和产品下载功能。开源技术组织网络包括 slashdot.org 和 linux.com 两个网站。

社区版的成功鼓舞了卡特继续开拓的决心和信心。她的下一个目标是一个粘贴在雅虎视频上的产品演示。他们花了不少时间和心思使它成为科学和技术产品目录里浏览最多的产品。"人们真的很喜欢它，它比一个销售或营销广告更具有娱乐性，令人印象深刻。"于是，卡特受到启发，又想到了尝试拍部电影。

"人们厌倦了看 PPT 广告。"而卡特和她的创新委员会想出的拍电影却是一个新奇主意，电影的情节和角色都要代表 SOA 的特点。

卡特考虑是否让公司以外的第三者来撰写脚本，而最终她决定在公司内部组建一支业余的专业团队。"我们有一些非常有创造力、有想法的员工，也有一些真正了解产品的员工."不同类型的人一起同心协力开始拍摄名为《启动》的电影脚本。IBM 然后邀请了消费者和潜在消费者参加在几个城市举办的电影首映式，包括亚特兰大和北京。为了很好地贯彻电影的主题，IBM 选择在电影院里赠送电影票给客户，而不是饭店里，并有体贴的苏打水和爆米花服务。

首映活动是广告活动的重要部分。为了把观看者转变成潜在消费者，卡特在每一次剧院观看后安排了小组讨论，邀请 IBM 管理人员、技术专家、代理商合作伙伴和消费者参加。小组会为每一次看电影的受众量身定做，这主要取决于其代表的是哪一个行业。

《启动》使产品邮件选择加入率提高了 20%，也产生了上亿条销售线索。"从我们吸引的新消费者和已经产生了的收入看，这项策略的效益已经超过了我今年所做的任何一件事情的 10 倍。我需要用尽招数来吸引消费者，而当他们注意到我们的时候，我需要有能力把这种注意力转变成传递途径。"卡特填充传递途径的一个关键方法就是通过集团的微型网站。在这里用户可以阅读并对她的博客进行评论。她的博客也是 IBM 博客中点击浏览最多的。

📖 营销策略分析

《网络整合营销兵器谱》一书中提出的"信任的酵母"理论充分显示了口碑营销的重要性：当今社会，受众每天经受着无数广告的狂轰滥炸，体内都早已产生了丰富的"广告免疫抗原"，而面对跟他们关系密切的人群传达的信息，他们的警惕性和反抗性会大大降低。真正对购买决策起决定作用的或许是哥们一句话和社区中一条评论产品的帖子，而非铺天盖地的广告语。因为有信任的"酵母"在，同样信息内容的"可信度"被大大发酵，信息传播效率和速度也得以提升。实验心理学先驱卡尔·霍夫兰提出信源的可信度对传播效果的影响就是这个道理。IBM 通过社区参与者与传统广告购买者的结合，努力把社区版打造成一个领先的下载天堂，超过了竞争对手 JBoss。

让消费者和潜在消费者参加首映会，这种做法对 IBM 非常有好处，因为消费者非常有兴趣，所以他们才能够作为唯一的商业伙伴坐在小组里来讲述他们的经历。从销售的角度来说，这种做法让销售更容易了。

资料来源：李璐. IBM：降低复杂性是企业成功进行云部署的基因. 通信世界，2012 (4).

🦉 思考题

1. IBM 面临的行业竞争环境如何？请分析说明。
2. 口碑营销有哪些优势？
3. IBM 为什么能在激烈的竞争环境下取得飞速的发展？

6. 汽车

Toyota（丰田）

品牌价值：490.48 亿美元　16%

世界 500 强排名：9

品牌标志：

品牌简介

丰田汽车公司（Toyota Motor Corporation），简称丰田（TOYOTA），是一家总部设在日本爱知县丰田市和东京都文京区的日本汽车制造公司，属于三井财阀。

丰田是目前全世界排名第一的汽车生产公司，2012 年共售 973 万辆车，是第一个达到年产量千万台以上的汽车厂。丰田也是雷克萨斯、斯巴鲁品牌的母公司及富士重工的最大股东。丰田任命首位"女老大"主管全球公关业务。

丰田创始人为丰田喜一郎。1895 年，丰田喜一郎出生于日本，毕业于东京帝国中学工学部机械专业。1929 年底，丰田喜一郎亲自考察了欧美的汽车工业。1933 年，在"丰田自动织布机制造所"设立了汽车部。

1934 年，丰田喜一郎决定创立汽车生产厂。1937 年成立了"丰田汽车工业株式会社"，地址在爱知县举田町，初始资金 1200 万日元，员工 300 多人。

丰田的产品范围涉及汽车、钢铁、机床、电子、纺织机械、纤维织品、家庭日用品、化工、建筑机械及建筑业等。

1993 年，总销售额为 852.83 亿美元，位居世界工业公司第 5 位。全年生产汽车 445 万辆，占世界汽车市场的 9.4%。2006 年，丰田的全球汽车销量为 880.8 万辆。

日本丰田公司已经成为世界最大汽车制造商，在世界汽车生产业中有着举足轻重的作用。

丰田公司的三个椭圆的标志是从 1990 年初开始使用的。标志中的大椭圆代表地球，中间由两个椭圆垂直组合成一个 T 字，代表丰田公司。它象征丰田公司立足于未来，对未来的信心和雄心。

营销策略介绍

低价制胜：始作俑者：丰田→以较低的甚至赔本的价格进入→产品迅速被消费者接受→占有较大的市场份额→有效排挤竞争者→取得领先的竞争优势。

赢在分销：分销模式——国内分销：由原先的"一县一店制"变成了复数销售制度"一县两店制"，销售网点增多，销售额双倍增长，经销商的利润增多。丰田实行系列专销将所有的销售点分成五个系列，各自经营不同品种的汽车，避免恶意竞争。

分销模式——海外分销：选择性分销：（1）选择重点城市，建立销售网络；（2）集中力量占领重点城市的市场；（3）以重点城市作为根据地做滚雪球式扩张。

绝妙促销：（1）丰田小姐；（2）促销工具；（3）优秀企业市民；（4）广告宣传/公关。

广告宣传：丰田汽车品牌的广告传播，功能诉求，给我个坚强的理由。

丰田汽车品牌的广告传播，情感沟通，汽车是人的心灵伴侣。

丰田汽车品牌的广告传播，风格差异，我喜欢，我选择。

"乐驾嘉年华"是一汽丰田于 2011 年开创的一项全品牌体验活动，以前所未有的汽车主题游乐园形式，向公众展示一汽丰田全车系、企业发展史、售后服务、衍生服务、公益投入等成果。无论是参与车型还是场地规模，无论是活动形式还是参与人数，2011 年的"乐驾嘉年华"活动可以说是一汽丰田史上最大规模的一次全品牌体验活动。

在行业内，"乐驾嘉年华"还有另外一个称谓"移动车展"。2011 年是"乐驾嘉年华"活动的第三季，其 S 级活动仍有四站，由 5 月 29 日太原站开始，欢乐之势将陆续蔓延至哈尔滨、杭州以及华南地区的深圳，加之深入二三线城市的 20 站 A 级活动，全年 24 站的活动，令所经城市及周边地区的消费者成为这一"移动车展"的观众，若问起他们一汽丰田"移动车展"与以往所参加车展的最大不同，答案一定是"乐驾嘉年华"不仅可以看，还可以体验，可以玩。

在 2011 年的活动中，不断升级的场地设施将带领消费者玩转一汽丰田全车系。"速度与激情"中，极具运动基因的锐志与丰田 86 将让参与者亲身体验速度的极限与飘移的刺激；皇冠科技体验区则将通过 IPA 和 VDIM 等领先科技配置展现一汽丰田中高级车的人性化魅力；"城市冒险乐园"则通过翻山越岭、峰回路转、V 字沟等环节模拟极限路况，展现 RAV4 等 SUV 车型驰骋天下的自由随性；由花冠、卡罗拉、威驰三款小车组成的"欢乐总动员"将令参与者在欢乐障碍、安全驾驶、嘉年华大卖场等模拟生活中实际用车场景的环节中，感受小车型的灵活自如；"售后服务体验营"则将立体展示一汽丰田诚心诚意的服务理念和流程。此外，卡丁车、儿童乐园、多元化互动区等丰富多彩的体验项目将令参与者感受活动现场欢乐的嘉年华氛围。

有媒体人士分析，虽然在汽车营销领域，试乘试驾这样的体验式营销早已司空见惯。但不得不说的是，像"乐驾嘉年华"这样大规模、多维度、全系商品和全套服务齐上阵的综合性体验式营销仍然难得一见。

业内人士分析，随着整个车市的发展和消费者观念的逐步成熟，汽车厂商的营销方式也需要不断创新，必须从最初的商品、品牌单向传播，转变到与用户共同创造品牌价值。显然，一汽丰田已深谙个中精髓。

作为一汽丰田体验式营销的代表作，"乐驾嘉年华"无疑已在汽车品牌与消费者之间创造了一种独特的互动体验，一种无界的沟通。消费者可以从中了解更多有关一汽丰田产品的知识与文化，活动本身既充满趣味性又加强了消费者的好感度，可谓一举多赢。

从消费者反馈及销售数据来看，"乐驾嘉年华"这一体验式营销活动已成功完成了助力销量提升和传递品牌价值的双重任务。

在消费者看来，"乐驾嘉年华"让他们完全告别了以往"观众"的身份，真真正正地参与到了活动之中，对厂商油然而生地建立起一种认同感，并从轻松愉悦、不虚此行的体验中，得到一种存在感。这份信赖，也必将让一汽丰田在竞争激烈的汽车市场中持续领先。

"体验式营销"是一汽丰田重要的营销举措，数据显示，"乐驾嘉年华"2011年首次举办，便取得了在3个月的活动期内，接待消费者和媒体记者数万名的成绩。究其原因，一方面是企业营销角度的转变，另一方面是营销思维的创新。

营销角度方面，通过换位思考，以消费者玩得开心、真心喜欢为目标，让消费者在活动中收获更多商业以外的价值，是一汽丰田深思熟虑后的角色转变，也是"乐驾嘉年华"成功的首要原因。而发掘出"嘉年华"这种形式，并将"乐驾"与"嘉年华"完美组合，让消费者在轻松愉快的氛围中，主动接触一汽丰田的产品、服务，接受企业的理念、内涵，则是营销思维的创新。

"当然，'乐驾嘉年华'并不意味着其他品牌能够将其轻易复制。"一汽丰田相关负责人如是说，"我们是凭借涵盖各细分市场的丰富产品线、出众的商品品质、优质的售后服务以及领先的衍生服务，才成功打造出这样一场全车系、全品牌的汽车盛会。"从旗舰产品皇冠到入门级产品威驰，从领先时代的普锐斯到全球销量冠军卡罗拉，从中国车市独一无二的"四驱之王"兰德酷路泽到豪华商务中巴柯斯达，一汽丰田旗下产品一字排开款款经典，这种实力并非一日铸就。

营销策略分析

目前中国社会正处于转型期，在这样一个变革时期，市场环境、舆论传播语境也悄然发生着这样或那样的变化。作为汽车营销行业的从业者，如何在变幻莫测的市场中占据主动，如何有效地将其声音与受众沟通，产生共鸣？这是摆在他们面前的现实问题。以此为出发点，丰富的营销也在进行着"转型"，比如，2011 年一汽丰田就以"价值分享"为原点，开展了一系列"体验式营销"活动，得到了市场与消费者的认同。

面对产能恢复后如何迅速拉升销量这样的课题，一汽丰田的营销团队认为，打动人心，赢得信任最重要。因此，"体验式营销"的主旋律应运而生。具体思考有三点：

（1）传递信心：打动消费者的第一步，是要恢复一汽丰田自身、经销商团队、媒体以及消费者对一汽丰田的信心。丰富的体验式营销活动既能展示一汽丰田自己的强大自信，又能让消费者在亲身体验的过程中感受到来自一汽丰田的这份自信。

（2）分享价值：让品牌回归消费者，根据不同的品牌个性，量身打造推广方案，通过大规模体验式营销，融入主流人群的生活方式和价值观，让消费者自己生产品牌体验与评价意见。

（3）打造认同：积极沟通媒体，通过媒体证言宣扬商品优势与品牌价值，打造良好的舆论氛围，全面提振市场信心。

转型是主动求新求变的过程，是一个创新的过程，是将旧的发展模式转变为符合当前时代要求的新模式。"体验式"营销活动是一汽丰田与社会、公众"价值分享"的具体表现，丰田会一如既往地将创新式的营销举措落入实处，保持与消费者及社会各界更加紧密的沟通。

资料来源：张闻. 体验式营销一汽丰田用"幸福"来敲门. 中国汽车界，2011（15）.

思考题

1. 丰田产能恢复后是如何迅速拉升销量的？
2. 简述丰田进行体验式营销的目的。
3. 简述丰田进行体验式营销的结果。

7. 科技

Samsung（三星）

品牌价值：452.97 亿美元　0%

世界 500 强排名：13

品牌标志：

品牌简介

　　三星电子是韩国最大的电子工业企业，同时也是三星集团旗下最大的子公司。1938 年 3 月它于韩国大邱成立，创始人是李秉喆。现任会长是李健熙，副会长是李在镕和权五铉，社长是崔志成，首席执行官是由权五铉、申宗钧、尹富根三位组成的联席 CEO。在世界上最有名的 100 个商标中，三星电子是唯一的一个韩国商标，是韩国民族工业的象征。

　　三星电子的企业名称"三星"具有"大、明亮、闪耀的三颗星"之意，其中"三"在汉字词中意为"大、强"，"星"蕴含着"明亮、高远、闪烁"这一愿望。

　　三星标志的设计强调柔和与简洁，将象征宇宙和世界舞台的椭圆形稍加倾斜处理，突出动态和创新的形象。而且"S"与"G"的开放部分表示内外相通，其中蕴含着与世界同呼吸、为人类社会做贡献的意志。

　　据三星集团有关负责人称，企业标志的基本色调为使用至今的蓝色，具有延续性。三星的共同色调蓝色是具有稳定和信任感的颜色，具有更加贴近顾客的含义，同时还象征着对社会的责任感。英文标志的设计具有通过技术革新为消费者服务的含义，此外以现代手法表现出三星作为尖端技术企业的形象。

现代企业管理制度是对企业管理活动的制度安排，包括公司经营目的和观念、公司目标与战略、公司的管理组织以及各业务职能领域活动的规定。三星这几年后来者居上，于数十年间将电子行业领军者逐一击倒，并成为电业巨人，其迅速崛起的因素有很多，如商业环境中的战略性应用、超前的技术优势等。

从 1938 年创立至今，三星的成长有目共睹。在过去的十年间，三星在消费类电子市场的超强竞争环境下所取得的业绩被认为是卓尔不群的。

自 1990 年起，三星开始更多参与到社会福利、环境保护、文化活动中，建立其优秀企业公民的形象。为成为 21 世纪名副其实的世界超一流企业，三星已将电子、金融及服务业确定为其核心业务，以成长为引导信息时代的"数字企业"。

营销策略介绍

树立产品的高档形象，三星无论在广告宣传，还是销售渠道上都给人以高档的印象。无论是移动电话、DVD 播放器，还是 MP3，三星都力图将产品定位于高端市场，而不是廉价货。与同类产品相比，一般三星电子产品更具特色，功能更多，这使得其产品价格要高出同类产品 30 个百分点。

三星电子另一个提升其产品公众形象的举措是将其产品撤出一些大型连锁商店如沃尔玛和 Kmart，因为来这些连锁超市的用户更看重产品的价格，而不是产品的质量。为此，三星将撤出的产品如 DVD、电视以及计算机转移至 Best Buy、Sears、Circuit City 以及其他一些高级专业商店进行销售，因为这些商店看重的是产品的质量和品牌。

为了让用户体验到数字家庭的舒适和便利，三星电子推出了以 TCP/IP 为基础的数字家庭网络解决方案——Home Vita，该工程在韩国拥有 100 个实验室，并在汉城、香港设立多个体验中心，通过一个无线的 Web pad（网络遥控器）或 WAP 移动电话或任何联网的电脑，就可以对整个家居实现智能化、综合性的控制，把家庭自动化的理想提高到一个更高的层次。

近些年来三星不仅对重大体育赛事的赞助活动热衷异常，而且自 2000 年开始推行全新的品牌宣传——"SAMSUNG Digital：Everyone is Invited TM"（三星数字世界欢迎您），三星针对各个目标地区开展的以普及数码应用为核心的各种各样的全民数码活动也在十分频繁地进行：北京数码体验馆的设立、连续两届三星"Digital Man"选拔赛、2002 年上海 Cubit Asia 信息技术展览会、2003 年 4 月正式开赛的"三星杯美丽新视界 2003DV/数码知识电视大赛"等。

上述市场营销方式使得三星电子崭新的高品质形象深入人心。

三星转型的一个重要内容，就是要创造价值，提升产品技术和价值含量。显然，如果没有李健熙对研发能力如此高标准的要求，三星的转型就不可能像现在这样成功。三星公司自创立至今，其产品开发战略大致经历了"拷版战略"、"模仿战略"、"紧跟技术领先者战略"和"技术领先战略"四个阶段。

拷版战略——在较短的时间内，以较低的成本打入市场。

拷版战略是指一个企业所生产产品的技术、设计和零部件完全依赖外界的供给，该企业就像另一家企业的一个生产车间，只是依样画葫芦地进行组装而已。

模仿战略——消化吸收外来技术，努力提升自身产品、市场和技术匹配的档次。

模仿战略是指一个企业所开发产品的关键技术虽然不是企业自己创造发明的，但企业通过种种途径已经掌握了这种产品的关键技术，能够在模仿产品的行业主导设计的基础上对产品的设计和零部件设计作出改进或一定程度的创新，使自己的产品与其他企业的同类产品有所不同，更适合某些特定市场的需要。

紧跟技术领先者战略——用先进技术开发出在生命周期导入阶段的新产品，占据中高端市场。

经过多年积极进取的技术学习、技术吸收和技术能力培育，在20世纪80年代末和90年代中，三星电子的技术开发能力和所开发产品的技术水平与世界先进公司的差距已大幅度缩小，在某些领域已接近或赶上世界先进公司。

技术领先战略——引领尖端技术，占据高端市场。

三星电子品牌竞争力迅速提升其实得益于管理上的一些独特之道，尤其是三星的人力资源管理，从人才的吸纳、培训，到激励，无不渗透着三星"人才第一"的理念。而这一点，正是三星成功的关键。

三星认为，实现人类的共同利益，提高人类的工作、生活质量是三星义不容辞的历史责任。作为人类共同体的一员，三星将为此奉献全部的力量。作为企业，三星将通过创造最佳产品和服务，使顾客获得最充分的满足，来提高人类的工作、生活质量，促进人类的共同利益。为了实现"为人类社会作贡献"的理想，达到"创造最佳产品和服务"的目标，三星必须一方面"不仅要放眼世界寻找更多的优秀人才，还要重点培养我们身边思维开放、有创造力的人才"；另一方面"不遗余力地加快技术开发的投资步伐"，将三星的技术水准提升到一个国际化的程度。

一个企业拥有良好的企业文化以及管理制度对企业的发展至关重要。三星上上下下都流传着这样的观点，即"优秀人才一人就能够养活十万人"，"十个一级围棋选手联合起来也不能战胜一个围棋一段选手"。三星这种"人才第一"的理念以及李健熙对研发能力的高标准要求和高效的管理理念使三星突破重围，成为世界知名品牌。

营销策略分析

从这个案例当中，我们发现三星电子有非常精准的市场定位，无论是广告投资、销售渠道还是产品设计，三星都定位在高端市场，打造高端高品质形象，是它成功的品牌营销策略之一。三星也十分重视品牌形象，重视产品质量，从它产品撤出一些大型连锁商店就能看出。并且三星还非常注重顾客的体验，不断创新，推出数字电视，力求使消费者体验到数字电视的舒适与便利，从而使产品得到更多人的认可。三星的成功不仅是因为产品质量过硬，更重要的是建立了良好的社会公共关系和树立了企业正面形象，提升了企业的社会地位与影响力。

资料来源：金美玉. 对三星电子成功因素的考察. 上海外国语大学，2012（12）.

7

科技 Samsung（三星）

1. 三星可能存在的危机有哪些?
2. 三星为什么要坚持创新?
3. 三星给我们的启示有哪些?

8. 综合类

GE（通用电气）

品牌价值：422.67 亿美元　−7%
世界 500 强排名：24
品牌标志：

品牌简介

通用电气公司（General Electric Company，简称 GE，又称奇异公司），是世界上最大的提供技术和服务业务的跨国公司。GE 是在公司多元化发展当中，较为出色的跨国公司。目前，公司业务遍及世界上 100 多个国家，拥有员工 315000 人。现任董事长及首席执行官是杰夫·伊梅尔特。

通用电气公司是世界上最大的多元化服务性公司，从飞机发动机、发电设备到金融服务，从医疗造影、电视节目到塑料，GE 公司致力于通过多项技术和服务创造更美好的生活。杰夫·伊梅尔特先生自 2001 年 9 月 7 日起接替杰克·韦尔奇担任 GE 公司的董事长及首席执行官。

通用电气公司的历史可追溯到托马斯·爱迪生，他于 1878 年创立了爱迪生电灯公司。1892 年，爱迪生电灯公司和汤姆森-休斯敦电气公司合并，成立了通用电气公司。GE 是自道琼斯工业指数 1896 年设立以来唯一至今仍在指数榜上的公司。

7个发展引擎产生85%的利润，消费者金融集团、商务融资集团、能源集团、医疗集团、基础设施集团、NBC环球、交通运输集团；4个现金增长点在增长的经济环境下持续产生现金流和收益：高新材料集团、消费与工业产品集团、设备服务集团、保险集团。

通用电气公司的总部位于美国康涅狄格州费尔菲尔德市。这家公司的电工产品技术比较成熟，产品品种繁多。它除了生产消费电器、工业电器设备外，还是一个巨大的军火承包商，制造宇宙航空仪表、喷气飞机引航导航系统、多弹头弹道导弹系统、雷达和宇宙飞行系统等。闻名于世的可载原子弹和氢弹头的阿特拉斯火箭、雷神号火箭就是这家公司生产的。

旗下公司：GE资本、GE航空金融服务、GE商业金融、GE能源金融服务、GE金融、GE基金、GE技术设施、GE航空、GE企业解决方案、GE医疗、GE交通、GE能源设施、GE水处理、GE油气、GE能源、GE消费者与工业、GE器材、GE照明、GE电力配送。

GE的品牌口号是"梦想启动未来"（imagination at work）。

GE公司致力于不断创新、发明和再创造，将创意转化为领先的产品和服务。GE由四大业务集团构成，每个集团都包括多个共同增长的部门。GE的业务推动着全球经济发展和人们生活条件的改善。GE的4个全球研发中心吸引着世界上最出色的技术人才，超过3000名研究人员正努力创造新一代的技术成果。

营销策略介绍

美国通用电气公司在1996年开通了美国通用电气网站（www.ge.com）。该网站在设计中采用的营销宗旨是基于B2C运作模式，以6~8种主导电器为促销对象；以争取25%的新增家庭为主，同时兼顾其他以替换或添置个别产品为主的顾客。在几经总体结构调整以后，该网站现已发展成为在线销售、在线设计、在线咨询与服务的大型电子商务网站，被安盛、GG等著名研究机构誉为"最成功的电子商务网站"之一。"我们将美好的事物带给生活"体现了GE公司网站的主题。

1. 以亲情为主题的网络营销

成功的企业网站是技术、艺术与营销策略的有机组合，整个站点的结构、层次、栏目和相互链接关系是企业营销战略目标的表现，而网页技术与平面设计则是具体的表现手法。

因发明家爱迪生而给人类带来光明的美国通用电气公司，将以何种营销理念为主导来组织其网站呢？美国通用电气充分地利用其无形资产优势，祭起了"亲情营销"这一与其形象和产品最贴切、相关的法宝来组织其网站的整体结构。

美国通用电气公司最早期的各类产品的主页就是以人间亲情和天伦之乐为主题，吸引顾客对该网站的兴趣，利用人间亲情以缩短公司与顾客间的距离。网站暗示上网的顾客：本公司志在培育与客户的至爱亲情，那么您对我们的产品和企业还会有什么安全感、信任感上的疑虑呢？

GE 公司网站早期的主页中心，是一幅享受天伦之乐的祖母对孙辈的呵护的画面，与页面下方孜孜不倦的科学家和紧张繁杂的实验室的画面形成强烈的对比。它的主页上未推出任何"最新产品"、未展示一项"超级功能"，但页面被烘托出的亲情洋溢，已使上网顾客感到其乐融融。这种未成曲调先有情、在商不言商的手法，体现了公司的营销思路，自然也将通用电气的经营理念升华到了对人类关爱的高度。

"亲情营销"给通用电气网站带来了众多的上网顾客，也带来了巨大的收益。美国通用电气公司几经改版和总体结构的调整，建立了在线销售、在线设计、在线咨询与服务等栏目。2000 年版通用电气的主页链接了"GE 业务"、"小企业服务方案"、"工业解决方案"、"家庭解决方案"、"个人理财咨询"、"公司信息"和"全球联系"等七个栏目，这是按业务分类的七个分网站，主页面纵横划分精确、明晰、规范，同时建立了多种分类检索引擎，方便顾客进入各链接区。网页的改版也体现了通用公司的网络营销策略的改变，从初期的吸引更多的顾客向更好地服务于顾客转化，网络结构主题也从"亲情营销"转向"互动营销"。

2. 利用网络构建新的营销环境

著名营销学专家罗伯特·韦兰及保罗·科尔指出："如今强调促进企业的成长必然意味着把焦点放在顾客身上。"因而构建网络营销环境必须根据客户定位，贯彻企业经营理念并具备以下特点：

其一，它不是简单地向顾客提供某种商品，而是提供多种服务或解决方案；

其二，这些服务或方案必须是通过图文展示的、可供消费者选择的；

其三，整个推介与促销过程必须是可交互进行的。

美国通用电气网站在明确了网站应争取 25% 的新建家庭、提供 6~8 种主导产品，同时兼顾其他以替换或添置个别产品为主的顾客的营销思路后，建立了"家庭解决方案"栏目，让顾客可以先有整体效果的概念然后再选购产品。例如在家电类网站中，它推出一幕幕厨房场景，展示各种成套电器的排设方案，体现了豪华、典雅、气派的风格。

由于新建家庭大多是年轻的上网一族，属于高收入、高学历的消费群，他们除了对产品的功能与质量有所追求外，还强调家用电器与房屋的整体协调性，强调能反映出主人的品位或身份。所以，GE 网站推出的这些"解决方案"均能激起访问者的兴趣。

GE 网站不仅能娴熟地将冰箱、烤炉、烹饪台、抽油烟机、燃气灶、微波炉、洗碗机、烘箱、酒台、饮料柜、水洗台等家用电器产品的技术规格、型号、外观与功能、细部优点等细致地向访问者交代清楚，而且更擅长于将所有这些与人们的居住情况结合起来加以整合考虑，通过这些场景，表明它比一般的电器商更能考虑到顾客的实际需要，更讲求整体居住的质量品位。

由于家用电器都是些设计成熟、质量过关、功能完备的产品，最后的竞争可能就体现在谁能为消费者想得更周到些，更能满足他们的审美、与居住条件和环境更协调的附加价值上。GE 公司的这套网页构筑了一幕幕的生活场景，它所追求的是："我们不是单卖家电的，而是来提升您的生活档次，改善居家形象，美化家庭环境的。"从而体现了"我们将美好的事物带给生活"的主题。

许多顾客起初也许不一定对 GE 的家电特别感兴趣，但可能最终打动他们的，正是这些精心设计的场景。比如，GE 有一种"嵌入式厨房"设计方案，如果单独看一个嵌入式燃气灶也许它并不具有优势，但与其他"嵌入式冰箱"、"嵌入式烤箱"、"嵌入式抽油烟机"等结合后，整个厨房就显得非常简洁、清爽。于是，钟爱这种布置的顾客就会一次选购 GE 公司的成套电器。

家电类网站在产品的介绍中使用了大量的虚拟场景手法，向顾客推荐整体解决方案，让顾客在网上能身临其境、自由挑选。在这些整体解决方案中，部分客户可能完全接受某套设计，而更多顾客可能是受其启迪，接受其中部分设计，其他部分则喜欢自己改进。但这些方案一般只能存在顾客脑海中，还无法在网上直接看到效果，所以就无法对效果进行论证。基于这种考虑，通用电气网站在 Lighting Solution Center（灯源设计中心）栏目中建立了中心。它允许顾客在一定程度上参与到照明方案的选择中。

当顾客选中满意的照明效果后，就可进一步按光通量、产品寿命、光源品质、能效等参数综合选择灯具的规格型号，该房间的照明方案设计就完成了。然后再依次设计其他房间，最后将全套方案提交网站即可。在交易过程中，顾客在网站的指导下参与了整个方案的设计工作，得到了自己喜欢的成套家庭照明与光饰效果。同时 GE 网站的收益显然比单卖几个灯泡要大得多，从而使顾客和经销商都对得到的实惠表示满意。

营销策略分析

第一，对 GE 来说，互联网的发展，使企业与客户、企业与员工，员工与员工之间等一切关系变得透明，知识就是力量成为过去，因为所有的人都将可以轻易地同时获得大量的信息。企业传统的经营方式将必然受到冲击，表现为中间商解体、集合竞争、虚拟商业社区，对客户的完全渗透、动态价格、有针对性产品、协同市场伙伴服务等已经初步显现的企业经营模式的变化。

第二，企业通过向消费者传达定位的信息，使差异性清楚地凸现于消费者面前，从而引起消费者对其品牌注意，并使其产生联想。若定位与消费者的需要相吻合，那么企业的品牌就可以留在消费者心中。对于一般商品来说，差异总是存在的。而差异化营销所追求的"差异"是产品的"不完全替代性"，即在产品功能、质量、服务、营销等方面，本企业为顾客所提供的是部分对手不可替代的。

第三，GE 迄今为止仍是全球最优秀的公司，它以最大的热情推动电子商务的革命，不仅决定了这个百年巨人未来的命运，也必将产生全球性的深远影响。

资料来源：郭韦伶. "梦想启动未来"——通用电气成功密码解读. 职业，2011（9）.

思考题

1. 通用电气采用了什么战略使其获得卓越的表现？
2. 通用电气在战略上与微软有何不同？
3. 看完通用电气的案例你有何感想？

9. 餐饮

McDonald's（麦当劳）

品牌价值：398.09 亿美元　−6%

世界 500 强排名：434

品牌标志：

品牌简介

　　麦当劳是全球大型跨国连锁餐厅，1940 年创立于美国，主要售卖汉堡包以及薯条、炸鸡、汽水、冰品、沙拉、水果等快餐食品。

　　麦当劳餐厅在中国大陆早期的译名是"麦克唐纳快餐"，直到后期才统一采用现今的港式译名。而在民间，因为麦当劳和"牡丹楼"的音近，牡丹楼也被当作是麦当劳的一个昵称，但并不普遍。

　　麦当劳遍布全球六大洲，在很多国家代表着一种美式生活方式。由于是首间和最大跨国快餐连锁企业，麦当劳所代表的快餐文化，被指责影响公众健康，例如高热量导致肥胖，以及缺乏足够均衡的营养等。很多人抨击其为垃圾食品。法国以本国饮食文化为荣，很多人敌视麦当劳，视它为美国生活方式入侵的代表。在美国，每个高速公路出口附近就有一家麦当劳分店。麦当劳提供无线上网服务，麦当劳开心乐园餐免费赠送玩具，如迪斯尼电影人物玩偶，对儿童颇具吸引力。

　　麦当劳公司旗下最知名的麦当劳品牌拥有超过 32000 家快

餐厅，分布在全球 121 个国家和地区。在世界各地的麦当劳按照当地人的口味对餐点进行适当的调整。另外，麦当劳公司还掌控着其他一些餐饮品牌，例如 Aroma Cafe、Boston Market、Chipotle、Donatos Pizza 和 Pret a Manger。

麦当劳在全球快餐连锁领域是冠军。2012 年，麦当劳在中国共拥有 1000 余家餐厅，2013 年餐厅数量达到 2000 家。麦当劳公司每年将营业额的一部分用于慈善事业。创始人雷·克洛克在去世时，用他的全部财产成立了麦当劳叔叔慈善基金。

广告语：为快乐腾点空间；为世界杯腾出空间；I'm lovin' it（我就喜欢）。

麦当劳叔叔是速食连锁店的招牌吉祥物和企业的形象代言人，官方设定本名叫作罗纳德·麦当劳（Ronald McDonald），是友谊、风趣、祥和的象征，他总是传统马戏小丑打扮，黄色连衫裤，红白条的衬衣和短裤，大红鞋，黄手套，一头红发。他在美国 4~9 岁儿童心中，是仅次于圣诞老人的第二个最熟悉的人物，他象征着麦当劳永远是大家的朋友。此外，作为麦当劳公司用以吸引小朋友的主要虚拟角色，官方将麦当劳叔叔设定为"孩童最好的朋友"。

在华发展：随着中国经济的发展，麦当劳在中国内地的市场也有着迅猛的扩展。麦当劳十分重视中国市场，并会在投资回报最大的基础上，继续扩展连锁餐厅。目前，员工人数超过 5 万人，其中 99.97% 是中国员工。麦当劳在中国的供应商系统也拥有超过 1.5 万名的员工，总投资达 5 亿美元。

社会活动：回馈社会是麦当劳重要的经营原则，麦当劳鼓励雇员利用工作时间和设备从事麦当劳的社会活动。麦当劳社会活动的事例包括，儿童教育，世界儿童日通过捐赠慈善机构，来支持贫困儿童的教育；麦当劳叔叔教孩子们学英语等；体育运动，倡导积极的生活方式，鼓励其顾客支持慈善马拉松赛跑，奥林匹克日长跑活动，校运会捐赠，以及麦当劳叔叔校外活动等等；环境保护，为了下一代着想，麦当劳认为有责任保护环境。麦当劳环境保护活动有社区清洁日，植树活动等等。

营销策略介绍

麦当劳的心理销售。当今世界上，麦当劳已经成为人们耳熟能详的字眼。作为全球最大的快餐企业，它创造了一种全新的饮食文化，并成功地将这种文化模式输出到世界各地。麦当劳快餐帝国大厦的建立与其紧紧抓住顾客的消费心理和恰到好处的心理销售是密不可分的。

刻意烘托就餐氛围。从心理学角度看，人们进食十分需要一种舒适的用餐环境。换句话说，现在越来越多的人已不再出于自身的生存需要，仅仅追求吃饱，而是要求吃得更好。这个"好"，自然便包括用餐环境的舒适，即令人吃出情调，充分享受吃的愉悦。麦当劳注意到了人们就餐时的这一心理特点，对餐厅店堂布置相当讲究，尽量做到让顾客觉得舒适自由。在麦当劳餐厅很少看到桌椅被单调地一排排地整齐摆放，它的每一副桌椅的设置都颇有特色：或倚窗，或绕墙，这里转弯，那里围成一圈，即使是室内中间的座位，也都是尽可能形成一个独立的天地。这种座位与座位在餐厅布局上的独立性，理所当然地派生出顾客用餐时的雅兴，令其在有限的时间里享受到最大的个人自由。顾客既可对窗而坐，边吃边看街景，也能与一群朋友同桌进食，谈笑风生。具有现代气息的用餐环境给消费者带来心情上的放松，同时，美味佳肴又使消费者得到了口味上的享受。快速、规范的服务使得性急的消费者也不感到心烦，人们很喜欢在这热烈甚至有点喧嚣的环境中用餐。

可以说，麦当劳也是有意识地利用消费者喜欢"扎堆"的心理，利用环境氛围聚拢更多的顾客。值得一提的是，在有些地方麦当劳的餐厅氛围还注入了经典、独特的艺术气息。在纽约的格林威治，一家麦当劳快餐连锁店以一副描绘艺术家带有天窗的画室的复制品作为餐厅的装饰主题，令顾客进食时仿佛感到正与艺术家为伍，麦当劳以艺术氛围增进了消费者的食欲。在洛杉矶，一家麦当劳餐厅入夜即采用蜡烛照明，身穿晚礼服的服务小姐婀娜多姿，在温馨的烛光中向顾客奉上美味的汉堡包。可见，麦当劳在店堂布置和环境设计方面，始终是要千方百计减少顾客吃廉价汉堡包似的那种平淡感觉，要他们把麦当劳作为一个具有独特文化的休闲好去处，以吸引大众消费。

心系大众，赢得人心。麦当劳从创立至今，始终能心系大众，积极参与大量的社区活动。因为麦当劳深知多付出一份关怀、一份温暖，必能赢得更多的美誉、更多的忠诚。赞助社会教育，积极参与绿化、环保工程，创立麦当劳叔叔儿童基金以及各类助残救灾活动，拉近了麦当劳与广大顾客间的距离，增加了顾客对麦当劳的好感。在中国北京，近年来麦当劳助残活动给人们留下了深刻的印象。

与当地文化，当地政策相结合。尽管麦当劳的标准快餐不管是在北京、波士顿还是巴黎都是相同的味道，但麦当劳公司总裁堪塔路普说，别人称麦当劳是跨国或多国公司，我更喜欢称它是多地方公司。麦当劳每进入一个新的市场，例如在中国，麦当劳就培训当地农民种植炸薯条的专用土豆，麦当劳还找到当地管理人员经营。尽管麦当劳在世界各地有那么多快餐店，但从总部派出的人员非常少。这种本土化的经营方式，使麦当劳在不同国家和地区又蕴涵着不同的文化气息，更能适应当地居民的风俗和习惯。麦当劳的成功还在于利用了不同国家和地区的政策。比如说麦当劳在中国的成功同中国"独生子女"政策是分不开的。北京麦当劳快餐店每天总有成群结队的独生子女和父母的三口之家前来光顾。许多常来常往的半熟脸朋友见面就说："怎么又来了？""没辙，孩子成天逼着要来。"麦当劳真是不吃不行。

针对广大儿童的消费心理，北京所有的麦当劳餐厅基本都设立了麦当劳儿童乐园，乐园的面积为 20~30 平方米不等，里面铺设地毯，一般备有多功能小型滑梯，可供学龄前儿童玩钻洞、攀登、下滑等游戏，深得孩子们的喜爱。同时各餐厅还经常为不同年龄段的儿童推出一系列促销活动，更使广大儿童对麦当劳流连忘返。一项调查统计显示，北京 15 岁以下的人最偏好吃包括麦当劳在内的西式快餐，占调查对象的 72.7%，而许多家长经常挂在嘴边哄孩子的话是："好好考试，考好了带你去吃麦当劳。"这使一些孩子把去吃麦当劳当成一种犒赏、一份光荣。孩子们甚至在一起比：谁攒的麦当劳玩具多，谁就会在小朋友面前特有面子。

食谱更新，把握大众潮流。麦当劳自成立之日起，其食谱就不断变化，食品种类也较多。起初，热狗是麦当劳最受欢迎的食品，持续畅销了 10 年之久。随着人们口味的变化，麦当劳于 20 世纪 60 年代初又推出了适销对路的麦香鱼汉堡包，进而又推出了集美味与营养于一体的牛肉巨无霸汉堡，从此把麦当劳快餐一举带入了以前一直有所忽略的成人市场。究其原因之一，在于这种汉堡包既可当零食品味，又可当正餐充饥，而且营养配比也合理。据统计，一个巨无霸内含热量为 500 千卡、蛋白质 25 克、碳水化合物 42 克、脂肪 35 克、食盐 890 毫克等；而脂肪是人体必需的营养素，每名成人一天需脂肪 50 克左右。在这种情况下，加上麦当劳餐厅环境优美，因而许多属"上班族"的青年人，为图方便、快捷、省时、省力，自然愿意光顾麦当劳，购买巨无霸。

📖 营销策略分析

目前，人们对餐饮业的经营存在着一个认识误区，似乎在就餐上吸引消费者就是在餐饮方面的口味上迎合消费者。其实不然，麦当劳的成功给了我们深刻的启示：必须全方位地研究消费心理，在此基础上塑造品牌，并形成一种文化。麦当劳发展的奇迹主要得益于其独特的经营理念，其中恰到好处的心理销售可以说是麦当劳成功的一个关键因素。企业经营要研究消费心理，主要是：第一，研究目标消费群体的心理特征，加强营销的针对性。在营销理论中，企业首先要做的就是在细分市场的基础上确定目标顾客。这是因为不同的目标顾客群有着不同的消费心理与购买行为。例如，按年龄划分所形成的儿童群体、青年群体、老年群体在消费行为上有着极大的差异，青年人的消费追求是时尚、流行，而老年人则是舒适得体、价廉物美，对于儿童则是营养卫生，只要是对其成长有利的东西，都是很有市场的。麦当劳在中国市场的成功，首先是其目标市场的定位成功，企业将行销最密集的焦点定位在了青少年和儿童身上。有关资料统计，麦当劳的广告对象主要是儿童，它在深入了解中国目标市场群体的基础上，采取了一系列灵活多样的营销手段：几乎主要的快餐食品都附带赠送各种儿童玩具，同时大量推出系列美好时光的电视版本，例如幽默表现手法的"鸭子过马路"、"逗猫"、"追熊"等，利用亲情、友情吸引向往美好生活的人们，真正达到了老少同乐的境界。再如麦当劳乐园的建立，以及各类为广大儿童举办的丰富多彩的游乐活动及馈赠活动，每年在儿童挂历上的打折促销，都牢牢抓住了儿童喜欢多变的消费心理。其次，管理层年轻化，甚至所雇用的员工一律都选用富有朝气的年轻人，进一步增强了青年人消费的认同感。第二，注重就餐环境对消费者消费心理和消费行为的影响。对现代人来说，理想的购物或就餐环境应使人感到一种轻松、舒适、温馨、和谐的气氛，使顾客在这样一种气氛中得到最大程度的满意，以吸引他们下一次再到这个场所来，并把满意的体会告诉其他顾客。麦当劳认识到就餐环境对现代人消费选择起着重要作用，因此刻意烘托就餐环境，暖色调、卡通画的餐厅布置，带有现代气息的就餐设施，十分迎合青年人的消费心理。第三，尽展社区公关的魅力，提高企业知名度。麦当劳信奉"好善乐施就是行销"，它使顾客面临挡不住的诱惑。"你敬人一尺，人敬你一丈。你待人一份真心，人待你十份真情。"麦当劳奉行企业服务社会、回报社会的理念，十分注重塑造企业形象。不论是在其本土市场还是在全球投资的所在地，企业积极参与当地大量的社区活动，如赞助社会教育、赞助绿化、赞助环保及各类助残救灾活动等。通过关心社会，温暖人心，向公众传播出一种真挚和信誉，传播出一种高尚的文化形象，吸引了越来越多慕名而来的消费者。近年来，洋快餐竞争激烈有目共睹，推新品、降价格甚至于玩具助战等，而麦当劳致力于公益事业的策略起到了独特的效用。从中我们也应对中式快餐进行反思，影响中式快餐发展的原因固然很多，但关键一环就是经营理念。麦当劳甚至能从一张小小的公交月票上做文章，在方便市民的同时，进一步提升了其知名度和美誉度，赢得了更多的顾客。而中式快餐却经营理念落后，经营方式呆板，促销手段单调，许多企业常常是以投机的方式来迎合消费者心理，却很少从长远打算。第四，注重质量稳定、品种更新，不断扩大企业的顾客群。麦当劳核心食谱从热狗——麦香鱼汉堡——牛肉巨无霸——麦香鸡的开发过程，反映了其对市场变化及大众消费潮流的敏锐洞察力。举例来说，20世纪70年代初期，美国国内舆论对大众快餐颇有微词，一些营养专家向大众提出少吃肉、多吃鱼的健康法则。这时如果麦当劳不及时进行新产品的开发，如果仍然顽固地坚守"巨无霸"的阵地，就很容易使注重营养健康的现代人放弃或减少对麦当劳的消费。麦当劳及时对食谱进行了调查，开发出了"麦乐鸡"，迎合了具有现代健康观念的人们的需求。相对比，中式快餐的一大弊病就是品种开发滞后，消费者普遍反映中式快餐虽适合中国人口味，但品种相对单一，吃来吃去都一个味道。不能及时把握大众消费潮流，是中式快餐难以与洋快餐匹敌的重要原因。

资料来源：陈靖蓉. 麦当劳（中国）营销策略研究. 清华大学，2013（5）.

思考题

1. 从本案例中，你可以看出麦当劳消费者的消费心理特征有哪些？
2. 麦当劳是如何抓住顾客消费心理展开心理销售的？
3. 你认为麦当劳为保持快餐帝国的地位，还应采取什么对策？

10. 零售

Amazon（亚马逊）

品牌价值：379.48 亿美元　29%

世界 500 强排名：88

品牌标志：

amazon

品牌简介

亚马逊公司（Amazon），是美国最大的一家网络电子商务公司，位于华盛顿州的西雅图，是网络上最早开始经营电子商务的公司之一。

1994 年，当时在华尔街管理着一家对冲基金的杰夫·贝佐斯在西雅图创建了亚马逊公司，该公司从 1995 年 7 月开始正式营业，1997 年 5 月股票公开发行上市，从 1996 年夏天开始，亚马逊极其成功地实施了连属网络营销战略，在数十万家连属网站的支持下，亚马逊迅速崛起成为网上销售的第一品牌。1999 年 10 月，亚马逊的市值达到了 280 亿美元，超过了西尔斯（Sears Roebuck Co.）和卡玛特（Kmart）两大零售巨人的市值之和。

亚马逊及其他销售商为客户提供数百万种独特的全新、翻新及二手商品，如图书、影视、音乐和游戏、数码下载、电子和电脑、家居园艺用品、玩具、婴幼儿用品、食品、服饰、鞋类和珠宝、健康和个人护理用品、体育及户外用品、玩具、汽车及工业产品等。

2004 年 8 月亚马逊全资收购卓越网，使亚马逊全球领先的网上零售专长与卓越网深厚的中国市场经验相结合，进一步提升客户体验，并促进中国电子商务的成长。

营销策略介绍

根据 PCDataOnline 的数据，亚马逊是 2000 年 3 月最热门的网上零售目的地，共有 1480 万独立访问者，独立的消费者也达到了 120 万人。亚马逊当月完成的销售额相当于排名第二位的 CDNow 和排名第三位的 Ticketmaster 完成的销售额的总和。2000 年，亚马逊已经成为互联网上最大的图书、唱片和影视碟片的零售商，亚马逊经营的其他商品类别还包括玩具、电器、家居用品、软件、游戏等，品种达 1800 万种之多。此外，亚马逊还提供在线拍卖业务和免费的电子贺卡服务。

作为一个缺少行业背景的新兴的网络零售商，亚马逊不具有巴诺（Barnes & Noble）公司那样卓越的物流能力，也不具备像雅虎等门户网站那样大的访问流量。亚马逊最有价值的资产就是它拥有的 2300 万注册用户，亚马逊必须设法从这些注册用户身上实现尽可能多的利润。因为网上销售并不能增加市场对产品的总的需求量，为提高在主营产品上的赢利，亚马逊在 2000 年 9 月中旬开始了著名的差别定价试验。亚马逊选择了 68 种 DVD 碟片进行动态定价试验。试验当中，亚马逊根据潜在客户的人口统计资料、在亚马逊的购物历史、上网行为以及上网使用的软件系统确定对这 68 种碟片的报价水平。例如，名为《泰特斯》的碟片对新顾客的报价为 22.74 美元，而对那些对该碟片表现出兴趣的老顾客的报价则为 26.24 美元。通过这一定价策略，部分顾客付出了比其他顾客更高的价格，亚马逊因此提高了销售的毛利率，但是好景不长，这一差别定价策略实施不到一个月，就有细心的消费者发现了这一秘密，通过在名为 *DVDTalk* 的音乐爱好者社区的交流，成百上千的 DVD 消费者知道了此事，那些付出高价的顾客当然怨声载道，纷纷在网上以激烈的言辞对亚马逊的做法进行口诛笔伐，有人甚至公开表示以后绝不会在亚马逊购买任何东西。更不巧的是，由于亚马逊前不久才公布了它对消费者在网站上的购物习惯和行为进行了跟踪和记录，因此，这次事件曝光后，消费者和媒体开始怀疑亚马逊是否利用其收集的消费者资料作为其价格调整的依据，这样的猜测让亚马逊的价格事件与敏感的网络隐私问题联系在了一起。

为挽回日益凸显的不利影响，亚马逊首席执行官贝佐斯只好亲自出马做危机公关，他指出亚马逊的价格调整是随机进行的，与消费者是谁没有关系，价格试验的目的仅仅是测试消费者对不同折扣的反应，亚马逊"无论是过去、现在或未来，都不会利用消费者的人口资料进行动态定价"。贝佐斯为这次事件给消费者造成的困扰向消费者公开表示了道歉。不仅如此，亚马逊还试图用实际行动挽回人心，亚马逊答应给所有在价格测试期间购买这 68 部 DVD 的消费者以最大的折扣，据不完全统计，至少有 6896 名没有以最低折扣价购得 DVD 的顾客，已经获得了亚马逊退还的差价。

至此，亚马逊价格试验以完全失败而告终，亚马逊不仅在经济上蒙受了损失，而且它的声誉也受到了严重的损害。

营销策略分析

我们知道，亚马逊的管理层在投资人要求迅速实现赢利的压力下开始了这次有问题的差别定价试验，结果很快便以全面失败而告终，那么，亚马逊差别定价策略失败的原因究竟何在？亚马逊这次差别定价试验从战略制定到具体实施都存在严重问题，现分述如下：

1. 战略制定方面

首先，亚马逊的差别定价策略同其一贯的价值主张相违背。在亚马逊公司的网页上，亚马逊明确表述了它的使命：要成为世界上最能以顾客为中心的公司。在差别定价试验前，亚马逊在顾客中有着很好的口碑，许多顾客想当然地认为亚马逊不仅提供最多的商品选择，还提供最好的价格和服务。亚马逊的定价试验彻底损害了它的形象，即使亚马逊为挽回影响进行了及时的危机公关，但亚马逊在消费者心目中已经永远不会像从前那样值得信赖了，至少，人们会觉得亚马逊是善变的，并且会为了利益而放弃原则。

其次，亚马逊的差别定价策略侵害了顾客隐私，有违基本的网络营销伦理。亚马逊在差别定价的过程中利用了顾客购物历史、人口统计学数据等资料，但是它在收集这些资料时是以为了向顾客提供更好的个性化的服务为幌子获得顾客同意的，显然，将这些资料用于顾客没有认可的目的是侵犯顾客隐私的行为。即便美国当时尚无严格的保护信息隐私方面的法规，但亚马逊的行为显然违背了基本的商业道德。

此外，亚马逊的行为同其市场地位不相符合。按照刘向晖博士对网络营销不道德行为影响的分析，亚马逊违背商业伦理的行为曝光后，不仅它自己的声誉会受到影响，整个网络零售行业都会受到牵连，但因为亚马逊本身就是网上零售的市场领导者，占有最大的市场份额，所以它无疑会从行业信任危机中受到最大的打击，由此可见，亚马逊的策略是极不明智的。

综上，亚马逊差别定价策略从战略管理角度看有着诸多的先天不足，这从一开始就注定了它的"试验"将会以失败而告终。

2. 具体实施方面

我们已经看到亚马逊的差别定价试验在策略上存在着严重问题，这决定了这次试验最终失败的结局，但实施上的重大错误是使它迅速失败的直接原因。

首先，从微观经济学理论的角度看，差别定价未必会损害社会总体的福利水平，甚至有可能导致帕累托更优的结果，因此，法律对差别定价的规范可以说相当宽松，规定只有当差别定价的对象是存在相互竞争关系的用户时才被认为是违法的，但同时，基本的经济学理论认为一个公司的差别定价策略只有满足以下三个条件时才是可行的：

①企业是价格的制定者而不是市场价格的接受者。
②企业可以对市场细分并且阻止套利。
③不同的细分市场对商品的需求弹性不同。

DVD 市场的分散程度很高，而亚马逊不过是众多经销商中的一个，所以从严格的意义上讲，亚马逊不是 DVD 价格的制定者。但是，假如我们考虑到亚马逊是一个知名的网上零售品牌，以及亚马逊的 DVD 售价低于主要的竞争对手，所以，亚马逊在制定价格上有一定的回旋余地。当然，消费者对 DVD 产品的需求弹性存在着巨大的差别，所以亚马逊可以按照一定的标准对消费者进行细分，但问题的关键是，亚马逊的细分方案在防止套利方面存在着严重的缺陷。亚马逊的定价方案试图通过给新顾客提供更优惠价格的方法来吸引新的消费者，但它忽略的一点是：基于亚马逊已经掌握的顾客资料，虽然新顾客很难伪装成老顾客，但老顾客却可以轻而易举地通过重新登录伪装成新顾客实现套利。至于根据顾客使用的浏览器类别来定价的方法同样无法防止套利，因为网景浏览器和微软的 IE 浏览器基本上可以免费获得，使用网景浏览器的消费者几乎不需要什么额外的成本就可以通过使用 IE 浏览器来获得更低报价。因为无法阻止套利，所以从长远角度，亚马逊的差别定价策略根本无法有效提高盈利水平。

其次，亚马逊歧视老顾客的差别定价方案同关系营销的理论相背离，亚马逊的销售主要来自老顾客的重复购买，重复购买在总订单中的比例在 1999 年第一季度为 66%，一年后这一比例上升到了 76%。亚马逊的策略实际上惩罚了对其利润贡献最大的老顾客，但它又没有有效的方法锁定老顾客，其结果必然是老顾客的流失和销售与盈利的减少。

最后，亚马逊还忽略了虚拟社区在促进消费者信息交流方面的巨大作用，消费者通过信息共享显著提升了其市场力量。的确，大多数消费者可能并不会特别留意亚马逊产品百分之几的价格差距，但从事网络营销研究的学者、主持经济专栏的作家以及竞争对手公司中的市场情报人员会对亚马逊的定价策略明察秋毫，他们可能会把其发现通过虚拟社区等渠道广泛传播，这样，亚马逊自以为很隐秘的策略很快就在虚拟社区中露了底，并且迅速引起了传媒的注意。

比较而言，在亚马逊的这次差别定价试验中，战略上的失误是导致"试验"失败的根本原因，而实施上的诸多问题则是导致其惨败和速败的直接原因。

资料来源：张大伟. 亚马逊为何主导美国电子书定价——兼论美国电子书的代理制和批发制之争. 编辑学刊，2014（3）.

思考题

1. 企业在差别定价过程中存在哪些风险？
2. 如何防范差别定价中的风险？
3. 该案例给我们什么启示？

11. 汽车

BMW（宝马）

品牌价值：372.12 亿美元　9%

世界 500 强排名：56

品牌标志：

品牌简介

宝马（BMW）公司创建于 1916 年，总部设在德国慕尼黑。宝马汽车为德系三大豪华品牌之一，宝马的车系有 1、2、3、4、5、6、7、i、X、Z、I 等几个系列，还有在各系基础上进行改进的 M 系（宝马官方的高性能改装部门）。

BMW 的蓝白标志是宝马总部所在地巴伐利亚州州旗的颜色。百年来，宝马汽车由最初的一家飞机引擎生产厂发展成为以高级轿车为主导，并生产享誉全球的飞机引擎、越野车和摩托车的企业集团，名列世界汽车公司前列。宝马也被译为"巴依尔"。

营销策略介绍

宝马公司拥有 16 座制造工厂、10 万余名员工。公司汽车年产量 100 万辆，并且生产飞机引擎和摩托车。宝马集团（宝马汽车和宝马机车加上宝马控股的路华与越野路华公司，以及从事飞机引擎制造的宝马—劳斯莱斯公司）1994年的总产值在全欧洲排第七，营业额排第五，成为全球十大交通运输工具生产厂商。汽车工业自形成以来，一直稳定发展，现已成为全球最重要、规模最大的工业部门之一。但是，20世纪80年代中期，美国国内汽车市场趋于饱和，竞争非常激烈，汽车行业出现不景气；90年代之后，日本、欧洲等国家的汽车制造业都发展缓慢，全球汽车行业进入了调整阶段。汽车行业需要新的经济增长点。而此时亚洲经济正以惊人的速度发展，被喻为"四小龙"的新加坡、中国香港、中国台湾、韩国的人均收入水平已接近中等发达国家水平，此外中国大陆、泰国、印度尼西亚等国具有汽车购买能力的中产阶级的数量正飞速增长。世界汽车巨头都虎视着亚洲，尤其是东亚这块世界汽车业最后争夺的市场。宝马公司也将目标定向了亚洲。

1. 产品策略

宝马公司试图吸引新一代寻求经济和社会地位成功的亚洲商人。宝马的产品定位是：最完美的驾驶工具。宝马要传递给顾客创新、动力、美感的品牌魅力。这个诉求的三大支持是：设计、动力和科技。公司的所有促销活动都以这个定位为主题，并在上述三者中选取至少一项作为支持。每个要素的宣传都要考虑到宝马的顾客群，要使顾客感觉到宝马是"成功的新象征"。要实现这一目标，宝马公司欲采取两种手段，一是区别旧与新，使宝马从其他品牌中脱颖而出；二是明确哪些期望宝马成为自己成功和地位象征的车主有哪些需求，并去满足它。

宝马汽车种类繁多，分别以不同系列来设定。在亚洲地区，宝马公司根据亚洲顾客的需求，着重推销宝马3系列、宝马5系列、宝马7系列、宝马8系列。这几个车型的共同特点是节能。

（1）宝马3系列。3系列原为中高级小型车，新3系列有3种车体变化：4门房车、双座跑车、敞篷车和3门小型车，共有7种引擎，车内空间宽敞舒适。

（2）宝马5系列。备有强力引擎的中型房车5系列是宝马的新发明。5系列除了在外形上比3系列大，它们的灵敏度是相似的。拥有两种车体设计的5系列配有从1800马力到4000马力的引擎，4个、6个或8个汽缸。5系列提供多样化的车型，足以满足人们对各类大小汽车的所有需求。

（3）宝马7系列。7系列于1994年9月进军亚洲，无论从外观或内部看都属于宝马大型车等级。7系列房车的特点包括优良品质、舒适与创新设计，已成为宝马汽车的象征。7系列除了有基本车体以外，还有加长车型可供选择。

（4）宝马8系列。8系列延续了宝马优质跑车的传统，造型独特、优雅。

2. 定价策略

宝马的目标是追求成功的高价政策，以高于其他大众车的价格出现。宝马公司认为宝马制定高价策略是因为：高价就意味着宝马汽车的高品质，高价也意味着宝马品牌的地位和声望，高价表示了宝马品牌与竞争品牌相比具有的专用性和独特性，高价更显示出车主的社会成就。总之，宝马的高价策略是以公司拥有的优于其他厂商品牌的优质产品和完善的服务特性，以及宝马品牌象征的价值为基础的。宝马汽车的价格比同类汽车一般要高出

10%～20%。

3. 渠道策略

宝马公司早在1985年就在新加坡成立了亚太地区分公司，总管新加坡、中国香港、中国台湾、韩国等分支机构的销售事务。在销售方式上，宝马公司采取直销的方式。宝马是独特、个性化且技术领先的品牌，宝马锁定的市场并非大众化汽车市场，因此，必须采用细致的、个性化的手段，用直接、有效的方式把信息传递给顾客。直销是最能符合这种需要的销售方式。宝马公司在亚洲共有3000多名直销人员，由他们直接创造宝马的销售奇迹。

宝马在亚洲直销的两个主要目标是：一是要有能力面对不确定的目标市场，二是要能把信息成功地传递给目标顾客。这些目标单靠传统的广告方式难以奏效。直销要实现的其他目标还有：加强宝马与顾客的沟通，使宝马成为和顾客距离最近的一个成功企业；利用与顾客的交谈，和顾客建立长期稳定的关系；公司的财务状况、销售状况、售后服务、零件配备情况都要与顾客及其他企业外部相通者沟通；利用已有的宝马顾客的口碑，传递宝马的信息，树立宝马的品牌形象；利用现有的顾客信息资料，建立起公司内部营销信息系统。宝马还把销售努力重点放在提供良好服务和保证零配件供应上。对新开辟的营销区域，在没开展销售活动之前，便先设立服务机构，以建立起可靠的销售支持渠道。

4. 促销策略

宝马公司的促销策略并不急功近利地以销售量的提高为目的，而是考虑到促销活动一定要达到如下目标：成功地把宝马的品牌定位融入潜在顾客中；加强顾客与宝马之间的感情连接；在宝马具有的整体形象的基础上，完善宝马产品与服务的组合；向顾客提供详尽的产品信息。最终，通过各种促销方式使宝马能够有和顾客直接接触的机会，相互沟通信息，树立起良好的品牌形象。宝马公司考虑到当今的消费者面对着无数的广告和商业信息，为了有效地使信息传递给目标顾客，宝马采用了多种促销方式，包括：广告、公关活动。

（1）广告。宝马公司认为：当今社会越来越多的媒体具备超越国际的影响力，因而使广告所传达的信息能够一致是绝对必要的，宝马为亚洲地区制订了一套广告计划，保证在亚洲各国通过广告宣传的宝马品牌形象是统一的。同时这套广告计划要通过集团总部的审查，以保证与公司在欧美地区的广告宣传没有冲突。宝马公司借助了中国香港、新加坡等地的电视、报纸、杂志等多种广告媒体开展广告宣传活动。这些活动主要分为两个阶段：第一阶段主要是告知消费者宝马是第一高级豪华车品牌，同时介绍宝马公司的成就和成功经验；第二阶段宝马用7系列作为主要的宣传产品，强调宝马的设计、安全、舒适和全方位的售后服务。

（2）公关活动。广告的一大缺陷是不能与目标顾客进行直接的接触，而公关活动能够达到这一目的。宝马公司在亚洲主要举办了宝马国际高尔夫金杯赛和宝马汽车鉴赏巡礼两个公关活动。宝马国际金杯赛是当时全球业余高尔夫球赛中规模最大的。这项赛事的目的是促使宝马汽车与自己的目标市场进行沟通，这是因为高尔夫球历来被认为是绅士运动，即喜欢高尔夫球的人，尤其是业余爱好者多数是有较高收入和较高社会地位的人士，而这些人正是宝马汽车的目标市场。宝马汽车鉴赏巡礼活动的目的是在特定的环境里，即在高级的展览中心陈列展示宝马汽车，把宝马汽车的基本特性、动力、创新和美感以及它的高贵、优雅的品牌形象展示给消费者，并强化这种印象。此外，宝马公司还定期举行新闻记者招待会，在电视和电台的节目中与顾客代表和汽车专家共同探讨宝马车的功能，让潜在顾客试开宝马车，这些活动也加强了宝马与顾客的沟通。

营销策略分析

学过市场营销的人都会记着营销的"4P"组合（产品、价格、渠道、促销）。"4P"组合是营销的核心内容，它构架出了营销学的主干体系，在营销实践活动中也被经常运用，遵循"4P"组合策略，对产品、价格、渠道、促销分别作出营销努力，几乎就可以完成整个营销工作。但是，营销组合不仅仅是产品、价格、渠道、促销四种要素的简单相加，要将营销组合做好，必须创造性地综合统一运用四种要素。营销组合是营销科学，也是艺术。"4P"就像绘画里的三原色，每个要素组合在一起，就会产生不同的效果，营销者就像艺术家一样，要达到理想的效果，就要充分发挥自己的创造力，并综合运用各种要素。营销者在利用自己的创造力自由挥洒时，还要做到"万变不离其宗"，当然，营销组合不是纯粹的艺术，营销组合必须达到销售目的，这就是"宗"。可见，营销组合是灵活和统一的有机整体，要运用好营销组合还有许多问题需要注意。以下结合宝马公司的案例，分析做好营销组合需要注意的问题。

第一，营销组合要服务于企业的营销战略。市场营销组合是策略，包括产品策略、价格策略、渠道策略、促销策略。策略是为战略服务的，是实现营销战略的保证。宝马公司的营销组合就是为其进入亚洲市场服务的，而且有效地保证了宝马公司战略目标的实现。

第二，营销组合必须以目标市场为中心。一个营销组合方案是否卓有成效，首先要看它是否紧紧地以目标市场的需求为中心。营销组合方案的针对性越强，方案的成效就越好。宝马汽车的营销组合就十分有力地针对亚洲消费者的需要，各个要素都是针对目标市场，并通过实施很好地满足了亚洲消费者的需求，因而赢得了亚洲市场。比如，宝马的目标市场定位于社会地位较高、收入较高的消费者，因此，宝马公司组织的宝马国际高尔夫金杯赛和宝马汽车鉴赏巡礼两个公关活动，直接针对这个目标市场。如果宝马公司举办的公关活动是赞助足球赛，因为足球是大众体育，没有直接针对宝马的目标顾客群，则赞助足球赛就没有高尔夫球赛效果好。

第三，营销组合要从整体上制定。营销组合是多因素、多层次的组合，在制定营销组合时，不能顾此失彼，而是要强调各种因素的整体配合。营销组合的效力正是表现在这种整体性上。要强调整个方案的最佳，而不是某个要素的最佳。这种营销理念被称为"整合营销"。宝马汽车要实现的销售目标就是通过整合营销进行全盘的营销策划，综合运用多种营销策略，并且各种营销策略之间是通过一致的目标市场统一起来的。比如，产品设计时突出高贵典雅，在广告上就要宣传这一产品特点，同时，广告的创意及其文案和图案都要体现这一诉求点，以保持统一。

第四，营销组合要突出重点。营销组合要整体地制定，要将产品、价格、渠道和促销策略综合运用，这并不等于每种策略都要平分秋色。企业应根据产品和市场的不同特点，重点使用其中一个或几个因素，设计成相应的策略。宝马汽车突出的重点是产品的高档次定位，并以此作为诉求点，传达给顾客。实际上，宝马的所有营销组合策略都是围绕着这个诉求点进行的。产品的质量、功能、安全等方面的设计都是为满足高收入、社会地位高的消费者群的需求；宝马车的高价格也是为体现产品的高档次；在销售渠道上，宝马汽车的高收入、高社会地位的目标市场群当然喜欢针对性强、个性化的销售渠道，直销正能体现这一点；促销方式实际上是传递产品的诉求信息，同时公关活动也是针对目标市场的。营销组合的艺术除了以上所说之外，更需要的是营销者发挥自己的创造性，设计出创新独特的而又能使企业达到商业目的的营销策略来，同时这些营销策略又能有机地结合在一起，即所谓的"形散神不散"，这里的神就是企业的目标市场和营销战略。

资料来源：汤向东. 宝马公司在中国市场的营销渠道选择分析. 经济论坛，2011（1）.

思考题

1. 你认为企业设计营销组合策略的重点是什么？
2. 宝马公司的营销组合策略是如何组织成一个有机统一体的？
3. 宝马公司的 4P 是如何体现的？

12. 汽车

Mercedes-Benz（梅赛德斯奔驰）

品牌价值： 376.11 亿美元　7%
世界 500 强排名： 17
品牌标志：

Mercedes-Benz

品牌简介

　　奔驰，德国汽车品牌，被认为是世界上最成功的高档汽车品牌之一，其完美的技术水平、过硬的质量标准、推陈出新的创新能力以及一系列经典轿跑车款式令人称道。奔驰三叉星已成为世界上最著名的汽车及品牌标志之一。自 1900 年 12 月 22 日戴姆勒发动机工厂（Daimler-Motoren-Gesellschaft，DMG）向其客户献上了世界上第一辆以梅赛德斯（Mercedes）为品牌的轿车开始，奔驰汽车就成为汽车工业的楷模。100 多年来，奔驰品牌一直是汽车技术创新的先驱者。

　　在欧洲 10 大名牌中，奔驰汽车位居第三，仅次于可口可乐和索尼电器，在世界 10 大名牌中，奔驰仍然居第三位，是唯一的德国产品。

　　奔驰汽车的创始人卡尔·奔驰生于 1884 年，是世界最早的汽车发明人之一。1886 年 7 月 3 日，他发明的汽车第一次开上马路，1893 年开始商业生产。1926 年，奔驰同戴姆勒合建戴姆勒—奔驰公司，发展至今已成为德国最大的财团。如果以销售量论，即使在德国，奔驰车也只能居第四位，在世界范围内也无法同日本的丰田、意大列的菲亚特和法国的标致等相比。

营销策略介绍

为什么奔驰在世界名牌中能稳居第三位，而丰田只能屈居第七位，其他汽车公司则根本进不了前十名呢？原因就在于奔驰车以其质量优势，成为公认的高档车和名誉、地位的象征。中东石油巨富，欧洲的王公贵族，以及大大小小国家的总统、总理，都愿选择奔驰。

奔驰车能取得高质量的美誉，显然不是偶然的。有人在参观奔驰厂的时候，曾请教过公司的一位公关先生，奔驰车成名的秘诀在哪里。这位衣冠楚楚的绅士耸耸肩摊开双手说，其实并无秘诀可言，如果说有的话，那就是"认真"。奔驰厂对每一个零件的制造都很认真。他举了个简单的例子：汽车的座位，是个不那么惹人注意的地方，奔驰厂也极为认真。座位的纺织面料用的羊毛是专门从新西兰进口的，其粗细必须在 23～25 微米，细的用来织高档车的座位面料，柔软舒适，粗的用来织中档车的座位面料，结实耐用。纺织时，根据各种面料的要求不同，还要掺入从中国进口的真丝和印度进口的羊毛。制皮面座位要选用好皮子。奔驰公司曾到世界各地进行考察、选择，最后认为德国南部的公牛皮质量最好。确定了供应点之后，奔驰厂要求饲养过程中必须防止出现外伤和寄生虫，保持良好的卫生状况，以保证牛皮不受伤害。制作、染色都有专门的技术人员负责，直到座椅制成，最后还要由一名工人用红外线照射器把皮上的皱纹熨平。看来，为了保持名牌，奔驰厂可以说是不惜成本。从制作皮椅的这种认真精神可以推想到对主要机件的加工该是如何精细了。

凡是参观过奔驰厂的人都会得出一种印象，即车间里干净整洁，有条不紊。即使是一颗小小的螺钉，在组装到车上前，也要先经过检查。每一个组装阶段都有检查，最后经专门技师总签字，车辆才能开出生产线。许多笨重的劳动，如焊接、安装发动机和挡风玻璃等都采用了机器人，从而保证了质量的统一。

营销策略分析

奔驰公司经营策略的主要特点：

（1）追求的是高质量与名牌效益。也就是说，在国际上一般汽车业主全力在追求大的市场份额时，奔驰公司始终不为所动，而坚持以高质量和名牌取胜。

（2）产品的市场定位明确。即为那些不仅把汽车作为一般交通工具，而且把汽车作为体现身份和地位象征的顾客设计和生产，并提供相应的服务，这就使得奔驰汽车在市场上有了一个较稳定的顾客群，即案例中所说的"中东石油巨富、欧洲的王公贵族以及大大小小国家的总理、总统"。这一顾客群的人数看似不多，但恰恰是汽车市场一个主要的购买群。这就使奔驰汽车有了一个较稳定的市场。由于高消费群行为的稳定性，奔驰车在这一市场的营销地位一经确立，其他的竞争对手就很难进入。

（3）严格的质量控制。高质量的形象，不论在促销上怎么使招，都必须以扎扎实实的质量为基础。案例中以汽车座位的制造为例，很恰当地说明了这一点。

（4）以科研作为质量的保证。奔驰汽车公司的高质量产品，其实并不能完全依靠所谓的"制造质量控制"。汽车作为最能体现人类科技发展结果的现代工业产品，必须不断地进行技术上的改进和突破。奔驰公司充分地认识到了这一点，在科研方面投资巨大，这就"保证了奔驰公司在汽车生产中领先使用最新的科研成果"。

资料来源：李姗姗. 奔驰卡车整合营销沟通策略研究. 首都经济贸易大学，2013（3）.

思考题

1. 高价格仍然能使奔驰公司的产品畅销，试说明其中的原因。
2. 奔驰公司现在已进入中国市场，中国市场较之于国外市场，有什么特殊性？
3. 你认为奔驰公司要在中国开辟新市场，合适的营销策略应是什么？

13. 媒体

Disney（迪斯尼）

品牌价值：365.14 亿美元　13%

世界 500 强排名：214

品牌标志：

Disney

品牌简介

迪斯尼全称为 The Walt Disney Company，取名自其创始人华特·迪斯尼，是总部设在美国的大型跨国公司，主要业务包括娱乐节目制作、主题公园、玩具、图书、电子游戏和传媒网络。皮克斯动画工作室、点金石电影公司、Miramax 电影公司、博伟影视公司、好莱坞电影公司（公司名）、ESPN 体育、美国广播公司（ABC）都是其旗下的公司（品牌）。

当今的迪斯尼已经远远不止于从事动画电影这一个行业了，它包括迪斯尼手表、迪斯尼饰品、迪斯尼少女装、迪斯尼箱包、迪斯尼家居用品、迪斯尼毛绒玩具、迪斯尼电子产品等多个产业。由于许多人是从小看着迪斯尼的动画片长大了，所以迪斯尼所涉及的各大产业都受到了广大消费者的一致好评，并取得了丰硕的商业价值。

1. 品牌起源

1928 年，一只活泼、可爱、聪慧、勇敢的小老鼠被美国动画艺术的伟大先驱华特·迪斯尼创造出来，这个可爱的小精灵，一下就得到了全世界人们的认可，随着卡通电影的发展，取得了巨大的成功。经过近百年的发展，迪斯尼成为一个以米奇、唐老鸭等卡通形象而闻名于世的知名品牌，并衍生出一个涵盖音像、图书、媒体网络、主题公园、日用消费品等多种领域的蕴藏巨大财富的行业。

2007年，鉴于迪斯尼品牌在中国良好的发展势头，华特·迪斯尼（上海）有限公司正式与特步（中国）有限公司合作，独家授权特步（中国）有限公司在中国市场全新推出迪斯尼运动系列，针对国内喜爱迪斯尼的女性为主的青少年群体，将形成迪斯尼品牌旗下品类最丰富、最具商业开发潜力的休闲时尚运动服饰品牌产业，演绎迪斯尼在中国的服装经典。

2. Disney 品牌理念

尊重：迪斯尼尊重每一个人，迪斯尼式的快乐是基于其自得体验，而不是取乐于他人。

分享：迪斯尼始终演绎着一种积极和包容的态度，并希望其创造的奇趣体验能与各代人分享。

创新：迪斯尼有如此悠久的历史和如此之高的美誉度，与其不断追求创新与卓越的传统是分不开的，正是因为不断创新，迪斯尼在将近一个世纪的时间里总是保持着无穷的生命力，并成为世界知名的品牌。

故事：每一件迪斯尼产品，都演绎着一段动人的故事。

乐观：迪斯尼的乐园精神，带给每个人一颗充满希望与憧憬的心。

高质：不断达到高质量标准而成就卓越。

3. Disney sport 品牌及其定位

Disney sport 品牌的产品是迪斯尼卡通形象与多种运动元素的完美结合，Disney sport 产品的主要消费者定位于18~30岁的时尚运动青少年，其中女性产品占比为80%，男性产品占比为20%，它准确锁定了以年轻女性为主的目标消费群。在产品研发上，知名的国际、国内一线设计师联袂倾情打造，迪斯尼总公司每季提供设计概念、主题及图形元素，确保产品设计风格的精准和延续性，最短距离地贴近国际时尚，把握流行元素，打造中国青少年运动休闲精品。Disney sport 品牌定位如下：

目标消费群：中学生和大学生群体，以及刚进入工作岗位的年轻时尚人群。

核心消费群：18~25岁性格外向、热爱运动、热爱生活的大学生。

鞋、服装、配饰比例：40%（鞋）、45%（服装）、15%（配饰）。

产品风格定位：运动生活装（运动休闲时尚服饰）。

营销策略介绍

1. 品牌经营战略

品牌经营为迪斯尼赢得了全世界范围内的忠诚顾客，形成了差异化竞争优势。品牌经营加速了集团扩张，形成产业聚合优势。品牌经营是迪斯尼乐园加速扩张的重要有效手段之一，它可以摆脱地域限制，以品牌拓展企业发展空间，扩张市场规模，从而促进公司走上快速扩张、规模经营的道路。品牌经营促进了产业链的延伸，形成多元化经营优势。

2. 服务制胜战略

迪斯尼乐园高质量的服务水准有口皆碑，即安全、礼貌、表演、效率，赢得了顾客良好的口碑效应和较高的重游率。

在任何情况下，保障游客安全是迪斯尼乐园首要的价值诉求。每逢节假日工作人员为了保证游客享受应有的服务标准以及出于安全考虑会采取诸如限制入园人数以及游客的移动途径等措施以保障游客安全。

此外，迪斯尼还为有特殊需要的游客提供专门服务，对于员工礼貌方面的要求，迪斯尼乐园可谓做到了细致入微，它要求员工们热情、真诚、礼貌、周到地为客人服务。

3. 4p

产品：孩子喜欢的、新颖原创的、经典有名的、富有教益的。

价格：按比例来协调。

渠道：企业包场、定点售票、电话预约。

促销：户外媒体资源；借助平媒资源，制造活动亮点；网络资源；借助合作伙伴的宣传渠道。

4. 品牌整合营销

迪斯尼的口号——永远建不完的迪斯尼乐园。

文化认同感——迪斯尼将主题公园分为"乐园"和"海洋"两个园区，"乐园"主要针对少年儿童，而"海洋"则针对成年人。

度假+公园模式。

影视媒体+周边产品。

迪斯尼的各种服务无疑都是他们进行营销的手段，让来到这里的顾客都有美好的回忆，他们的营销也就成功了。

第一，迪斯尼抓住城市人的心情营造一个美好、放松的大自然，使人们不仅在视觉更在身心上得到放松和享受。这也体现了服务营销的不可感知性，人们在潜移默化中就受到了影响，在以后提到时还是很向往，这就达到了迪斯尼整个服务的目的。

第二，针对孩子与大人心智心理的不同，建筑更受小孩子喜欢的卡通、动画、梦幻的城堡，让孩子们更喜欢来，也就吸引了更多的顾客。这一点也体现了迪斯尼服务的异质性，针对孩子和大人制定不同的服务项目及理念，吸引不同人群来。

第三，迪斯尼在各种的活动中都注重顾客的参与性，顾客在活动中得到更大的放松和满足，这也体现了服务的不可储存性，顾客只能在当时的活动中感受到。

第四，迪斯尼营造清洁、安静的环境，让顾客更加流连忘返，得到身心的放松，更加吸引了顾客的到来。

第五，迪斯尼提供的所有服务都建立在实际建筑的基础上，人们在城堡里玩耍，和

"白雪公主""睡美人"等卡通人物在一起，这些都体现了服务与实体的不可分离性。

第六，迪斯尼拥有整个服务及其实施的主动权，这个主动权是不能转让的，来到迪斯尼的顾客只能体会享受的过程。当然，这并不意味着迪斯尼一味固执专断，他们也是听从客户的建议的，依据顾客的意见使服务得到进一步的提升。

此外，迪斯尼公司还经常对员工开展传统教育和荣誉教育，告诫员工：（1）迪斯尼近百年辉煌的历程、商誉和形象都具体体现在员工们每日对游客的服务之中。（2）创誉难，守誉更难。（3）员工们日常的服务工作都将起到增强或削弱迪斯尼商誉的作用。

营销策略分析

"只要你来到这里，里面的任何一个角落，你都能找到一个属于你内心的童话世界。"提起迪斯尼人们便会想到家庭娱乐，想到"米老鼠"。人们进入迪斯尼就如同进入梦幻世界，在这里可以看到我们这个星球的过去和未来，从中得到假日的娱乐。而从前的娱乐只是少数人的"特权"，大众难以进入。靠着"在娱乐之中学习知识"的诀窍，迪斯尼成了名留青史的企业巨头，开创并主宰了一个全新的卡通世界。迪斯尼与众不同之处，在于它生产的是精神产品、无形产品、文化产品和娱乐产品，目的是为孩子和家长提供娱乐、创造人间的欢乐童话。迪斯尼把生产有形产品推进到生产无形产品的远见卓识是领先于时代的，正是这种远见使其能在竞争激烈、复杂险恶的环境中始终比别人先走一步。在动画片由无声到有声，黑白到彩色，短片到长片的关键转折过程中，它总能够走在时代的前列，始终引领动画片的发展方向，不断开拓新的领域，从而走向更大的成功。迪斯尼在"产品"上不断求变。经营者不但创作卡通，而且还朝着全方位的家庭娱乐组合发展，包括电视、主题公园以及都市规划。通过主题公园的形式，迪斯尼致力于提供高品质、高标准和高质量的娱乐服务。同时，公司还提供餐饮，销售旅游纪念品，经营度假宾馆、交通运输和其他服务支持行业。迪斯尼品牌、米老鼠、唐老鸭、古非等动画人物，均享有极大的影响力和商誉，并包含着巨大的经济利益。然而，整个迪斯尼经营业务的核心仍是"迪斯尼乐园"本身。而该乐园的生命力在于能否使游客欢乐。由此，给游客以欢乐，并由游客和员工共同营造"迪斯尼乐园"的欢乐氛围，成为"迪斯尼乐园"始终如一的经营理念和服务承诺。

引导游客参与是营造欢乐氛围的另一重要方式。游客们能同艺术家同台舞蹈，参与电影配音，制作小型电视片，通过计算机影像合成成为动画片中的主角，亲身参与升空、跳楼、攀登绝壁等各种绝技的拍摄制作等。

在"迪斯尼乐园"中，员工们得到的不仅是一项工作，而且是一种角色。员工们身着的不是制服，而是演出服装。他们仿佛不是为顾客表演，而是在热情招待自己家的客人。当他们在游客之中，即在"台上"，当他们在员工们之中，即在"台后"。在"台上"时，他们表现的不是他们本人，而是一个具体角色。根据特定角色的要求，员工们要热情、真诚、礼貌、周到，处处为客人的欢乐着想。简而言之，员工们的主体角色定位，是热情待客的家庭主人。

资料来源：吴文智. 国内外迪斯尼乐园研究述评及对上海的启示. 华东经济管理，2013（2）.

思考题

1. 有形展示有哪几种类型？
2. 迪斯尼乐园是如何进行产品有形展示的？
3. 结合案例分析有形展示对迪斯尼乐园起到了什么作用？

14. 科技

Intel（英特尔）

品牌价值：354.15 亿美元　4%

世界 500 强排名：182

品牌标志：

品牌简介

英特尔公司（Intel Corporation），是世界上最大的半导体公司，也是第一家推出 x86 架构处理器的公司，总部位于美国加利福尼亚州圣克拉拉，由罗伯特·诺伊斯、高登·摩尔、安迪·葛洛夫，以"集成电子"（Integrated Electronics）之名在 1968 年 7 月 18 日共同创办，它将高级芯片设计能力与领导业界的制造能力结合在一起。英特尔也开发主板芯片组、网卡、闪存、绘图芯片、嵌入式处理器以及与通信和运算相关的产品等。

营销策略介绍

只要接触电脑的人，恐怕没有不知道英特尔的。英特尔之所以有今天，并不仅仅是因为其先进的技术，它卓有成效的营销策略也是成功的重要因素。

英特尔作为 CPU 制造领域的老大，它在技术方面的行业领先者的地位毋庸置疑。然而在全球芯片市场这么一个竞争性行业，完全依靠技术优势是不行的，市场营销能力也要领先。

英特尔在 40 多年中实施了诸多有效的营销策略，有一些甚至被称为经典案例。

1. 冲击行动——树立技术领袖形象

英特尔在 1978 年 6 月开发出 16 位微处理器 8086。但是，英特尔的销售人员发现，客户认为摩托罗拉的产品技术先进、价格便宜，没有理由去购买英特尔的产品。销售人员把有关情况写成书面报告，其中强调了英特尔的市场危机，报告递交了给微处理器部门的主管。报告很快引起公司高层的重视，他们立即决定组建销售工作组来解决这个市场问题。

"冲击行动"成效显著，到 1980 年底，英特尔已经把摩托罗拉的市场份额压缩到 15%，它基本控制了其他市场。

2. 直面用户——摆脱下游企业的束缚

英特尔认识到，它已经处于下游企业和最终用户之间的困境中，必须做出有利的选择；英特尔要取得市场的主动权，就不能成为下游企业的俘虏，就必须摆脱下游企业的束缚。为此，英特尔决定不再等待电脑公司的行动，而是主动出击，直接面向最终用户，加大新产品广告宣传力度，引导用户的需求，反过来促使电脑公司采用 386，从而成为市场链的积极拓展者。另外，英特尔把 286 微处理器生产和销售权许可给其他芯片公司作为第二供应商，却给自己造成巨大的竞争压力；而 386 是英特尔独家经营，要争取领导地位，就必须把第二供应商赶出这个市场，这就要尽快用 386 来取代 286。基于以上考虑，英特尔开始采取大手笔促销行动。

3. 合作营销——挟天子以令诸侯

英特尔认为，一个强大的品牌需要与消费者沟通，必须在用户之间树立品牌形象，使电脑用户就像车主知道汽车的发动机一样熟悉微处理器；但微处理器仅仅是一个部件，所以必须与电脑公司合作营销。英特尔销售人员仔细研究了有关营销案例，即作为成品的构件的营销策略，例如，杜比（Dolby）音频系统不能单独购买，而是安装在录音机内；特氟隆（Teflon）不粘材料，是与之搭配的煎锅一起购买；Nutra Sweet 甜味剂包含在多种软饮料中。借鉴以上案例，英特尔增加了新的内涵，使之真正成为一种品牌推广和市场营销策略。CPU 作为电脑部件，一直只是面对电脑公司，而电脑公司也要面对用户，在"以客户为中心"的市场观念下，英特尔第一次把电脑部件直接与用户连接起来，确定采用 Intel Inside 的标志，显示品牌的"品质、可靠、技术领导"。于是英特尔在 1991 年 6 月发起了 Intel Inside 的品牌推广运动，第一年广告费就达 2000 万美元，以后逐年增加，头 18 个月达到 1.25 亿美元。电脑公司很快就参加了这个运动，既可以获得资助，又可以证明产品技术的先进，第一年就有 300 家。1992 年初首次发布电视广告，传播该标志，持续数年，在消费者心中留下了深刻印象；当年英特尔的全球销量增加了 63%，其商标被市场分析家评定为全球第三大最有价值的商标。

4. 体验营销——"芯"动消费者

英特尔以上的营销措施主要还是广告手段，而广告是一种常规促销武器，所以英特尔努力研究新的市场推广利器，以最终用户为基点，更加紧密地连接用户，让用户亲身体验新产品，这就是体验式营销。

2001年11月，为了在节日期间让广大消费者亲身体验奔腾4处理器的强大动力，英特尔公司联合国内外电脑厂商、兼容机商及个人电脑和软件销售商在中国共同启动主题为"芯动2001，尽享数字生活"大型电脑应用体验普及活动。在此后的3个月内，在各大城市的电脑商城和联想、TCL等专卖店里，都将可以看到"奔腾4处理器数字体验中心"的身影。这一体验中心旨在向广大消费者提供免费的、专业的PC购买咨询和应用辅导以及亲身体验，对广大消费者开放，到年底数目达到700多家，遍布中国35个城市。

5. 品牌提升——超越微处理器代表的形象

2002年6月，英特尔公司启动该公司有史以来最大规模的广告促销活动"Yes. 英特尔"，这次促销活动可能会持续三年的时间，活动成本可能高达数千万美元，此举意在进一步加深消费者对英特尔品牌的认知度，同时努力吸引大型企业客户的注意力。英特尔的广告频繁出现在世界许多国家的报刊、电视和网站上。与以前广告促销活动不同的是，这次实现了两大突破：一是产品广告不仅限于电脑微处理器，还涉及服务器芯片、网络芯片和通信芯片等业务，表明英特尔在这些领域内也要占据领先地位；二是广告不仅限于某些产品，还涉及公司情况、技术实力和客户案例等。从广告内容来说，涉及各个方面，但核心只有一个即全面美化企业形象。

总之，英特尔的广告促销策略就是，直接面向最终用户（消费者），以上游企业的身份推动市场链，由技术领袖升华到市场领袖。在一个产品的市场链中，有处于上游的工业企业、处于下游的商业企业和市场的基石即最终用户；而工业企业又有上中下游之分，商业企业也是如此。

营销策略分析

在初期，英特尔树立技术领袖形象，改变了以往在新产品上市后才向社会公布的原则，开始提前公布英特尔即将推出的新产品，由此出版了100多页的《未来产品目录》，包括没有设计和没有制造的产品，目的在于告诉客户，如果与英特尔同舟共济，将得到长期利益。然后，英特尔直接面向最终用户，加大新产品广告宣传力度，引导用户的需求，反过来促使电脑公司采用386，从而成为市场链的积极拓展者。另外，英特尔把286微处理器生产和销售权许可给其他芯片公司作为第二供应商，却给自己造成巨大的竞争压力；而386是英特尔独家经营，要争取领导地位，就必须把第二供应商赶出这个市场，这就要尽快用386来取代286。于是，英特尔开始采取大手笔促销行动，它使电脑公司从此开始紧跟英特尔的步伐。而英特尔推出的合作营销则使得由于英特尔对中小型电脑公司的资助，改变了电脑行业的格局，英特尔不至于受到大型电脑公司的制约，从而维护自己的上游优势地位。由于之前英特尔的营销措施主要还是广告手段，而广告是一种常规促销武器，所以英特尔努力研究新的市场推广利器，以最终用户为基点，更加紧密地连接用户，让用户亲身体验新产品，也就是体验式营销。让消费者深刻体验到基于奔腾4处理器的电脑在音频、视频、图像等方面的卓越表现。英特尔和各商家在各大电脑商城同时设立了多种应用演示区域，展示基于奔腾4的电脑应用模式，比如在线英语学习、影集制作以及用照片制作VCD等，吸引了许多消费者驻足观望，形象生动的演示帮助消费者了解基于奔腾4的电脑在日常生活中的广泛应用和它带来的便利。最后，英特尔利用自身的品牌，超越微处理器代表的形象，进一步加深消费者对英特尔品牌的认知度，同时努力吸引大型企业客户的注意力。通过广告来体现"Yes"丰富的含义，简洁、精练。英特尔希望通过这次广告，超越它在客户中电脑微处理器代表的形象，让客户认识到它在服务器、网络和通信等领域也都富有成就、技术领先，并向这些领域的众多强势对手发起挑战，让客户了解它的优势，从而在众多公司中，取得其在市场链的领导地位。

资料来源：编辑部. 英特尔：聪明的球衣内侧广告. 销售与市场，2014（2）.

思考题

1. 英特尔的广告策略是什么？
2. 英特尔是如何引起最终用户的注意而成功的？
3. 英特尔的广告有什么特点和作用？

15. 科技

Cisco（思科）

品牌价值：298.54 亿美元 −3%

世界 500 强排名：225

品牌标志：

品牌简介

思科公司是全球领先的网络解决方案供应商。Cisco 的名字取自 San Francisco，那里有座闻名于世界的金门大桥。可以说，依靠自身的技术和对网络经济模式的深刻理解，思科成了网络应用的成功实践者之一。与此同时思科正在致力于为无数的企业构筑网络间畅通无阻的"桥梁"，并用自己敏锐的洞察力、丰富的行业经验、先进的技术，帮助企业把网络应用转化为战略性的资产，充分挖掘网络的能量，获得竞争的优势。

1. 企业文化

很多公司把企业文化写出来挂在墙上，思科也有一张文化卡，但思科认为公司的文化绝不是一句动听的话语，它表现在企业的行为中，根植于企业的思维中。比如，说一个人没有文化，这是从他的行为做出的判断，同样道理，一个企业的文化就是它的行为，就是企业每一个员工做出来的行为。如果企业的员工都不知道老板想什么，怎么可能形成一个企业的文化？这样，就带出了另一个问题，沟通。如果一个企业既没有价值观和做事的准则，又没有沟通的途径，就谈不上管理，根本无从管理。

2. 公司愿景
改变网络的局限性，让网络成为最时尚的潮流。

3. 公司使命
为顾客、员工和商业伙伴创造前所未有的价值和机会，构建网络的未来世界。

质量第一、顾客至上、超越目标、无技术崇拜、节约、回馈、信任、公平、融合、团队精神、市场转变、乐在其中、驱动变革、充分授权、公开交流。

营销策略介绍

这并非一场突如其来的官司，华为在国际市场咄咄逼人的气势，使备感威胁的思科终于举起武器。

华为与思科的直接交锋，从 1999 年就开始了。那时，长期专注于电信设备制造的华为第一次在中国推出了自己的数据产品：接入服务器。一年之内，市场攻击性极强的华为就抢到了中国新增接入服务器市场的 70%。随后，华为开始延伸到路由器、以太网等主流数据产品。2002 年，华为在中国路由器、交换机市场的占有率直逼思科，成为它最大的竞争对手。

路由器、交换机等数据产品，正是思科长期以来最具优势的领域，它在全球数据通信领域市场占有率达 70%。随着华为国际化进程的推进，思科感受到的威胁从中国蔓延到全球。

2000 年 3 月 27 日，是一个历史性的时刻，思科总市值达到 5550 亿美元，一度超过微软成为美国市场价值最高的公司，虽然登上世界巅峰时刻短暂，但是思科神话一时魅力四射。十年之后，思科面临的挑战却是前所未有！

2000 年，思科年销售额高达 180 亿美元，雇员 31000 人，市值达到 4440 亿美元。而到 2010 年思科收入 432.18 亿美元，10 年只是增长了一倍。员工 71825 人，也是增长一倍多。而 2011 年底，思科的市值已经跌破 1000 亿美元，不到高峰期的 1/5。

比较一下华为，2000 年，任正非写下《华为的冬天》的时候，华为的销售收入不过 220 亿元人民币，海外销售额只有可怜的 1 亿美元。而 2010 年，华为的销售收入增长了 7 倍，高达 1852 亿元人民币（280.6 亿美元），共拥有来自 150 个国家和地区的超过 11 万名员工，10 年增长 10 倍以上。

目前，华为员工数已经超越思科，收入超越也在未来几年之中，华为没有上市，无法准确估计公司市场价值。但是，按照增长率以及利润计算，双方实际的市场价值目前应该旗鼓相当。所以，最近这 3~5 年堪称是产业力量的转折点，是华为和思科谁是全球市场的王者之争的关键时刻。

营销策略分析

此次思科的诉讼是一个一石二鸟的策略，一方面从长远来看，可以取得抑制华为在美国市场发展的效果，从而保证思科的垄断地位，保证其利润空间；另一方面也是来自股市的压力，因为一个时期以来，思科的股票表现不佳，一直是缓慢下跌的态势，对于竞争力强大的华为，思科将通过诉讼的方式抑制其在美国市场的发展，并将其赶出美国市场，从而获得投资人的信心。

以美国标准衡量，思科、微软、苹果、Google、英特尔等这些占领中国市场的美国高科技公司，是不是也应该被限制？如果说，华为、中兴、联想等中国公司在美国的业务也就是数百亿元的规模，那么苹果、英特尔、思科等美国公司在中国的业务将是万亿元的规模。这种不对称的 IT 贸易战一旦开打，损失孰轻孰重，一目了然。

虽然中国高科技企业是在外企的超国民待遇下成长起来的，现在也将面临更多不公平的狙击，但是，我们依然应该学习美国好的方面，高举开放、创新、公平的大旗。

继续学习美国的企业家精神：企业是国家核心竞争力，国家的事业在于企业。

继续学习美国的硅谷精神：高科技的崛起是最有力也是最有利的崛起，争取中国成为全球创新创业中心。

资料来源：赵越. 思科与华为不可避免的对决. 数字通信世界, 2013（5）.

思考题

1. 试比较思科与华为在发展导向方面的战略。
2. 华为能够成功和解的原因有哪些？
3. 思科与华为诉讼案对国内企业的启示有哪些？

16. 科技

Oracle（甲骨文）

品牌价值：272.83 亿美元　上升 5%

世界 500 强排名：300

品牌标志：

ORACLE®

品牌简介

甲骨文公司（Oracle）是世界上最大的企业软件公司，向遍及 145 多个国家的用户提供数据库、工具和应用软件以及相关的咨询、培训和支持服务。甲骨文公司总部设在美国加利福尼亚州的红木城，全球员工超过 40000 名，是《财富》全球 500 强企业。自 1977 年在全球率先推出关系型数据库以来，甲骨文公司已经在利用技术革命来改变现代商业模式中发挥关键作用。甲骨文公司同时还是世界上唯一能够对客户关系管理—操作应用—平台设施提供全球电子商务解决方案的公司。

营销策略介绍

1. 甲骨文宣布渠道新政——侧重组合销售和云环境

万众瞩目的 2013 年上海甲骨文全球大会开幕了，甲骨文公司的 Mark C. Lewis 先生在媒体沟通会上对甲骨文的合作伙伴策略进行了介绍。1999 年加入甲骨文的 Mark C. Lewis 表示此次甲骨文全球大会是甲骨文在亚太地区迄今为止最大的活动，甲骨文借助合作伙伴的帮助实现了今天的规模，在亚太地区，甲骨文 80% 的收入由 6500 多家 OPN 渠道合作伙伴协助完成，其中有 1200 多家专业合作伙伴。

甲骨文拥有专业的产品和解决方案，多数合作伙伴选择转售的方式与甲骨文进行合作，在亚洲有14000多名专家以咨询顾问的方式与甲骨文合作，相当于将职业生涯交给了甲骨文。而在中国区，很多合作伙伴是利用甲骨文的技术来构建自己的IT环境，从而将其打包销售。甲骨文每年拥有50亿美元的研发资金，对于华为、三星这样的合作伙伴来说，甲骨文提供了一个优秀的平台来实现这些合作伙伴解决方案的建设。

2. Oracle On Oralce——组合销售多重鼓励

甲骨文拥有成熟的合作伙伴网络，针对渠道方面，甲骨文推出了两个新政策。首先是新的激励和返利机制，这是为了帮助合作伙伴更好地推广甲骨文的产品，增加地理上的覆盖和行业上的覆盖，相当于是更为刺激渠道的销售政策，这也主要是针对甲骨文的多种产品的组合销售：Oracle On Oracle。

Oracle On Oracle不仅限于软件产品，同时包含硬件产品，但较好销售的数据库不在此范畴内。本着简化IT的原则，甲骨文希望合作伙伴能够对甲骨文的产品进行组合销售，集成系统的销售也是其中的重点。

为什么Oracle On Oracle如此重要？因为甲骨文不断地在为软硬件集成而努力，能够销售甲骨文的集成产品对于甲骨文非常重要。合作伙伴销售甲骨文的集成产品可以帮助客户进行整个IT环境的建设与转型，提升客户的信任度，也增加了合作伙伴自己的收入。

3. 两大策略——甲骨文的云销售新政

云计算是当今IT行业非常让人兴奋的一种技术，本次甲骨文渠道战略的另外一项很重要的发布就是云计算。如何帮助渠道通过云计算赚钱？甲骨文首先提出了云计算建设者的概念，甲骨文为合作伙伴提供这种机会，通过甲骨文自己的软硬件环境来建立属于自己的云。对于很多参加会议的合作伙伴来说，云计算建设者是很有吸引力的。其次则是加入甲骨文公共云，通过向合作伙伴支付佣金的举荐计划也是云计算销售策略的一个创新点。

由于大多数合作伙伴期望能拥有自己的客户关系，转售云环境和甲骨文的软件属于互补的关系，甲骨文也支持合作伙伴以这种方式进行销售。和以往的分销代理的情况不同，全新的合作政策更为灵活，根据规模来进行相应的返点。

转向云的速度超出了甲骨文的预期，相信在东亚地区，云的部署将会加速。甲骨文首先会在内部试用云技术后再向合作伙伴进行销售，很多合作伙伴参与到了早期的产品开发当中。Mark C. Lewis认为甲骨文期望本地合作伙伴模仿甲骨文钻石合作伙伴来参与其中，再通过在本地强大的覆盖能力进行销售，相信会收到更好的效果。

同期举办的Java One大会为Java专家和爱好者提供了关于Java学习和交流的机会。Java One还包括Java时刻、GeekBike Ride等丰富的Java用户组社区活动。

营销策略分析

甲骨文全球大会第5次在中国举办，有超过15000人参加了这一为期4天的技术大会，甲骨文全球大会提供了一个广泛的技术交流平台，集中展现甲骨文公司享有优势的软硬件集成系统、云计算、客户体验等。共有 300 多场专题讲座，近 100 家合作伙伴展示，100 多场甲骨文产品演示和上机实践，众多全球技术精英的主题演讲，以及数场特别联谊和交流活动等。会议内容涵盖甲骨文的重要产品和解决方案，包括管理软件、客户体验、数据库、中间件、行业解决方案、集成系统和云计算等。大会期间吸引了很多甲骨文国内合作伙伴，包括德勤、英特尔、佳杰科技、富通集团、中软国际等近 30 家公司。他们在甲骨文全球大会上展示了最新的技术和产品，促进合作交流和新的销售机会，并推动业务增长。

大型的软件科技公司面向的消费群并不是我们这样的普通人群而是技术人员，是公司企业。所以甲骨文的营销策略更多地考虑是面对面的全球大会的交流，向他们传递讯息，而不是花精力在电视上打广告在普通人群中宣传产品。它举办为期 4 天的技术交流大会，让其客户参与新产品与新技术的发布，由于产品和技术方面的实力，甲骨文获得了很多用户的支持，大量技术人员成为铁杆粉丝。这些专业 IT 人士参与到全球大会中来，一边喝着啤酒、吃着爆米花，一边听着产品和技术讲座。吸引众多合作伙伴的参与，也是甲骨文全球大会的一大特色，其合作的主要厂商、分销商和 SI/ISV，几乎都到会展示和演讲。参会人员感受其品牌文化，这样不仅拉近了同客户的距离，也宣传了自己的产品。

资料来源：岳占仁. 马克·赫德：甲骨文的新战略阶段. IT 经理世界，2014（4）.

🦉 思考题

1. 甲骨文还有其他的营销方式吗？
2. 甲骨文的竞争对手是怎么进行营销的？
3. 甲骨文为什么增长得那么快？

■ **17. 体育用品**

Nike（耐克）

品牌价值：230.70 亿美元　16%

世界 500 强排名：425

品牌标志：

品牌简介

NIKE 是全球著名的体育运动品牌，英文原意指希腊胜利女神，中文译为耐克。公司总部位于美国俄勒冈州 Beaverton。公司生产的体育用品包罗万象，例如服装、鞋类、运动器材等。

耐克商标图案是个小钩子。耐克一直将激励全世界的每一位运动员并为其献上最好的产品视为光荣的任务。耐克首创的气垫技术给体育界带来了一场革命。运用这项技术制造出的运动鞋可以很好地保护运动员的膝盖，在其做剧烈运动落地时减小对膝盖的影响。

1963 年，俄勒冈大学毕业生菲尔・奈特和他的导师比尔・鲍尔曼共同创立了一家名为"蓝带体育用品公司"（Blue Ribbon Sports）的公司，主营体育用品。1964 年，耐特与他的教练鲍尔曼各出资 500 美元，成立了运动鞋公司，取名为蓝带体育用品公司。

1972 年，NIKE 公司正式成立。其前身是由现任 NIKE 总裁菲尔・耐特以及比尔・鲍尔曼教练投资的蓝带体育公司。

2001 年，耐克公司在研制出气垫技术后又推出了一种名为 Shox 的新型缓震技术。采用这种技术生产出来的运动鞋同样深受欢迎，销量节节攀升。除运动鞋以外，耐克公司的服装也不乏创新之作。例如：运用 FIT 技术制造的高性能纺织品能够有效地帮助运动员在任何气象条件下进行训练和比赛。耐克公司制造的其他体育用品，如手表、眼镜等等都是高科技的结晶。

营销策略介绍

"活出你的伟大"是耐克 2012 年伦敦奥运会期间在全球 25 个国家同步推出的大型主题传播活动，核心是对伟大进行重新诠释，鼓励每个普通人活出自己的伟大。

1. 媒介策略

分别是视频媒体、社交媒体、官网互动和平面广告。

（1）视频媒体："活出你的伟大"一分钟短片。

（2）社交媒体：在腾讯播客、腾讯微博和新浪微博等社交网络上以#活出伟大#为话题标签，引发关于全世界的运动员如何活出自己的伟大的探讨。

（3）官网互动：耐克官方"由此上阵"线上活动让世界各地的普通人像运动员一样对自身的表现进行自我衡量，同时也激发出他们更加努力拼搏的斗志。

（4）平面广告：根据不同的比赛状况，上线不同的平面广告。同时再次通过社交媒体引起话题，刺激受众跟随其品牌理念，支持运动员，放大品牌声音。

2. 营销成果

耐克的知名度大大提升，狠狠打击了其竞争对手兼奥运会赞助商阿迪达斯，营销效果显著。美国最近对 1034 名消费者的调查显示，消费者其实根本不知道谁才是名正言顺的奥运官方赞助品牌。有 34% 的消费者误认为 NIKE 是伦敦奥运合作伙伴，而只有 24% 的访问者给出了正确答案——阿迪达斯才是真正出钱的那一个。非官方数据显示，奥运期间耐克在全国的零售状况普遍提高。

营销策略分析

这个营销活动能成功，从内部来说是因为耐克公司市场部门和品牌部门，具有举足轻重的地位，拥有决策权。而且耐克公司的信息获取途径丰富，还有国际化媒体公司等强大的合作伙伴，对运动员可以提供专人的跟踪和产品服务。和运动员签约后，耐克公司善于从体育营销中整合出事件营销，并将事件营销的广告元素提升到营销元素，同时配合产品推出。这样一来，明星的价值也就被最大化地利用。

同时，NIKE 在奥运会期间，利用微博互动神一般的速度推出"活出你的伟大"平面广告系列，用这种廉价又有效的方式传播品牌，增强其影响力。

纵使民众质疑批评耐克的"埋伏营销"，但这也大大增加了耐克的媒体出镜率和公众影响力，不得不说，这是一次成功大胆的创新尝试。

资料来源：谢园. 耐克寻找品牌认同的基石. 成功营销, 2014（1）.

🦉 **思考题**

1. 耐克公司为什么要举行这样一个营销活动?
2. 为什么这个营销活动能够取得这么大的成功?
3. 这个营销活动存在什么不足?

HP（惠普）

品牌价值：230.56 亿美元　-3%

世界 500 强排名：53

品牌标志：

品牌简介

惠普公司（Hewlett-Packard Development Company, L. P., HP）总部位于美国加利福尼亚州的 Palo Alto，是一家全球性的资讯科技公司，主要专注于打印机、数码影像、软件、计算机与资讯服务等业务。惠普是世界最大的信息科技公司之一，成立于 1939 年。惠普下设三大业务集团：信息产品集团、打印及成像系统集团和企业计算及专业服务集团。

营销策略介绍

国内企业普遍缺乏对自己产品的长期战略规划，这个老问题一直在影响着企业的发展壮大。很多企业投入巨大财力研发产品，并配以轰轰烈烈的营销举措，一旦成功，往往会"收不住"，拼命榨取现实利润，从不主动考虑产品的退出、升级、换代问题。如果失败，又马上气馁，不经过市场调查，就全面否定产品。惠普公司是位居世界 500 强前列的著名企业，其重要的标志性产品——惠普激光打印机多年以来一直在中国市场上占绝对的领先地位，惠普之所以能够取得如此骄人的业绩，主要是由于公司对自己的产品有长期的品牌规划，产品研发、市场推广、经销机制、升级换代、售后服务等都有一整套完整严密的运作体系。

我们重点研究了惠普两款畅销产品 LaserJet6L、LaserJet100，力图找出惠普产品能长期领先的原因。LaserJet6L 是 5L 的换代产品，在 5L 市场推广受阻后，6L 产品立即作了改变，销量直线上升；在取得一定销量后，又遇销售瓶颈，6L 于是展开了一系列市场营销活动将销量进一步拉升。LaserJet1000 是 6L 的换代产品，在 6L 辉煌销售的压力下，LaserJet1000 又一次重拳出击，取得成功。

1. 广告

1997 年 5 月 2 日，6L 正式登场，一心想开门见喜的 6L 在上市之初突破了两个"小禁区"：

提早数日（4 月 28 日）发布产品广告，并在广告中标明"不到 4000 元"的产品价格。此前，惠普的新品上市都遵循着"广告与产品发布同步"、"不在广告上标示价格"等不成文的规矩。

超前发布广告主要是希望形成市场的"饥饿效应"，这种效应的形成有助于使消费者产生心理预期，千呼万唤始出来的新品一旦"见光"，更易点燃市场上蓄积已久的购买欲望。

更重要的是当时在一般人的印象中，激光打印机总是与"高价位"画等号：只要一提到"激打"，人们的脑海中就条件反射地跳出"价格逾万元"。在 6L 上市之前，惠普曾做过专项市场调查，发现在"制约激打被市场接受"的各种因素中，价格偏高是最突出的羁绊。在此背景下，广告中标明价格显然是想着意强调"6L 不足 4000 元"的概念，从而向人们的既有观念发起猛烈冲击。

然而，在起初两个月的市场推广中，6L 的市场推广显得平淡无奇，月销量只在千台上下，突破"小禁区"没能给惠普带来预期中销量的激增。

2. 营销

"不到 4000 元" 6L 新品突破"小禁区"的广告没有达到预期效果，使惠普意识到"还有比价格更重要的东西"在阻碍着 6L 的推广。经过分析，惠普意识到阻止 6L 飞奔的主要障碍是针式打印机——一个即将退出历史舞台的老品类。其实在 6L 诞生以前，惠普就曾注意到针式打印机的力量：价钱便宜，占据绝对的市场优势（老用户很多）。

惠普改变了以前的战略——采取相对保守的渐进方式，逐步蚕食针打的市场份额。惠普认为：循序渐进的方法根本无法取得很大的成效，必须果断地同针打产品开战，运用具有针对性的方法运作（火力必须大），才能收到一定成效。在 1997 年七八月间，惠普开始"虎口夺食"，明确了"激打替代针打"的主题，并运用了相应的营销策略。这些营销策略被分成了三步实施。

第一步是"正向营销"。宣称"激光打印机的普及（平民化）时代已经到来"。借助直邮、路牌、广播、电视等多种广告形式，不断强化6L"高贵不贵"的形象，将"不到4000元"的信息反复向市场传播，进而扩展激打的应用范畴：只要有文字和图像输出需求的用户都可以尝试使用。为了增加对抗的效力，惠普还推出了"针打终结者"软件，驱动程序一装，6L就能"虚拟"部分针打环境，起到了骚扰对手的作用。

第二步是"逆向营销"。渲染"SalesFear"——如果不买激打而选择了针打，用户将为此付出不菲的代价。惠普采取了对比式的广告表现手法，利用6L图像输出质量高的明显优势，用激打最锋利的矛直刺针打最薄弱的盾。

系列广告一：在平面广告上方写"好消息"，字体非常漂亮。说明：因为花不到4000元买了激打6L；在平面广告下方写"坏消息"，字体模糊不清。说明：因为买了输出效果较差的针打，而钱却没少花。

系列广告二：在平面广告上方印刷精美的京剧脸谱。说明：买惠普6L好有面子；在平面广告下方印刷一个胡子拉碴、面目不清的头像。说明：买针打好没面子。

第三步是"趋势营销"结合"实战营销"，诱导用户要"跟上潮流（Follow the Change）"，引导渠道推动6L的销售。在此阶段，类似"从汽车的反光镜中看到针打已落在了后面"这样的广告创意起到了画龙点睛的作用，但更关键的是将"激打替代针打"的详尽市场推广方案和促销计划向渠道渗透。惠普知道，6L必须依托强有力的渠道队伍和细腻的渠道政策，才能取得战胜针打的最后胜利。在发展经销商方面，惠普采取"宽进严出"的方式，在短时间将经销商数量大幅增加，以满足6L销售向上"冲量"的要求；在渠道推广方面，惠普从小到设计产品资料单，大到学习名为《制胜指南》方面的培训，不断向经销商灌输相关思想，让经销商充分感受激打的力量，意识到激打是潮流。

惠普的营销第一步是正，第二步是反，第三步是合。"三步走"使6L的月销量迅速增加，从1000台增至3000~4000台，再跃升到5000~6000台……增长的势头一直维持到1999年年中。但是这时，销售瓶颈似乎又出现了，"激打替代针打"的市场活动的拉力似乎已经发挥到了极致，很多经销商认为，6L的月销量似乎已摸到了"天花板"。真的是这样吗？

3. 销售模式突破

1999年下半年，"激打替代针打"的市场活动似乎已将营销拉力发挥到极致，惠普6L的销售人员终日为解决库存压力、价格混乱等成长期产品经常遇到的老大难问题而疲于奔命。欲使6L的销量再有质的突破，只能在"推力"上下工夫——惠普的决定是改变销售模式。

惠普传统的销售模式是线性的："厂商——总代理——二三级代理——最终用户"，这一模式是惠普在中国市场创建的，对"旧鞋子"简单修补恐怕难以让6L走上新路，但完全舍弃也不太现实。惠普最终采用了国外盛行的电话销售模式。

在电话模式中，依然存在"厂商、总代理、二三级代理和最终用户"四大核心环节，但惠普对供应商与渠道的关系进行了重大调整：二三级代理商通过电话直接向厂商下单，而不是像过去那样必须经过总代理，总代理则主要扮演物流商的角色。这样，线性的模式掺入了非线性的因子，厂商对终端渠道的控制力度明显加强，库存周转、价格波动更易掌握，惠普对 6L 的销售也能做到心中有数。

模式的整改触及总代理的利益：从当初的销售必经之路变成单纯的物流管道。但当时总代理面临的庞大的库存和恶性的杀价，使其欣然接受了惠普的建议，因为惠普的强势推动会使处在极大销售压力下的总代理获得新模式带来的益处。所以尽管电话销售客观上削弱了总代理的影响力，总代理还是通过行动给予惠普的新政策以支持——保证物流。

营销策略分析

看一个企业经营的好坏，一定要看前后和中间。前面是市场营销，后面是生产研发，中间就是企业管理。这三部分是密不可分的，有一个部分出问题，另外两个部分就不能正常运转。目前很多国内企业的问题是过于注重市场营销，研发产品一投入市场，首先想的就是尽快收回投资，早点盈利。如果产品有瑕疵，也尽量用营销工具去遮掩，强力拉动销售。经常使用这样的短期市场行为，会降低企业的品牌美誉度，而且还会直接影响企业其他产品的销售。从案例可以看出，惠普公司（激打部分）在市场营销、生产研发和企业管理三个方面都非常出色。后面的生产研发，不仅有强大的资金支持，保证新产品研发的速度和质量，而且还同前面的市场营销紧密配合，建立了完善的回馈机制。5L 销售不畅，惠普并没有给营销部门加压，或采取强力促销策略，而是认真分析原因，不惜花费大量资金研究适合国内市场的新品，新品 6L 的成功，是惠普市场与研发之间紧密配合的成功，而不是单纯的市场营销行为的成功。

另外，在激烈竞争的环境里，惠普市场营销的敏捷性让人根本看不出它是一个"庞然大物"。比如，在看到冲击型广告"不到 4000 元"并没有取得预期的市场效果后，惠普立即改变策略用了打击型广告"激打替代针打"，彻底向换代产品宣战。对于一个机构庞大、经销商众多的企业来讲，这么快就做主题改变是非常不易的，但是惠普做到了，而且很成功。这样的例子还很多，比如在市场拉力似乎已经"摸到天花板"的时候，惠普立即用企业推力——"电话营销"再次启动市场等等。惠普的敏捷性就是管理到位的表现，前后和中间的问题都解决了，惠普自然能在市场上轻松取胜。

资料来源：刘新光. 中国惠普有限公司营销渠道建设策略研究. 山东大学，2013（5）.

思考题

1. 这次整合多部门的营销模式可以用到其他的惠普电脑产品上吗？
2. 惠普打印机有新的广告宣传吗？
3. 当惠普的市场份额达到一定高度的时候，接下来怎么做营销？

19. 汽车
Honda（本田）

品牌价值：229.75 亿美元　6%

世界 500 强排名：44

品牌标志：

品牌简介

　　本田（Honda）株式会社（本田技研工业株式会社）是世界上最大的摩托车生产厂家，汽车产量和规模也名列世界十大汽车厂家之列。它于 1948 年创立，创始人是传奇式人物本田宗一郎。公司总部在东京，雇员总数 18 万人左右。现在，本田公司已是一个跨国汽车、摩托车生产销售集团。它的产品除汽车、摩托车外，还有发电机、农机等动力机械产品。

　　本田汽车公司是汽车行业的彼得·潘———家拒绝长大的公司。作为世界上最年轻的以及少数几家保持独立的主要汽车制造商，本田一向喜欢我行我素。本田坚决维护其创始人所倡导的独立行事、快速行动的企业文化，大胆地在全球战略、产品概念以及可持续使用的资源等方面坚持走自己的道路。当习惯性思维促使汽车制造商们纷纷朝一个方向奔去时，本田注意到了这一点，于是便转而向另一个方向进发。

　　自 1948 年作为一家摩托车制造商诞生至今，本田的这一策略一直很奏效。本田现在是世界第七大汽车制造商和盈利最高的汽车制造商之一。本田在日本占有 15% 的市场份额，超过日产（Nissan），仅次于丰田（Toyota）。在几乎占据了本田营业利润 2/3 的北美市场，本田已经建立了第五家汽车装配厂，并且正在对"三大"汽车制造商最后的堡垒——轻型卡车市场发起进攻。它在新型燃料方面也占据着重要地位。在其他汽车制造商正在就行驶里程和排放——主宰 21 世纪汽车工业的两大问题大伤脑筋时，本田在这两个领域已处于领先地位。

在全球环境问题日益突出的当今，Honda 在产品研发、生产和销售等各项企业活动中努力把解决大气污染、降低 CO_2 排放量、有效利用资源和能源等作为课题，为达到产品排放清洁化、降低燃料消耗、实现生产线的"绿色工厂化"等采取了一系列措施，为减少对地球环境的影响做出了积极贡献。作为提供移动文化的厂家，Honda 不仅考虑乘员也考虑行人的安全，致力于生产安全性更高的产品。同时，它积极参与安全驾驶普及活动等各种解决交通系统问题的活动，为建设更加丰富的移动文化社会而不懈努力。

营销策略介绍

2015 年 6 月 8 日，在《骇人听闻　高田气囊引发绕赤道 4 圈半的汽车召回》一文中，中国经济网汽车记者较为详细地总结道，因涉及数量超过 4000 万辆汽车，由高田气囊引发的召回已成为史上最大一次召回。

那么，这 4000 万辆被召回的汽车，到底对消费者造成哪些伤害？伤害程度有多严重呢？

2015 年 1 月 18 日，事故发生在位于美国德克萨斯州以北的休斯敦。35 岁的卡洛斯·索利斯在驾驶 2002 款本田雅阁轿车时遭遇车祸丧生。而事故的原因或与高田公司生产的安全气囊破裂有关。法医的初步验证报告显示，索利斯是因为脖颈部位受钝力所伤而致死。

高田安全气囊和本田汽车出了什么问题？

汽车安全气囊系统是辅助安全系统。只有在与安全带配合使用时，才能最大限度地保证驾驶者的安全。而安全气囊的启动也需要一定的条件。安全气囊在启动时，需要合适的速度和碰撞角度。理论上说，只有车辆的正前方大约 60° 之间的位置撞击在固定的物体上，并且需要高于 30km/h 的速度才能使安全气囊打开。

据了解，安全气囊在弹出时存在打开力量过大且较易将尖端金属暴露给驾乘人员的情况。高田也是众多厂商中唯一一个使用硝酸铵作为化学反应物质来产生大量气体，以达到充满气囊的目的。这一情况也曾经受到过高田公司工程师与员工的质疑。作为引导气囊打开的爆炸物，硝酸铵是一种极不稳定的化学品。至于气囊自动打开的情况，应该是由于安全气囊技术上出现的一些缺陷所造成的。另据路透社报道，日本汽车零部件供应商高田公司已通知美国交通安全监管部门，将停止在其气囊充气机中使用硝酸铵。

现在，高田安全气囊的事件愈演愈烈。安全气囊不仅没有成为人们驾驶出行的安全保障，反而成为名副其实的刽子手，直接夺取人的性命。出现这样的情况，人们对装有高田气囊的汽车安全性存在质疑，还会在驾驶本田汽车出行时更加胆战心惊。

日本 *Business Journal* 杂志 2014 年 11 月 25 日报道称，以技术著称的本田汽车，近年来却深陷技术问题泥沼，三番五次的召回导致本该是诞生本田公司最高盈利业绩的 2014 年一蹶不振。

本田的销售额、利润接连下调，究其原因，在于本田主要车型的一系列召回问题。本田公司在 2014 年 10 月 23 日宣布召回其主要小型车"飞度"等约 42 万辆，震惊整个股市。但最令人瞠目结舌的还不是这次召回涉及的数量之多，而是后来本田对同一型号车辆的连续召回。

本田在日本国内的情况也非常不乐观，东京某本田系列专卖店不禁发出牢骚称，本田三番五次的召回搞得品牌信誉全失，又加之日本最近增加消费税，简直是一辆也卖不出去。以技术著称的本田为何不断因技术问题召回汽车，在这前所未有的异常情况背后，"本田技术"究竟哪里出了问题？

1. 过度膨胀的软件开发工作量

2013 年末开始，本田的 HV 控制软件缺陷在汽车制造业界广为人知，本田公司之外的专家也开始研究其缺陷产生的原因，在 2014 年年初就确定了本田 HV 控制软件的缺陷，虽有质疑但摘录其中一个相关人员的说法如下：

DCT 双离合自动变速器的控制软件故障产生的原因在于"飞度 HV"和"vezel HV"开发新采用的 HV 系统过于复杂。本田之前一直采用"IMA"HV 系统，这个系统是集发动、加减速、高速移动所有驾驶要素为一体，将引擎和马达直接连接到离合器的简单构造。

而与本田这次采用的新型 HV 系统将引擎和马达分离，可以实现"IMA"系统无法实现的 HV 车型特有的"EV 模式"。所谓的"EV 模式"即是将有两个离合器的 DCT 双离合自动变速器分别与引擎和马达连接，起步的时候使用"EV 模式"，实现加减速和高速行驶时根据行驶状况自动辅助马达、引擎的运行。因为性能的提升，新的 HV 系统的构造也是相当的复杂。

本田最不走运的就是他们并没有使用 DCT 双离合自动变速器的经验。正因如此在开发 DCT 双离合自动变速器控制软件的时候难免出错。该人员还推测说，开发此软件的工作量和开发一般汽油驱动汽车和其他老式 HV 系统完全没得比，加之"飞度 HV"的上市时间紧迫，本田可能就放松了监督与检查，这也是事故发生的原因之一。该人员推测的依据就在于，他声称"软件开发过程中我们就在修正 BUG，在车辆上市之后我们还在赶着修正那些没修正完的 BUG"。该相关人员还指出，可能是本田想要依靠自己在性能上的提升来超越他们的竞争对手丰田，所以操之过急导致了这几次召回，这个看法也是相当有说服力。

2. 全球同步开发方案的决策失误

本田之前一直先在日本国内上市新车型，几年后再以此为基础开发符合国外各地市场的车型。但近年来本田为了在日本国内外同时上市新车型，实施了全球同步开发方案。虽然这一方案可以减少材料运输的成本又能确保在世界范围内同时上市新车型增大销量，但其耗费的人力极大，之前一直轮班的控制程序开发员不得不全部不轮班投入工作，结果就是让程序开发工作相关人员苦不堪言，工作质量也下降。

3. 本田为改善品质管理工作所做的改革

本田也意识到了问题的严重性，2014年10月23日本田公司公布了"品质保证体制强化"方案。

方案的具体内容有：在机动车事业部设置"品质改革担当董事"一职，全权掌管公司内部品质管理体制，同时还兼任本田技术开发部门本田研究所的副所长以期达到在强化公司品质管理体制的同时提高生产、客户服务等部门的工作质量。同时还任命因对质量要求严格被称为"质量先生"的福尾幸一为专务执行董事。如此看来，"本田技术"又将开始面临新的挑战。

资料来源：刘晓华. 本田：从保守到进取. 汽车观察，2012（6）.

思考题

1. 安全气囊召回实践对本田造成了哪些负面影响？
2. 本田公司"品质保证体制强化"方案的具体内容是什么？
3. 本田应如何改善质量问题？

20. 奢侈品

Louis Vuitton（路易·威登）

品牌价值：222.50 亿美元　-1%

世界 500 强排名：无

品牌标志：

LV

LOUIS VUITTON

品牌简介

　　LV 全称 LOUIS VUITTON，中文名称路易·威登，创立于 1854 年，现隶属于法国专产高级奢华用品的 Moet Hennessy Louis Vuitton 集团。创始人路易·威登的第一份职业是为名流贵族出游时收拾行李。他见证了蒸汽火车的发明，目睹了汽船运输的发展，发明创造是烙在其心底的冲动。路易·威登在收拾行李中，深深体会到当时收叠起圆顶皮箱的困难，于是，他革命性地创制了平顶皮衣箱，并在巴黎开了第一间店铺。就像今天 LV 产品的境遇一样，他的设计很快便被抄袭，平顶方形衣箱成为潮流，路易·威登的皮箱最先是以灰色帆布镶面。1896 年，路易·威登的儿子乔治用父亲姓名中的简写 L 及 V 配合花朵图案，设计出到今天仍蜚声国际的交织字母印上粗帆布的样式。

　　第一次世界大战时，路易·威登为适应当时的需求，改为制作军用皮箱，即可折叠的担架。战后，他又专心制作旅行箱，并获得不少名人的垂青，订单源源不绝。到路易·威登的孙子加斯腾时代，产品已推至豪华的巅峰，创制出一款款具有特别用途的箱子，有的配上玳瑁和象牙的梳刷及镜子，有的缀以纯银的水晶香水瓶。路易·威登公司还会应个别顾客的要求，为他们量身定造各式各样的产品。整整一个世纪过去了，印有"LV"标志这一独特图案的交织字母帆布包，伴随着丰富的传奇色彩和典雅的设计而成为时尚经典。100多年来，世界经历了很多变化，人们的追求和审美观念也随之而改变，但路易·威登不但声誉卓然，而今仍然保持着无与伦比的魅力。

除了皮箱、皮件和时装外，求新求变的百年老店 LV 也将脚步跨入其他时尚领域。1998 年，LV 请来时尚界的大顽童 Marc Jacobs 掌舵，带领这艘巨轮继续前航。Marc 来自美国，但他却深深为服装的历史、文化、根基和经典精神所着迷。Marc 的设计理念以实用为主，他认为时装要能够让人穿出门才是最实际的，他注重设计细节，融合个人的独特眼光，衍生出出众的女性魅力风格。经典的行李箱、鲜艳创新的提包，LV 的高贵精神和品质不变，但在 Marc 的巧妙装扮下却为 LV 换上了新的表情，更贴近大众的生活。

很少人不知道 LV 这个品牌，即使是不知道这个品牌的名字，也看过最典型的交叉 LV 缩写、星星、四瓣花组合成的『Monogram』图纹，甚至在不知这个包包叫 LV 时，就可能已经用过或看过其仿冒品。日本少女将 LV Speedy 当作标准配备，她们一点都不怕撞包，因为只要挂上独具个人特色的吊饰、丝巾、手帕，一样的 Speedy 还是会让她们看起来有格调、与众不同，这种塑造个人风格的神奇魔力，也是 LV 能风靡全世界的原因。

营销策略介绍

奢侈品被越来越多的消费者追捧，这块肥肉也早已被一些不法分子盯上，并为此铤而走险，仿造出大量假货销往市场，有些不法商人甚至成为 LV、香奈儿等奢侈品牌的 VIP 客户，抢先购买到新品进行仿造，有些产品以假乱真，甚至进入高端商场或销往国外。因为高额利润诱惑，这一造假市场屡禁不止。

近年来因奢侈品市场快速兴起，为此有不少人加入仿造奢侈品的行列，在广州白云区、花都区以及东莞等地皆有一些皮革造假的工厂，有些高仿的 A 货，做工相当精致，连证书等都一起仿造配套齐全，以假乱真，甚至要由相关方面的专家才能甄别出来。

中国奢侈品市场研究机构品质研究院发布的《中国奢侈品报告》显示，2011 年中国消费者境外奢侈品消费总额为 500 亿美元，2013 年，这一数字被改写为 740 亿美元，远高于本土消费。另有一数据称，2013 年，中国奢侈品消费总额达 1020 亿美元，消费了全球近一半的奢侈品，成为全球奢侈品市场的最大客户。在中国奢侈品消费力"井喷"的同时，一些追求品牌但没有能力消费或者不舍得出钱的人群成为假货的消费群，有些消费者甚至真假手袋交替使用。

一位销售 LV 等奢侈品牌假货的卖家曾向记者透露，之所以可以做到以假乱真，是因为他是奢侈品牌的 VIP 客户，一旦有新品推出，他可以抢先购买到，将一些热门款拿回来立刻解构，交给专门的工厂按 1∶1 的比例仿造，假如不是专家，几乎难分真假，但价格则相差好多倍，几千到几万元的一个手袋，消费者只需花几百元到上千元就可以买到。根据市场情况，用料也有所不同，价格越高的，当然越接近真品。近几年随着消费者对奢侈品认知度提高，假货市场也随之迅速发展，虽然有翻倍的利润，但风险也高，线下被查得很严，业内不少人转向线上。不过，也有些内地客户从广州批量采购后甚至到商场设专柜销售。

之前广州某些商场里也曾出现过出售仿造的名牌手袋、皮鞋、服装等产品，由于价格便宜许多，甚至在广交会期间有些外国客商到商场里加入购买的行列。有海关内部人士告诉记者，有一些人是冒险走私，但也出现过一些国外旅客是无意购买到假货。海关对假货查得非常严格，与不少奢侈品牌都有合作关系，接受其专业培训以提高业务水平，碰到一些类似高仿的产品一时无法判断时，将交给奢侈品牌的专门人员来甄别。

由于各个部门打击力度加大，一些不法分子早已从线下转为线上，借助互联网这个工具让整条造假链条更隐秘。一位与品牌造假商有联系的人士告诉记者，他有两个朋友靠卖A货皮革产品，赚了上千万元后，已移民到国外并与原有朋友圈失去联系，现在网上查得也严，有些人干脆金盆洗手了。

营销策略分析

奢侈品包包以其时尚的外形、过硬的质量、能彰显社会地位标志让很多人爱不释手，但其昂贵的价格让人望而却步，很多消费者转而将目光投向高仿A货甚至是假货，这也给了造假商贩可乘之机，以次充好的、弄假成真的现象层出不穷。我国监管部门监管不力，查处力度不强也导致了假货横行的现象发生。

另外，除造假案外，LV在过去也曾爆出拆柜事件等多次负面事件，为何LV在中国发展屡遭困境？

首先，外国人和外国法人在中国境内进行的商业行为必须遵守中国的法律，在这里中国应当包括大陆、香港、澳门和台湾，当然在大陆以外区域适用有当地特色的法律。在国际私法领域，行为地作为重要的连接点是有重大意义的。比如合同主体，中国法律就规定，主张在合同订立时候在本国尚未取得完全民事行为能力而要求撤销合同或主张合同无效的，如果查实在订立合同时依据中国法律拥有完全民事行为能力的，合同有效。

其次，中国不是判例法国家，因此中国法院或行政机关的判决裁决对其他行政机关和法院不能援引自动生效。中国对于其他国家的判决和裁决，不自动承认效力。比如王某李某在国内结婚，后到德国发展，因感情不和，最终走向离婚，后经德国科隆法院判决离婚。王某回国。一年后，遇见新爱人，如果这个时候王某想再婚，就必须到当地的中级法院确认德国判决的效力，只有经过确认，中国片警才会开单身证明。由此可知，对于LV在法国本土和在世界其他国家的惯例，甚至在中国大陆以外地区的惯例，对于中国大陆地区的行政机关和司法机关，都没有拘束力。也许又有好事者说难道惯例在中国没有一点地位？当然不是。国际惯例在中国的法律地位必须通过中国国内法的确认或有关机关的认可。

最后，LV在国内的待遇问题。事实上，LV歇业事件的关键是LV的产品在中国应该享受怎样的待遇。一般而言，对于外国人、法人，在中国有超国民待遇（比如以前的外资企业税收的三免两减半）、国民待遇（中国和外国企业做假账都要受处罚）、最惠国待遇（指给予某个国家的待遇不低于已经给其他国家的待遇）、对等待遇（比如H国对中国产品实施特别关税，中国同样对 H 国产品实施特别关税）。

就 LV 而言，希望享受的是超国民待遇，而中国方面显然认为 LV 不应该享受这个待遇。其实，超国民待遇必须是经过中国法律特别规定的，在没有规定的情况下，一般实施国民待遇原则。

资料来源：杨芳. 中国为什么出不了 LV. 沪港经济，2012（1）.

思考题

1. 面对假货泛滥的现象，LV 应作出何种应对？
2. 试分析 LV 在中国的战略布局及挑战。
3. LV 应如何应对其在中国发展遇到的困难？

21. 服饰
H&M

品牌价值：222.22 亿美元　5%

世界 500 强排名：无

品牌标志：

品牌简介

H&M，Hennes & Mauritz AB 的简称，由 Erling Persson 于 1947 年在瑞典创立，主要经营销售服装和化妆品。目前，H&M 的发展惊人，拥有超过 3000 家专卖店，足迹遍布 28 个国家。德国是它的最大市场，其次是瑞典和英国。H&M 的理念如下：

（1）专注："心系一处"，集中优势资源，专注于服装产业的休闲服饰，在该领域做深、做细、做精。在近阶段的 3~5 年内专注于中国大陆市场，不轻易、不盲目、不虚荣地开拓国际市场，只有当国内市场的领导地位建立并稳定之后，才会考虑拓展海外市场。H&M 品牌在年龄定位上专注于 18~25 岁的年轻、有活力的消费者，决不轻易变动延伸。

（2）警惕：公司高层领导具有强烈的危机意识和警惕性，不因阶段性的成功而得意忘形，在经营上始终冷静、小心，"战战兢兢、如履薄冰"。

（3）尊重员工：确保全球的所有员工都能够在安全、健康的环境下工作，并受到公正的待遇和尊重；合作的供应商必须遵守当地法律，并达到在道德、法律、卫生、安全以及环保标准等方面的严格要求；会对工厂进行评估，以确保其合规格；不容许使用童工、囚犯或强迫劳动力，也不容许采取体罚或其他形式的强制措施；工作时间、工资和福利必须合法；尊重工人的权利。

营销策略介绍

2014年3月，以设计、创新和责任感著称的全球时装公司H&M在联合国开发计划署协办的首届德勤中国可持续发展大奖上荣获可持续发展创新奖。

H&M凭借其举办的"不要让时尚被白白浪费"的旧衣回收活动一举斩获了这一奖项。在该活动中，H&M所有市场的顾客都能够将闲置衣物带到H&M门店，闲置衣服从门店被运往瑞士的专业旧衣回收机构，由他们进行分拣并找到它们的新用途。2013年8月，H&M在中国推出了这一计划，至今已回收共计133688公斤衣物。

2014年2月，H&M的首批再生纺织纤维产品上架出售。这批产品由回收的旧衣物升级改造而成，共有包括外套和牛仔裤的五款牛仔单品可供选择。该系列的牛仔裤含有20%的再生棉。

H&M旧衣回收活动在全国门店铺开，以如此规模开展旧衣回收行动，在国内快时尚品牌中尚属首家。顾客可以将自己的一袋（不限定几件）旧衣拿到门店，最多能得到两张85折优惠券，每张券在一定期限内限买一件正价商品。不少顾客为了享受这"白来的"优惠，转而立刻"以旧换新"。回收的衣物将由H&M的合作伙伴I：Collect进行处理，这家瑞典的科技公司将从Adidas，Puma，Jack & Jones，C&A，Esprit收购的旧衣物中大约10%的质量完好、可穿用的，经过消毒处理进入二手市场，30%~40%经过处理作为材料使用，还有一部分被改造成同等材料的产品，比如抹布。但这些衣物最终只有0.3%重新回到了服装原材料中。

营销策略分析

作为快时尚的领军品牌，H&M此次无疑将"快"发挥到了极致。利用"低碳、环保"的回收方式，辅以诱人的优惠券，让更多的消费者迅速实现对新鲜时尚的渴望和购买，可谓玩出了"以旧换新"的新花样。既赢得了社会口碑，更赢得了顾客青睐。品牌和销售一举两得。只是，如果本次活动能够融入一些"慈善元素"，可能效果会更好。毕竟"快时尚"的感悟不仅限于衣着光鲜，一颗随时随地慈善的心无疑也是"社会时尚"不可或缺的一部分……

快时尚服装以"快、廉、准"的风格迅速兴起，带动全球的时尚潮流，追求时髦的人趋之若鹜，一件件服装因其廉价而被过度消费。无休止的购买与拥有欲望，在人与环境关系日趋紧张的今天，快时尚行业的环保迷思是我们无法回避的一面。互联网普及的今天，二手衣回收与销售也开始在国外流行，希望能借此减少对地球物质与环境索取的压力，"快时尚"类的品牌在这样的潮流下也不遗余力通过"绿色、环保、可持续"等概念来装点自身品牌，借助环保原材料、旧衣回收、公益活动等"漂绿"品牌形象，但对其供应链污染，原材料的大量消耗等核心问题却避而不谈。在 H&M 旧衣回收及形形种种的快时尚公益活动中希望更多人能开始关注公平贸易与良心时尚。

旧衣回收这种原材料级别的处理工作本不是制衣企业的强项，H&M 冒着抢环保组织生意之嫌力行推进旧衣回收计划，这其中的营销价值不言而喻。"环保"概念在其消费者心智中植入了更为高尚的企业责任形象，从品牌精神层面区隔于其竞争对手如 ZARA、UNIQLO 等。同时，旧衣回收计划也让传统的旧衣回收商增加了原料渠道，增强了上下游产业链的合作。更重要的是，对消费者补偿打折卡正是增加 H&M 销售名正言顺的方式，真正帮助消费者解决了"快时尚"下大量旧衣再利用的问题。只要真正地助力环保，给消费者实惠，无论营销目的多么昭然若揭，又有何妨？

资料来源：韩立达. 提升我国服装业综合竞争力探析——以 H&M 公司为借鉴. 四川理工学院学报（社会科学版），2014（8）.

思考题

1. H&M 的快递低成本策略有哪些优点？
2. H&M 的快速低成本策略有哪些问题？
3. H&M 公司的营销策略中有哪些成功经验值得国内服饰品牌借鉴？

22. 快消品

Gillette（吉列）

品牌价值：222.18 亿美元　−3%
世界 500 强排名：属宝洁公司
品牌标志：

Gillette®

品牌简介

　　吉列（Gillette）是国际知名的剃须护理品牌，由"吉列之父"金·吉列（King C. Gillette）创办于 1901 年。到 1917年，吉列品牌在美国国内的市场占有率已达 80%，奠定了其在刮胡刀领域的领导地位。自 20 年代开始，吉列逐渐进入国际市场，并迅速成长为国际知名品牌。吉列一直是世界剃刀和刀片领域的领先品牌，其在全球市场的占有率高达 65%，处于绝对领先的地位。2005 年宝洁（P&G）以 570 亿美元并购吉列公司。

营销策略介绍

　　在吉列的世界里，有两个梦想：先让世界变得更好，再阻止全世界男性的胡须在黑夜里潜滋暗长。吉列的"男色"加吉列的刀片让这两个梦想的实现成为可能。吉列的刀片削掉了男人"面子问题"的麻烦，削出了男色营销的典范。人们相信，只要世界上的男人不发生基因变异而继续保持男性特征的话，男人们以吉列刀片为首选武器与自己脸上的须毛展开的旷日持久战就将延续下去。获得商业利润的前提是能够满足消费者的欲望，让思想和世界同步，近百年来，吉列充满荷尔蒙的营销手法创造了一个又一个经典，吉列也成为无数男士品牌效仿的对象。

1. 赔本赚吆喝：借助"胡子大兵"行销全世界

第一次世界大战期间，当吉列创始人金·坎普·吉列看到大胡子的士兵在前线的新闻照片时，他就意识到这里隐藏着一个巨大的市场。士兵们将剃须刀、磨刀的皮条以及磨刀石全都带到战场上非常不方便，于是，很多人的脸上便长出茂密的"森林"，不仅不卫生，而且士兵受伤后因毛发影响也不易痊愈。吉列敏锐地观察到了这一商机，1917 年 4 月，他以低于成本价的价格同政府签订了有史以来最大的一笔政府采购合同：政府低价购买 350 万副刀架和 3600 万片刀片，然后将剃刀发放给士兵。这似乎是一桩亏本买卖，但随后不久，不计其数的美国士兵成了吉列剃须刀的使用者。这些士兵到欧洲作战，把吉列剃须刀带到了欧洲，欧洲人也深受其影响，喜欢上了这种安全、方便的剃须刀。

战争结束后，一些士兵回国时带上了吉列剃须刀，从此吉列剃须刀在自己的祖国也广为人知，成为名副其实的"军需品"，那些以前从未自己动过手而只是在理发店刮胡子的大兵们接受了吉列剃须刀。就是在这一年，吉列创下了销售剃须刀片 1.3 亿片的神话，销售额是吉列创立那一年的 80 多万倍，在美国国内的市场占有率达到了 80%。

2. "赢"的精神：与体育结下不解之缘

有很多人在探寻吉列成功的秘密：一个小小的玩意究竟可以多么神奇？2001 年，吉列 CEO 詹姆斯·基尔茨说："吉列是一家'异常强大'同时又存在'严重可自我修复问题'的公司。"他的前任阿尔弗雷德·泽恩的说法则更具有总结性及企业色彩，他曾经把"研发生产、资本投资和广告"称为吉列的增长驱动器。从 1991 年到 1999 年，在泽恩的领导下，吉列迈入黄金时期，利润年增长超过 15%，吉列的市值也由 60 亿美元增至 600 亿美元。事实上，从金·坎普·吉列时代起，吉列公司就对营销情有独钟，这也许和他之前从事推销工作有关。后来吉列的历任 CEO 大多继承了重营销的传统。

1939 年，吉列获得了世界职业棒球大赛独家广播赞助权。从此以后，吉列的名字频繁地出现在赛马、拳击、橄榄球等各种体育比赛中，与体育结下不解之缘。从 1970 年墨西哥世界杯足球赛起，吉列就一直是世界杯足球赛的合作伙伴，它是与世界杯足球赛合作时间最长的企业，人们对吉列的感情与对世界杯足球赛的感情相同，世界杯足球赛也成为吉列与全球千万消费者联系的载体。另外，吉列制作全球体育电视节目《吉列国际体育》已有 20 年之久，其在中国的播出也有六七年了，覆盖了大半个中国。吉列中国区公关部经理龚京鸣接受《新营销》记者采访时说："我们选择体育作为吉列品牌的沟通平台，一个很重要的原因，在于体育'赢'的精神和向上、自信、进取的态度。"

3. 带动消费潮流：寻找男色经济代言人

2005 年 5 月 28 日，吉列正式宣布与英格兰国家足球队队长、皇马超级巨星贝克汉姆签订了一份为期 3 年的广告合同。按照合同要求，当时 29 岁的贝克汉姆将出任吉列新产品 M3power 的形象代言人。吉列发言人说："贝克汉姆是男人中的极品，他不仅是优秀男人的典范，而且是体育场上的传奇人物。"此后，贝克汉姆代言的广告频繁地在电视、报纸、杂志、户外媒体上亮相，体现了吉列"完美男人、完美体验"的销售主张。贝克汉姆所在的经纪公司发言人朱利安·亨利说："能够与吉列达成广告合作协议对贝克汉姆非常重要，因为全球有近 10 亿男性每天都在使用吉列的产品。"

选定贝克汉姆代言与吉列的一则事件有很大关系。2005 年，宝洁以 570 亿美元并购吉列，据悉这也是宝洁并购史上最大的手笔。当时，宝洁拥有 16 个销售额在 10 亿美元以上的品牌，吉列则拥有 5 个销售额在 10 亿美元以上的品牌（除了锋速、威锋主要供应中国市场外，吉列旗下还拥有超蓝、Oral-B 牙刷、RightGuard 化妆品、Duracell 电池和博朗电动剃须刀）。

在与贝克汉姆终止合同后，吉列在品牌代言人上的投入有增无减。2007 年，网球天王罗杰·费德勒、法国足球明星蒂埃里·亨利、高尔夫明星泰格·伍兹三位重量级冠军同时加盟吉列，形成新一代品牌全球形象代言人——吉列冠军阵营，为此宝洁斥资 3650 万英镑。

在中国，吉列也积极网罗当红的新好男人。2007 年 9 月，吉列与全球知名品牌德国博朗双雄联袂，震撼推出"吉列博朗"全新品牌，吉列大中华区副总裁 Siddik Tetik 和博朗大中华区商务战略总监 Sami Haikio 携手影视明星刘烨、佟大为出席新闻发布会，为新品牌揭幕。新闻发布会现场以英雄为主题，新好男人的气息无处不在，把 T 型台演变成男人们的至酷地带。

4. 考量市场：为中国男人而变

品牌代言人也许会让众多男性对吉列传达的"完美体验、完美男人"有更深层次理解，使他们确立新的生活目标和精神追求，同时滋长"英雄"主义情愫。因此，那些与英雄有关的活动，必将为吉列的荷尔蒙营销添上浓墨重彩。

2006 年，当成功运作完"超级女声"大型选秀活动的湖南卫视斥巨资对《谁是英雄》栏目进行全面包装升级时，吉列瞄准了其中的商机，冠名赞助 800 万元，以支持这一全民选英雄娱乐活动。尽管《谁是英雄》是一个不含娘娘腔的男色节目，但不要紧，因为英雄是任谁都爱的。《谁是英雄》由著名笑星大兵担当主持，将目标瞄准了拥有绝活、绝技的平民英雄，其运作与"超级女声"的层层淘汰赛相类似。此次赞助活动是宝洁与吉列合并后在全球范围内推出的第一个与媒体进行合作的活动，宝洁非常重视。宝洁发言人说："合作本身不仅仅有经济上的意义，还有一定的公司政策方面的考量，希望能够通过这次活动，让市场和相关行业了解宝洁和吉列的并购，并让吉列这个产品做得更好。"

营销策略分析

体育界的国际巨星一直受到吉列的青睐，在吉列的男人文化里面，一条准则始终没有改变：让自己变得更好，让世界变得更好。而这些代言人所表达出来的魅力正是吉列希望传递给每一位男士的，那就是每天保持自信，不断超越自我。

相对于国外非常成熟的剃须市场而言，中国还有很大的成长空间，不仅仅是剃须刀本身，与之相关的其他剃须产品，例如剃须泡沫等一系列男士护理品，也有很大的发展空间。对于中国市场来说，如何赢得年轻人的心，是吉列面对的最大挑战。

宝洁有理由相信，吉列能在中国走得更远。无论是 20 世纪初的超蓝刀片还是 21 世纪的威锋、锋速感应、锋速三、超级感应等系列剃须刀，无论是单层刀片还是两层、三层刀片，都在市场上创造了一个个奇迹，它们帮助吉列奠定了其手动剃须刀的霸主地位。但在中国市场上，那些创意十足、深受消费者欢迎的产品并没有普及开来。近百年来，吉列将富有新意的想法变成日用消费品，满足各个年龄层和消费层顾客对剃须和皮肤护理的不同需求，并开创了多项专利产品，以期能带给全世界更多的消费者一种舒适、顺畅、独一无二的剃须体验。中国年轻人渴望着更酷的生活方式和更酷的消费体验。研究和了解中国年轻人的生活方式和常用语言，走进他们的生活，并让他们形成良好的剃须习惯，已成为吉列的当务之急。

资料来源：Carlos De Jesus. 吉列"性感剃须"突围. 成功营销，2014（3）.

思考题

1. 如果吉列使用女性代言人会怎么样？
2. 吉列如何再扩大市场份额？
3. 吉列还能尝试其他模式的广告和营销模式吗？

23. 科技

Facebook（脸谱）

品牌价值：220.29 亿美元　54%

世界 500 强排名：无

品牌标志：

facebook.

品牌简介

　　Facebook 是一个创办于美国的社交网络服务网站，Facebook 拥有约 10 亿多用户，是全球第一大社交网站。用户可以建立个人专页，添加其他用户作为朋友并交换信息，包括自动更新及即时通知对方专页。此外，用户还可以加入各种群组，例如工作场所、学校、学院或其他活动。

　　Facebook 的创办人是马克·扎克伯格（Mark Zuckerberg），被人们冠以"盖茨第二"。他是哈佛大学计算机和心理学专业辍学生，之前毕业于 Asdsley 高中。最初，网站的注册仅限于哈佛学院的学生。在之后的两个月内，注册扩展到波士顿地区的其他高校，波士顿学院、波士顿大学、麻省理工学院、特福茨大学，以及罗切斯特大学、斯坦福、纽约大学、西北大学和所有的常春藤名校。第二年，很多其他学校也被加入进来。最终，在全球范围内有一个大学后缀的电子邮箱的人，如 .edu，.ac，.uk 等都可以注册。在 Facebook 中也可以建立起高中和公司的社会化网络。

营销策略介绍

2014 年 2 月 20 日 Facebook 宣布，已经同快速成长的跨平台移动通信应用 WhatsApp 达成最终协议，将以大约 160 亿美元的价格，外加 30 亿美元限制性股票，共计 190 亿美元，收购 WhatsApp。彭博社称此交易是继 2001 年时代华纳与 AOL 的合并之后互联网产业最大规模的并购交易。

相关文件披露，根据交易条款，Facebook 将以 1.839 亿股 Facebook 股票，价值 120 亿美元及 40 亿美元现金，全权收购 WhatsApp 可转换债券及期权。此外，Facebook 还将向 WhatsApp 创始人和员工提供另外 30 亿美元的限制性股票，可在交易完成四年后执行。

WhatsApp 目前月活跃用户 4.5 亿。产品收入来源为用户付费。2013 年 7 月，该应用调整收费模式，从一款一次性收费 0.99 美元的产品转变成每年收费 0.99 美元的产品，并且首次下载后可免费使用一年。

2013 年 6 月，应用数据分析公司 Onavo 做了一个调查，WhatsApp 在拉丁美洲和欧洲地区众多国家的 iPhone 用户覆盖率都超过 90%。这些也是亚洲同类应用难以进入的地区。

Facebook 培育出的氛围，让具有独立思想的企业家能够发展业务，制定自己的方向并专注于成长，而且他们能够从 Facebook 的经验、资源和规模中受益。这种方法在 Instagram 身上得到了完美体现，WhatsApp 将会采用同样的方式进行运营。WhatsApp 的品牌将得以保留；公司总部仍将位于加利福尼亚州山景城；库姆将加入 Facebook 董事会；WhatsApp 的核心产品和 Facebook 现有的 Messenger 应用仍将以独立应用进行运营。

营销策略分析

（1）未来移动社交平台对 Facebook 来说不可或缺。随着移动互联网的发展，人们的社交行为越来越多地发生在移动场景下。把握住了移动市场就等于抓住了未来的社交。

（2）Facebook 自身在移动平台表现不佳。虽然 Facebook 是全球最大的社交平台，但是在移动端并没有展现出统治力，并且不断遭到来自 WhatsApp，Snapchat 等新移动社交应用的挑战。

（3）WhatsApp 在移动社交领域的强大实力。WhatsApp 月活跃用户达到 4.5 亿，其中有 70% 是日活跃用户，而且目前每日新增用户量达到 100 万。WhatsApp 的信息发送量已经接近全球短信发送量。

（4）Facebook 有过成功收购移动平台的经历。Facebook 此前在移动平台上最大的一笔收购是以 12 亿美元收购图片社交应用 Instagram，Instagram 为其带来的价值远远超过了 12 亿美元。收购 WhatsApp 有可能达到同样的效果。

（5）收购 WhatsApp 符合 Facebook 国际化的战略。现在 Facebook 的用户已经突破 10 亿，需要不断开拓新兴市场来保持用户量的增长。目前 WhatsApp 是国际化程度最高的移动社交应用，在很多新兴市场都有不错的表现，Facebook 可以借助 WhatsApp 打入这些新兴市场。

资料来源：杨天一. 着眼潜在价值 Facebook 收购 WhatsApp 志存高远. 世界电信，2014（4）.

1. Facebook 以 190 亿美元收购了 WhatsApp，但 2014 年上半年 WhatsApp 的营收只够勉强养活自己，Facebook 难道不考虑收回成本么？请你简要分析一下。

2. 收购是 Facebook 的避险法则吗？

3. 从 Facebook 先后收购 Instagram、WhatsApp 你能获得哪些启示？

◼◼ 24. 饮料

Pepsi（百事）

品牌价值：196.22 亿美元　3%

世界 500 强排名：141

品牌标志：

📖 品牌简介

　　百事公司（Pepsico.，Inc.）是一家饮料和休闲食品公司，在全球 200 多个国家和地区拥有 14 万雇员，为全球第四大食品和饮料公司。公司总部设在纽约市。公司附属机构近百个，主要有百事可乐饮料公司、弗利托-莱公司（快餐馆）、啤哂餐馆（供应意大利式烘焙饼等）、北美运输公司和威尔逊体育用品公司等。该公司子公司分布很广，美国国内涉及 48 个州，国外涉及 100 多个国家和地区。百事公司的前身百事可乐公司创建于 1898 年。百事可乐公司于 1965 年与世界最大的休闲食品制造与销售商菲多利（Frito-lay）公司合并，组成了百事公司。

　　为了更好地发挥产品结构优势，将市场经营重点放在核心品牌方面，百事公司曾于 1997 年 10 月作出重大战略调整，将拥有必胜客（Pizza Hut）、肯德基（KFC）和 Taco Bell 的餐厅从公司分离出去，使之成为一家独立的上市公司，即百胜全球公司（Tricon Global，现公司名为 YUM!）。1999 年，百事公司将其百事可乐罐装集团（PBG）分离上市，以便集中精力进行品牌建设和品牌营销。

在将非战略性业务剥离的同时，百事公司也陆续收购或者并购了多项核心业务。1998 年，百事公司与世界鲜榨果汁行业排名第一的纯品康纳公司（Tropicana Products Inc.）合并。2000 年，百事公司将以制造水果混合型饮料、能量饮料、乳品饮料、茶饮料和含有植物成分的 SoBe 饮料业务纳入公司业务范围，并开拓了一系列新型饮料产品。2001 年，百事公司获得美国联邦贸易委员会无条件批准，以 134 亿美元成功收购世界著名的桂格公司（Quaker Oats Company），一跃成为全球非碳酸饮料行业的冠军。合并后的百事公司，重点发展需求强劲的休闲食品和饮料业务。负责美国和加拿大以外近 200 个市场业务的"百事国际集团"（PepsiCo International），领导百事旗下食品和饮料业务在北美以外市场的开发。百事的许多品牌有逾百年的历史，而整个公司还相对比较年轻。

百事公司的产品满足了各种各样的需要和偏爱——从娱乐性的产品到有助健康生活方式的产品一应俱全。

营销策略介绍

众所周知，百事可乐的广告策略可谓独树一帜、首屈一指。在同老对手可口可乐的百年广告交锋中，常常好戏迭出，精彩非凡。其中，百事可乐运用的"名人代言"广告，是它赢得市场的超级攻略之一。

最初在香港，百事可乐推出张国荣为香港的"百事巨星"，展开了一个中西合璧的音乐行销攻势。不久以后，百事为开辟中国大陆市场而选择走红于大陆和港台之间的"天王巨星"刘德华作为其代言人。

20 世纪 90 年代百事同"四大天王"之一的郭富城合作，推出了一系列经典的广告版本："蓝罐包装上市"篇、"雨中飞奔"篇、"珍妮·杰克逊"篇等电视广告版本皆成为百事广告的扛鼎之作。

1998 年，百事成立百年之际，适时地推出一系列行销举措。1998 年 1 月，郭富城成为百事国际巨星，他与百事合作的第一部广告片，是以他的歌曲《唱这歌》MTV 为情节的一部分。身着蓝色礼服的郭富城以其活力无比的外形和矫健炫目的舞姿把百事一贯的主题发挥得淋漓尽致。此片在亚洲播出后，博得了年轻一代的热烈反响。1998 年 9 月，百事可乐在全球范围推出其最新的蓝色包装，配合新包装的亮相，郭富城拍摄了广告片《一变倾城》，同时《一变倾城》也是郭富城新专辑的同名主打歌曲。换了蓝色"新装"的百事可乐，借助郭富城《一变倾城》的广告和大量的公关活动，再加之珍妮·杰克逊、瑞奇·马丁、王菲的倾力加盟，共同完美地演绎了《渴望无限》的蓝色风暴。

郭富城同珍妮·杰克逊联袂出演的"渴望无限"主题广告片，是百事近年的又一广告力作。这部广告片投资巨大、场面恢弘，歌曲《渴望无限》由珍妮·杰克逊作曲，整体曲风华美、动中有静，郭富城美轮美奂的表演与珍妮·杰克逊性感的造型，使整个广告片充满了浪漫的色彩。尤其是两位来自不同地区、不同肤色的巨星同台演绎就越发备受瞩目。

王菲的音乐在亚洲乐坛别具一格，王菲为百事所拍的广告片同样以"渴望无限"为主题，由她创作的歌曲《存在》表现了王菲对音乐的执著追求和坚定信念。"渴望无限"的理念得到了精彩的体现。

2002年F4、郑秀文加盟百事音乐巨星家族，他们的加入为百事可乐演绎出更加精彩的"百事乐章"。音乐的传播与行销得益于听众和观众的传唱，百事音乐行销的成功正是取决于它感悟到了音乐的沟通魅力。这是一种互动式的双向沟通，它不需要让受众被动地接受，美妙的歌曲旋律、引发共鸣的歌词都是同消费者沟通的最好语言。有了这样的广告讯息，品牌理念也就自然而然地深入人心了。

营销策略分析

音乐营销一直是百事可乐重要的营销手段，百事音乐风云榜，是历年来百事可乐赞助娱乐事业的一项重要活动，而由此建立的明星资源为百事可乐提供了源源不断的品牌代言人，这个榜已经举办到第6届。"百事新星音乐训练营"使众多喜欢音乐的人参与其中。Rain的加盟，使百事家族拥有了十全十美的10位百事巨星。这样便构成了百事立体三维的音乐营销。

音乐影响消费心理的原因：

（1）音乐的包容性。有一种"语言"，全世界的人都能听懂，那就是音乐。音乐是来自心灵的声音，是世界通用的语言，不需要翻译，不需要修辞，只要用心去感受，一定可以在其中找到无穷的美妙。人人都喜爱音乐。企业利用音乐这一与人们沟通的有效方式，包容不同地区、不同文化和潮流，让销售范围扩大。

（2）音乐的广泛性。音乐是声音的艺术，也是听觉的艺术。声音能够追人，迫使耳朵去听，不管愿意不愿意，在可以传递的距离内，谁都躲不开它；而视觉就没有这种积极性，不愿意看，闭上眼睛或转移视线就行了，文字和雕塑都没有声音的这种力量。当今，广播、电影、电视、多媒体电脑、MP3等各种各样的"听觉"媒体广泛存在，为音乐的传播提供了物质条件，使得音乐在我们的生活中简直是无处不在，无处不有。音乐的这种广泛性使得承载企业和产品信息的音乐可以渗透到社会的各个角落，为消费者所接触、接受。

（3）音乐的情感性。音乐创造了与消费者的情感上的交流。音乐是情感的艺术，任何一首歌曲或乐曲都是艺术家的情感产物，它通过音乐特有的方式来表现，或活泼或婉转或庄严或凄凉的情感，使人们从中受到美的熏陶和情操的陶冶。"乐由情起"，这是说音乐由情感而引起，也正是这种"情"牵动着无数颗心，使之受到美的感染。音乐的这种情感性使得企业可以通过音乐的情拨动顾客善感的心，使之产生共鸣，愉快地实现营销目标。

资料来源：李文斌. 浅析品牌形象在广告设计中的塑造——以百事可乐为例. 中国包装工业，2014（10）.

思考题

1. 百事可乐的广告是如何诱发消费者的需求的?
2. 百事可乐的广告是怎么引起观众注意并让观众记住的?
3. 通过这个案例你能获得哪些启示?

25. 金融服务

American Express（美国运通）

品牌价值：189.22 亿美元 −3%

世界 500 强排名：325

品牌标志：

品牌简介

美国运通公司（American Express）国际上最大的旅游服务、综合性财务、金融投资及信息处理的环球公司，创立于1850 年，总部设在美国纽约。美国运通公司在信用卡、旅行支票、旅游、财务计划及国际银行业务方面占领先地位，是反映美国经济的道琼斯工业指数 30 家公司中唯一的服务性公司。

美国运通公司主要通过其三大分支机构营运：美国运通旅游有关服务，美国运通财务顾问及美国运通银行。美国运通旅游有关服务是世界最大的旅行社之一，在全球设有 1700 多个旅游办事处。美国运通旅游有关服务向个人客户提供签账卡、信用卡以及旅行支票，同时也向公司客户提供公司卡和开销管理工具，帮助这些公司在管理公干旅行、酬酢以及采购方面的开支，公司同时还向世界各地的个人和公司提供旅游及相关咨询服务。美国运通财务顾问以财务计划和咨询为业务核心，与零售客户建立紧密的关系和长期财务战略。为了满足其零售客户的需求，美国运通财务顾问同时开发和提供财务产品和服务，包括保险、养老金和多种投资产品。美国运通银行，通过其在 40 个国家的 77 家办事处，提供私人银行服务、个人理财服务、同业银行以及外汇交易服务。

作为全球最大的独立信用卡公司，运通公司旗下的运通卡知名度较高，1958 年首次发行，以不预设消费限额及提供高水准服务而享有很高声誉，被千百万美国运通卡会员及全球绝大多数跨国公司使用。

营销策略介绍

美国运通公司有一个用于记录信用卡业务的数据库，数据量达到 54 亿字符，并仍在随着业务进展不断更新。

运通公司通过对这些数据进行挖掘，制定了"关联结算优惠"的促销策略，即如果一个顾客在一个商店用运通卡购买一套时装，那么在同一个商店再买一双鞋，就可以得到比较大的折扣，这样既可以增加商店的销售量，也可以增加运通卡在该商店的使用率。再如，居住在伦敦的持卡消费者如果最近刚刚乘英国航空公司的航班去过巴黎，那么他可能会得到一张周末前往纽约的机票打折优惠卡。

美国运通公司曾根据持卡人数据库开展了一个新促销活动。运通卡的持有人购车时，在运通公司所列的 25 家国内汽车制造商处可以不用现付。运通公司发出了一份有关购车习惯的消费者个人信息问卷，回馈率很高，收回了 100000 份有效问卷。这一活动的市场效果非常好，顾客在家中就可以了解更多的购车信息，而且享受到优惠，并一改现款交易而使用信用卡。汽车制造商得到一份数据库，销售量增大，运通公司扩大了信用卡业务，同时也收集了大量信息。

商业消费信息来自市场中的各种渠道。例如，每当我们用信用卡消费时，商业企业就可以在信用卡结算过程收集商业消费信息，记录下我们进行消费的时间、地点、感兴趣的商品或服务、愿意接受的价格水平和支付能力等数据；当我们在申办信用卡、办理汽车驾驶执照、填写商品保修单等其他需要填写表格的场合时，我们的个人信息就存入了相应的业务数据库；企业除了自行收集相关业务信息之外，甚至可以从其他公司或机构购买此类信息为自己所用。

这些来自各种渠道的数据信息被组合，应用超级计算机、并行处理、神经元网络、模型化算法和其他信息处理技术手段进行处理，从中得到商家用于向特定消费群体或个体进行定向营销的决策信息。这种数据信息是如何应用的呢？举一个简单的例子，当银行通过对业务数据进行挖掘后，发现一个银行账户持有者突然要求申请双人联合账户时，并且确认该消费者是第一次申请联合账户，银行会推断该用户可能要结婚了，它就会向该用户定向推销用于购买房屋、支付子女学费等长期投资业务，银行甚至可能将该信息卖给专营婚庆商品和服务的公司。

营销策略分析

这个案例中，美国运通公司运用自身的数据库，制定"关联结算优惠"的营销策略，同时，通过消费者个人信息问卷收集了大量的消费者信息，为消费者提供了便利的购车渠道和付款方式。美国运通公司收集大量的客户信息，建立自己的数据库，通过对数据库信息的挖掘，识别客户潜在需求，挖掘新的销售机会，并有针对性地对客户进行推销，提高了销售的准确性和效率，同时也能够为相似的客户群制定适合的营销策略和营销活动，使得营销更有针对性，更有效。

面对社会化媒体中数以亿计的用户，如何有效甄别出哪些是目标客户群，哪些是对营销有作用的意见领袖？如果用人工选择的方式会无从下手，可以利用大数据的思维，借助第三方数据监测和分析工具的力量，更精准地找到真正有影响力的意见领袖和目标客户。拥有大数据的思维，不仅能让企业更好地发现潜在客户，还能帮助企业改善客户关系。美国运通公司拥有的这个记录信用卡业务的数据库，数据量达到 54 亿字符且在不断更新中。运通公司通过对这些数据进行挖掘，制定了"关联结算优惠"的促销策略，如果客户在某个商店用运通卡购买了一件衣服，那么再在这家店买鞋时，就能获得较大的折扣，此举大大增强了客户黏性。如今，电信运营商在微博和微信上拥有大量粉丝，每天也都会和粉丝进行交流互动，充分挖掘这些大数据中的有效信息，将会对营销大有裨益。

资料来源：信息网络编辑部. 美国运通公司总裁谈企业转型. 信息网络，2008（1）.

思考题

1. 美国运通公司是怎样进行数据库营销的？
2. 数据库营销有哪些好处？
3. 从顾客层面分析一下，为什么美国运通公司要进行数据库营销？

26. 科技

SAP（思爱普）

品牌价值：187.68 亿美元　8%
世界 500 强排名：无
品牌标志：

品牌简介

　　SAP 成立于 1972 年，是全球最大的企业应用软件供货商，其总部设立在德国沃尔多夫市。在世界 500 强企业中，有 400 家在使用 SAP 的企业管理软件。有人说使用 SAP 软件是企业"进入 500 强的准通行证"。

　　SAP 在全球超过 120 多个国家和地区有业务，有超过 4.12 万个企业客户。在世界财富 500 强的各个行业中，SAP 皆有着领导地位，当中以制造业较为突出。在离散型制造业和流程型制造业，分别有 88% 和 95.8% 的公司在使用 SAP 的软件，而在金融服务业、服务业和消费品零售业，则只有 50.5%、74.5% 及 68.67% 的占有率。这是因为 SAP 在建立初期，客户群是以制造业为主，其所开发的应用软件正是为制造业度身定造；而且成立初期的竞争者不多，经过多年的专心经营，SAP 与制造业的龙头企业建立了亲密的伙伴关系，并建立起一套行业最佳实践的解决方案。更重要的是，应用软件对于企业而言犹如房子里的水管，如果它没特别大的问题，用户绝不想去更换它，只想它维持原状，因为换水管是牵一发而动全身的工程。由于 SAP 在制造企业中已建立起出色的"水管"，只要定期保养，提供优质服务，企业就不会轻易更换

"水管"。这是 SAP 建立起的壁垒，其领导地位十分稳固。在商业应用软件三个主要领域：企业资源规划（EKP）、客户关系管理（CRM）及供应链管理（SCM），SAP 的市场占有率均遥遥领先最主要的竞争对手 Oracle。因此，SAP 在商业应用软件业下游的领导地位是毋庸置疑的。

营销策略介绍

2015 年 6 月 23 日，领先的财资与资本市场软件提供商 Calypso Technology, Inc. 已与企业应用软件市场的领导者 SAP 签署全球转销协议。通过这项合作，SAP 将转销 Calypso 的跨资产、前端到后端财资与资本市场平台：两款扩展解决方案 SAP® Capital Markets Trading solution by Calypso 和 SAP Capital Markets Treasury solution by Calypso。凭借这项协议，SAP 客户将从 Calypso 的平台中获益。

Calypso Technology 董事长兼首席执行官查尔斯-马斯顿（Charles Marston）表示："这次合作将同类最佳的商业银行与资本市场解决方案结合到一起，这对客户来说是一大好消息。他们会受益于成熟而出色的技术所带来的更高水平的自动化，进而提高效率并降低总体拥有成本。"

SAP 金融服务部全球负责人罗斯-温赖特（Ross Wainwright）说道："达成这项新的合作后，SAP 和 Calypso 将利用各自在资本市场和银行财资领域的雄厚实力，为全球客户提供各类市场领先的解决方案。SAP 已经拥有强大的客户群，他们所采用的 SAP 资本市场解决方案包括综合风险与金融核心平台 SAP ASE 和 SAP HANA® 平台。这些 SAP 解决方案与 Calypso 的应用软件结合到一起后，我们看到客户在业务转型上有了更多新的可能。Calypso 平台和 SAP 产品相融合所产生的效应将为资本市场、中央银行和银行财资领域的客户带来改变整个行业面貌的解决方案，帮助他们简化系统结构，降低成本和复杂性，同时提高业务敏捷性。"

Calypso 平台的用户包括 200 多家金融企业和逾 34000 位资本市场专业人士。Calypso 是 Gartner 交易平台魔力象限领导者（Leader in the Gartner Magic Quadrant for Trading Platforms），在 2015 年 IBS Sales League Table 榜单上连续第六年排名财资与资本市场解决方案销量第一。

营销策略分析

SAP 与 Calypso 的合作算得上是同类最佳的银行和资本市场解决方案的结合，Calypso 的跨资产、前端到后端平台丰富了 SAP 面向资本市场的金融服务组合，可帮助客户实现整合、简化和增长。凭借这项协议，SAP 客户将从 Calypso 的平台中获益。该平台与 SAP Advanced Server® Enterprise 集成，丰富了 SAP 面向资本市场的金融服务组合，可帮助客户实现整合、简化和增长。客户可以利用这两款解决方案，减少其使用的系统数量，精简架构，简化流程并在提升效率的同时，缩减总体拥有成本。

对于 SAP 这种成长型企业的管理者而言，他们需要合作伙伴的帮助来与他们共同成长，共同发展，而反过来看，合作伙伴又最了解成长型企业的需求，因此，加强与合作伙伴的共同创新，才能够更好地服务成长型企业。

事实上，作为一家跨国巨头企业——SAP很早就已经意识到合作伙伴的重要性。通过与行业合作伙伴的强强合作、共同创新，来为成长型企业创造更多的价值。韩碧雯指出，SAP成长型企业业务的架构和战略的核心就是为客户创造价值，而且SAP非常注重与合作伙伴共同创新来为客户创造价值。"一方面SAP会继续加大对于解决方案的投入，另一方面将加大与合作伙伴共同创新的力度以打造和催生全新的商业模式，从而为客户创造价值。"

成长型企业管理者关心的并不是某一个具体的产品，而是更多关心如何解决业务、管理上的创新难题，这也是SAP非常强调和合作伙伴之间的共同创新的原因。在产品以及技术层面，SAP能够为合作伙伴以及成长型企业提供以下支持：第一，CEC（客户维系和商务解决方案），CEC能够帮助客户实现多渠道的营销和销售，客户不管使用何种终端都能够和企业进行情景式的互动；第二，围绕云计算；第三，SAP S/4 HANA。SAP S/4 HANA的核心是帮助客户把业务流程管理进一步简化，真正做到"大道至简"。针对成长型企业以及中小企业业务，把业务流程以及企业管理整个架构简化，做到"大道至简，大简至美"。

在SAP的合作伙伴中，现有的合作伙伴通过现有的合作模式以及解决方案创造价值。而对于全新的合作伙伴则通过全新的模式和方式来打造新的方案以创造价值。

资料来源：吴峰. SAP公司客户关系管理系统实施方法研究. 大连理工大学，2013（10）.

思考题

1. SAP寻求合作伙伴看重哪些方面？
2. SAP的转变主要有哪些？

IKEA（宜家）

品牌价值： 165.41 亿美元　4%

世界 500 强排名： 无

品牌标志：

📖 品牌简介

　　宜家家居（IKEA）于 1943 年创建于瑞典，已成为全球最大的家具家居用品商家，主要销售座椅/沙发系列、办公用品、卧室系列、厨房系列、照明系列、纺织品、炊具系列、房屋储藏系列、儿童产品系列等约 10000 个产品。

　　宜家家居在全球 38 个国家和地区拥有 311 个商场，其中有 17 家在中国大陆，分别在北京（两家）、天津、上海（三家）、广州、成都、深圳、南京、无锡、大连、沈阳、宁波、重庆、武汉、杭州。其中重庆宜家为亚洲地区最大宜家标准店。宜家的采购模式是全球化的采购模式，它在全球设立了 16 个采购贸易区域，其中有 3 个在中国大陆，分别为：华南区、华中区和华北区。宜家在中国的采购量已占到其采购总量的 18%，在宜家采购国家中排名第一。中国已成为宜家最大的采购市场和业务增长最重要的市场之一，在宜家的全球战略中具有举足轻重的地位。

📖 营销策略介绍

　　对很多人来说，逛宜家已经成为他们的一种休闲方式。正在中国传媒大学电视与新闻学院读研究生的蒲玉姗告诉记者："有空的时候很喜欢去逛宜家，每次逛完都觉得超级想结婚，有一个温暖幸福的家，然后去好好装扮。"

激起人们对美好生活的向往，让消费者有装扮自己家庭的强烈愿望，这跟宜家倡导的"为大多数人创造更加美好的日常生活"的品牌理念是分不开的，而这一理念也成为宜家在社会化媒体平台上开展营销的指导思想。

近年来，宜家在微博、SNS 社会化媒体平台上的营销动作连连，除了深化品牌有亲和力、充满创意、能带给人惊喜与灵感的一贯形象外，更加注重通过线上互动与消费者进行贴近沟通，从而提供相应家居解决方案，帮助消费者筑造属于自己的梦想空间。

2011 年 9 月 19 日到 10 月 17 日，宜家在豆瓣网举办"电影里的梦想空间"活动。网友只需上传电影、电视、MV 等影视作品中自己喜欢的空间装饰风格的截图到活动相册，并添加描述，分享它出自哪里以及喜欢的理由，就有可能获取幸运礼物。此外，网友还可以通过微博、SNS 等互动平台分享自己展示的"梦想空间"，充分发挥不同平台的优势。

在宜家，社会化媒体营销是放到一个战略协同层面来进行的。社会化媒体更像是品牌与消费者沟通的一座桥梁，而在企业内部，它也充分发挥了这一作用。网友的反馈和投诉，宜家会及时地与客服部门沟通；在网络广告的投放方面，宜家则会与媒体部进行协同；从公关层面讲，更需要社会化媒体平台与传统媒体的结合，因此与公关部的协作也是必需的。

众所周知，豆瓣网是基于兴趣爱好的圈子，风格偏文艺，富有创造力是其受众的一大特点。宜家这一活动形式虽然简单，但却与豆瓣网的风格相当吻合，让网友发挥其对文艺作品熟知的特长，同时也与品牌理念吻合。短短一个月的时间内，豆瓣宜家小站访问量 5万多次，粉丝数增长到 12000 人之多，活动参与度也非常高。为了让更多普通人参与到实现梦想的旅途中，2011 年 9 月宜家还启动了跨越一整年的"让梦想超越空间"系列活动，通过宜家社区网站在消费者中征集"百万居家梦想"，并在微博、豆瓣、开心网等社会化媒体平台上进行传播，激发广大消费者发挥自己的"小创意"，实现居家"大梦想"，把巧妙的方法和创意分享给更多人。根据消费者定位，宜家目前将新浪微博、豆瓣网、开心网作为主要的社会化媒体传播平台，分别利用这三大平台在传播力、基于兴趣爱好的圈子文化、熟人间的口碑传播方面的特点开展营销。

营销策略分析

社会化媒体为所有品牌提供了平等的宣传机会。然而，在宜家看来，仅仅因为社会化媒体很热闹，就去盲目跟风追随，是舍本逐末的做法。社会化媒体的口碑传播作用固然不可取代，但要想塑造良好的品牌形象，还要从本质抓起，"一次好的购物体验、一个耐用的产品和合适的价格，都会是产生口碑的重要因素"。

"为大多数人创造更加美好的日常生活"是宜家的一贯目标。无论是线上还是线下活动，它都没有以高高在上的权威姿态告诉消费者该怎么做，而是站在消费者的角度，让他们告诉品牌自己的需求。因此，即使是全球化采购的品牌，宜家也非常注重品牌的本土化，积极地通过调研了解消费者的居家需求。

中国消费者与欧美国家消费者最大的不同是对于居家装饰的兴趣度。以瑞典为例，每家每户都会非常精心地布置自己的房间，并将自己的创意融入其中；而在中国，消费者热爱宜家，也有装修的意识，但还处于模仿的阶段，没有发挥自己创意，更倾向于一步到位装修好，之后很少去改变。宜家并不希望所有人都去模仿宜家的样板间，希望消费者能够通过宜家展示厅的样板间找到灵感，把家装饰成自己喜爱的、很有个性的空间，这也是宜家的一个远景。提到与消费者建立信任感，宜家的体验式营销自然不得不说。在宜家商场里，我们经常会看到顾客躺在床上，坐在沙发上，走在地毯上，或者拉开抽屉，打开柜门的情景。正因如此，有人说"宜家卖的是一种体验"。

"让大众的生活变得更美好"这句话看起来很简单，但其实是在一个很大的愿景下提出的。无论产品的功能性、整体设计方案的搭配，还是卖场的销售，包括社会化媒体平台的交流，宜家都会从不同角度去加强这种感觉，让消费者在体验的过程中成为品牌传播者。

资料来源：李慧. 体验营销对顾客满意度的影响研究——以宜家为例. 江苏商论，2014（9）.

思考题

1. 宜家的营销策略有哪些？
2. 宜家面临的问题有哪些？
3. 中国的家具品牌可以学习宜家的哪些营销策略？

28. 快消品

Pampers（帮宝适）

品牌价值：152.67 亿美元　8%
世界 500 强排名：隶属宝洁公司
品牌标志：

品牌简介

　　帮宝适是美国宝洁公司著名婴儿卫生系列产品，是一种吸水性能良好、佩戴舒适的一次性纸尿裤。宝洁公司将它命名为"帮宝适"，并于 1961 年正式推向市场，迎接它的是无数欣喜若狂的妈妈和她们的宝宝。在以后的几十年中，"帮宝适"经由宝洁公司的多次改进，成为行销全球一百多个国家的世界第一婴儿纸尿裤品牌。自 1997 年帮宝适在中国面世以来，它在目标消费者中的知名度已达到 99%，成为市场上首屈一指的领导品牌。

　　宝洁公司始创于 1837 年，是世界上最大的日用消费品公司之一。每天，在世界各地，宝洁公司的产品与全球 160 多个国家和地区的消费者发生着 30 亿次亲密接触。宝洁公司是中国最大的日用消费品公司，大中华区年销售额超过 20 亿美元。飘柔、舒肤佳、玉兰油、帮宝适、汰渍及吉列等品牌在各自的产品领域内都处于领先的市场地位。在中国市场上，香皂有"舒肤佳"，牙膏有"佳洁士"，卫生贴有"护舒宝"，洗发精有"飘柔"、"潘婷"、"海飞丝"、"伊卡璐"、"润妍"、"沙宣"等品牌。洗衣粉有"汰渍"、"洗好"、"欧喜朵"、"波特"、"世纪"等9种品牌。

宝洁的宗旨是在现在和未来的世世代代确保每个人有更高的生活质量。宗旨是引领，为公司的抉择及行动带来了灵感与指导。

宝洁在全球范围内举足轻重，其市场资本额超过许多国家的国内生产总值，消费者遍布160多个国家和地区。庞大规模带来的是责任和机遇。宝洁的责任是做一个符合社会道德要求的企业公民，在现在和未来的世世代代确保每个人有更高的生活质量。

📖 营销策略介绍

"强生事件"后，婴幼儿产品的安全性受到消费者和国家相关部门的高度重视，近半年的时间里，国家工商、质监等部门对日化产品展开了多次检查。但是，即使这样也不能保证婴幼儿产品不出安全事故。据悉，宝洁公司旗下婴幼儿护理产品"帮宝适"纸尿裤又出现质量问题，一外籍婴儿险遭"暗算"。

2009年3月25日，李先生在沃尔玛超市新开路店购买了一包"帮宝适"超薄干爽系列L号88片装纸尿裤。4月12日，李先生为8个月大的小外孙（加拿大籍）换纸尿裤时吃惊地发现，其中一片纸尿裤内侧表面无纺布与内置棉层中间竟夹有一根1厘米左右长的细木条状物，该条状物旁边还有一块黑色的污迹。

李先生随后向沃尔玛超市的"帮宝适"促销员反映情况。据李先生介绍，6月23日，"帮宝适"生产厂家——广州宝洁有限公司消费者服务部顾女士、负责天津地区销售的王女士及两位负责质量的品管员与李先生见了面。李先生出示问题"帮宝适"和购物小票后，品管员经过仔细核查，确认该问题属于纸尿裤在生产流程中的质量问题。品管员说，应该是该纸尿裤在生产过程中，旁边机器的纸浆碎屑不慎飞入，从而形成了该细木条状物。顾女士提出赔偿李先生打车费、电话费、一天误工费等共计300元。李先生拒绝说，产品出现这样的质量问题很令人担忧，为对全市消费者负责，希望宝洁公司能就此问题在媒体上公开道歉，并严格规范产品质量以确保今后不再出现类似问题。宝洁公司人员表示向上级汇报后再给回复。

到了7月，李先生也一直没有得到满意答复，于是他向市消费者协会投诉了此事。除了要求在媒体公开道歉并确保不再出现类似问题之外，李先生还提出了一次性索赔5000元的要求。经消协调解，宝洁公司只同意赔偿1000元，但不同意公开致歉。李先生再次予以拒绝。

记者将李先生投诉事宜反馈给广州宝洁有限公司，该公司有关负责人表示，宝洁公司愿意就产品质量问题向李先生当面道歉，赔偿金将按照市消协的调解意见办理。8月15日，广州宝洁有限公司对外事务部高级公关经理陆女士从广州飞抵天津，在本报向李先生当面表示了歉意。但她表示，宝洁公司没有针对个人消费者在媒体上公开道歉的先例。

虽然宝洁公司已就产品质量问题和售后服务人员态度问题向他致歉，但双方仍未就赔偿、公开道歉事宜达成共识。

营销策略分析

就这件事件而言，消协人士解释，按照《消费者权益保护法》的有关规定，产品如果出现质量问题，谁经销谁负责。其实李先生开始投诉时，就应该凭购物小票先去找超市，即使是产品质量问题，超市也必须先行赔偿，然后超市再向责任厂家追偿。

宝洁公司在最开始的时候没有安抚消费者的投诉情绪。应该明白，这实际上是一种发泄，把自己的怨气、不满发泄出来，客户忧郁或不快的心情便得到释放和缓解，从而维持了心理平衡。此时，客户最希望得到的是同情、尊重和重视，因此应立即向其表示道歉，并采取相应的措施。应做到以下几步：

（1）快速反应。顾客认为商品有问题，一般会比较着急，怕不能得到解决，而且也会不太高兴。这个时候要快速反应，记下他的问题，及时查询问题发生的原因，及时帮助顾客解决问题。有些问题不是能够马上解决的，也要告诉顾客我们会马上给您解决，现在就给您处理……

（2）热情接待。如果顾客收到东西后过来反映有什么问题的话，要热情地对待，要比交易的时候更热情，这样买家就会觉得你这个卖家好，不是那种虚伪的，刚开始的时候很热情，等钱收到之后呢，就爱理不理的那种。对于爱理不理的那种，买家就会很失望，即使东西再好，他们也不会再来了。

（3）表示愿意提供帮助。"让我看一下该如何帮助您，我很愿意为您解决问题。"正如前面所说，当客户正在关注问题的解决时，客服人员应体贴地表示乐于提供帮助，自然会让客户感到安全、有保障，从而进一步消除对立情绪，形成依赖感。

（4）引导客户思绪。我们有时候会在说道歉时感到不舒服，因为这似乎是在承认自己有错。其实，"对不起"或"很抱歉"并不一定表明你或公司犯了错，这主要表明你对客户不愉快经历的遗憾与同情。不用担心客户因得到你的认可而越发强硬，认同只会将客户的思绪引向解决方案。同时，我们也可以运用一些方法来引导客户的思绪，化解客户的愤怒。

如果当时宝洁这样做了，也就不会引起后面的消费者投诉，给其带来不好的影响。

资料来源：吕斌. 帮宝适带你进入在线宝宝世界. 中国广告，2006（5）.

思考题

1. 从 4P 角度分析帮宝适的营销策略。
2. 如果你是宝洁的一名客服，遇到客户投诉，你怎样处理？
3. 结合你平时看到的广告，简述帮宝适的创意策略。

29. 运输

UPS（联合包裹服务）

品牌价值：147.23 亿美元　2%

世界 500 强排名：168

品牌标志：

品牌简介

　　美国联合包裹服务公司（UPS）始建于1907年，作为一家百年老字号，作为一家全球性的公司，其商标是世界上最知名、最值得景仰的商标之一。它是世界上最大的快递承运商与包裹递送公司，同时也是运输、物流、资本与电子商务服务的领导性提供者。在经过一个多世纪的运作之后，它已经由一家拥有技术的货车运输公司，演变成拥有货车的技术型公司。它每天有1200万件包裹和文件的运送量，每天还需租用300多架包机。公司在美国国内和世界各地建立了18个空运中转中心，每天开出1600个航班，使用机场610个。目前，UPS的34万名工作人员，分布在全球2400多个分送中心，他们每天驾驶着13万辆运送车，昼夜不停地为200多个国家和地区的客户提供门到门的收件、送件服务，UPS每日上门取件的固定客户已逾130万家。目前UPS的固定资产达126亿美元，在全球快递业中可谓独占鳌头。UPS的成功来自于UPS在数字时代来临时紧紧抓住了发展电子商务这一良机，实现了由传统物流企业向电子物流企业的跨越。

营销策略介绍

自 2014 年下半年，受效益驱动，联合包裹正在加速推广路线优化软件"Orion"，旨在到 2016 年底将该软件的使用范围覆盖美国所有投递路线。

联合包裹称，如果 2016 年底能够实现"Orion"路线优化系统的全面推广，公司每年将减少 1 亿英里的行驶里程和 1000 万加仑的燃料使用，节省开支 3 亿多美元。公司计划到 2015 年底，将该路线优化软件推广至 70% 的投递线路。

联合包裹运输及工程部高级副总裁 Mitch Nichols 表示，路线优化系统的使用使每条投递线路平均减少 6 至 8 英里的行驶里程，降低了燃料的使用和废气排放。因此，公司希望能提前将该路线优化软件全面普及。

联合包裹在历经 10 年研发的基础上，于 2012 年引进"Orion"路线优化技术，旨在于当年底优化 1 万条投递线路，每年节约成本 5000 万美元，并助力于改善环境。

"Orion"路线优化系统利用来自客户、投递司机和车辆的各种数据，减少投递行驶里程。联合包裹在考虑所有包裹揽收及投递停靠线路的基础上，每天计算出最优投递路线。

联合包裹表示，公司在使用路线优化技术的同时，将持续对其进行改造和升级。通过普及该技术，公司的整体运营都将得到优化。

根据美国环境保护局的"温室气体等量计算器"测算，"Orion"路线优化系统的全面普及每年将减少 10 万吨的二氧化碳排放量，相当于每年减少 2.1 万辆小轿车的使用。未来几年，如果境外投递线路的投递车辆也能使用该技术，那么成本支出将减少，环境也将得到改善。联合包裹境外投递线路预计在 2017 年后使用路线优化技术。

营销策略分析

UPS 之所以取得巨大的经营成功，与其富有特色的物流服务是密切相关的。主要概括为如下几个方面。

1. 快捷优质的传递

UPS 规定：国际快件 3 个工作日内送达目的地；国内快件保证在翌日上午 8 时半以前送达。为了测试 UPS 的快递究竟快不快，UPS 总裁曾于星期三在北京向美国给自己寄了一个包裹，星期五当他回到亚特兰大公司总部上班时，包裹已出现在他的办公桌上。而在美国国内接到客户电话后，UPS 可在 1 小时内上门取件，并当场用微型电脑办理好托运手续。20 世纪 90 年代，UPS 又在 180 多个国家开设了 24 小时服务的"下一航班送达"业务。UPS 坚持"快速、可靠"的服务准则，获得了"物有所值的最佳服务"的声誉。

2. 代理通关服务

UPS 从 20 世纪 80 年代末期起投资数亿美元建立起全球网络和技术基础设施，为客户提供报关代理服务。UPS 建立的"报关代理自动化系统"，使其承运的国际包裹的所有资料都进入这个系统，这样，通关手续在货物到达海关之前即已办完。UPS 的电脑化通关为企业节省了时间，提高了效益。UPS 有 6 个通关代理中心，每天办理 2 万个包裹的通关手续。

3. 即时追踪服务

UPS 的即时追踪系统是目前世界快递业中最大、最先进的信息追踪系统。所有交付货物都能获得一个追踪条码，货物走到哪里，这个系统就跟到哪里。这个追踪系统已经进入全球互联网络，每天有 1.4 万人次通过网络查寻他们的包裹的行踪。非电脑网络客户可以用电话询问"客户服务中心"，路易斯维尔的服务中心昼夜服务，200 多名职员每天用 11 种语言回答世界各地的客户大约 2 万次电话询问。

4. 无纸包裹服务管理

UPS 建立的亚特兰大"信息数据中心"可将包裹的档案资料从世界各地汇总到这里。包裹送达时，物流员工借助一个类似笔记本电脑的"传递信息读取装置"，提取客户的签字，再通过邮车上的转换器，将签名直接输送到"信息数据中心"，投递实现了无纸化操作。送达后，有关资料将在数据中心保存 18 个月。这项工作使包裹的管理工作更加科学化，也提高了 UPS 服务的可靠性。

5. 完善的包装检验与设计服务

UPS 设在芝加哥的"服务中心"数据库中，抗震、抗挤压、防泄漏的各种包装案例应有尽有。服务中心还曾设计水晶隔热层的包装方式，为糖果、巧克力的运输提供恒温保护；坚韧的编织袋，为 16 万台转换器提供了经得起双程磨损的包装材料。这类服务为企业节省了材料费和运输费，被誉为"超值服务"。

UPS 的发展史告诉我们：经济的发展促进邮递业务的发展。而经济信息化的发展又促进快递业务的发展，这样一条经济发展链说明了包裹邮递和快递业务的服务性和依附性特征，没有社会经济的高速发展，就不会有包裹邮递的发展和快递业务的形成。

资料来源：周小平. UPS 快递的成功诀窍是否适用于零担货运. 空运商务，2008（3）.

🦉 **思考题**

1. UPS 与其他快递相比最大的优势在哪里？
2. 信息技术为 UPS 带来了什么竞争优势？
3. 信息技术是否选用得越多越好？

30. 服饰

Zara（飒拉）

品牌价值：140.31 亿美元　16%

世界 500 强排名：无

品牌标志：

ZARA

品牌简介

ZARA 是西班牙 Inditex 集团旗下的一个子公司，它既是服装品牌，也是专营 ZARA 品牌服装的连锁零售品牌。Inditex 是西班牙排名第一，全球排名第三的服装零售商（前两名分别是美国的 GAP 和瑞典的 H&M）。

ZARA 第一家门店于 1975 年在西班牙拉科鲁尼亚（LA Coruña）开设，目前已拥有 1900 多家店遍布世界 87 个主要城市的商业中心（自营专卖店占 90%，其余为合资和特许专卖店）。ZARA 在国际上的成功清楚地表明时装文化无国界。凭借一支拥有 200 多名专业人士的创作团队，ZARA 的设计过程紧跟大众口味。旗下共有 8 个服装零售品牌，包括 ZARA、Pull and Bear、Kiddy's Class、Massimo Dutti、Bershka、Stradivarius、Oysho、ZARA Home，ZARA 是其中最有名的品牌。

《哈佛商业评论》把 ZARA 称为"时装行业的戴尔电脑"，成为管理学最时尚的长尾理论的不二样板。

1975 年，学徒出身的阿曼西奥·奥尔特加在西班牙西北部的偏远市镇开设了一家叫 ZARA 的小服装店，而今 ZARA 为全球排名第三、西班牙排名第一的服装商。ZARA 深受全球时尚青年的喜爱，其品牌设计优异，价格却更为低廉，简单来说就是让平民拥抱 High Fashion。ZARA 充分迎合了大众对于流行趋势热衷追逐的心态：穿得体面，且不会倾家荡产。

营销策略介绍

ZARA 的全程供应链可划分为四大阶段，即产品组织与设计、采购与生产、产品配送、销售与反馈，所有环节都围绕着目标客户运转，整个过程不断滚动循环和优化。

1. 产品组织与设计

ZARA 的产品不是"设计"或"开发"而是"组织与设计"，因为 ZARA 的开发模式并不是原创性设计或开发，只是紧随引领时尚的大牌。

首先，ZARA 的商品企划人员及设计师会经常参加世界各大时尚中心的高档品牌发布会，从这些顶级设计师和顶级品牌的设计中获取灵感，捕捉新一轮流行的款式动向。ZARA 的专业设计团队从米兰、巴黎等地收集时尚资讯，汲取灵感，每年设计将近 40000 款的新产品，公司从中选择 12000～20000 款投放市场。

其次，ZARA 在全球各地都有极富时尚嗅觉的买手，他们购买当地各高档品牌或主要竞争对手的当季流行产品，并把样品迅速集中返回总部做相应改动或用替代的面料来制作出新款。

再次，ZARA 有专人到时装展示会、交易会、咖啡馆、餐厅、酒吧、舞厅、时尚杂志、大学校园等地方和场所，观察影视明星、街头艺人、大街行人等，分析其中的流行元素和服装细节，通过收集这些信息，及时了解消费者的爱好、流行的生活方式等。

最后，ZARA 全球各专卖店通过信息系统返回销售和库存信息，供总部分析畅销/滞销产品的款式、花色、尺码等特征，以便在企划和设计新款服装时参考。收集到所有这些流行信息后，由设计师、时装专家和买手组成的设计团队会共同定出可行的设计方案。

2. 采购与生产

确定设计方案之后，生产计划和采购人员开始制订原材料采购计划和生产计划。首先是依据产品特点、产品投放时间长短、产品需求的数量和速度、专业技术要求、工厂的生产能力、综合性价比、市场专家的意见等来确定各个产品是自己生产还是外包。ZARA 公司在西班牙拥有 22 家工厂，约有 50% 的产品是通过自己的工厂来完成的，其他的 50% 的产品由 400 余家外协供应商完成。

在布匹采购方面，ZARA 主要购买原坯布（一种未染色的织布），根据需要进行染色后再生产。这样不仅可以迅速应对市场上花色变换的潮流，还可以有效降低原材料库存成本并防止缺货的风险。为防止对某家供应商的依赖，同时也鼓励供应商更快的反应速度，ZARA 剩余的原材料供应来自于其公司附近的 260 家供应商，每家供应商的份额最多不超过 4%。在生产环节，一旦设计团队选中某件设计投入生产，设计师就会用计算机设计系统对颜色和材质进行优化。如果是要在 ZARA 自己的工厂中生产的话，他们就会直接把各种规格传输给工厂中的剪裁设备及其他系统。

3. 产品配送

当产品生产完成后，通过地下传送带把产品传送到物流中心，再从物流中心把货品直配到店铺。为确保每一笔订单准时准确到达其目的地，ZARA 采取激光条形码读取工具（出错率不到 0.5%），它每小时挑选并分拣超过 80000 件衣服。

每个专卖店的订单都会独立放在各自的箱子里，采用直配的模式。为加速物流周转，ZARA 总部还设有双车道高速公路直通配送中心。通常订单收到后 8 小时以内货物就可以被运走，每周给各专卖店配货 2 次。ZARA 共有 5 个配送基地，2 个位于西班牙总部，主要应对欧洲的需求，另外 3 个小型仓储中心，分别位于巴西、阿根廷和墨西哥，应对南半球的不同季节需求。运输工具主要是卡车、飞机，还有航运。

营销策略分析

1. 快速时尚

ZARA 品牌之道可以说是时尚服饰业界的一个另类，在传统的顶级服饰品牌和大众服饰中间独辟蹊径开创了快速时尚（Fast Fashion）模式。随着快速时尚成为时尚服饰行业的一大主流业态，ZARA 品牌也备受推崇，有人评价其为"时装行业的斯沃琪手表"。哈佛商学院把 ZARA 品牌评定为欧洲最具研究价值的品牌，沃顿商学院将 ZARA 品牌视为研究未来制造业的典范。ZARA 作为一家引领未来趋势的公司，俨然成为时尚服饰业界的标杆。

另外，ZARA 的定价略低于商场里的品牌女装，而它的款式色彩特别丰富。在这里，既可以找到最新的时髦单品，也可以找到任何需要的基本款和配饰，再加上设计丰富的男装和童装，一个家庭的服装造型甚至都可以一站式购齐。

简单来说，顾客可以花费不到顶级品牌 1/10 的价格，享受到顶级品牌的设计，因为它可以在极短的时间内复制最流行的设计，并且迅速推广到世界各地的店里。打个比方，今天你在米兰看到的当季最新款的裙子，10 天后，就可以在北京世贸天阶的 ZARA 店里买到神似的衣服。

2. 供应链系统——诠释快速时尚精髓

一般分析 ZARA 成功的原因大致是：顾客导向；垂直一体化；高效的组织管理；强调生产的速度和灵活性；不做广告不打折的独特营销价格策略等。实际上至关重要的环节是 ZARA 的灵敏供应链系统，大大提高了 ZARA 的前导时间。前导时间是从设计到把成衣摆在柜台上出售的时间。中国服装业一般为 6~9 个月，国际名牌一般可到 120 天，而 ZARA 最短只有 7 天，一般为 12 天。这是具有决定意义的 12 天。在国内，以快著称的美特斯邦威，完成这一过程也要 80 天的时间。

ZARA 的灵敏供应链所展现出来的韵律，使得有"世界工厂"之称的中国相形见绌。一些国际服装品牌巨头明知 ZARA 厉害，就是学不来，模仿不了。

ZARA 一年中大约推出 12000 种时装，而每一款时装的量一般不大。即使是畅销款式，ZARA 也只供应有限的数量，常常在一家专卖店中一个款式只有两件，卖完了也不补货。一如邮票的限量发行提升了集邮品的价值，ZARA 通过这种"制造短缺"的方式，培养了一大批忠实的追随者。"多款式、小批量"，ZARA 实现了经济规模的突破。

资料来源：赵胜楠. 西班牙品牌 ZARA 的营销策略分析和给中国企业的借鉴. 上海外国语大学，2013（1）.

思考题

1. ZARA 能够战胜竞争对手主要依靠的是什么战略？
2. 快时尚有哪些缺点？
3. ZARA 的优势有哪些？

31. 酒类

Budweiser（百威）

品牌价值：139.43 亿美元　7%

世界 500 强排名：226

品牌标志：

品牌简介

　　百威英博是全球领先的酿酒制造商，在全球五大消费品公司中位列第三，2009 年被《财富》杂志评选为"全球饮料行业最受尊重企业"榜首。

　　百威于 1876 年在圣路易斯由安海斯公司创立。今天，安海斯-布希公司已成为全世界销售量最大的酿酒商，在产量上超过了所有的竞争对手。这家公司拥有 30 个不同的啤酒品牌，包括美国的领导品牌百威，还有许多别的酒精和非酒精饮料产品，并有一系列主题公园和一家地产公司。

　　百威英博（Anheuser-Busch InBev）是一家上市公司，总部位于比利时鲁汶。百威英博公司十分注重销售建设，在全球20 多个国家和地区的市场中占据第一或第二的位置。

　　作为一家以消费者为中心、以销售为推动力的大型公司，百威英博旗下经营着 300 多个品牌，其中包括百威、时代（Stella Artois）、贝克啤酒等全球旗舰品牌；Leffe、Hoegaarden 等迅速成长的跨国畅销品牌以及 Bud Light、Skol、Brahma、Quilmes、Michelob、哈尔滨啤酒、雪津、双鹿、Cass、

Klinskoye、Sibirskaya、科罗娜、Chernigivske、Jupiler 等本土明星品牌。此外，公司拥有 Grupo Modelo 公司 50% 的股份。Grupo Modelo 公司是墨西哥领先的啤酒制造商，也是享誉全球的科罗娜啤酒品牌所有者。

百威啤酒是从 1876 年开始投放市场的。安海斯-布希公司，采用世界独一无二的榉木酢工艺，生产出来的百威啤酒具有格外清澈、格外清爽、格外清醇的品质。

营销策略介绍

百威在保持公司酿造传统的同时，采纳了新的技术传统，提高了它的交易和营销效率。1977 年，百威的总裁奥古斯特·布希三世决心要使公司在发掘消费者购买类型方面成为领导者。

"批发商和商店层次的信息成为我们组织的生命血液。"公司的副总裁乔·帕蒂说。因此，公司创立了联系批发商、零售商和其他一些商业合作伙伴的网站 Bud 智能销售系统（BudNET）。这个系统处理销售报告、客户开发、零售推广建议和周销售预测，并有逻辑排序功能。BudNET 是该公司的信息通道，安海斯-布希公司把它称为批发商利益合同报告系统。

要了解消费者，不但要收集自己产品的数据或者竞争对手的数据，而且要分析这些数据，跟踪消费者的购买习惯。百威公司从分析信息资源公司的资料中发现，消费者的消费数据有改变，由此成功地实施了低汽化饮料的方案。

百威啤酒长期以来注重产品包装的创新，并以其在包装上所体现出来的丰富创意闻名于世。由压花玻璃小瓶装百威，到大口盖拉环罐装百威，4 罐便携装百威，700 毫升装百威和最新推出的 500 毫升装，百威在包装上的每一个创新都为中国消费者带来惊喜。其中 700 毫升装和 500 毫升装更是针对中国的啤酒市场特别推出，充分显示了百威对中国消费者的高度重视。

在酒瓶的选择上，自 1997 年中国啤酒瓶国家标准要求使用 "B" 瓶（啤酒专用瓶）包装以来，百威就一直严格遵照执行。此外，百威不使用回收瓶，并为百威专用酒瓶制定了非常严格的检测标准。全新的玻璃瓶无异物、无油污、无杂质，干净卫生，充分保证了百威啤酒的纯正口味和新鲜程度。

在每次使用前，百威还要对所有啤酒瓶进行抗内压力检测，以最大限度地减少瓶爆现象。

百威的瓶盖垫全部从美国和德国进口，并经过特别密封和风味测试，确保无任何异味后方投入使用。

营销策略分析

安海斯-布希公司成功的关键在于收集并分析来自批发商和零售商的实时反馈信息，这些信息反映商品的销路以及销售的时间。

通过创立的批发商利益合同报告系统，美国 700 家百威分销商已成为公司的耳目。该系统不只是使其产品保持在零售商的冰箱中或者货架上，使用移动计算机，分销商还可以输入数据，从而知道还有多少货不在零售商的货架上。每天结账时，安海斯-布希公司可以获得反映走势的数据。如果遗漏了一家店的货架统计，马上就会知道它在哪里。

安海斯-布希公司的营销和产品分类计划也参考了新的细粮作物数据。利用商店层次的数据，公司可以获得目标市场的信息。更好的数据有助于预测当地节假日的销售情况，例如，在亚特兰大，国庆日的销量就比圣帕特里克节更加重要。人口统计学数据帮助安海斯-布希公司了解在哪里罐装比瓶装卖得更好，还帮助公司开发并销售一系列拉丁风格的饮料，开辟了一个新的拉美裔市场。

在包装与产品方面，除了注重质量和口感外，包装也是一个重要的考虑因素，因为包装能体现出品牌的整体形象。百威对于这一点谙熟于心。为了保证每一箱、每一瓶、每一罐百威啤酒都拥有从内到外的卓越品质，"啤酒之王"百威始终通过不断改良的优质包装来进一步提升其品牌形象。

资料来源：吴廉洁. 浅析外资啤酒巨头在中国的攻城略地——以安海斯-布希公司为例. 经营管理者，2010（11）.

思考题

1. 安海斯-布希公司的主要成功因素有哪些？
2. 安海斯-布希公司的弱点是什么？
3. 安海斯-布希公司应该注意哪些问题？

32. 零售
eBay

品牌价值：139.40 亿美元　−3%

世界 500 强排名：无

品牌标志：

品牌简介

1. eBay 基本情况（见下表）

eBay 基本情况

年净营收	143 亿美元（2014 年）	公司性质	上市公司
产品	网上拍卖、电子商务、购物商场	公司口号	世界的网上购物市场
成立时间	1995 年 9 月 4 日	创始人	皮埃尔·奥米迪亚
总裁	约翰·多纳霍	年商业交易量	1750 亿美元（2012 年）
总部地点	美国加州圣荷西	公司名称	eBay

2. eBay 盈利方式

刊登费：即商品登录费，目前 eBay 向卖家收取商品登录费，登录费 1~8 美元不等，以商品最低成交价为计费基数。

成交费：每次交易成功之后，收取交易服务费，价格按每件商品在网上成交金额的 0.25%~2% 收取，如果未实际成交则不收取。

资料费：eBay 根据上传资料或图片、照片的多少向招标人收取 0.25~2 美元不等的费用。

广告费：卖家刊登广告时，交的一笔不能退的服务费用，因物品不同，服务费介于 0.30~30.30 美元之间。

PayPal：eBay 另外拥有 PayPal，PayPal 是一个总部在美国加利福尼亚州圣荷西市的因特网服务商，允许在使用电子邮件来标示身份的用户之间转移资金，避免了传统的邮寄支票或者汇款的方法。PayPal 也和一些电子商务网站合作，成为它们的货款支付方式之一，但是用这种支付方式转账时，PayPal 收取一定数额的手续费，所以也从此处产生收益。

总之，eBay 的收入来自网页广告收入、网上直销收入、C2C 商品拍卖的服务费，个人物品拍卖的卖方手续费等几个项目。

3. eBay 竞争对手

eBay 的主要竞争者是 Amazon Marketplace 和 Yahoo 拍卖以及阿里巴巴集团。

📖 **营销策略介绍**

2014 年 9 月 30 日，eBay 宣布，在对公司的增长战略和结构进行战略评估后，它的董事会批准公司旗下的 eBay 和 PayPal 业务 2015 年分拆成两家独立的上市公司的计划。

在该免税分拆在 2015 年下半年完成后，eBay 现任 CEO 约翰·多纳霍卸任，但仍担任分拆后的两家公司或其中一家的董事。他在 eBay 已供职了 10 年，2008 年以来一直担任 CEO。

分拆后，eBay 市集业务现任总裁德文·韦尼希执掌 eBay，而新招揽的前美国运通高管丹·舒尔曼出任 PayPal CEO。

多纳霍指出，公司管理层和董事会在进行年度战略总结之后确定，全球各地的电商和支付领域近期的巨大变化表明，现在是时候让两项业务独立去竞争了。

"展望未来，我们觉得专注度、灵活性和快速行动的特质非常重要。"他说，"考虑到当下的行业所改变的种种趋势，两项业务面临着不同的挑战，这一点变得越发明了。"

PayPal 面临的竞争正不断加剧，其对手不仅包括像 Square 这样的行业新贵，还包括苹果、谷歌甚至阿里巴巴集团。eBay 业务也面临更多的竞争对手，而且对手更强大了，尤其是阿里巴巴集团。

作为分拆的一部分，eBay 和 PayPal 将以独立交易原则签署商业运作方面的合作协议，双方将以各种引荐形式和服务相互偿付。这并不让人意外，毕竟 PayPal 还有 30% 左右的业务来自 eBay，虽然该比例已明显低于数年前的 50%。多纳霍称，eBay 预计该比例很快就会降到 15%。

"分拆最有利于 eBay 和 PayPal 利用各自在瞬息万变的全球电商和支付市场的增长机会，最有利于创造可持续的股东价值。"eBay 在声明中表示，"作为战略评估的一部分，公司董事会一直都在探究这些问题：分拆会让 eBay 和 PayPal 变得更有竞争力吗？分拆是否能够避免分散对创新和执行的注意力？分拆会否给股东创造可持续的价值？"

📖 营 销 策 略 分 析

美国电子商务巨头 eBay 公布了 2014 年第三季度财报。很显然，分拆 PayPal 的计划并未能扭转 eBay 业务不佳的趋势。

2014 年第三季度，eBay 净营收为 43.5 亿美元，比 2013 年同期的 38.9 亿美元增长 12%，同时也符合公司自身预期的 43 亿美元至 44 亿美元这一目标；净利润为 6.73 亿美元，比 2013 年同期的 6.89 亿美元下降 2%。

eBay 制定的 2014 年第四季度的营收预期，不及行业分析师的预期值。eBay 第四季度营收预期之所以相对疲软，主要是因为该公司的市场业务部门的增速落后于 PayPal 部门，这也突显了分拆公司的合理性。

在年终的购物季度之前，eBay 首席执行官约翰·多纳霍都一直较为繁忙。除了计划分拆 PayPal 支付业务之外，eBay 还努力扭转流量下降的颓势。2014 年 5 月，在黑客盗取了大量用户的注册信息以及谷歌调整搜索结果限制了部分潜在购物用户使用 eBay 之后，eBay 也要求用户更改他们的账户密码。对此，行业分析机构 Topeka 资本市场的分析师维克多·安东尼认为，如今 eBay 公司急需展现其业务已经从黑客事件中恢复过来。

安东尼表示："eBay 仍然感受到数据破坏之后的影响。2014 年第四季度，eBay 将会迎来丰厚的营收，他们不想进入停顿期，eBay 的预期表明，这家公司遭受了重创。"目前，安东尼将 eBay 公司股票评级定为"持有"级。

eBay 第三季度营收同比增长 12% 至 43.5 亿美元，不及行业分析师平均预期的 43.6 亿美元；不计特定成本在内，eBay 第三季度净利润为每股 68 美分，略高于分析师平均预期的 67 美分。

在 2014 年 10 月 15 日的美国股市盘后交易中，eBay 股价一度下跌 5%。在当日常规交易中，eBay 股价下跌近 1%，报收于 50.24 美元，2014 年以来，eBay 股价已下跌 8.4%。

分析机构 Needham & Co 的分析师克里·赖斯表示："eBay2014 年第四季度的业绩预期太低，正是这个因素导致其股价下跌。"目前，赖斯将 eBay 的股票评级定为"持有"级。

2013 年 12 月，eBay 公布了分拆旗下支付业务 PayPal 的计划。在 2014 年第三季度，eBay 的 PayPal 部门支付量增加了 29%，这一增长幅度超过了行业分析师平均预期的 27%。

结果突显了 eBay 的支付业务增长速度大大超过了 Marketplaces 业务。eBay 公布分拆计划时，多纳霍曾表示，一个独立的 PayPal 支付业务在数字支付市场上将会拥有更大的灵活性，从而更好地与对手展开竞争，因为消费者正在加大利用智能手机和电脑来支付所购商品和服务的力度。eBay 方面表示，PayPal 目前拥有 1.57 亿账户，增长了 14%，预计这一业务 2014 年处理的移动交易量将突破 10 亿美元。

在 2014 年第三季度，Marketplace 业务营收增长 6.4%，至 21.6 亿美元，此服务的商品交易量也增长了 9%。

eBay 只有继续以提升竞争实力为重点，并着力提升买家与卖家的用户体验，并将大力投资消费者管理业务方面才可能在竞争激烈的市场中占领领导地位。

资料来源：张玮炜. EBAY 易趣和淘宝之分析. 内蒙古科技与经济，2008（12）.

思考题

1. 从营销角度分析 PayPal 从 eBay 中分离出来有什么益处？

2. 对于 PayPal 来说，从 eBay 当中拆分出来，重获独立身份，究竟是好消息还是坏消息？

3. 你从 eBay 分拆 PayPal 业务中学到了什么？

33. 金融服务

J. P. Morgan（摩根大通）

品牌价值：137.49 亿美元　10%

世界 500 强排名：61

品牌标志：

JPMorganChase

品牌简介

　　摩根大通公司（J. P. Morgan Chase & Co），业界称西摩或小摩，总部在美国纽约，总资产 2.5 万亿美元，总存款高达 1.5 万亿美元，占美国存款总额的 25%，分行 6000 多家，是美国最大金融服务机构之一，摩根大通于 2000 年由大通曼哈顿银行及 J. P. 摩根公司合并而成，并分别收购芝加哥第一银行和贝尔斯登银行与华盛顿互惠银行。摩根大通是一家跨国金融服务机构及美国最大的银行之一，业务遍及 60 多个国家，包括投资银行、金融交易处理、投资管理、商业金融服务、个人银行业务等。

　　摩根大通是全球盈利最佳的银行之一，管理公司在全球拥有 772 名销售人员，覆盖近 5000 家机构投资者客户；股票研究覆盖 5238 家上市公司，其中包括 3175 家亚洲公司。

　　自 1998 年以来，由摩根大通担任主承销的股票在上市后股价走势表现突出，一周后股价平均上涨 17%，一个月内平均上涨 27%，三个月内平均上涨 37%。

　　公司在全球拥有 26 万多名员工，在各主要金融中心提供服务。摩根大通亚太总部位于香港，在亚太地区 15 个国家的 23 座城市，拥有 1 万多名员工，摩根大通名列 1993 年以来亚洲股票和股票相关发行的第一名，自 1993 年以来，公司为亚洲公司主承销了 88 次股票交易，共募得超过 150 亿美元的资金。

营销策略介绍

2000 年 9 月 13 日，大通曼哈顿公司正式宣布与摩根公司达成了兼并协议。双方交易的条件是，大通曼哈顿公司将按照 9 月 12 日的收盘价，以 3.7 股去交换摩根公司的 1 股，交易价值高达 360 亿美元。12 月 11 日，美联储理事会以全票通过批准了这项兼并计划，并发表声明："美联储认为，在竞争及资源集中方面，该项兼并对大通和 J. P. 摩根直接竞争的银行业市场或其他相关的银行业市场而言，都不会造成重大不利影响。" 12 月 22 日，双方股东大会顺利通过了兼并计划。12 月 31 日，兼并正式完成。新组成的公司取名为 J. P. 摩根大通公司，新公司的股票已于 2001 年 1 月 2 日在纽约股票交易所开始交易。据测算，新公司的收入将超过 520 亿美元，利润高达 75 亿美元，拥有 9 万员工，6600 亿美元总资产，成为位于花旗集团美洲银行公司之后的全美第三大银行集团。这笔交易还使其位列全球投资银行前列，与摩根斯坦利添惠、高盛和瑞士信贷第一波士顿并驾齐驱。新公司的总部仍将设在先前两家公司共同的所在地纽约市。原摩根公司总裁兼首席执行官道格拉斯·沃纳将出任新公司的总裁，而原大通总裁威廉·哈里森则成为银行行长兼首席执行官。新公司的业务除了包括原摩根公司擅长的金融咨询、商业贸易以及债券发行外，银行抵押贷款、保险销售等方面的业务则是大通银行的强项。沃纳表示，两家银行的大规模合并是旨在组建一个全球范围的银行集团，这将有利于双方在业务上互补，预计新组建的公司将有很好的发展前景。

两家金融机构的显赫地位和交易金额的巨大，使得它被视作银行业并购的又一典范案例，并使得诸如银行"大就是美"（Big is Beautiful）、"强强合并"以及商业银行与投资银行的业务互补等命题似乎更无懈可击。然而，对这一案例的细节研究表明，事情远非如此简单。轰动过后，对这一案例作进一步深入的剖析和跟踪研究，有助于我们从中得到切实有益的启示，并真正把握全球金融服务业变革的逻辑、趋势与未来挑战。

营销策略分析

大通为何要频频进行如此大规模的并购活动？是为了扩大规模，以求"大而不倒"（Too Big to Fall）或者为了实现商业银行业务与投资银行业务的"完美结合"吗？

第一，就规模而言，如果说是在 20 世纪 80 年代，商业银行所关注的目标的确是资产规模与市场份额，然而这往往导致资产的盲目增长与不计效益的市场份额，这一扩张式发展模式的结果是，国际货币基金组织将近 75% 的成员国经历了严重的银行业问题。因此，自 20 世纪 90 年代以来，国际商业银行业的战略目标已被重新定位，效率与收益已成为银行所追逐的首要目标，然后才在此基础上追求资产规模和市场份额。从著名的《银行家》杂志对 1999 年世界大银行的排名表来看，即便是一级资本占第一位的花旗集团，也并非追求资产规模的第一位，而是致力于改善资本回报率、资产利润率和成本/收益比等收益和效率指标。大通的一级资本在世界排名第五位，资产规模排名第 20 位，但其平均资本利润率排在第 78 位，资产收益率排在第 151 位，成本收益比为 55.04%。从下文的分析中可以看出，这些才是大通兼并行动最关注的指标。

第二，就业务而言，大通在并购投资银行的同时，已开始大力收缩其商业银行零售业务。2000 年 9 月初，大通宣布出售旗下的 Manhattan 信用卡公司以及它在香港地区的零售银行业务，尽管信用卡业务是大通的一大特色，尽管在 1999 年底，大通在香港的零售银行业务盈利高达 8400 万美元，资产净值达 2.73 亿美元（对"资产规模论"的再一次否定），大通仍然果断放弃。由此可见，大通的战略原则是"有所为，有所不为"，其用意非常明显：希望专注于批发业务，而并非刻意追求商业银行与投资银行业务的所谓"完美结合"。

实际上，大通并购投资银行的一系列行动，是一场根本性的股票价值革命。大通并购之举的最大压力，来自大通收购化学银行后股东乃至管理层对大通银行股票市场价值的严重不满。1998 年，大通的股票虽然上涨了 33%，但市盈率（PE）仅为 15，而美国地区性银行达到 21，其他中心银行也为 19 左右。

资料来源：胥朝阳. 摩根大通银行的并购策略与绩效分析. 新金融，2011（3）.

思考题

1. 传统商业银行的内在特点决定了其在运行机制上有哪些根本弱点？
2. 什么是商业银行最好的并购与发展模式？
3. 银行业并购有哪些风险与挑战？

34. 快消品

Kellogg's（家乐氏）

品牌价值：126.37 亿美元　－6%

世界 500 强排名：无

品牌标志：

Kellogg's

品牌简介

　　美国家乐氏公司（Kellogg）是美国第二大的谷类早餐制造商。美国家乐氏公司为全世界知名谷物食品和零食制造及销售商，产品包括甜饼干、薄脆饼干、烘烤点心、谷类食品、冷冻烘饼、馅饼壳，及冰淇筒。Kellogg 的产品在全球 20 个国家制造，并在 160 多个国家销售。

　　1906 年 4 月 1 日，公司正式进入市场之后，坚持严选最优质的谷物，采用先进的工艺，最大限度地保留了谷物中的营养，在短短三年内，年销售量超过了 100 万盒，成为席卷美国的早餐风暴。此后家乐氏公司不断推陈出新，先后推出一系列经典产品：如 All-Bran®、Rice Krispies® 和 Special K® 等，并于 1914 年开始拓展国际业务。家乐氏公司每年在全球超过 100 多个地区，卖出超过 130 万吨的谷物早餐，是畅销美国乃至全球的世界领导品牌。

营销策略介绍

　　有力的规范在实践中会是怎样的呢？美国家乐氏公司兼并 Keebler 公司给了我们答案。在 20 世纪 90 年代，Kellogg 曾是经济方面最成功的品牌之一，其产品如 Kellogg 牌玉米片在各家早餐桌边随处可见，公司利润相当可观，并达到最高值。但在 90 年代中期，Kellogg 的经济开始进入低迷期。同时，零售商不再受控于 Kellogg 的高压模式，开始逐步增加自身品牌产品，消费者对谷类食品也逐渐失去了兴趣。Gutierrez，Kellogg 执行官在 1999 年成为总裁，他先后拟订了三项方案：让传统产品更加有吸引力，为公司的未来增长工程开发速食早餐谷类之外的产品，以及改变公司文化并更有效快速地执行。Gutierrez 看到了一些正面的效果。人们在白天开始喜欢吃一些谷类的其他产品，Kellogg 提供了这类产品。但对零食市场的巨大推动也引起了一些基本问题，Kellogg 缺乏一个直接的运输渠道，即最佳运送零食的方式。Gutierrez 知道，要从头开始创建这样一种渠道相当艰难而且成本非常高。他宁愿去买此渠道。Keebler 是美国第二大甜饼和饼干食品制造商。引起 Kellogg 兴趣的并不是 Keebler 的甜饼制造威力，而是其直接商店传送（DSD）系统。Keebler 的雇员每日用拖车将货物直接运送到商店，并将这些新鲜的零食直接摆到货架上，而不是将货品运到零售商的仓库里。这种系统使得公司产生极大的产品利润，同时也极大地掌控了产品市场。这个市场对其他大多数竞争者来说是至关重要的，而他们的产品只是通过零售商的物流系统来运送。

为了满足中国妈妈日益重视营养与食品安全的需求，家乐氏来到了中国。它以先进的技术将粗粮制成营养均衡与美味可口的现代粗粮早餐，让孩子更加喜爱，妈妈更加放心。家乐氏现代粗粮早餐，营养均衡、美味可口，为中国的未来打造金色的开始。

营销策略分析

Kellogg 在 Keebler 的 DSD 系统里挖掘出金矿，在四个关键决策问题上，公司所追求的效果如同并购决策规范的教科书一般。

1. 选择目标

并购与 Kellogg 的增长计划相得益彰，公司的投资计划清晰、集中并有驱动力。买入 Keebler 会给公司带来一到两个极为重要的增长点，同时也提供给 Kellogg 一个直接的运输渠道，而不断增加的零食产品会通过该渠道运输。从开始宣布合并到并购完成的一年时间，Kellogg 的股价上涨了 26%，比其同类竞争者高出 11%。这说明投资集团已经认可了 Kellogg 的投资计划。这项 Kellogg 的核心谷类食品顶尖方案也渐渐弥补了以前的损失。

2. 完成交易

Kellogg 将其尽职调查集中运用到一些可以获取赢利的变化中。Kellogg 是否能够完美无缺地将自己的零食产品应用到 Keebler 的运输系统中？尽职调查给了肯定的答案。Kellogg 是否能够实现足够的成本节约来弥补兼并带来的损失？尽职调查谨慎地推算出，到第三年，在成本协同作用优势方面的交易会带来 1.7 亿美元的收入。这也使 Keebler 的每股分红达到 42 美元。实际上 Kellogg 能够发挥可以产生利润的协同优势，并使并购比预期的价值更高。

3. 集中于整合

Kellogg 通过大量的整合努力使其在并购完成后没有陷入泥潭。通过紧跟投资计划，公司将注意力迅速转移到使自己的零食产品应用到 Keelber 的系统中来。Gutierrez 和他的部门意识到，在许多方面，这是一种反向的合并，表现在 Kellogg 将其零食业务应用于 Keebler 的运作中，而不是另一种方式。Keebler 将其被证实的专长应用到零食和直接运输系统中，Kellogg 让富有才干的 Keebler 管理层人员负责拓展其零食业务。Keebler 的主席 David Vermylen 承诺继续在公司工作 3 年，并监督大量整合工作。

4. 改正错误

尽管决议规定 Keebler 的执行官有权管理零食业务，但在并购完成后即带来了文化冲突。Keebler 是一家通过兼并而逐渐发展起来的关注成本的公司，而 Kellogg 却并非如此。Keebler 的总裁 Sam Reed 曾经对公司的成功起到帮助作用，而且是雇员们的偶像。并购完成后他在不到一年时间就离开了公司，这让许多 Keebler 的员工相当沮丧，因而引起了预料不到的人才流失。Kellogg 一时间要在慌乱中使得并购走上正轨。Gutierrez 相信，最好的行动就是集中在投资计划的主要驱动部分：从直接商店运输系统中获取利益。他让 Kellogg 的首席财务执行官 Bryant 直接负责合并。Bryant 推掉自己其他的工作来确保 Kellogg 的零食产品按计划通过 Keebler 的 DSD 系统进行运输。

一旦主要策略性的规定得以完成，Kellogg 能够从事更宽领域的整合问题，尤其是在文化冲突方面。Kellogg 在创造一系列新企业价值方面进行不断努力，并通过建立定期的 Kellogg 和 Keebler 经理交换计划来保持技能和观念共享。这与我们研究得出的结论是一致的，而结论则表明了像 Kellogg-Keebler 这样的大规模并购要求对目标的吸收，包括文化吸收。

资料来源：朱湘. 丰益国际联手家乐氏. 农经，2012（11）.

思考题

1. 简述你对家乐氏公司的评价。
2. 根据你的了解谈谈家乐氏公司发展的方向是什么。
3. 在了解家乐氏的同时你对其有什么建议？

■■ 35. 汽车

Volkswagen（大众汽车）

品牌价值：125.45 亿美元   -9%

世界 500 强排名：8

品牌标志：

品牌简介

大众汽车（德语：Volkswagen）是一家总部位于德国沃尔夫斯堡的汽车制造公司，也是世界四大汽车生产商之一的大众集团的核心企业。

Volks 在德语中意思为"国民"，Wagen 在德语中意思为"汽车"，全名的意思即"国民的汽车"，故又常简称为"VW"。中国台湾译为福斯汽车，中国港澳、大陆译为大众汽车或福士汽车，意思是"人民的汽车"。整个汽车集团在 2012 年产销超过 907 万辆，大众品牌则超过 574 万辆。

大众汽车公司（德文 Volks Wagenwerk），意为大众使用的汽车，汽车的标志曾发生过多次变化。今天的标志中的 VW 为全称中头一个字母。标志像是由三个用中指和食指作出的"V"组成，表示大众公司及其产品必胜—必胜—必胜。

集团的乘用车业务分为两大品牌。在集团之下，奥迪和大众各自独立管理其品牌群，并负责从中创造利润。各个品牌均有其自己的标志，自主经营，产品从超经济的紧凑车型（耗油率仅为 3 升/100 公里）到豪华型小轿车应有尽有。

奥迪品牌群包括奥迪（Audi）、西亚特（Seat）、兰博基尼（Lamborghini）、杜卡迪（DUCATI）4 个品牌。

大众品牌群包括大众商用车、大众乘用车、斯柯达（SKODA）、宾利（Bentley）和布加迪（Bugatti）、保时捷（Porsche）、斯堪尼亚（SCANIA）、MAN 共 8 个品牌。

一汽-大众于 1991 年 2 月正式成立，1996 年全面建成投产，是我国第一个按经济规模起步建设的现代化乘用车工业基地。一汽-大众发展至今，已经拥有长春、成都两个整车生产基地，建有轿车一厂、轿车二厂、轿车三厂和发动机传动器厂。从 1991 年生产第一批捷达轿车至今，一汽-大众从一个注册资本只有 37.12 亿元人民币的企业发展到现在拥有总资产 319 亿元人民币的大型汽车企业。目前，一汽-大众已成为国内成熟的 A、B、C 全系列轿车生产制造基地，形成日产 2000 多辆整车，年产近 66 万辆的生产规模，同时实现部分整车、总成及零部件的出口。

1. 世界领先的生产技术

一汽-大众拥有先进的全自动化冲压生产线，其中 2 条拥有国内唯一的具有国际先进水平的大吨位自动压力机。大量的焊接机器人、先进的激光焊接技术，大大提高了车身结构的钢性强度和表面的光洁度；全浸渍低锌磷化工艺，阴极电泳涂装工艺和自动定量空腔灌蜡工艺，保证车身 12 年不锈蚀，更使车身面漆的亮度和硬度达到了一个无可比拟的高度；机器人加工生产的缸盖装配生产线和连杆涨断技术，使一汽-大众发动机制造技术处于世界领先水平；模块化生产方式的总装线，确保轿车制造质量稳定可靠。

在"技术领先"经营方针的指导下，一汽-大众正不断地进行技术升级，保持制造工艺、科学技术、检测设备等的先进性，成为国内汽车先进技术的领跑者。

2. 全方位的质量保证

在质量上，一汽-大众提出了"质量至上"的理念，建立了从产品开发试制到生产协作配套、销售服务全方位的质量保证体系。1998 年，一汽-大众正式通过 ISO9001 质量体系认证；2002 年，一汽-大众通过 ISO9001（2002 版）标准认证，并荣获 ISO14001 环境管理体系认证证书。2004 年 3 月 20 日，一汽-大众通过了德国技术监督协会 TüV cert 认证公司审核，获得了 VDA6.1 补充证书。一汽-大众生产的产品还于 2006 年 1 月荣获中国环境标志产品认证。

不仅如此，一汽-大众还在中国汽车史上创造了一个又一个奇迹——捷达轿车"60 万公里无大修"到"百万公里无大修"等经典案例。在 2010 年 BIC 车型形象调查中，迈腾、速腾、宝来、高尔夫以及捷达均名列各子级别细分市场第一名；销售及售后满意度也得到明显提升；奥迪轿车凭借突破科技的领先技术和超凡的性能多次获得国内大奖，连续多年荣获 J.D.POWER 评比第一名，成为国内高端市场的一面旗帜。质量可靠、价值经典、安全耐用、物超所值已成为公司产品的代名词，全系列产品成为深受用户拥护和爱戴的著名品牌。

3. 最完善的产品系列

作为我国第一个按经济规模起步建设的现代化轿车工业基地，一汽-大众拥有大众和奥迪两大品牌，捷达、宝来、高尔夫、速腾、迈腾、CC、奥迪等系列产品。作为一汽-大众的第一款车型，捷达在中国无人不知。从 1991 年引进开始，捷达经过了多次的改进，技术含量不断提升，目前捷达的累积销量已近 190 万辆。至今为止，捷达已数次登上国内轿车市场的月销量冠军榜，月均销量一直保持在 20000 辆左右。随着捷达成都投产项目的运行和新捷达的上市，2010 年 1—11 月，捷达以突破 21 万辆的发展势头，继续领跑车市。

营销策略介绍

1. 体验营销

2010 年下半年，为了配合新 POLO 上市，让更多的人来体验新车的性能，大众德国公司精心策划了一场"抢车"活动，希望借助这个活动，增强与消费者之间互动，实现新车上市的热度传播及体验。

整个活动的时间是 8 天，在这 8 天的时间里，大众公司提供一辆新 POLO 车，作为公共财产，任何人都可以去试驾。当然，其他人看到这辆车也可以进行拦截，拦截成功即可驾驶，换下前面的人，最终谁开的距离最远，那么谁就能拥有这辆新车。

线下的活动开始后，毕竟不可能覆盖到所有城市，网络上的做法也显得很重要，他们比较厉害的是在车上装了视频监控设备，并安排一个人跟车陪驾。这样，整个活动的视频都通过网络进行直播，网络上可以实时看到车上体验者的真实反应。借助汽车上的导航设备，每一个网络浏览者都可以看到当前汽车行驶在哪个地方。

很多网友通过线上的直播观察到车的行驶位置，再到线下地点去拦截，拦截成功就拥有了汽车的驾驶权。在网络直播的视频中，可以看到很多人都抱怨被拦截太快了，驾车的时间太短。

除此之外，大众公司还利用了现在很火的社区平台 Haves，在社区上制作了一款有点游戏味道的互动广告，和现实生活中的道理一样，谁把汽车抢到自己的个人主页，汽车在主页上待的时间最长，那么谁就能获得一定的奖品。

在媒体的宣传上，从开始的电视宣传到社交网站上的互动广告、号召知名博客参加等，着实让更多的人了解了大众新 POLO。最后的数据显示：9 天达到约 357000 人次的网站浏览、34500 小时的视频观看以及众多社交媒体上的留言。

2. 网络营销

（1）搜索引擎营销

SEM 是 Search Engine Marketing 的缩写，中文意思是搜索引擎营销。SEM 是一种新的网络营销形式。SEM 所做的就是全面而有效地利用搜索引擎来进行网络营销和推广。SEM 追求最高的性价比，以最小的投入，获得最大的来自搜索引擎的访问量，并产生商业价值。

（2）交换链接

交换链接或称互换链接，它具有一定的互补优势，是两个网站之间简单的合作方式，即分别在自己的网站首页或者内页放上对方网站的 Logo 或关键词并设置对方网站的超级链接，使得用户可以从对方合作的网站中看到自己的网站，达到互相推广的目的。交换链接主要有以下几个作用，可以获得访问量，增加用户浏览时的印象，在搜索引擎排名中增加优势，通过合作网站的推荐增加访问者的可信度等。更值得一提的是，交换链接的意义已经超出了是否可以增加访问量，比直接效果更重要的在于业内的认知和认可。

（3）网络广告

几乎所有的网络营销活动都与品牌形象有关，在所有与品牌推广有关的网络营销手段中，网络广告的作用最为直接。标准标志广告（BANNER）曾经是网上广告的主流（虽然不是唯一形式），进入 2001 年之后，网络广告领域发起了一场轰轰烈烈的创新运动，新的广告形式不断出现，新型广告由于克服了标准条幅广告承载信息量有限、交互性差等弱点，因此获得了相对比较高一些的点击率。

（4）博客营销

博客营销是通过博客网站或博客论坛接触博客作者和浏览者，利用博客作者个人的知识、兴趣和生活体验等传播商品信息的营销活动。博客营销不直接推销产品，而是通过影响消费者的思想来影响其购买行为。例如某相机厂商赞助某知名摄影博客，并向其灌输自己相关产品的内容，而后这些产品由该博客为源头传播开来，影响其他摄影爱好者和相机用户。专业博客往往是那个圈子中的意见领袖，他们的一举一动常常被其他人模仿和追逐。

（5）个性化营销

个性化营销的主要内容包括：用户定制自己感兴趣的信息内容，选择自己喜欢的网页设计形式，根据自己的需要设置信息的接收方式和接收时间等等。个性化服务在改善顾客关系、培养顾客忠诚以及增加网上销售方面具有明显的效果。据研究，为了获得某些个性化服务，在个人信息可以得到保护的情况下，用户才愿意提供有限的个人信息，这正是开展个性化营销的前提保证。

（6）会员制营销

会员制营销已经被证实为电子商务网站的有效营销手段，国外许多网上零售型网站实施了会员制计划，几乎已经覆盖了所有行业，国内的会员制营销还处在发展初期，不过已经看出电子商务企业对此表现出的浓厚兴趣和旺盛的发展势头。

（7）网上商店

建立在第三方提供的电子商务平台上、由商家自行经营网上商店，如同在大型商场中租用场地开设商家的专卖店一样，是一种比较简单的电子商务形式。网上商店除了具备通过网络直接销售产品这一基本功能之外，还是一种有效的网络营销手段。从企业整体营销策略和顾客的角度考虑，网上商店的作用主要表现在两个方面：一方面，网上商店为企业扩展网上销售渠道提供了便利的条件；另一方面，建立在知名电子商务平台上的网上商店增加了顾客的信任度，从功能上来说，对不具备电子商务功能的企业网站也是一种有效的补充，对提升企业形象并直接增加销售具有良好效果，尤其是将企业网站与网上商店相结合，效果更为明显。

营销策略分析

网络体验式营销，即整合运用网络营销的各种方式，借助网络平台，以新颖独特的形式吸引受众参与到所设置的情境中，从而达到宣传目的。目前，网络营销方式已被许多商家运用，但对于2007年的大众汽车公司来说却是其第一次将汽车搬上网络，运用体验式网络营销方式进行宣传销售，并取得不错的业绩。

大众汽车公司作为国际知名品牌，已经具备了良好的品牌形象。高质量的产品和优质的售后服务更是赢得了不错的口碑。大众汽车公司在进行市场及受众分析后，针对大众汽车的用户中有很多人能上网的情况，选择网上推广的方式对其最新两款甲壳虫进行市场推广。

网络营销方式不仅需要技术的支持更需要形式的创新和出其不意、鹤立鸡群。从大众汽车这次已成为历史的网络推广成功案例我们可以发现，网络营销以它独有的方式抓住了受众的猎奇心理，设置一个议题，让受众凭借自身的能力来丰富、传播这个议题。目前来说，网络已经不再是新生事物，但网络内容、信息传播形式却新意不断，常常给人们视觉或触觉的冲击。或许体验式营销方式已经不是新的营销方式，但却在网络上不断地发挥着它无限的能量。

由此可见，网络营销已经融入了网络中。当我们打开一个网站时，会看到带有互动性的广告，随着鼠标的移动就会看到不一样的效果。一些公益性的广告也在逐步采用这种方式。例如一个反吸毒的公益广告，画面是一个青春靓丽的女性，在右下角写着"毒品"两个字，当你的鼠标越来越靠近这两个字时，这位女性的面容就变得越来越憔悴和枯瘦。这样一种宣传方式比单纯的一幅广告画面更具有冲击力。在网络游戏中也可以看到网络营销的影子。其实有时候不必将这种体验形式想得太过复杂，不一定融合巨大的科技和创新的形式就可以达到很好的效果，关键是看能否抓住受众的眼睛和情感。

总之，网络营销在网络中有着不可替代的作用，它能够融合到各种营销方式中，例如网络硬广告、社区营销和无线营销策略等方式。它所具有的这种广泛性使它不断地以新面孔示人。网络体验式的营销形式可以不断创新，但是，在形式创新的基础上要注重的是其内容的丰富，并且人们通过网络的体验可以达到一种意识层面的认同，要使受众有所感触，有感触才有可能引发行动。毕竟情感元素是永不过时的一种诉求点。

资料来源：杨晓菊. 基于顾客感知价值的一汽大众汽车品牌体验研究. 大连海事大学，2013（4）.

思考题

1. 大众成功的原因是什么？
2. 你对大众的体验营销有什么感触？
3. 以大众营销案例为例，谈谈你对其他品牌汽车营销的建议。

36. 饮料

Nescafé（雀巢咖啡）

品牌价值：122.57 亿美元　7%

世界 500 强排名：70

品牌标志：

It all starts with a
NESCAFÉ.

品牌简介

　　雀巢咖啡起源于 1930 年。当巴西政府开始与雀巢公司接触时，咖啡权威马克思·莫根特尔立刻同他的研究队伍着手研究一种只需用水冲调同时又能保持咖啡原汁原味的方法。经过在瑞士实验室长达 7 年的调查研究，最终他们找到了答案。雀巢咖啡现已成为世界知名的品牌。

　　据权威估计，平均每秒有近 5500 杯雀巢咖啡被饮用。相信您会同意自从 1938 年以来雀巢咖啡走过了很长的一段道路，而我们每个人也从马克思·莫根特尔及其同事们的研究工作中受益匪浅。

　　雀巢咖啡的 LOGO 设计充满着温馨、希望等韵味。以原有的咖啡色为背景，体现了咖啡独有的颜色；以白色而特殊的字母加以点缀，给人一种特有的牛奶浓香与温馨；以圆为造型，体现了圆滑、细腻，像喝进嘴的咖啡的感觉。这些韵味融合在一起，犹如一股特浓的香在牵引着我们的思维，它仿佛让我们分享着梦想、希望，只要你想总会有"雀巢咖啡"的光芒指引着你。一杯雀巢让人精神倍增，味道好极了。

　　作为拥有 140 多年历史的世界著名奶品和营养专家，雀巢一直致力于食品尤其是乳制品前沿领域的研发，包括产品的质量和安全方面。雀巢北京研发中心是雀巢在全球的第 24 个研发机构，也是雀巢在中国的第二家研发中心。食品安全和质量将是雀巢北京研发中心工作的重中之重，中国奶制品行业所面临的挑战有力地提示企业需要具备国际一流的质量控制和安全保证系统，而雀巢北京研发中心恰恰能够满足这一条件。

确保消费者安全对于雀巢来说是不可妥协的首要原则。雀巢对消费者庄重承诺：我们确保产品安全、优质并且符合国家法律、法规要求。

雀巢的主要产品：速溶咖啡、婴儿营养品、瓶装水、奶粉、冰淇淋、巧克力和麦芽饮料、糖果、调味品、宠物食品等。

营销策略介绍

1. 收购方——雀巢公司

雀巢公司 2010 年销售额达到 1097 亿瑞士法郎，纯利润达到 342 亿瑞士法郎。其中的大约 95% 来自食品的销售，因此雀巢公司可谓世界上最大的食品制造商，也是最大的跨国公司之一。

公司以生产巧克力棒和速溶咖啡闻名遐迩，目前拥有适合当地市场与文化的丰富的产品系列。雀巢在五大洲的 81 个国家中共建有 443 多家工厂，所有产品的生产和销售由总部领导下的约 200 多个部门完成。雀巢销售额的 98% 来自国外，因此被称为"最国际化的跨国集团"。

2. 被购方——银鹭食品有限公司

银鹭事业始创于 1985 年，而厦门银鹭食品有限公司成立于 2006 年 6 月，位于海滨开放城市——中国厦门，是福建省乃至全国最大的罐头、饮料生产基地之一、福建省重点扶持成长型企业、中国罐头工业十强、中国食品工业突出贡献企业、农业产业化国家重点龙头企业。

公司以"人才、科技、名牌"的发展战略为基石，以绿色科技、人文关怀为努力方向，内强管理，外拓市场，实现银鹭处处相伴、关爱时时相随的"银鹭所在，关怀至爱"的愿景。

集团以食品饮料生产为支柱，涉及果蔬保鲜、进出口贸易、包装材料制造、农产品深加工科研开发、电子科技、房地产开发、实业投资等多种产业领域。银鹭集团目前的业务横跨农产品、食品、锅炉、电子、酒店、房产等众多领域。

3. 并购过程

2011 年 4 月 18 日，雀巢与银鹭签署了战略合作意向协议。

5 月 24 日，商务部对此并购交易正式立案。

8 月 26 日，雀巢收购银鹭通过了商务部反垄断审查，正式获批。

9 月 8 日，雀巢公司与银鹭食品集团在第 15 届中国国际投资贸易洽谈会上正式签署股权转让合资协议。

11 月 17 日，银鹭厦门总部"年产 60 万吨食品饮料新厂"正式开工，同时银鹭还将总部迁至厦门市湖里区五缘湾。

4. 并购结果

2011 年 11 月 17 日，经过近两年的洽谈和沟通，银鹭正式"嫁给"了雀巢——雀巢收购银鹭 60%的股权并获得监管部门审批通过。

根据协议，银鹭、雀巢将通过合资改组原银鹭食品集团公司，改组后拥有新股东成分的银鹭食品集团公司，雀巢方持股 60%、银鹭方持股 40%，但继续由银鹭原经营团队管理，并沿用"银鹭"品牌。按照协议，银鹭公司总裁陈清渊将继续管理位于厦门的合资公司。

雀巢公司与厦门银鹭集团共同为银鹭集团下属的银鹭食品公司增资 25 亿元人民币，其中雀巢公司出资 15 亿元，银鹭集团出资 10 亿元。

营销策略介绍

1. 雀巢并购银鹭的内部动因

目前，雀巢在五大洲的 60 多个国家中共建有 400 多家工厂，主打产品包括雀巢咖啡、奶制品、瓶装水、烹饪食品等。由于缺乏对中国市场的了解，特别是对中国的流通体系、市场结构以及中小城市的分销渠道与方式、地域结构、消费心理、风俗习惯和口味了解得不真实不具体，需要得到中国本土企业的支持。雀巢公司的产品是以咖啡为主，但现在中国整个咖啡市场处于初期阶段，市场已形成一定的饱和，需要寻找其他利润增长点。

银鹭食品是国内八宝粥和蛋白饮料市场的领头羊，而雀巢在咖啡、奶粉、瓶装水等市场保持领先，有助于雀巢公司扩大对中国速食食品市场的供应服务。

在雀巢并购银鹭之前，雀巢和银鹭就已经建立了成功的合作伙伴关系。银鹭是雀巢 Nescafe 咖啡的合作生产商，代工生产"雀巢咖啡"即饮咖啡。雀巢公司表示：银鹭产品更适合中国消费者的口味。"雀巢咖啡"即饮咖啡的市场反应很好，说明了银鹭的品质和管理能力。

在中国国内乳饮料市场频频出现质量问题的背景下，银鹭几乎没出现过负面新闻，品牌声誉极佳，商品的品质也受到了消费者的认可，这些都与雀巢的公司文化十分契合。

2. 雀巢并购银鹭的外部动因

（1）市场推广提升战略

雀巢作为世界最大的食品企业之一，知名度高，在国际市场中占一定份额，但目标人群主要是城市白领。

银鹭以"中餐式饮料"为主，其市场深入中国二、三线城市，并且银鹭在中国的广大农村地区有很广泛的分销体系。

"雀鹭联姻"使雀巢从中得到了进军细分市场和中国二、三线城市的机会，而银鹭有望通过携手雀巢品牌，增加银鹭产品在中国一线城市的曝光度，进一步由此打通国际市场。

（2）增强市场势力

市场势力指的是企业对市场的一种控制力，市场势力理论最为核心的观点是并购活动可以减少竞争对手，提高对其经营环境的把控，提升其市场的占有率，并增加长期获利的机会。

雀巢尽管进入中国市场历史悠久，但在国内罐头和蛋白质饮料市场还是一片空白，其在新兴市场的份额落后于对手，新兴市场对于该公司总体营业收入的贡献率计划在 2020 年之前要达到 45%，当前约为 33%。面对玛氏、卡夫等竞争对手，收购新兴市场优秀品牌对其来说无疑是一条捷径。

对于银鹭，其与娃哈哈、达利园、亲亲等本土八宝粥品牌的竞争十分激烈，优势并不明显，银鹭要借助雀巢突围。

资料来源：李思. 雀巢跨国并购经验分析及对我国企业的启示. 首都经济贸易大学，2014（5）.

思考题

1. 雀巢并购银鹭的原因是什么？
2. 雀巢并购银鹭有哪些好处？
3. 从这个案例中我们可以得到什么启发？

37. 金融服务

HSBC（汇丰）

品牌价值：116.56 亿美元　−11%

世界 500 强排名：81

品牌标志：

HSBC ◆

品牌简介

香港上海汇丰银行有限公司（The Hongkong and Shanghai Banking Corporation Limited，中文直译为"香港和上海银行有限公司"，英文缩写为 HSBC，中文简称汇丰，取"汇款丰裕"之意）为汇丰控股有限公司的全资附属公司，属于汇丰集团的创始成员及其在亚太地区的旗舰，也是香港最大的注册银行，以及香港三大发钞银行之一（其他两个是中国银行（香港）和渣打银行）。

其总部位于中环皇后大道中 1 号香港汇丰总行大厦，现时香港上海汇丰银行及各附属公司在亚太地区设立了 700 多间分行及办事处。

香港上海汇丰银行以香港业务为出发点，开业时由当时股东之一沙逊洋行拥有，位于中环域多利街（现称银行街）的域多利大厦作为总部，并取得发钞权。总部位置与 2012 年的所在地相若，并于 1886 年购入改建为第 2 代总行行址。19 世纪 80 年代，东藩汇理银行因锡兰咖啡失收结业，汇丰取得源自东藩汇理银行的香港政府的往来账户，成为香港的准中央银行。1872 年获香港政府授权发行 1 元纸币，以补充严重短缺的 1 元银币。第二次世界大战之后，汇丰肩负起重建香港经济的重任。20 世纪 60 年代及 80 年代两次银行风潮中，汇丰都为最后拯救者。汇丰在九龙区兴建一座总行处理九龙新界区账户并提供相应服务，九龙旺角弥敦道 673 号旺角汇丰大厦作为第二总部，除此之外，1999 年在大角咀的写字楼建筑物群上进驻汇丰中心，汇丰中心共三座，属于港铁奥运站物业发展计划第一期，汇丰中心原址为大角咀码头巴士总站，1998 年，该写字楼未命名时，发展商信和集团将该写字楼以 40 亿港元出售给香港上海汇丰银行作为后勤总部人力资源部，原旺角分行部分业务也随之迁入，因而命名为汇丰中心。

汇丰为香港市场领导者，在存款市场方面，香港汇丰的市占率达两成四，而信用卡结余的市占率为两成九，按揭及人寿保险市场的占有率则分别为约一成七及两成。

汇丰银行在中国各分行的主要业务可分为两类：（1）工商银行业务（Corporate Banking），包括项目方面的贷款与房地产贷款、进出口押汇与票据托收、证券托管与 B 股业务、外汇资金安排等四个方面；（2）零售银行业务（Retail Banking），如存储账户、汇款、旅行支票、信用卡、商户服务等。汇丰银行上海分行还为客户提供房地产按揭贷款等业务。汇丰的优质服务已获得广泛的认可，所获奖项包括：《金融亚洲》中国最佳外资银行、《资产》中国最佳资金管理银行、Global Finance 最佳私人银行、《银行家》亚洲与西欧最佳银行、《欧洲货币》中国最佳外资银行（连续 4 年）。

营销策略介绍

1. 整合营销

台湾《天下杂志》自 2002 年起每年举办"e 时代营销王"比赛，选出以台湾市场为营销主体，利用工具，如活动网站、电子报（e-mail、edm 等）、网络广告与互动游戏、博客（含视频博客）、手机、关键词营销等，针对一般消费者（B2C）从事营销的实际已完成的优秀案例，2007 年年度 eMarketer 首奖由汇丰银行所获得。一般运用搜索引擎营销不管是采取网站优化或是付费竞价的方式，在关键词的选用上往往只会在有限的框架里兜圈子，这些关键词同业竞争越来越激烈，时间或经济成本也越来越高，搜索引擎营销演变成部分行业的鸡肋，食之无味弃之可惜，不做又没其他更好的方案，做了又觉效果不彰。

汇丰银行根据其某个金融商品设计出活动网页，在此营销活动中化繁为简，使用简单的关键词例如"三倍"等让消费者容易记忆而此类词一般业界也不会想到要将其列入关键词，因而采用竞价付费的搜索引擎营销也可以取得最低的点击成本。

这些关键词则透过整合营销的模式，例如在电视广告播放到最后，打出一行请你上网输入的关键词，也就是透过其他媒体将消费者引导至搜索引擎打出原先已布局好的特定关键词作搜索，此种主动引导消费者使用特定关键词搜索的模式在台湾已被不少企业所运用，以跳脱出网站优化或付费竞价的激烈竞争。

这个整合营销模式让汇丰银行推出五周内就达到了全年业绩目标，也为其赢得 2007 年年度 eMarketer 首奖。

2. 高尔夫营销

银行的高尔夫营销是指银行以高尔夫为平台、以消费者为核心，应用高尔夫文化于银行的各种营销和市场行为，综合协调地使用各种形式的传播方式，实现与消费者的双向沟通，树立产品和品牌在消费者心目中的地位，从而刺激和满足消费者需求的社会行为和经营管理过程。随着高尔夫休闲运动在我国的快速发展，越来越多的银行客户，尤其是银行的高端客户对银行提出了高尔夫服务的要求，对此各个银行积极地采取了不同的方式，形成了各有特色的高尔夫营销手段。

（1）银行高尔夫营销手段的应用：信用卡的高尔夫增值服务

根据有关统计，目前全国高尔夫爱好者有 450 多万人，每周打球接近 50 万人次，并且参与这项运动的爱好者每年以 30% 的幅度递增。他们迫切需要一款金融消费产品，既能够提供便利的消费服务，又能够提供高尔夫服务。为此，各大银行推出了各种包含高尔夫服务功能的信用卡，意在引领一种高尚、健康的生活方式。

（2）高尔夫订场服务

对高尔夫球爱好者而言，最大的乐趣莫过于打遍不同的球场。高尔夫球场既是品味生活乐趣的去处，又是体现自身价值的场所，然而目前国内外球会大多实行会员制，使得大部分高尔夫球爱好者很难以个人的身份在不同的球场体验打球所带来的乐趣。当作为非会员顾客时，他们不仅在订场的时间上，而且在价格上都会受到歧视。针对这个问题，各银行为客户推出了有效的解决办法，即订场服务。

为了客户能够跨越区域和高尔夫会所的差异享受会员待遇，各银行很早就开始与全国各地的球会、球场以及专业的高尔夫服务机构寻求合作，并尝试搭建了各种订场服务的技术支撑平台，以实现全国范围内高尔夫球场的实时场地查询、预订甚至取消预订。

通过银行提供的订场服务，银行客户不管身在何处，都可以方便地进行球场的预订，并享受与球会嘉宾价相近的优惠价格，还无需支付订场的手续费。如果已经订场却因故不得不取消或延期的会员，也可以提前一天拨打订场服务热线，通过银行的服务人员与球会联系更改。

（3）客户的高尔夫体验活动

随着高尔夫运动在我国的快速发展，高尔夫已经成为当今最时尚的休闲交际活动。银行客户群体中越来越多的人希望尝试，或者已经成为高尔夫的爱好者，银行适时地推出了各种客户的高尔夫体验活动，不仅满足了银行客户的高尔夫需求，同时由于我国对高尔夫高消费的定位，也促使银行不断地提升高尔夫体验活动的档次，通过各种高尔夫活动，挖掘高端客户。

银行组织的客户高尔夫体验活动拉近了银行与客户的关系，让客户充分感受了银行的文化与服务，也使银行贵宾服务的影响力得到提升。众多参加的贵宾客户纷纷表示对此类活动的支持和对此类贵宾服务的认同，对银行高尔夫系列活动的开展充满了信心，也增加了对银行的忠诚与信赖。

（4）银行冠名的高尔夫赛事

现代高尔夫球运动一直就在市场化程度高、竞技欣赏水平高、赞助厂商地位高的层面进行着，这与高尔夫球运动追求"高远、精准"的本质意义有着天然的联系；而运动员在场上表现出的绅士风度、永不放弃的职业风范又契合了许多高品位产品制造商所需营造的宣传氛围，所以，世界上许多著名品牌将他们的广告活动经费用在了高尔夫球这项运动上。在赞助商眼中，赞助高尔夫比赛好比开掘一座金矿，因为这里聚集了最有针对性的客户，最具购买力的人群。在国外银行金融机构对高尔夫赛事的赞助十分普遍，其中仅美国巡回赛中来自金融机构的赞助就占到了21%的份额。

2005年，由汇丰银行赞助的"汇丰冠军赛"在中国顺利举行，并获得了迅速的发展，短短几年已经发展为"亚洲最盛大的高尔夫赛事"，不仅为中国高尔夫运动带来了积极的影响，更让"汇丰银行"享誉亚洲乃至全世界。

"汇丰冠军赛"的成功举办，加速了国内银行与高尔夫之间的紧密合作，促进了银行对高尔夫赛事活动的参与，目前几乎每个银行都拥有了自己冠名的高尔夫赛事活动。各银行积极地参与高尔夫赛事，不仅让会员和各界知名人士以球会友，充分享受高尔夫运动带来的健康乐趣，也体现了银行对高尔夫增值服务力度的加大，对顶级会员服务的全面升级，更旨在通过赛事扩大影响力，提升自身品牌价值。

营销策略分析

1. 银行高尔夫营销策略应用中存在的问题

尽管银行在高尔夫营销方面做出了很多努力，而且也取得了一定的成效，但由于高尔夫运动在中国的发展时间不长，同时作为银行的一种营销策略仍在探索之中，因此在运作中仍存在许多不足的地方。

（1）营销的针对性不强

目前大部分银行在推行高尔夫营销策略，但事实上许多银行没有很好地对高尔夫的客户群体进行细分，从而更有效地进行针对性的营销。银行对于客户的高尔夫营销策略基本上是基于目前高尔夫人口的增加、银行客户对高尔夫需求的增加而进行的，对于哪些客户对哪种高尔夫服务有需求并没有区分。没有对客户进行细致的分类，导致银行在实施高尔夫营销策略时，更多地体现为"别人做，我也做，别人有，我也有"的跟风模式，而忽略了市场营销的关键，即针对细分市场提供专业化的服务，才能更好地满足客户的需求，获得更大的市场。

（2）营销中缺乏树立高尔夫赛事品牌的意识

国内银行组织的高尔夫赛事活动大多是以自身品牌为依托的邀请赛，在宣传和运作的过程中都强调的是银行自身的品牌，缺乏树立高尔夫赛事品牌的意识。高尔夫营销实效经常是"空山不见人，但闻人语响"。银行的高尔夫营销仅仅是举办一些赛事，或者拿出一些费用进行冠名、赞助等初级合作，远没有国外运作得完善。高尔夫作为一项竞技赛事，有着与银行业务截然不同的内涵和价值，通过冠名和组织高尔夫赛事来培育和经营高尔夫赛事品牌，才能更好地实现通过高尔夫提升银行品牌价值的战略目标。从"汇丰冠军赛"的成功经验看，银行和高尔夫赛事的结合不是短期的赞助和冠名，更主要的是通过树立高尔夫赛事品牌来提升银行的品牌价值。

（3）营销服务中缺乏高尔夫专业机构的参与

国内银行举办高尔夫活动或赛事，多数是从自身对高尔夫的认识出发，活动的领导方大多是银行的成员，但银行毕竟不是专业的高尔夫机构，对于高尔夫理解方面的缺失，使得银行无法真正与客户站在一起，很多的高尔夫比赛和活动，看起来其乐融融，实际上营销的营销，打球的打球，各行其是。如何选择卓越的合作伙伴，优化整合多方资源，需要的不单单是银行业，还应该包括高尔夫专业机构及产业周边企业游刃有余的策略支持和创造力。如汇丰冠军赛就是由欧巡赛、亚巡赛、澳大利亚 PGA 巡回赛、阳光（南非）巡回赛以及中国高尔夫球总会合办，才有机会使世界排名前 20 中的 10 位球员光临上海，为汇丰捧场。国内银行在这方面的发展还很不成熟。

2. 银行高尔夫营销策略应用的优化建议

（1）向细分市场提供有针对性的服务

对于不同的需求提供不同的服务，对于不同的市场采取不同的营销策略，这是营销成功的关键。尽管银行客户对高尔夫有所需求，但是需求的层次和内容是不同的，作为银行应该更多地了解客户的需求，并根据客户需求进行分类，进一步细分市场，并向市场提供有针对性的服务。这样不仅能够更好地满足客户的需求，也可以更多地节约资源。同时，对于不同的市场和需求的服务划分，也可以有效地避免银行高尔夫策略同质化，更加有效地获得市场客户的认可。

（2）树立高尔夫品牌营销策略

高尔夫运动在我国发展得很快，随着社会认可程度的不断提高，越来越多的高尔夫赛事品牌已经崭露头角。作为高尔夫赛事的重要参与者，银行的管理者不应该仅仅将自己定位为高尔夫赛事的简单的赞助商和冠名商，应该具备更长远的战略眼光，将树立和培养高尔夫赛事品牌与银行自身品牌的培养相互结合，通过长期的品牌经营，最终获取最大的利益。不要今天赞助这个，明天赞助那个，到最后是竹篮打水一场空。尤其是在我国目前高尔夫赛事品牌尚不健全的时候，银行更应该及早地寻找切入点，占领这个未来对自身品牌价值提升有重要战略意义的市场。

（3）加强与高尔夫专业机构的协作

银行之所以推行高尔夫营销策略，是为了满足银行客户的高尔夫需求。正如前文所述，客户的高尔夫需求是多元化的，要有针对性地提供服务就必须有专业的服务人员和服务技术。银行作为金融机构，是否有必要跨行业进行高尔夫产业的经营？显然没有必要。通过与现有的高尔夫专业服务机构的联合，一方面为银行客户提供了更加专业的高尔夫服务，另一方面，银行广泛的客户群体也成为高尔夫服务机构开拓的重要市场。通过与高尔夫专业机构的协作，可以实现三赢的局面，更好地实现银行整体的战略目标。

资料来源：方玉霞. 汇丰银行在中国中部地区的营销策略研究. 江西财经大学，2010（12）.

思考题

1. 你会在汇丰银行办理相关的业务吗？为什么？为此你有哪些好的建议呢？
2. 银行高尔夫营销策略应用中存在的问题有哪些？
3. 针对第 2 题中存在的问题，简述你对汇丰银行高尔夫营销策略应用的优化建议。

38. 汽车

Ford（福特）

品牌价值：115.78 亿美元　6%

世界 500 强排名：27

品牌标志：

品牌简介

　　福特汽车公司是世界最大的汽车企业之一。福特汽车公司创立于 20 世纪初，凭借创始人亨利·福特"制造人人都买得起的汽车"的梦想和卓越远见，福特汽车公司历经一个世纪的风雨沧桑，终于成为世界四大汽车集团公司之一。截至 2013 年，它拥有世界著名汽车品牌：福特（Ford）、林肯（Lincoln）。此外，还拥有全球最大的信贷企业——福特信贷（Ford Financial）、全球最大的汽车租赁公司 Hertz 和客户服务品牌 Quality Care。2008 年经济危机时，福特是唯一一家没有经过国家救济而自己走出经济危机的汽车集团。

　　福特汽车公司（Ford Motor Company）是一家生产汽车的跨国企业，位于美国密歇根州迪尔伯恩（现公司总部所在地），由亨利·福特所创立，1903 年公司化。在其 20 世纪如日中天的时候，福特、通用与克莱斯勒被认为是底特律的三大汽车生产商。这三家公司统治着美国汽车市场。福特汽车的商标来自创办人亨利·福特常用的签名字体。福特汽车在美国汽车市场连续 75 年保持销售量第二名，仅次于通用汽车，2007 年才因油价高涨，大型 SUV 休旅车与卡车销量减少，被丰田汽车超越，成为美国市场销售量第三名。亨利·福特参考引进了大批量汽车生产以及大批量工厂员工管理的方法，设计出以移动式装配线为代表的新生产序列。其高效率、高工资、低售价的结合，对当时美国制造业而言，是一次翻天覆地的改革创新，因而这套方法尔后被称为福特制，而其产业观念在后来被安东尼奥·葛兰西称为"福特主义"。

在中国，福特汽车公司和中国长安汽车集团旗下的长安汽车合资成立了长安福特马自达汽车有限公司，并于2003年初正式投产。

营销策略介绍

福特汽车公司的战略变迁是一部鲜活的战略管理教科书，在福特汽车公司悠久的历史中，它经历了兴衰起伏和沧海桑田般的巨变。福特汽车公司鲜明地证明了一个大公司如何向多个战略方向出击。

在早期，福特公司的发展是通过不断改进它的单一产品——轿车而取得的。在1908年制造的T型轿车，生产的第一年，就销售了10000多辆。1927年，福特公司又推出了A型轿车，该轿车集中了流行的车体款式和富于变化的颜色。当A型轿车开始失去市场、输给它的竞争对手的时候，在1932年，福特公司又推出了V-8型汽车。6年后，在1938年，Mercury型车成为福特公司发展中档汽车的突破口。福特汽车公司也通过扩展地区范围进行发展。在1904年，它进入加拿大市场的举动就证明了这一点。

同时，福特汽车公司着重提升公司实力，建设多样化生产集团。福特公司在这一集团中有几个部门：塑料生产部门——供应福特公司30%的塑料需求量和50%的乙烯需求量；福特玻璃生产部门——供给福特北美公司的轿车和卡车所需的全部玻璃，同时也向其他汽车制造商供应玻璃；电工和燃油处理部门——为福特汽车供应点火器、交流发电机、小型电机、燃油输送器和其他部件。

在20世纪80年代，福特公司利用福特汽车信贷公司这个部门积极从事复合多样化经营。在1985年它收购了国家第一金融有限公司，后者是北美第二储蓄和贷款组织。在1987年后期，它收购了美国租赁公司，它涉及企业和商业设备融资、杠杆租赁融资、商业车队租赁、设备运输、公司融资和不动产融资。

福特公司的业务范围还拓展到其他行业。福特汽车土地开发有限公司是一个经营多样化产品的部门，也是跨行业多种经营的典型实例。到1920年，这个部门围绕着密歇根福特世界总部建立了59个商用建筑。由这个部门所拥有和管理的设施及土地的市场价值估计有十多亿美元。

在福特公司的发展史上，曾经被迫实行了几次调整战略。在第二次世界大战后，福特公司以每月几百万美元的速度亏损。亨利·福特二世重组了公司并实行分权制，这使公司迅速恢复了元气。从1979年到1982年，福特公司的利润亏损额达5.11亿美元，销售额由1978年均的420亿美元下降到1981年的380亿美元。不必说，福特公司陷入了严重的危机。

亏损的原因之一是激烈的国际竞争。也许更重要的亏损原因是福特公司运营的方式。新车的款式看起来像许多年以前一样；部门之间很少沟通；管理层对工作很不满意，很少向上级部门传达情况。

福特公司的管理层做了些什么来转变这种情况呢？首先，他们显著地减少了运营成本。在1979年到1983年期间，从运营支出中就节省了4.5亿美元。其次，质量成为头等大事。管理层也改变了福特公司设计小汽车的程序。以前，每一个工作单位是独立工作的。现在，设计、工程、装配等部门都在这个过程中起到了关键的作用。

营销策略分析

福特汽车公司的案例很典型地说明了企业在不同的经济周期条件下应当做出何种战略选择。

企业通过应用战略管理过程获得战略竞争力和超额利润。企业战略管理是企业对于全局性的发展方向作出决策，并通过组织、领导和控制等职能，保证发展方向得到有力贯彻的一系列管理工作。企业战略管理过程包括战略制定、实施和评价企业战略的全过程。企业战略管理致力于对于市场营销、研究与开发、生产制造、财务会计及计算机信息系统的综合管理，以实现企业的战略目标。企业战略管理由三个阶段构成，即战略制定、战略实施、战略评价和控制。

从案例中我们可以看出，福特公司在发展的不同阶段选择了不同的公司发展战略。

公司早期采取发展性战略，即集中生产单一产品的战略。集中生产单一产品战略的最大益处就是可以实现规模经济，其中包括：公司规模的扩大引起投入生产率的变化，从而提高生产率；营销的经济性，广告费用及其他促销费用能够在更多的产品中分摊；研究与开发的经济性，单位研究开发成本随着规模增加而递减；采购的经济性，即通过大批量采购而获得单位采购成本的好处。福特公司推出主打产品并不断研究推新，可见福特公司通过此战略得到飞跃发展。

公司在发展到一定的规模后，采取的是多元化战略。细致来看包括纵向一体化战略、同心多样化战略、跨行业的复合多样化战略等。企业采取多元化战略有许多原因。在企业实施相关的或者非相关的多元化公司战略时，如果该战略能为企业增收或者降低成本，它就创造了价值。福特公司首先在内部进行创新改革，成立几大部门支持汽车生产，很大程度上降低了成本，并取得成功。不仅如此，福特公司还实行了跨行业的复合多样化战略，它建立了福特汽车信贷公司，向经销商和零售汽车顾客提供贷款。在一定程度上促进了销量的提升以及资金的流通。福特公司的业务范围还拓展到其他行业。福特汽车土地开发有限公司是一个经营多样化产品的部门，也是跨行业多种经营的典型实例，是非常成功的多元化战略。然而企业在决定实施多样化发展战略之前，必须认真考虑自身的条件能否保证这一战略的成功实施。首先要加以审视的是企业是否具有资源和能力的优势，足以支撑企业实施多元化发展战略。主要考虑以下几点：发挥企业现有资源和核心能力的扩展效应；通过关联获得多元化经营的优势；通过相关多元化获得竞争优势。同时，多元化战略的实施存在着一定的风险。特别是当企业贸然采取不相关多元化战略时，这种风险很可能会增大到危及企业生存的境地。

之后，福特公司在生产经营不景气的情况下，不得不调整战略及采取放弃某些经营单位的战略。不过，福特公司实行的最重要的改变是一种新的企业文化。从首席执行官和总裁开始，改变了公司的优先次序。该种管理风格强调联合行动和在工作中所有雇员向着共同的目标的参与。在福特公司，人们建立起更加密切的关系，并且更加强调雇员、经销商、供应商之间的关系，呈现了一种新的集体工作精神。这也体现了企业文化的重要性。

从福特汽车公司在不同的经济环境下采纳各种不同的竞争战略，历经诸多战略成败的公司历史，不难看出战略选择没有绝对的优劣判断标准。某种战略只要能够并且只有具有最佳的战略适应性，就是当时情况下的最佳战略。而经济环境的变化，特别是顾客需求和技术的发展，又会破坏既有战略的适应性，如果企业不能够及时学习、反应和调整，那么过去成功的战略也会成为企业的掘墓人。

资料来源：王晓玲. 福特汽车：伟大的公司应该让这个世界更美好. 商务周刊，2010（8）.

思考题

1. 福特汽车公司做出的各种战略选择分别处于何种经济环境下？
2. 为什么在不同时期，福特汽车公司要进行战略调整？
3. 我们从福特公司的案例中能得到什么启示？

39. 汽车

Hyundai（现代汽车）

品牌价值：112.93 亿美元　8%

世界 500 强排名：99

品牌标志：

品牌简介

　　现代汽车公司是韩国最大的汽车企业，世界 20 家最大汽车公司之一。成立于 1967 年，创始人是原现代集团会长郑周永。公司总部在韩国首尔，现任会长是郑梦九（郑周永之子）。

　　现代汽车年产量 100 万辆，主要产品有小马牌、超小马牌、斯拉塔牌小客车及载货车。目前现代汽车公司已发展成为现代集团，其经营范围由汽车扩展到建筑、造船和机械等领域。

　　以南阳研发中心（现代起亚汽车在韩国的研发中心）为核心，现代汽车正在建立全球研发网络，综合在美国、欧洲、日本和印度的研发力量，以保持产品的灵活性，即时响应本地市场和消费者的需求。其海外研发中心也负责每个区域的战略车型的开发并支持本地化生产。通过遍布于美国、欧洲、日本和印度的全球研发网络，现代汽车集中力量开发适合区域性市场的关键技术和车辆。

　　现代汽车的发展历程可以分为三个阶段：

第一阶段，是 1967—1970 年的创业期。它和美国福特汽车公司合作，引进福特技术生产"哥蒂拉"牌小汽车，并在 1970 年建成年产 2.6 万辆生产能力的蔚山厂。

第二阶段，是 1971—1975 年的消化吸收期。这段时间，现代公司花巨资在公司内消化吸收福特汽车公司的技术。1974 年投资 1 亿美元建设年产 5.6 万辆的新厂，1975 年，该厂建成，小汽车国产化率达到 100%。

第三阶段，是 1975 年以后开始走向世界。1976 年，自己设计生产的福尼牌小轿车下线标志着现代公司走向成熟。80 年代，现代公司垄断了韩国市场，和丰田公司分手，与三菱公司结盟，生产小马牌汽车。

现代汽车要进入世界前 5 名，正在蓬勃发展的中国汽车市场是现代汽车能否达到目标的关键。

品牌类别：现代汽车旗下主要有现代汽车、起亚汽车 2 大品牌，品牌形象有一定差异：起亚定位为运动时尚，现代则走高端内敛的路线。

2013 年 1 月 10 日第 3 代进口全新胜达，创新采用了"风暴边缘"的设计理念，使外观设计达到了一个全新的高度。更强劲的动力总成以及更丰富的科技配置也使这款车型真正脱胎换骨，让它拥有了与市场上豪华 SUV 一较长短的实力。

第 3 代进口全新胜达贴心配置了 5 座和 7 座两款不同的空间设计，也成为一大亮点。让消费者根据自身的需要，有了更多的选择。不仅如此，第 3 代进口全新胜达的科技及安全配置也格外抢眼。

营销策略介绍

1. 足球营销

1999 年，现代汽车与 FIFA（世界足球联盟）正式签订合同，成为包括 2002 韩日世界杯在内、FIFA 主管下 10 个国际足球大赛的官方赞助商。同时通过签订由 UEFA（欧洲足球联盟）主办、欧洲规模最大的欧锦赛 2000 年赞助合同，现代汽车成功以风靡全球的体育项目——足球的铁杆赞助商亮相。

2002 韩日世界杯：现代汽车集团斥资 15 亿欧元成为官方赞助商。

2004 年赞助欧洲世界杯。

2006 年赞助德国世界杯。

2007 年赞助 FIFA 中国女足世界杯。

2008 年欧洲杯：现代汽车集团是欧洲足球联盟汽车行业独家官方合作伙伴。

2010 年南非世界杯：现代汽车集团是南非世界杯唯一的官方指定汽车赞助商。

2012 年欧洲杯：欧足联宣布现代汽车集团成为 2012 和 2016 年欧锦赛官方汽车合作伙伴。协议的达成意味着现代汽车集团将成为未来两届欧锦赛以及欧冠联赛的官方汽车供应商。

2014 年巴西世界杯：巴西世界杯 6 家官方合作伙伴之一，汽车领域的独家赞助商，现代起亚汽车承接了本届世界杯官方用车的任务，彰显了企业自身的雄厚实力和领先的行业地位。

2. 奥运营销

1988年汉城奥运会：现代汽车凭借东道主优势，一举夺得奥运会的独家赞助权，从此一个亚洲汽车品牌开始名扬天下，现代成为一个国际品牌。

2004年雅典夏季奥运会：现代汽车集团作为2004年雅典奥运会汽车厂商唯一赞助商，奥运会期间3700辆现代汽车集团汽车，跑遍了整个雅典的奥运会道路，连接了所有的奥运会赛点与会场。

2013年夏季大运会（大学生奥运会）：现代汽车集团签署了2013年在鞑靼斯坦共和国举行的第27届夏季世界大学生运动会赞助商协议。现代汽车集团将提供1400辆现代汽车为正式代表及运动员提供服务。

3. 滑雪营销

现代汽车集团是FIS跳台滑雪世界杯的核心赞助商，同时也是FIS滑雪世界锦标赛的主要赞助商，后者在欧亚地区广受欢迎。2012年2月10日，现代汽车集团宣布从2月23日在挪威举办的FIS（国际滑雪联合会）滑雪世界锦标赛开始，将赞助全球跳台滑雪比赛。

现代汽车在各种体育赛事的赞助中，充分展示推广了其品牌，使得现代汽车的知名度和辨识度显著提升，促进了销量的显著提升。2008年金融危机中，在大部分汽车销量受挫的情况下，现代汽车在美国市场仍能保持10%以上的销量增长，足见现代汽车体育营销的良好成效。

4. 奥斯卡营销

北京时间2013年2月25日举办的第85届奥斯卡金像奖颁奖典礼上，韩国现代汽车作为典礼的独家汽车赞助企业，以9段时长均为30秒的广告，宣传旗下主要车型，在典礼时间段及前期的媒体报道中播出。这9篇风格迥异的广告均属现代"Big Voice, Big Places"（巨大的舞台、强大的声音）营销活动的内容，集中宣传雅科仕、劳恩斯、胜达、雅尊、混合动力车等主要现代车型。

营销策略分析

1. 结缘体育营销，强化品牌基因

近年，体育营销战场的硝烟越发弥漫，从国际大赛到地方赛事，都会有企业高度参与。而作为拥有体育营销传统的现代汽车，则把这种营销模式玩到了炉火纯青的境界。现代汽车从1988年首次介入汉城奥运会、1999年与欧洲足联和国际足联结缘，到2002年以韩日世界杯为契机，成为世界杯唯一汽车赞助商。此后又陆续成为2006年德国世界杯、2007年女足世界杯（中国）、2008年欧洲杯和2010年南非世界杯、2012年欧洲杯等国际足球比赛的官方赞助商，赛事期间的各种路演和营销活动更在世人心目中刻上了现代汽车的烙印，现代汽车更一举成为足球赛事乃至整个体育营销领域中的翘楚。

2. 践行体育营销，夯实品牌内涵

汽车与运动，天生有不解之缘。而体育营销需要日积月累，才能发挥出应有的作用。现代汽车从 1988 年首次介入汉城奥运会，到 2012 欧洲杯，一直热衷于世界顶级足球赛事的品牌营销，25 年间共赞助了世界杯、女子世界杯、欧洲杯等大中型国际赛事四十余个。在未来，现代汽车还会不遗余力地继续赞助 2018 年和 2022 年世界杯等各项国际重大赛事。此外，现代汽车还在关注像高尔夫和板球等受欢迎的运动项目，并且已经在 2010 年和 2011 年成功冠名两届现代汽车·中国女子高尔夫球公开赛，在 2012 年还将继续赞助相关赛事，并且有计划地持续下去。

3. 展望体育营销，实现品牌升华

现代汽车已将体育营销作为长期、持续性的战略规划，与企业、品牌发展战略保持高度一致，利用一系列全球重大赛事来展示品牌的实力、体现产品和服务，不仅提高了品牌形象，同时还向消费者传递了自信、快乐、进取的精神，更重要的是以此树立和持续巩固品牌形象及不断地提升品牌地位。

现代汽车在体育营销的攻势下所获得的成绩是有目共睹的。对于现代汽车来说，销量提升带来了企业品牌的爆发，已经让现代汽车走进品牌和企业软实力提升的快车道。在"New Thinking, New Possibilities"（创新思，启新境）的品牌口号指引下，现代汽车会继续致力于新产品的研发、制造以及服务水准的提升，并将品牌形象向高端化拉升；体育营销方面，也将势必走向新的高度，观众也会看到更加精彩的汽车企业与赛事"联姻"所带来的体育盛宴。

资料来源：张世勋. 现代汽车公司在华营销策略整合研究. 山东大学，2012（4）.

🦉 思考题

1. 现代汽车为什么钟情于体育营销？
2. 现代汽车作为后起之秀扩张得如此之快的原因是什么？
3. 现代汽车的营销方式给了我们哪些启示？

40. 电子

Canon （佳能）

品牌价值：112.78 亿美元　4%

世界 500 强排名：334

品牌标志：

Canon

品牌简介

佳能（Canon）是日本的一家全球领先的生产影像与信息产品的综合集团，从 1937 年成立以来，经过多年不懈的努力，佳能已将自己的业务全球化并扩展到各个领域。佳能的产品系列共分布于三大领域：个人产品、办公设备和工业设备，主要产品包括照相机及镜头、数码相机、打印机、复印机、传真机、扫描仪、广播设备、医疗器材及半导体生产设备等。

佳能总部位于日本东京，并在日本、美洲、欧洲、亚洲其他地区设有 4 大区域性销售总部，在世界各地拥有子公司 200 家，雇员超过 10 万人。

1937 年，凭借光学技术起家并以制造世界一流相机作为目标的佳能公司成立。此后，佳能不断研发新技术，并在 20 世纪 70 年代初研制出日本第一台普通纸复印机。80 年代，佳能首次开发成功气泡喷墨打印技术，并且将其产品推向全世界。对技术研发的重视和投入，使佳能能够数十年不断发展壮大，并且成为同行业的领导者。佳能在美国专利商标局公布的 2012 年在美国专利注册数量排名中名列第三。

2003 年，佳能 CEO 御手洗被受聘为广东省经济顾问。同年，被大连、苏州市评为荣誉市民。

佳能已在中国大连、珠海、苏州等地拥有 12 家独资公司和 4 家合资公司，其中包括 2001 年在苏州新区成立的耗资 1 亿美元的佳能（苏州）有限公司。佳能在中国现拥有员工约 35000 人。

1997 年，佳能（中国）有限公司在北京成立，开始负责佳能公司在中国的投资及其他所有业务。

佳能的企业理念是"共生"，共生是指忽略文化、习惯、语言、民族等差异，努力建设全人类永远"共同生存、共同劳动、幸福生活"的社会。

佳能通过共生的实践，致力于消除这些失衡现象。作为一个真正的全球化企业，不仅需要同顾客、社区，还要与各个国家、地区以及地球自然环境等，建立起良好的关系，同时担负社会责任。

佳能以"促进世界繁荣和实现人类幸福"为目标，正在不断努力。

营销策略介绍

过去美国施乐公司是复印机之王，几乎成为复印机的代名词，如今日本佳能公司通过更便宜、更轻巧的产品，吃下施乐的地盘，成为全球的领导品牌，市场占有率达 30%。促成佳能成功的关键人物就是该公司 CEO 御手洗。他把传统的日本企业经营理念与追求利润的美式管理风格有机结合在一起，才有了佳能公司今天优异的成绩。

御手洗是 20 世纪 60 年代中期奉调到美国佳能公司的，后来成为美国佳能的总裁。他在美国一待就是 23 年，与通用电气、美国运通等公司的高层主管成为高尔夫球友，御手洗常和他们讨论企业的经营策略、管理方法，以及这些经验是否适用于日本等，不断吸收这些美国企业领导人的建议。

御手洗 1989 年返回东京，1995 年成为佳能的总裁，1997 年跃升为 CEO 后，他把美国的做法灌入了这家日本公司，开启了佳能变革的新纪元。

日前在接受《财富》杂志专访时，御手洗说："我在美国的经验深深影响了我。"但是他并没有全部移植美式做法，在适当的地方仍然保有原有的日式传统，他说："威尔许先生（美国通用电气公司前董事长）的管理风格，无法在日本实行。"

御手洗融合美日的管理，在公司对待员工的做法上展现无遗。公司抛弃日本只以年资论薪资的做法，代之以工作业绩为衡量标准。但是，他在日本坚持不裁员，提供员工终身职位的工作保障。御手洗相信，美国的工作者在工作流动性及机会上，都比日本工作者多，社会环境比较允许他们不断更换工作。在日本，员工则比较像家人，他保留日式企业的做法，不遗弃员工。不仅如此，佳能还采取了"主人翁"制度，业绩优良的工人被称为"主人翁"，业绩最佳的被称为"超级主人翁"。拥有最高荣誉的工人在衣袖上佩戴"超级主人翁"的标志，御手洗则通过与"超级主人翁"合影以鼓舞员工的士气。

从御手洗掌舵至今，佳能的净收入成长了两倍之多。他大刀阔斧地删减支出，以强化公司的财务体质，这家原本旗下拥有赔钱子公司的棘手大企业，如今转变为现代化、有效率的组织。御手洗成为日本社会另一个英雄式的企业领导人物，媒体对他带领佳能改革的做法报道无数，相关新书也即将出版，成为不少日本企业主管想要模仿的对象。

1. 小型独立系统取代流水作业线

佳能业绩成长的一条最重要的成功经验就是将原始的流水式作业线改为一个个独立的超小型组装工作室，这一点也许是世界许多企业所没有的。这一被佳能称作 chie（或智慧）的生产技术意味着佳能不是片面追求新的技术，而是采用最有效的方法。与以前相比，现在的生产设备更为轻便、更易拆装，能够很容易地被重新改装。

2. 删减支出，增加利润

御手洗特别重视公司利润，关闭赔钱部门，停止生产赔钱产品；发展新产品时，要求从公司现有资金着手，而非从银行贷款找钱；御手洗强调所有事业体都是这家公司的一部分，结束各部门各自为政的时代。

3. 个人与小组兼顾

御手洗拥有不少日本 CEO 缺乏的特点，突破常见的有名无实的领导模式，而在全公司突显他的个人特质，主动、积极地领导公司。然而，虽然他的个人特质明显，但是在推行重大改变时，他也重视凝聚小组共识。

资料来源：王娟. 佳能（中国）有限公司体验式营销策略研究. 山东大学，2013（5）.

思考题

1. 佳能的改革为什么能够取得成效？
2. 从管理学的角度谈谈你对佳能 CEO 御手洗的看法。
3. 从这个案例中你能得到什么启示？

41. 奢侈品

Hermès（爱马仕）

品牌价值：109.44 亿美元 22%

世界 500 强排名：无

品牌标志：

品牌简介

让所有的产品至精至美、无可挑剔，是 Hermès 的一贯宗旨。Hermès 品牌形象建立在其一贯的高档、高质原则和独特的法兰西轻松风格的基础上保持经典和高质，将一流工艺的制作、耐久实用的性能与简洁大方和优雅精美相结合，Hermès 不但是身份、地位的象征，而且也被誉为能够让你一生永不落伍的时尚之物。历经了 170 多年的风雨沧桑，Hermès 家族经过几代人的共同努力使其品牌声名远扬。早在 20 世纪来临之时，Hermès 就已成为法国式奢华消费品的典型代表。20 世纪20 年代，创立者 Thierry Hermès 之孙 Emile-Maurice Hermès 曾这样评价 Hermès 品牌："皮革制品造就运动和优雅至极的传统。"

营销策略介绍

（1）市场定位：高端消费人群。

（2）品牌文化：对一丝不苟的精神、想象力和创造力的专注，这些价值观正是使得爱马仕与竞争对手相比显得与众不同的特质。对细节的关注和对完整性的专注使爱马仕持续获得成功，即使在金融危机最为严重、大多数主要奢侈品品牌因奢侈品行业销售额下降而遭受重创、还有几家知名企业破产之时，爱马仕的销售额却逆市上升，而且升幅不小——其在 2008 年和 2009 年的销售额分别上升 8.6% 和 8.5%；2009 年的营业收入也增长了 3.1%。

（3）品牌特色：①爱马仕低调奢华、优雅现代。设计师 Christophe Lemaire 赋予这个系列一种神秘的女性形象，带着异域风情，又独立自我。俄罗斯草原（草原丝绸之路，与古代丝绸之路齐名），以及波斯地毯，在设计中也显而易见。蒙古利亚的女骑士形象体现在秀场的山羊毛大衣上，像劲风般狂野。它极为优雅，而且现代，一些经典的标志性设计如印花丝巾与鳄鱼皮被重新演绎，丝巾与开司米拼接成一条质感出色的连身裙，而鳄鱼皮则处理得像雪纺一样轻柔。

②坚持自我、不随波逐流的 Hermès 多年来一直保持着简约自然的风格。"追求真我，回归自然"是 Hermès 设计的目的，让所有的产品至精至美、无可挑剔是 Hermès 的一贯宗旨。Hermès 品牌所有的产品都选用最上乘的高级材料，注重工艺装饰，细节精巧，以其优良的质量赢得了良好的信誉。

③完美无瑕的品质是爱马仕始终如一的追求。自 1837 年创立以来，历经六代满怀激情的艺术大师们的不懈努力，爱马仕的品牌价值观已传遍全球——对最优质材料的精雕细琢、对经典美物的情有独钟和对创新精神的不懈追求。

在中国政府倡导反腐之际，各个奢侈品牌在亚太市场进入寒冬，但是爱马仕则丝毫没有受到影响，2014 年上半年在亚洲的销售额（不算日本）增长了 17%，其竞争对手路威酩轩集团（LVMH）同期同地区销售额仅增长 3%。爱马仕不受影响的原因：销售增长放缓说明中国消费者的消费观念日趋成熟，而爱马仕代表着现在中国希望拥有的风格：不只是成为一个有钱没品位的新富国家，更要成为一个富裕得有内涵、奢华得低调的国家；爱马仕自由开放的创新模式：爱马仕一方面具有悠久的传统，另一方面在内部，更多地是强调创新能力。

营销策略分析

1. 营销组合策略分析

（1）产品策略。爱马仕的产品种类包罗万象，从皮具、丝巾、服装到瓷器、餐具、珠宝，一应俱全，著名产品有"凯利包"、"铂金包"、丝巾等，以品质纯粹、做工精良著称。爱马仕一直追求完美，并执著于细节。其产品主要有以下特点：①精于工艺。每一件产品都经过精心设计、用心打造，每一个铆钉、每一处黏合、每一条缝线都务必做到完美无缺。②坚持"限量供应""少量生产"，品质第一。爱马仕手包纯手工制作耗时并且有难度，手工敲打和蜜蜡封边都需要反复进行，一个熟练工匠一个月最多只能制作 15 件手包。严格品控，只要出现一点瑕疵，将即刻销毁不作他用。③优选材质。爱马仕所用原皮是奢侈品牌中质量最好的，因为出的价格最高，所以原料都是它先挑，挑剩下的再给其他品牌。爱马仕用金银等昂贵的材质，经过精心的设计，点缀皮革制品，并加上家族的盾形徽章，使其产品既有贵族气质，又实用坚固、赏心悦目。④坚持原创，不附和潮流。与其他同行业的奢侈品牌相比，爱马仕几乎没有突破的设计，与流行时尚也不搭界，它坚持的只是选用最好的传统、材质和手工，做到让经典与时间结盟。可正是这种稍显保守的做法，让其更加专注于产品本身，反倒使爱马仕拥有十分丰富的内涵和极其优雅的亲切感。⑤推出新品。爱马仕基本每年都会推出新款包包。比如2014年秋推出单肩包Hazlan，同时也它可以当斜挎包、手提包或手拿包。

（2）价格策略。在价格上爱马仕的定价比一般的奢侈品都要高，成为高端人群身份和地位的象征。严苛的选料和上乘的材质是造就爱马仕价格昂贵的一个要素。许多亚洲富人追求精致、极简款奢侈品，也就是所谓的"不张扬的奢侈"。对于时尚的高净资产消费者，Hermès就是他们的标签：高价但不易察觉。但由于目前的奢侈品消费市场疲软的现状，特别是中国的反腐政策，爱马仕要想扩大销量，可能要考虑适当地调整价格。

（3）渠道策略。①分销渠道。爱马仕在全球成立了25个分公司，负责爱马仕全球的销售；②全渠道营销，数字营销。将他们的Silk Knots应用程序和Silk Bar相结合，在纽约的时代华纳中心播放，注重客户线上和线下的双重体验。③成立爱马仕La Maison de Carres虚拟丝巾专卖店。该店设有视频部分，为客户提供他们喜欢的围巾的佩戴和最佳搭配教程。在巴黎当地的客户可以享受送货上门服务，爱马仕的员工会带去一系列的围巾，客户可以从中挑选，而其他国家的客户可以先将他们中意的围巾款式告诉当地的专卖店，然后到门店挑选。④定制化服务。对于最忠诚的客户，Hermès会为其提供定制服务，并接受特殊订单，不过是少量的。个性化也是客户的追求，许多客户想有一个世界上再无第二个人拥有的物品。

（4）促销策略。由于目前的奢侈品消费市场疲软的现状，爱马仕也逐渐开始用打折等促销手段提高销量了。

2. 影子营销

爱马仕巧妙地掌握了一群高端消费者的品位，一直生产人们最渴望的精品，一般顾客去爱马仕店很难有现货，通常3~6个月的等候时间是正常的，正是这样的影子营销策略，从价格到设计细节的排他性也使它从诞生至今形成了独有的品牌文化，让爱马仕成为许多高端消费者追捧的对象。

3. 事件营销

Jeff Koons将爱马仕包变为艺术品，助力慈善事业。美国当代著名波普艺术家Jeff Koons受巴黎艺术品收藏家、慈善家Svetlana Kuzmicheva-Uspenskaya的委托，利用各路名人捐赠的各式爱马仕Birkin包进行再创作，用于拍卖筹款。Jeff Koons这次创作了10件独特的作品，为Project Perpetual的全球儿童防护麻疹疫苗的项目筹集了550万美元。

4. 公共关系

爱马仕延伸了与美国马术联合会的合作关系，体育协会也将以8种名词代表马术的正式学科：超越障碍比赛，花式骑士训练、综合全能马术比赛、操纵马术比赛、持久耐力马术比赛、跳马技术、勒缰绳马术比赛、马术舞步比赛。此前 Hermès 就已经被美国冠名为赞助商了。

根据新协议，Hermès 将为所有的团队提供技术服装和饰品，包括化妆的车手和他们的马，如马鞍垫、马裤以及防水外衣等。

5. 情节植入

爱马仕似乎特别习惯低调，从不做夸张的营销活动，甚至从来不请明星做代言，可它却偏偏最被明星追捧和青睐。《来自星星的你》中全智贤所穿的披风成为焦点。这款披风是爱马仕 2013 年新款，价格高达 913 万韩元。

6. 情感营销

"年题"是指每年爱马仕根据当下流行或关注的方向设计的一个主题，然后将所有的产品设计、展台陈列、主题活动都围绕这一主题展开。年题改变了丝巾仅仅作为服饰的单一用途，使丝巾成为具有收藏价值的艺术品。在年题中展露其品牌提倡的生活态度，这是爱马仕订立年题的核心理念。通过年题的解读，消费者更能了解爱马仕的设计风格及品牌哲学。为了适应国际市场的营销，在年题设计中，爱马仕注重融入各国传统文化和当代人文精神，善于结合各个国家的重大事件和一些特殊的、值得纪念的日子，适时地选择当地博物馆、美术馆或艺术馆举办展览，聘用一流的艺术家来进行展示设计。与当地本土文化和艺术家合作，营造浓郁的艺术氛围来淡化商业气息，引来媒体的极大关注，制造出轰动的新闻效果，达到广告的最佳境界。

资料来源：陈晓燕. 爱马仕之精致在于匠者之心. 广告大观（综合版），2014（2）.

思考题

1. 爱马仕的核心竞争力是什么？
2. 针对爱马仕屡次出现的质量问题，爱马仕应从哪些方面着手提高消费者的购买信心？
3. 你从爱马仕的成功经验中，受到了哪些启发？

42. 商业服务

Accenture （埃森哲）

品牌价值：108.00 亿美元　9%

世界 500 强排名：374

品牌标志：

品牌简介

　　埃森哲是一家注册于爱尔兰的全球性专业服务公司。凭借在各个行业领域积累的丰富经验、广泛能力以及对全球最成功企业的深入研究，埃森哲与客户携手合作，帮助其成为绩效卓越的企业和政府。作为《财富》全球 500 强企业之一，埃森哲全球员工逾 305000 名，为遍布 120 多个国家的客户提供服务。截至 2014 年 8 月 31 日结束的财政年度，公司净收入达 300 亿美元。

1. 发展历程

　　（1）早期阶段。Accenture 的前身是著名会计师事务所安达信，埃森哲公司是全球最大的管理咨询公司和技术服务供应商，它原是安达信会计事务所的管理咨询部门，1953 年安达信会计师事务所为帮助通用电气公司（GE）提高薪资处理效率，安装了美国第一台商用电脑，从此开创了数据处理时代。当时的项目领导人 Joe Glickauf 之后被称为电脑和高科技咨询之父，为管理咨询开创了使用电脑和高科技解决问题的先河，这个项目标志着安达信咨询业务的开始。随着咨询业务的利润最终超过了审计部分，膨胀的咨询部门已经不甘寄人篱下，1989 年成立安盛咨询公司（Andersen Consulting），2000 年与安达信从经济上彻底分开，2001 年公司更名为埃森哲（Accenture）。

（2）从安达信分离。作为《财富》全球 500 强企业之一的管理咨询、信息技术和外包服务公司，埃森哲是全球领先的企业绩效提升专家，凭借丰富的行业经验、广泛的全球资源和在本土市场的成功实践，埃森哲帮助客户明确战略，优化流程，集成系统，引进创新，提高整体竞争优势，成为绩效卓越的组织。埃森哲的研究和创新项目旨在向客户提供制订创新解决方案的前瞻性洞察力，并为客户制定以高绩效企业为目标的战略。

2. 埃森哲在中国的概况

埃森哲一直是世界领先企业和政府的长期选择，与各种规模的机构保持着广泛的合作关系。《财富》全球 100 强企业中有 94 家，《财富》全球 500 强企业中有 3/4 是埃森哲的客户。埃森哲努力满足客户的需求，积极增强和拓展其合作关系。在 2011 财年根据收入排名的埃森哲前 100 家客户中，全部 100 家连续 5 年以上是埃森哲的客户，有 92 家连续10 年以上都是埃森哲的长期客户。

埃森哲在大中华地区开展业务逾 20 年，拥有一支逾 9200 人的员工队伍，分布在北京、上海、大连、成都、广州、香港和台北。作为绩效提升专家，埃森哲始终专注于本土市场的实践与成功，致力实现超凡的客户价值与成果。埃森哲的客户服务团队由各类专业人员组成，他们包括：行业专家、能力专家以及熟悉当地市场的专业人员。此外，埃森哲交付中心的专业人员协助客户服务团队，利用严谨的方法和先进技术为客户提供迅速可靠、经济有效的解决方案。

营销策略介绍

人类创造知识是为了共享。作为一个依靠咨询顾问脑中的知识与智慧生存的咨询公司，在埃森哲高层的眼中，一个企业的知识资本（Knowledge Capital）是方法、工具、培训、数据、主意、思考和经验的集合，对企业从事经营活动具有价值。而知识管理则是实现企业目标的一种系统化的流程。

无疑，"知识资本"是埃森哲最宝贵的财富之一。因此，管理层赋予知识管理以战略地位——实施知识管理的战略意图是使知识成为把思想转化为商业价值的引擎；进行知识管理的具体任务是创造、获取、综合、分享、使用信息、见解和经验，以达成埃森哲的商业目标。

在高度重视之下，埃森哲奉行全球知识管理策略：知识管理工作由全球知识管理总裁领导并管理；543 名知识管理专业人员分布于世界各分支机构；知识管理被视为不可或缺的业务实践；知识管理专业人员具有专属职业发展模式，公司为他们提供专门课程。此外，埃森哲还建立了全球化的知识资本标准运行流程，包括知识获得、内容审核、知识归档等，而知识分享的标准流程也已深入埃森哲的业务开发、项目执行、质量保证等各个业务流程中。

知识管理不等于信息技术，它涉及个人、组织、业务、策略、环境等各个层次。在埃森哲，在个人层次上，知识分享已经植入员工的学习程序中，以便使其所需技能潜移默化地融入他们的日常学习中。公司领导认识到，知识分享既是个人和组织成功的关键，也是推动知识分享的主要动力。于是，他们通过决心与表率作用，以及对员工进行考核和激励，强化知识在组织内的分享。

在组织层次上，埃森哲将员工组成面对行业的、跨不同能力部门的项目小组。正是这些小组使用和创造了公司的知识资本。埃森哲的全球知识管理团队分工明确地支持这些小组。知识分享是公司考核项目小组业绩的关键指标。

埃森哲的员工通常需要远离办公室，在客户的办公地进行工作。这种业务的特点要求埃森哲在全球范围内传送最佳方案，以及相关技术。因此，埃森哲的每一个项目小组都需要在公司已集合的知识基础上，搭建新的建筑，而并不需要他们再去发明流程。

在策略层次上，埃森哲把咨询顾问个人的技能、知识、经验与公司常年累积的知识合并在一起加以利用。

在环境层面上，埃森哲认识到，随着全球化程度的加深，客户的需求日益复杂和多样，创新需要的时间大大缩短，新技术使通信变得更加迅捷，因此，管理层要求公司的知识管理系统必须针对环境因素进行运作。

营销策略分析

1. SWOT 分析

（1）优势。既能够为客户设计制胜战略，又具有强大的实施能力帮助客户实现其战略愿景。埃森哲在中国的项目涵盖了广泛的行业和各种类型的解决方案。埃森哲为大型的国有企业提供企业转型的咨询和服务，帮助它们转变成更加以市场为导向的企业。埃森哲还为客户提供组织架构重组或人员绩效管理方面的咨询服务。此外，在电子商务和信息系统咨询服务领域，埃森哲在中国市场也一直占据领先地位。

（2）机会。目前埃森哲在大中华区设有 6 家分公司（北京、上海、大连、广州、香港和台北），已成为大中华区少数能够同时为跨国集团和本土企业提供创新性服务的机构之一。埃森哲既帮助跨国企业开拓中国市场，又与领先的本土企业和政府机构开展广泛的合作。这样有利于更好地开发中国这个大市场，由此带来巨大利润。

（3）威胁。竞争对手多并且强大，例如麦肯锡——全球最著名的管理咨询公司，在全球 44 个国家和地区开设了 84 间分公司或办事处，其历史悠久，实力强大，并且知名度高，是埃森哲最强大的竞争对手之一。

（4）劣势。行业结构仍待完善，产业分布不均衡，服务业企业规模偏小，科研开发能力偏弱，服务业发展的外部环境不容乐观，制约因素较多。

2. 业务范围

在埃森哲的战略目标指导下，为了全方位地满足客户的需求，埃森哲正在不断拓展自身的业务服务网络，包括管理及信息技术咨询、企业经营外包、企业联盟和风险投资。除了以产品制造业、通信和高科技、金融服务、资源、政府机构等不同行业划分服务内容之外，它还从以下几方面提供咨询服务：

客户关系管理。通过与客户合作，努力使企业对其顾客群的认识与公司现有的资源状况相适应，以达到在提高公司利润率的同时为客户增值的目的。

业务解决方案。致力于帮助客户通过实施企业资源计划等解决方案提高经营绩效。

电子商务。通过有预见性的效益分析，帮助客户制订切实有效的电子商务方案并帮助客户更快地实现这些方案。为客户提供全新的见解和卓越的方法，克服或者完全避免在实现电子商务过程中的各种障碍。

供应链管理。在以下几个方面具有深入的技能：产品开发、制造策略和运作、采购及供应商选择、运输管理、分销、库存管理、价值链规划、供应链协同作业以及第四方物流方案等。

资料来源：钱丽娜. 埃森哲公司犹如大学堂. 商学院，2013（3）.

思考题

1. 埃森哲成功的主要原因是什么？
2. 埃森哲从哪些方面建立知识管理系统？
3. 埃森哲的知识管理系统有哪些作用？

43. 快消品
L'Oréal（欧莱雅）

品牌价值：107.98 亿美元　6%

世界 500 强排名：395

品牌标志：

L'ORÉAL
PARiS

品牌简介

　　欧莱雅作为世界化妆品第一品牌，始终以"合理的价格、提供最新科技、最高品质的产品，以满足消费者的最终需求"为理念，并被美国《商业周刊》授予"美的联合国"称号。

　　法国欧莱雅集团是世界上最大的化妆品公司，创办于1907 年。"欧莱雅"这个来源于希腊语"OPEA"、象征着"美丽"的名词，在世界美容化妆品的领域风靡了一个多世纪。欧莱雅集团是世界美妆品行业中的的领导者，经营范围遍及 130 多个国家和地区，在全球拥有 283 家分公司、42 家工厂、100 多个代理商，以及 5 万多名的员工，是总部设于法国旳跨国公司，也是《财富》全球 500 强企业之一。

　　涉及领域：化妆品、染发用具、护肤品、防晒用品、彩妆、淡香水和香水、皮肤病研究、制药、高档消费品。

　　包含品牌：L'Oreal、Maybelline、Lancome、Drakkar Dynamik、Retinol Re-Pulp（BIOTHERM）、Neutralia、Color Riche、Reverie、Sublime Finish、Rouge Chromatic、VICHY、KERASTASE。

　　1907 年法国化学家欧仁舒莱尔发明了第一只合成染发剂并创办了欧莱雅公司。历经一个多世纪的努力，如今的欧莱雅已经由一个小型家庭企业跃居世界化妆品行业的领头羊，成为全球最大的专业化妆品公司，旗下拥有巴黎欧莱雅、美宝莲、卡尼尔、兰蔻、赫莲娜、碧欧泉、欧莱雅专业美发、卡诗、薇姿和理肤泉等知名品牌。

欧莱雅在其国际化发展进程中，一直十分看好亚洲，特别关注有着巨大潜力的中国市场。从 20 世纪 80 年代起，欧莱雅就在巴黎成立了中国业务机构，专门从事对中国市场的研究。90 年代欧莱雅在其香港的分公司里设立了中国业务部，准备开拓中国市场，并在广州、北京、上海等地设立了欧莱雅形象专柜，测试中国消费群体对欧莱雅产品的市场反响。1996 年，欧莱雅正式进军中国市场，成立了合资企业并选址兴建工厂。

营销策略介绍

1. 发展历程

1996 年欧莱雅集团（L'Oréal）收购美宝莲。该举动宣告了科技创新将与彩妆权威更完美地融合在一起。6 月，美宝莲由曼斐斯迁至世界时尚之都纽约。

1996 年，欧莱雅公司和苏州医学院合作成立了苏州欧莱雅有限公司。同年又在苏州建立了第一家化妆品生产厂，生产巴黎欧莱雅系列产品。

2003 年 12 月 10 日，欧莱雅中国以一个对外保密的价格，全资拿下了与之谈判 4 年的"小护士"品牌，所获包括"小护士"品牌、除了创始人李志达之外的所有管理团队、所有销售网点以及位于湖北省宜昌的生产基地等。欧莱雅中国此举，是为了借助一个中国本土成熟低端品牌，完善其在中国竭力打造的品牌金字塔的塔基部分。

2004 年 1 月 26 日下午，欧莱雅集团宣布已经和科蒂集团签订协议，收购其旗下的品牌羽西。

2013 年 8 月，欧莱雅正式宣布全面收购美即控股，在获得美即股东大会的批准后，欧莱雅在 2014 年 4 月 8 日宣布正式收购美即，这也是欧莱雅在中国美容化妆品市场上最大的一笔投资。

2. 形象代表

欧莱雅公司邀请了华裔电影明星巩俐作为其在大中华区的形象代表，成功打开中国市场。先后又邀请李嘉欣、张梓琳、李冰冰、李宇春、吴彦祖、范冰冰、潘玮柏、鲍春来等作为其在中国的形象代言人。

3. 欧莱雅中国市场五力模型分析

欧莱雅在其国际化的进程中，一直十分看好亚洲，特别是有着巨大潜力的中国市场。从 1996 年底正式进入中国以来，欧莱雅在中国的业务发展迅速。

（1）潜在进入者

随着中国服务行业对外逐步开放，同时化妆品、护肤品关税适当降低，越来越多的国外企业开始觊觎中国这个有着大量消费者的市场。现在已有大量国外企业企图饶过正规进入渠道，采取其他方式进入中国市场。例如欧美的很多护肤品、化妆品品牌通过直销渠道瓜分中国市场。同时日本、韩国的许多品牌通过大量营销投入，用网络直销的方式打算进入中国市场。因此，欧莱雅将面临大量的潜在竞争者，使得这个行业未来竞争加剧。

（2）现有竞争对手间竞争激烈程度

护肤品市场群雄争霸，竞争激烈。国产、合资、进口品牌争奇斗艳，高档、中档、低档系列色彩纷呈。消费者有了广阔的选择空间，谁最终得到消费者的青睐，谁就将胜出于众多竞争品牌。一个产业发展到一定的阶段，就必须寻找自己行业的突破口，护肤行业也不例外。随着目前国内护肤品行业的发展，护肤品市场有巨大的利润空间，给广大厂商和商家提供了广阔的操作舞台。

（3）客户价格谈判实力

护肤品、化妆品行业是一个特别的行业。个体消费者组成整个市场。相对于卖方的销售量而言，购买都是小批量分散进行的，购买者缺乏价格谈判的实力。总之，客户价格谈判能力在该行业比较小。欧莱雅在建立品牌优势的同时能够继续保持发展新顾客，用不同定位的产品线吸引高中低端的顾客。

（4）供应商价格谈判的能力

对于欧莱雅集团来说，由于其在世界范围都建立了分销点，能够在全世界范围大规模购买原材料，充分发挥自身规模经济的优势。同时，通过购买渠道的整合，它也可进一步降低原材料的成本，使自己受到较小的供应商价格谈判能力的影响。

（5）替代产品或者服务的威胁

目前市场上没有护肤品的替代品。如果一定说有的话，服务行业提供的服务可以说对商场、超市专柜销售的护肤品造成一定替代。例如各种美容沙龙在城市越来越多。现在大城市很多美容场所成为欧莱雅产品的专销点。欧莱雅在这些美容场所宣传自己的产品，对提升品牌形象有非常好的作用。欧莱雅并没有抵制替代服务，而是通过融入替代产品，进一步发展自己。

营销策略分析

1. 多品牌策略

欧莱雅品牌众多，高端品牌有 HR（赫莲娜）、Giorgio Armani（乔治阿玛尼）、Lancome（兰蔻）、Biotherm（碧欧泉）；中端品牌有 Vichy（薇姿）、理肤泉、卡诗；低端品牌有 Yue-sai（羽西）、L'Oréal Paris（巴黎欧莱雅）、Garnier（卡尼尔）、小护士等。这样的多品牌战略既有它的优势也有其劣势。

（1）优势

①可以更多地占据市场份额。欧莱雅以前目标顾客范围较窄，难以满足扩大市场份额的需要。在后来的发展中，它认识到单品牌战略的不足，所以不惜巨资收购各大知名化妆品牌，例如，欧莱雅面膜市场相对薄弱，所以在 2014 年收购中国知名面膜品牌——美即，以此填补面膜市场的空缺。他们推出不同档次的品牌，采取不同的价格水平，形成不同的品牌形象，以抓住不同偏好的消费者，满足不同目标市场上消费者的不同需求，同时弥补一种产品的不足，从而获得更多的市场份额。

②风险分担。在经营的过程中，难免会出现状况，如果某一品牌出现了问题也不会殃及其他品牌。

（2）劣势

①收购品牌成本高，影响公司资金运营。

②公司品牌杂乱，有高中低各种档次产品，导致公司形象难以统一。

③管理难度大。

2. 营销策略分析

（1）产品策略

欧莱雅在中国目前一共拥有 14 个品牌，各个品牌根据不同的市场定位，不同的消费需求，不同目标客户群而形成了庞大的品牌金字塔。

（2）价格策略

①按不同消费目标者定价。产品有高中低之分，所以按不同层次定价。

②根据产品的不同形式定价。

③按不同销售时期定价。

（3）促销策略

①高档时尚杂志，如《瑞丽时尚美容》、《时尚》等以中青年白领为主要对象的杂志，版面最好的位置往往被精美的兰蔻、薇姿、欧莱雅的广告所占据。魅力非凡的模特用她们晶莹剔透的肌肤，向高消费者的时尚群体展示着欧莱雅产品的卓越品质。

②户外广告招牌，在中国各大城市欧莱雅投入了许多巨幅广告招牌。

③电视广告是欧莱雅的主要促销模式，最常在电视上看到的是美宝莲和欧莱雅两个品牌的广告。

④网络是欧莱雅集团品牌的整体营销平台。

⑤2002 年 5 月，欧莱雅与新浪网及《中国妇女》杂志社共同创立了"伊人风采"女性频道，为消费者提供专家建议、服务、工具等产品附加值，鼓励消费者尝试或者离线后购买产品并通过注册会员建立长远关系。

（4）渠道策略

欧莱雅众多的品牌决定了渠道选择上的多样性，它在渠道的选择上既遵循整体原则，同时又保留各自的特点。目前，它在中国的 14 个品牌覆盖了化妆品的全部领域，并涵盖了大型百货商店、大卖场、超市、药房、高档专业发廊和免税店等各种销售渠道，这些渠道与其金字塔式的品牌布局相呼应，按照品牌中的高档化妆品部、活性健康化妆品部、专业美发产品部和大众化妆品部四大部门，分四大销售通路进行销售。

3. 欧莱雅的内外部劣势

（1）内部

①成本高。多品牌和国际化战略使欧莱雅背负着巨大的成本开支，在场地开发、广告宣传、人员开支、公共关系等方面投入相当大。同时，多品牌策略使欧莱雅公司的内部沟通难度加大，消耗了过多的资源。

②品牌资源整合不足。欧莱雅集团旗下各个品牌实行自主管理、自主经营的方式，各品牌的广告也是自成一体，互不干涉。虽然这对保持不同品牌自有特点和文化内涵十分重要，但是也导致许多重复性的浪费。集团内品牌各自为政，没有形成一股合力。

（2）外部

①国际竞争对手多且日益强大。这些品牌在中国都具有极高知名度、美誉度以及超群表现力。如日本的"资生堂"具有127年的悠久历史，又深谙中国人的美容习性及文化传统，在国内有一批忠实的消费者。虽然欧莱雅集团的"美宝莲"是世界领先的王牌彩妆品牌，但美国的"露华浓"就是其可怕的竞争对手之一，露华浓旗下唇膏有157种色调，仅粉饼就有41种之多。在护肤品方面，欧莱雅集团号称拥有60年的专业护肤经验，但同样面临着巨大的竞争，如宝洁公司的"玉兰油"在国内市场占有率就首屈一指。因此，在国内欧莱雅集团旗下的各种品牌无一不遭到各世界级品牌的攻击和挑战，竞争非常激烈。

②竞争对手加大投入。世界第一大消费品公司宝洁公司不断向美容化妆品行业转型，跨国巨头不同程度地加大对中国市场的投入。宝洁旗下的更多化妆品牌被引入中国，封面女郎已经在中国6大城市上柜，高端品牌伊奈美正在加紧在中国的上市计划。此外，日本资生堂公司又引入3个品牌到中国，归入花王公司旗下的嘉娜宝品牌已经完成了对中国市场组织结构的调整。美国强生收购了本土知名品牌大宝，在中低端市场，欧莱雅将会遭遇更强的对手。德国汉高旗下的黑人头品牌对欧莱雅专业美发品牌，嘉娜宝旗下的费丝利芳、欧洲克虏伯集团的雅漾品牌对欧莱雅集团的薇姿品牌都形成了强烈的竞争。

资料来源：毕亚斐. 欧莱雅在中国的品牌战略及启示. 现代妇女（下旬），2013（12）.

🦉 **思考题**

1. 欧莱雅集团是如何将品牌策略和促销策略与市场定位相结合的？
2. 简述单一品牌策略与多品牌策略各自的优缺点。
3. 针对欧莱雅集团的内外部不足，应如何改进？

44. 汽车

Audi（奥迪）

品牌价值：103.28 亿美元　5%

世界 500 强排名：属大众

品牌标志：

品牌简介

　　奥迪（Audi）是著名的汽车开发商和制造商，其标志为四个圆环。现为大众汽车公司的子公司，总部设在德国的英戈尔施塔特，主要产品有 A1、A2、A3、A4、A5、A6、A7、A8、Q1、Q3、Q5、Q7、TT、R8 以及 S、RS 性能系列等。奥迪是一个国际著名豪华汽车品牌，作为高技术水平、质量标准、创新能力以及经典车型款式的代表，奥迪是世界最成功的汽车品牌之一。奥迪集团包括母公司及其子公司奥迪匈牙利公司、Quattro 有限公司以及兰博基尼汽车公司和 Cosworth 技术公司，奥迪巴西公司及奥迪塞那利塔公司。此外，奥迪还在中国、马来西亚和南非等地设有生产厂。奥迪是德国历史最悠久的汽车制造商之一。从 1932 年起，奥迪开始采用四环徽标，它象征着奥迪与小奇迹（DKW）、霍希（Horch）和漫游者（Wanderer）合并成的汽车联盟公司。在 20 世纪 30 年代，汽车联盟公司涵盖了德国汽车工业能够提供的所有乘用车领域。2008 年奥迪入选世界品牌价值实验室编制的《中国购买者满意度第一品牌》，排名第七。

营销策略介绍

1. 在中国的发展

奥迪品牌所代表的独特生活方式也在一系列活动中得到诠释，另外，奥迪不断建立新的平台，如奥迪驾控之旅、北京奥迪品味车苑和上海奥迪媒体中心等让消费者充分体验到奥迪品牌所具有的独特魅力。目前奥迪在中国市场的经销商网络已覆盖 87 个城市，拥有124 家经销商，是目前国内规模最大、覆盖面最广、服务水平最高的高档豪华品牌轿车服务网络，在所有国际顶级轿车品牌的服务网络中有着突出的优势。

2. 产品质量

一汽-大众的车间里，中德双方员工经过多年磨合，对于质量的理解已经形成了一种默契。他们在一起和谐地共同劳作，建厂初期的争执和分歧已经被彼此之间的互相支持和信任所代替。如果说严谨认真是德国人的特点，聪明才智是中国人的专长，那所有人的思想汇聚在一起，就形成了"创新"的河流，这个创新就是质量的不断提升。

3. 品牌行销

"同一星球，同一奥迪，同一品质"，同德国大众公司一样，奥迪在全球有着统一的品牌准则。奥迪公司中国区总监狄安德对品牌有一个清晰的概念："品牌是一个承诺，品牌是一种体验。品牌是在顾客心中形成的概念，包括产品开发、设计、生产、销售、市场和服务。"其实，这不仅是奥迪轿车行销中国的"指南针"，更是品牌行销规则。奥迪品牌建设有其重点与着力点，下面便是奥迪"圣经"：

（1）重点区域、重点渗透。例如针对广东这一轿车需求量较大、购买力强的经济发达地区，进行重点调研、深入研究，针对问题在产品装备、促销宣传、区域管理、网络管理等方面采取措施，实行"广东市场奥迪 A6 形象提升工程"，2002 年下半年 AC 尼尔森品牌形象调查报告显示：奥迪为广东市场轿车品牌认知度变化率增长第一名，增幅 9%。

（2）品牌忠诚度。以"忠诚营销"、"感动服务"为服务营销理念（一汽集团理念），全面提升顾客满意度与品牌忠诚度，有利于品牌积累，为良好口碑形成起到巨大作用。

（3）广告支持。广告大师奥格威说："每一次广告都是对品牌形象的长期积累。"奥迪在广告投放（软性、硬性广告）方面可谓"大手笔"，自 2001 年以来，奥迪在中国市场每年都有亿元左右的广告投放。

（4）稳健经营。最典型的做法就是在价格方面的"保守"政策，通过不断提升产品价值（性能价格比）来提升竞争力，有力地维护了品牌形象，以及品牌溢价能力。

（5）整合传播。品牌塑造与传播仅靠广告是不够的，还需要系列公关活动（如公益、赞助、形象工程等）配合，这一点上至奥迪中国总部下至一汽-大众都身体力行。

（6）终端形象。特许经销商的 4S 店是产品销售、配件供应、服务维修及信息反馈的基地，是厂家的"末梢神经"，因此将其纳入规范、甚至奥迪全球统一的形象建设体系有利于营造品牌，体现品牌本色。

（7）信誉行销。商誉是品牌内核的重要组成部分，而这方面奥迪有丰富的资源，不断进行品牌积累。奥迪在世界各地有很多荣誉，诸如在德国取得的"金方向盘奖"等奖项，以及在中国取得的荣誉（如 2003 年《深圳特区报》、新闻网、汽车导报将其评为"最畅销车型"）等等，都增加了其品牌的含金量。

营销策略分析

1. 奥迪的市场定位

奥迪汽车在中国市场的品牌诉求的主要内容是汽车的科技性、豪华舒适性，目标消费者定位为相对内敛的成功人士。

2. 奥迪汽车 SWOT 分析

（1）优势

奥迪是第一个在中国实现本土化生产的汽车企业，有先入的优势。母公司是大名鼎鼎的大众公司，这给了奥迪坚实的后盾。它拥有国内规模最大的轿车服务网络，现阶段在中国有着"官车"的形象是它作为豪华车的最大官方"证明"。

（2）劣势

奥迪因为长期以"官车"自居，随着中国的经济发展，在目前私人购车成为主流的情况下，"官车"的形象成为最大的阻碍。品牌认知度不如奔驰、宝马往往被中国的消费者"误认为"不是豪华轿车。本土化产品的更新换代迟缓，无法满足中国主流市场的需求，到目前只有 A6 和 A6L 应对中高端主流市场。

（3）机会

中国的轿车市场是世界上最大的。中国加入 WTO 非常有利于各大汽车品牌入驻中国这个大市场。随着中国的 GDP 不断攀升，社会的消费水平也随之提高，对汽车的需求日益增加，尤其是先富起来的部分人对豪华轿车的需求强烈。中国也能为他们实现国产化提供高素质的人才，奥迪在社会公关上获得了机会。

（4）威胁

①2008 年 9 月 1 日，中国政府调整了汽车消费税，3.0 以上至 4.0 升的乘用车由 15% 上调至 25%，4.0 升以上的乘用车由 20% 上调至 40%，欲给年初兴起的 SUV 市场重压。

②奥迪更新换代迟缓，宝马和奔驰都已经推出新车型对付奥迪 A6 及 A6L，势必打破奥迪独占鳌头、遥遥领先的优势。

③更多的豪华轿车品牌进军中国市场，像日系的皇冠、雷克萨斯，美系的凯迪拉克等。

④油价和养车费用越来越高，让消费者的使用成本提高。

3. 奥迪竞争战略的特点

竞争盈利模式综合起来看有两种：一是大众品牌策略，即相对低价格，通过获得较高的市场份额来赢得相应的边际利润，从而确保本品牌的市场竞争优势。二是通过差异化的方式建立高溢价品牌，在一个市场层面赢得高水平的价值收益率。奥迪选择了差异化的方式，通过 40 万~50 万的价格销售多年，在市场份额的竞争中奥迪公司自然承受了巨大的市场压力，因为"高溢价品牌"的奥迪汽车毕竟不如"大众品牌"的普通车的销量大，但奥迪汽车正确的"战略选择"和"顽强坚持"让其获得了品牌和经济上的巨大胜利。

资料来源：刘瑶. 奥迪品牌售后服务管理体系研究. 吉林大学，2014（6）.

🦉 思考题

1. 根据奥迪的内外部环境分析，奥迪存在哪些问题？
2. 请分析奥迪的营销策略并给出适当的调整建议。
3. 中国民族自主品牌应学习奥迪的哪些先进之处？

45. 金融服务
Citi（花旗）

品牌价值：97.84 亿美元　12%

世界 500 强排名：86

品牌标志：

品牌简介

　　花旗集团是当今世界资产规模最大、利润最多、全球连锁性最高、业务门类最齐全的金融服务集团。它是由花旗公司与旅行者集团于 1998 年合并而成、并于同期换牌上市的。换牌上市后，花旗集团运用增发新股集资与股市收购或定向股权置换等方式进行大规模股权运作与扩张，并对收购的企业进行花旗式战略输出和全球化业务整合，成为美国第一家集商业银行、投资银行、保险、共同基金、证券交易等诸多金融服务业务于一身的金融集团。花旗集团在短短 5 年时间里，总资产规模扩大了 71%，股东权益增加 92%，资本实力不断提高；总收入提高 72%，利润增长 2.6 倍，表现出不凡的盈利能力；其股票在进行一次送股（每 3 股送 1 股）和 22 次分红派息（每股分红共计＄3.82）的情况下，每股净值仍提高了一倍，价格翻了一番。花旗股票是纽约股市著名的绩优蓝筹股，如其业务品牌一样著名。花旗集团作为全球卓越的金融服务公司，在全球一百多个国家约为 2 亿客户服务，包括个人、机构、企业和政府部门，提供消费银行服务及信贷、企业和投资银行服务以及经纪、保险和资产管理等广泛的金融产品服务，非任何其他金融机构可以比拟。现汇集在花旗集团下的主要有花旗银行、旅行者人寿和养老保险、美邦、Citi-financial、Banamex 和 Primerica。

业务介绍：（1）电子银行业务。通过花旗银行计算机，自动柜员机或花旗电话银行，在一天 24 小时内可提供安全便捷的服务；

（2）信用卡业务。在世界范围内，花旗银行的信用卡客户可通过花旗银行的信用卡或者花旗银行与其他机构共同发行的信用卡满足其消费需求，并适应不同的财务状况；

（3）私人银行业务。花旗银行在 32 个国家中从事私人银行业务的员工可透过银行的人才、产品及策略网络，让客户获得全球投资组合的第一手资料，花旗银行协助其寻求投资机会；

（4）新兴市场业务。花旗银行了解市场，并拥有训练有素的雇员，配合跨区域行的优势向客户提供具有世界水平的银行服务；

（5）企业银行业务；花旗银行在 100 多个国家与全球性、区域性和地方性公司客户进行着合作，无论在世界的任何地方均可得到花旗银行优质的服务。

（6）跨国公司业务。

花旗集团在中国的发展：花旗金融信息服务（中国）有限公司，世界 500 强花旗集团在华建立的全资子公司，成立于 2002 年 8 月，迄今在中国的发展已经超过了 10 个年头，是中国首批从事金融离岸外包业务的软件技术服务企业之一，致力于为花旗全球业务部门提供软件开发和技术支持。合并后的花旗金融信息业务范围从成立之初的软件技术开发、测试与支持，稳步扩展至包括后台运营服务、数据处理、金融知识培训等在内的完整的金融后台服务。

营销策略介绍

（1）市场定位：全球消费金融市场。

（2）营销战略：差别化战略是花旗凭借其庞大营销网络及产品多样化，最大限度地利用了金融产业的规模经济、范围经济的特点进行宽系列的全球竞争，形成全球性竞争优势，加大竞争对手进入壁垒和竞争成本的核心武器。

（3）模式创新（差异化）：花旗集团并非从保险业务的初始阶段——生产环节就开始介入，而是通过并购方式将保险业务的生产环节和销售环节一并"收入囊中"。这样必然注定花旗集团的银行业务与保险业务采取分线管理的策略，而非像欧洲发展银行保险那样能够做到前、中、后台的完全融合。

（4）服务营销策略：①产品策略：花旗对中小企业提供的服务除借贷之外，还提供财务顾问服务，包括贸易及资产融资，外汇及资金管理，以及为公司制订财务方案，拣选最佳贷款组合，贷款额按照企业每年的营业额来决定上限。

②价格策略：该行会根据客户的业务状况、风险程度和以往的关系等灵活掌握。

③推广策略：专门聘请对行业有较深认识的业务经理，主动联络各中小企业，提供上门服务或电子银行服务；通过其遍布全球的网络，向中小企业提供海外市场资讯，帮助企

业分析各地的市场机会和风险，甚至介绍客户认识外国商家，协助企业把业务拓展至不同地区；为中小企业举办"企业明策论坛"，邀请商界精英进行讲演，主要在会计、税务、法律、管理、经济等方面提供顾问分析，使中小企业了解更多更新的市场资讯。

④渠道策略：花旗在采取业务操作和管理集中、跨境经营和国际化发展、突出主营与核心业务（批发和零售业务）等策略的同时，间接利用迂回渠道发展资本市场业务（证券承销和参股、控股等投资业务）。

⑤人员：花旗始终认为人永远是第一位的要素，人才是保证企业领先的关键。为此，它把选择、使用、留住优秀人才作为一贯的基本政策。员工被看成上帝，员工才会把顾客视为上帝。如果员工客观上出现了业务差错，花旗主要从制度规程、系统中寻找解决问题的方法。

⑥客户关系管理（数据库营销）：花旗把提高服务质量和以客户为中心作为银行的长期策略，在全球有效地实施了"以客户为重点"的管理计划，了解客户的需求，改善银行的服务。

⑦整合营销。在客户为导向的战略指导下，进行营销与销售的整合，强化营销导向。它利用各种传播渠道，如电视、印刷品、户外、店头等进行广告宣传。目标客户可以接受不同渠道的营销传播信息，比如广告、直邮、电话直销等方式。

营销策略分析

花旗银行的整合营销传播提供一个战略平台，在平台上可以展开银行所有的基本活动。它利用各种传播渠道，在广告媒体与推广等渠道上进行协调，奏响整合传播交响乐。目标客户可以接受不同渠道的营销传播信息。花旗银行开始定义新的或者广义的传播概念，重新界定营销传播范围。它考虑更加广泛而不是局限于传统的功能性广告活动、销售促进、直接营销等等，它综合使用了新闻宣传、广告、公关等传播手段，相对集中地传递信息。一般用户能够从新闻报道，特别是在广告立体（平面、电视、户外）轰炸中潜移默化地与花旗银行联系在一起。比如有名的"长尾巴"，强调花旗银行信用卡失卡免风险的广告。整合营销传播广告发挥着先导作用。

花旗银行的整合营销传播"评估各种不同的传播技能（如广告、市场推广、公共关系等）在策略思考中所扮演的角色，并透过整合提供清晰、一致的讯息，以达成最佳的传播效果"。将所有的营销和传播要素都变成可信的、有说服力的、含义丰富的、可测量的过程，而且这些过程的有效性和效率都是可以评断的。各种传播在时间、空间、费用等方面也有科学规划，达到了整合效果。

以前花旗银行通过品牌接触和品牌传播评估来决定在哪里和在哪种情况下品牌或银行与其客户和潜在客户建立了一系列反馈渠道来收集关于客户的外部信息并在整个银行里有效地利用这些客户信息。既利用一手或二手市场研究资料，也利用实际的顾客行为数据，并将这些信息运用到计划、发展和评估传播活动中。这样不仅获得了大量的数据资源，而且营销传播人员能十分有效地利用这些数据来制订营销传播计划。同时在整合营销传播计划、发展和执行过程中，有效地利用信息技术来将客户的相关资料转化为客户认知。

花旗银行整合营销传播内容实践和程序与外部传播相一致。广告从业人员应被视为营销部门的得力助手，他们提出的想法不仅支持促销策略，还支持营销组合的其他要素。银行内部各个小组的经理人员将本组织所有的传播活动整合在一起，从而使其变成一个有凝聚力的整体。正是通过这些人员，整合营销传播才被规划出来并得以执行。这些小组也将外部资源和内部能力结合在一起，以获取最大化的效益。

资料来源：冯飞. 花旗银行在华经营策略. 山西大学，2013（6）.

🦉 **思考题**

1. 对此分析高盛金融与花旗金融的异同。
2. 花旗集团的经营模式有哪些值得中国金融公司借鉴？
3. 简述本案例给你的启示。

Goldman Sachs（高盛）

品牌价值：95.26 亿美元　9%

世界 500 强排名：278

品牌标志：

Goldman Sachs

品牌简介

　　高盛集团有限公司是世界领先的投资银行、证券和投资管理公司，为企业、金融机构、政府、高净值个人等各领域的众多客户提供一系列金融服务。公司成立于 1869 年，总部位于纽约，在世界各地的所有主要金融中心均设有分支机构。《财富》杂志排名前 500 家大企业中有 300 多家是美国高盛公司的长期客户。自 1991 年以来，美国高盛公司为诸如世界银行、亚洲开发银行等 14 家国际机构中的 13 家承担了 46 项发行工作。

　　服务介绍：（1）投资银行。为企业、金融机构、投资基金和政府组成的多元客户群体提供广泛的投资银行服务，其中包括：就合并和收购、资产出售、企业反收购活动、风险管理、重组和分拆、公开发售和私募配售的债券和股票承销（包括国内交易和跨境交易），以及与这些活动直接相关的衍生工具交易提供策略咨询服务。

　　（2）机构客户服务。促进客户交易，并在固定收益、股票、货币和商品市场提供做市服务，主要是与企业、金融机构、投资基金及政府等机构客户合作。向遍布全球的主要股票、期权及期货交易所提供做市服务，并向机构客户提供融资、证券借贷及其他机构经纪服务。

（3）投资与借贷。通过投资与贷款向客户提供融资。这些投资及贷款一般属于长期性质。通过管理的基金直接或间接投资于债务证券及贷款、上市及私募股权证券、房地产、综合投资实体及发电厂。

（4）投资管理。向众多机构和个人客户提供横跨所有主要资产类别的投资管理服务和投资产品（主要通过独立管理账户及集合投资工具，例如共同基金和私募投资基金），也向高净值个人和家庭提供理财顾问服务，包括投资组合管理和财务顾问，经纪和其他交易服务。

（5）进军房地产：自2016年1月1日起，所有现有的按揭利率都会根据央行11月21日的降息进行下调。在其他条件不变的情况下，高盛预期按揭利率每向下浮动10%，对于购房者的支付能力而言就相当于房价下降1%。开发商库存降低，财务压力减轻。高盛预期固定资产投资增速将进一步放缓，大多数城市的房价将继续疲软。到2015年下半年，高盛研究覆盖的200多个城市中约有一半城市的库存压力将会降低，房价也会随之企稳。

（6）在中国的业务：在过去的10年中，高盛一直在帮助中资公司在海外股票发售中占据领导地位。

营销策略介绍

1. 市场定位

（1）向企业、金融机构、投资基金和政府组成的多元客户群体提供广泛的投资银行服务；

（2）与企业、金融机构、投资基金及政府等机构客户合作，促进客户交易，并在固定收益、股票、货币和商品市场提供做市服务；

（3）通过投资与贷款向客户提供融资；

（4）向众多机构和个人客户提供横跨所有主要资产类别的投资管理服务和投资产品。

2. 模式的创新与重构

（1）将承揽业务与承做执行相分离

为了拓展市场空间，高盛重新定义业务和再造业务模式——创造性地将传统投行的执行具体交易与承揽业务（维护客户关系）分离开来。而在当时，一组人同时负责承揽和承做业务已经是华尔街惯例，此刻却要将两种职能划分开来，在华尔街投行领域将是个全新的模式。

（2）创新股票承销模式

20世纪80年代初，机构投资者成为市场主导。随着客户类型和需求发生变化，高盛开始把二级市场上服务机构投资者的那套技巧和战略用在一级市场上。高盛依托在大宗交易上的领导地位，向其了解购买意向的机构兜售大宗新发股票，比起需要组织多机构承销团以及在全国进行路演等的零售业务，这一模式更简单且费用低廉。

（3）反其道推出收购防御业务

20 世纪 80 年代高盛收购防御的成功案例：1981 年，完成杜邦对康诺克的"白衣骑士"收购（西格兰恶意收购康诺克，杜邦作为白衣骑士出价 78 亿美元购买康诺克的股份）；1986 年，帮助固特异公司成功抵御戈德史密斯的恶意收购；1989 年，帮助英美烟草公司成功抵御了詹姆斯·戈德史密斯爵士的恶意收购。

营销策略分析

1. 高度定位投行客户服务部

为了能够打开客户市场，高盛让投行员工依据个人专长选择承揽业务或者执行具体交易业务，二者只能选一。两个业务部门之间的定位是平等的，项目承揽部门的员工被视为与传统的投行交易银行家一样是专业的象征。并且强调：第一，建立客户关系并带来业务是一种职能，而承做业务则是另一种不同职能，不同职能需要不同的技巧、动力和能力的人员来完成；第二，兜售产品和维护客户关系都不是自贬的行为，都是一个杰出机构应具备和认可的能力；第三，寻找业务机会和分销新产品的客户服务部人员与执行交易人员地位相同并且取得的收益相当。

2. 人员招聘途径与客户积累为导向的激励制度

实际上，承揽与执行部门间的平等地位，有赖于强大的招聘能力以及吸引优秀和雄心勃勃的专业人士加入投行服务部的制度安排。所以，高盛投行服务建立之初，选择人员时主要有三个途径：第一，让投行人员自主选择承揽或执行业务。第二，高盛 CEO 怀特黑德亲自率队到哈佛商学院招募能力突出的商业银行家，因为这些银行家擅长给客户电话拜访以获得金融业务，同时支付给银行家的年薪高达 12000 美元，而同期投行普通合伙人的年薪也仅是 7500 美元。第三，招聘一些其他投行的人员，特别是那些经过良好培训、经验丰富、富于进取精神，但在原公司感到难以施展才华的年轻人。

3. 客户挖掘对象重点为《财富》500 强之外的中小企业

在客户选择上，由于全美国上百个最大的企业都被领先的华尔街投行锁定了，高盛客户服务部成立之初就将客户对象重点转移到《财富》500 强之外的 500 家中小型企业以及其他更小的公司。客户名单很快扩展至 1000 个，后来又追加了 1000 个，然后再追加 2000 个。

4. 客户服务部进行全面的潜在客户调查分析

高盛的客户专家们非常善于寻找和开发业务机会，总能在客户对产品特征很感兴趣时及时沟通联系客户。实际上，这样的经验与成功依赖于事前扎实的客户调查与分析。高盛投行服务部的关系专家对其负责的潜在客户都必须建立全面的信用档案，以便客户来电表示希望融资时能迅速做出反应。例如，每个投行服务部员工在进行商业票据承销之前，都必须事先对要沟通的客户进行深入核查，把公司的竞争对手、供应商、公司管理层等状况

——了解清楚，这样在业务人员打新电话中，才能准确判断与定位。

5. 产品专家+服务专家的组合模式

随着承销量和并购业务的回升，以及机构投资者成为股票市场的主导，越来越多的大型集团公司希望能够有一家以上的投行为其提供服务，并在承销过程中使用联席管理人制度。而高盛的专家组合模式适应要求并进入良好运行状态——由一名产品执行专家和一名了解公司业务、决策方式的服务专家密切配合，为高盛在客户心中树立了非常专注和能力超群的良好名声（后来业界称为"双向客户经理制度"）。

6. 开发新业务的核心能力

为了打开市场，高盛开展了大量创新探索与实践，积极鼓励新点子的应用，并取得了突破。①使用商业票据做担保的融资租赁业务。高盛利用其商业票据和租赁方面的特长，购买了一家核燃料子公司，并用银行信用证担保的商业票据为其提供资金，然后再将它租赁给公用事业单位；②特殊债券发行。污染控制收益债券发行受益于高盛在免税融资方面的实力；③承销发行的反向操作。沙特阿拉伯货币局（SAMA）在20世纪70年代晚期进行了大量的现金投资，而它对利率的关注程度远远不及它对信用质量的关注；④为煤炭供应商提供设备购买的融资方案。

7. 双赢的薪酬考评机制

建立适合服务部业务特征的薪酬激励双赢办法：①认为"权责完美明晰化的做法"不适用于客户服务，容易伤害客户经理感情，导致其不完全专注于客户需求服务工作。②建立内部业务贡献评价报告制度。在每一次交易之后，就会形成一份内部的报告详细指出每位银行家的贡献，这样所有人对交易完成的贡献都会得到认可，并且所有人都能看到公司成功中其他人贡献的重要性，这就非常清晰地表明公司对于团队精神的高度重视。③年度薪酬考核加入员工360度考评机制。当其他投行还在关注"产出"，即交易数量和利润时，高盛推出了一套员工360度互评制度。先由投行服务部人员写出一年自我工作总结后，再由上下级、同级员工、其他协作部门——对此人的工作贡献给予评价，银行家们年终一半的奖金取决于这种360度全方位的评估。

8. 密切的客户和业务关系网络

驱动高盛业绩的一个关键因素是其强大的客户和业务关系网络，既包括广阔的客户网络，也包括紧密联系的业务网络。这些紧密的客户关系形成了一张牢不可破的网络，能不断为公司带来业务机会，而不同业务之间也能为彼此带来业务机会。①投资银行业务是高盛业务网络的前沿。投资银行服务部拥有广泛的客户网络，服务对象包括企业、财务投资者、机构和政府。②高盛打造的研究部门成为众多机构投资者研究服务的最重要提供者，该部门在获取强大盈利的同时为今后承销业务的成功打下了客户基础。③高盛私人客户业务的快速发展又为其带来了大量的投资银行业务，私人客户服务业务也成为高盛扩张战略的关键部分。

9. 企业战略

高盛集团注重对客户需要最大程度的满足，实现该目标的措施：①通过各种渠道招聘、挽留优秀人才，充分发挥他们的积极性和创造性，注重团队沟通、交流与合作，不仅吸引了大量客户，而且提高了公司的声誉。②把产品差异化作为其竞争战略的一个重要方面，在为客户提供金融工具和服务产品方面的创新服务的同时，巩固已有的客户网络。③企业文化紧密联系且良性循环，将其贯穿于业务准则中使得企业文化能深入人心，有效实施。

10. 战略目标

高盛的战略目标是在全球范围寻找高增长地区，在这些地区经济发展的同时搭建有力的客户网络，其重点是金砖四国。

11. 服务营销

（1）客户关系管理。高盛投资银行部拥有广泛的客户网络，服务对象包括企业、财务投资者、机构和政府。高盛通过反收购业务，使其成为公司和管理层可信任的朋友，与更多美国最大的和声望最高的公司建立了投行业务关系。

（2）员工。高盛的合伙人制度是一种很强的激励机制，能实时淘汰弱者，从而令强者掌权，使得高盛能一直保持最强的竞争力。

（3）公共关系。在与美国政府的关系中，高盛是华尔街上做得最出色的。高盛强调稳重低调和团队精神，而这一点正好与美国政府从政的要求不谋而合。高盛出身的美国政府高官习惯于让总统抛头露面，自己肩负一些未必引人注目但却对政府贡献重大的工作。

（4）渠道策略。①通过对国有骨干企业债券主承销等渠道，掌握中国重要行业的商业及战略信息。②凭借庞大的资本力量，通过金融、人事、舆论、慈善等渠道，将触角伸向国际社会的方方面面，编织起巨大的网络。

（5）事件营销。①反恶意收购事件。当时资本市场上兴起"恶意收购"，恶意收购的出现使投资行业彻底打破了传统的格局，催发了新的行业秩序。高盛率先打出"反收购顾问"的旗帜，帮助那些遭受恶意收购的公司请来友好竞价者参与竞价、抬高收购价格或采取反托拉斯诉讼，用以狙击恶意收购者，从而在投资银行界异军突起。②"巾帼圆梦"万名女性创业助学计划。这项价值1亿美元、为期5年的计划旨在为世界各地的1万名有发展潜质但资源匮乏的女性提供商业和管理教育，以促进更大范围的共同经济增长。

资料来源：沈梦梅. 浅析高盛的成功与失败. 中国外资，2011（8）.

🦉 思考题

1. 试对高盛进行 SWOT 分析，并为高盛在中国的长远发展给出合理化的建议。

2. 从企业发展战略的角度简述美国高盛公司在全球投资银行业中占有重要的地位的原因。

3. 简述本案例给你的启示。

■ 47. 电子

Philips（飞利浦）

品牌价值：94.00 亿美元　-8%

世界 500 强排名：385

品牌标志：

PHILIPS

品牌简介

飞利浦，1891 年成立于荷兰，主要生产照明、家庭电器、医疗系统方面的产品。飞利浦现已发展成为一家大型跨国公司，2007 年全球员工已达 123800 人，在 28 个国家有生产基地，在 150 个国家设有销售机构，拥有 8 万项专利，实力超群。2011 年 7 月 11 日，飞利浦宣布收购奔腾电器（上海）有限公司，金额可能约 25 亿元。2011 年 10 月 17 日，飞利浦电子发布了第三季度财报，第三季度净利润同比下滑 85.9%；同时宣布，飞利浦将在全球范围内裁员 4500 人。2013 年 1 月底，飞利浦消费电子业务已全部剥离，将聚焦优质生活、医疗和照明设备行业。

飞利浦电子是世界上最大的电子公司之一，在欧洲名列榜首。在彩色电视、照明、电动剃须刀、医疗诊断影像和病人监护仪以及单芯片电视产品领域世界领先。飞利浦活跃在 60 多个国家里的照明、消费电子、家用电器和医疗系统等领域。

飞利浦公司曾以生产家用电器、军用和民用通信设备、医疗设备、电脑、仪表和显示系统等著称于世。它也是西欧最大的军火企业之一，从人造卫星、"阿波罗"登月飞船到最新的航天飞机，都有飞利浦的产品。美国军舰也使用飞利浦的雷达。

历史上，该公司曾对世界家电工业的发展作出过重大贡献。50多年前飞利浦公司发明了电动刮胡刀，20世纪60年代初期发明了盒式磁带录音机，飞利浦盒式磁带标准成为世界标准，以后又发明了录像机，80年代初与日本SONY公司共同研制出CD机，后又联合SONY推出DVD和蓝光DVD。

飞利浦公司也推出了数字盒带和激光音像盘两种新产品，公司还计划在欧洲推广超宽屏幕高清晰彩电系统。飞利浦公司在这些领域一直处于领先地位，其产品已成为家喻户晓的名牌产品。

飞利浦公司与中国有较好的合作关系，已有很多投资项目，主要生产光纤光缆、电视、激光盘、照明设备（富卡博）、电子元件、通信、教学、医疗设备和计算机等产品。

飞利浦电子公司是一家追求"健康舒适，优质生活"的多元化公司，致力于通过及时地推出有意义的创新来改善人们的生活质量。作为全球医疗保健、优质生活和照明领域的领导者，飞利浦基于对客户需求的深入了解以及"精于心简于形"的品牌承诺，将技术和设计融入以人为本的解决方案中。

飞利浦早在1920年就进入了中国市场。1985年设立第一家合资企业。飞利浦已成为中国电子行业最大的投资合作伙伴之一，累计投资总额超过34亿美元，在中国建立了35家合资及独资企业，在全国设有60多个办事处，共有19000多名员工。2002年飞利浦因在华营业额和出口创汇额在全国外商投资企业中双双排名第一位而获中国外商投资企业协会颁发的年度"双高企业特殊贡献奖"。2003年公司经营业绩持续增长，营业额达到75亿美元，在华国际采购额达到38.3亿美元。

营销策略介绍

1. 产品策略

（1）提高工用照明产品的比例。全套照明产品是高附加值产品，是照明的最终解决方案，会给企业带来更多的利润。全套工用照明产品的销售会提升品牌知名度，加强品牌效应。

（2）适合终端照明的产品研发。中端照明产品的市场比高端照明市场大得多，开发中端照明市场有助于增加市场份额，获取更大利润。

（3）自主研发新产品。飞利浦照明采用"生产、研发、构思并举"的策略，在基础研究与开发上不断投入，在产品方面不断推陈出新。

（4）采用收购方式获得新产品。

2. 渠道营销

（1）批发渠道：主要包括照明产品中的民用光源和电器配件（不包含全套的灯具），具体如荧光灯管、节能灯、台灯等，其主要的销售市场为灯饰批发市场或照明设备专卖店。在批发渠道上采用区域独家代理。

（2）工程渠道：大型的全套照明设备业务和专业性技术性较高的高端照明设备采用直营方式。

3. 促销策略

（1）广告策略，主要是在灯饰家居杂志投放广告，在大型灯饰批发市场及周边路牌、站台投放平面广告，以及门面广告。

（2）人员推广，对市政、商业中心、工厂等重要潜在大客户进行专业的公关演讲宣传。

（3）销售促进，对于中低端民用照明设备适时适量适度折价销售。

营销策略分析

1. 注重技术研发和创新

高端消费电子市场的竞争，并不是单纯的价格战，而是技术和生产综合实力的竞争，只有"内力"深厚的企业，才能笑傲江湖。

在顾客导向为特征的经济时代，将创新概念与技术融为一体，是企业改写并创立游戏规则的利器，投入巨资从事专利研发则是国际超一流企业竞争的战略制高点。作为世界顶级企业，飞利浦每年投入高达9%的营业收入到研发中，目前持有约10万项专利权，每年还将新获得3000项新专利。高比例的技术研发投入和卓越的创新思维，为飞利浦带来了领先优势。曾以"让我们做得更好"在中国家喻户晓的飞利浦，一向以技术见长，强大的生产实力更不容忽视，这正是飞利浦能长期居于消费电子领域一流企业行列的根本原因之一。

2. 市场决胜

先进的技术和强大的生产实力，最终要通过一流的产品来占领市场。与少数企业用二线产品投放中国市场的策略不同，飞利浦一向将中国市场作为业务发展的关键地区。

如目前在市场上备受欢迎的飞利浦平板电视均是采用了最新的独家技术，如"逐点晶晰2代"及"流光溢彩"技术。除彩电外，飞利浦在其他消费电子领域也取得了不菲的成绩，DVD刻录机取得了中国市场30%的占有率。更有多种新概念产品接连上市，比如与硬盘合二为一，随心录制节目的电视，可无线连接的5+1音箱，这些都给消费电子领域带来了前所未有的冲击。

3. 倡导简约风格

飞利浦系列电视产品的热销，不仅带动了飞利浦中国消费电子的整体发展，更引起了业界的高度关注。但是飞利浦审时度势，迅速判明平板电视将成为中国彩电市场发展趋势，及时采取有力的战略举措，或许才是更值得学习的焦点。

以简约品味为风格的平板电视，恰逢飞利浦"sense and simplicity"为核心的新品牌战略。两者不谋而合，注定了飞利浦必将在平板电视时代大显身手，而飞利浦也将平板电视作为中国消费电子市场竞争的最重要阵地之一。

平板电视只是飞利浦消费电子棋盘上关键的一颗棋子，战略转型后的飞利浦在整个消费电子领域，明确了"家庭娱乐"、"个性表达"、"效率领先"三大主题。在家庭娱乐方面，以彩电、DVD 等为载体，向消费者提供更多新奇的独特体验；在个性表达方面，则专注于手机、MP3 等时尚电子产品功能和造型的自我飞扬；在效率领先方面，则竭力将电脑、投影仪等产品打造得更加简便易用。然而，只有及时出色的战略，尚不足以打造飞利浦在平板电视乃至整个消费电子领域的领先地位，飞利浦在技术和产品上的巨大优势，为其成功进一步奠定了深厚的基础。

资料来源：李颖. 飞利浦照明：全能探路 O2O 营销. 成功营销，2013（11）.

🦉 思考题

1. 简述飞利浦照明业务营销的特点。
2. 一百多年的飞利浦，依旧活力十足，是什么促使其基业长青？
3. 从飞利浦的营销案例中，你能得到哪些启发？

48. 金融服务

AXA（安盛）

品牌价值：92.54 亿美元　14%

世界 500 强排名：20

品牌标志：

品牌简介

  法国安盛公司（AXA）是全球最大的保险集团，起初是众多互助型保险公司的机械联合企业，现在它是当今世界上最大的一家保险公司（同德国 Allianz 和荷兰 ING 一样），也是一个资产管理巨头。AXA 在美国有子公司安盛金融公司（AXA Financial），该子公司持有联合资产管理公司（Alliance Capital Management）的绝大多数股份，同时在海外其他地方有众多子公司，这些子公司经营寿险、个人财产和意外伤害险、企业财产和意外伤害险、再保险、金融服务和房地产投资等业务。在英国它是 Sun Life and Provincial Holdings 的前身；在澳大利亚它是国家互助保险公司 National Mutual 的前身；在比利时它是比利时皇家保险公司 Royale Belge 的前身。

  集团于 1816 年在法国创立，是全球第三大国际资产管理集团，业务网络覆盖全球五大洲逾 50 个国家及地区，全球职员及保险代理人约 11 万名。安盛的主要业务为保险及资产管理。安盛集团分别在巴黎和纽约证券交易所上市，集团的数家公司也在其经营地上市，包括澳大利亚、新西兰、中国香港、纽约、法兰克福、伦敦、布鲁塞尔及都柏林。1997 年，安盛集团获中国政府批准在上海筹建中外合资寿险公司。

营销策略介绍

1. 2013 年全球递送服务

2013 年 3 月 8 日下午 14 时许，北京银行白金信用卡客户赵先生致电寻求全球礼物购买及递送服务。当天正值三八妇女节，赵先生希望通过救援中心能协助其购买一套香奈儿护肤品并为远在云南昆明的重要客户送去一份节日的祝福。救援中心接到客户的请求后，安盛援助立刻着手为客户推荐合适的护肤品。由于客户没有指定心仪的产品型号也不知道收货人的肤质情况，救援中心在专业人士的推荐下为客户提供了几套适应于不同年龄段和不同肤质的套装礼盒方案。

赵先生最终选定香奈儿山茶花保湿系列并委托安盛援助尽快将礼物买到送达。由于正值节日，很多专柜产品已缺货，快递公司也是相当忙碌。但是考虑到这是赵先生的一份节日问候，无论如何也不能让问候延迟。经安盛援助救援中心协调，终于在当天下午在昆明当地安排专人购买香奈儿护肤品并及时送至客户指定地点，替赵先生送去了节日的祝福。

2. 2013 年医疗包机转送案例

2013 年 2 月 17 日下午 16 时许，安盛救援中心接到海外分公司报案，获悉美国籍客户 Daniels 先生因发生车祸导致双侧张力性气胸、双侧多发肋骨骨折、创伤性皮下气肿并伴随全身多处皮肤擦伤，情况危急，正收治于六盘水盘县人民医院。因当地医疗条件有限，希望安盛援助能够为客户提供更好的医疗机构信息。接到报案后，安盛救援中心立即对客户所在医院进行评估，根据安盛援助医疗团队的建议，当地的医疗机构软硬件条件相对有限，可以进行短暂的急诊处理，但要治愈气胸问题还是建议转至当地三甲医院。综合客户身体状况、当地的医疗条件，安盛援助的医生判断客户的病情不容耽搁，立即推荐了贵阳最好的综合性医院——贵阳市第一人民医院。

根据医生的建议，救援中心立即与海外分公司进一步沟通并为客户提供了详尽的转送方案。此外，客户入院后，安盛援助即与客户的主治医生保持密切联系，随时观察客户的病情，以确定下一步的转运计划。考虑到客户的病情，应尽最大努力为客户争取时间进行治疗，安盛援助于当日晚间制订了包机转运至香港医院的计划，并为客户制订了详细的急救车及医护人员陪护转运计划。安盛救援中心于 18 日凌晨正式接到转运通知，立即为客户安排 18 日最早的急救车，在相关医疗陪护人员的护送下，将客户及其亲属安全、平稳地从盘县人民医院转诊至贵阳市第一人民医院，提前为客户安排好相关床位以接受治疗。此外，安盛援助代替其保险公司担保了全部医疗费用。

19 日安盛援助的医疗团队对客户的情况进行了重新评估，客户的病情基本稳定，但目前并不适宜飞行，因此还需留院观察。根据客户及家属的意愿，安盛援助将从贵阳包机转运至香港的计划提供给客户的保险公司，并协助与香港医院进行沟通与联络。

19 日下午 15 时许，经报价比较和转运配置，安盛援助为客户提供了最优包机路线及专业的医疗护送团队以保障客户在转送过程中的安全与有序。经过安盛救援医疗团队的建议，美国保险公司最终于 20 日下午 14 时许批复了 21 日的包机转运计划。

接到执行包机转运计划后，安盛救援立即通知有关医疗部门为包机公司提供相关转运医疗资料，并联络医疗护送团队及相关航空代理商，为客户及其家属提供全面、周到的贴心护送服务。

20 日晚 17 时左右，安盛救援中心接到包机服务商来电，被告知由于不可抗力原因，包机无法直接抵达香港。随即，安盛援助中心制订了替代方案，包机将客户送抵深圳后，乘坐急救车前往香港医院。此时，救援中心立即与服务商进行二次沟通，并保证了次日医疗团队的平稳过渡以及转运计划的有序进行。

21 日早 7 点 30 分，安盛援助医疗护送团队准时从北京出发前往贵阳，并于 11 点 30 分抵达客户病房，与医院相关主治医生沟通病情后，进行转运前的交接。约 2 小时后，携带氧气的包机自深圳起飞前往贵阳。

17：30 分在护送团队的陪护下，客户及其家属乘坐包机顺利地从贵阳出发，前往深圳。此时，深圳方面的急救车已整装待发，静候客户的来临。19：40 分，包机准时抵达深圳机场，与当地急救车进行交接，顺利地将客户及家属转移，并前往安盛援助提前安排好的医院进行治疗。

23 时 30 分，急救车准时抵达香港医院，安盛护送团队与医院进行交接。此前，安盛援助已提前为客户担保了费用，因此高效、快捷的救援服务尤为重要。至此，包机转运顺利结束，此次转运案件为客户赢得了宝贵的时间，挽救了生命，不但使客户的健康得到了最大限度的保障，安盛援助还在整个转运过程中最大限度地为客户节约成本。

3. 境外航班转运

2013 年 2 月 21 日下午，安盛救援中心接到报案，法国籍客户 Heuberger 先生因脑梗塞及椎间盘突出，就诊于当地医院，须尽快安排医疗转运至香港进行进一步治疗。救援中心接到案件后，安盛救援转运医生立即对患者病情进行评估，并提出了最优医疗转运方案。

根据客户的相关医疗报告，因为病人的病情有所缓解，并且需要休息，安盛医疗团队建议可在第二天转送回香港进行治疗。根据与客户及保险公司的确认与沟通，安盛救援人员立即着手为客户预订第二天的航班，考虑到就近原则及休养，决定护送客户回到香港治疗，并与香港 St. Terasa 医院取得联系，为客户预订床位。救援中心根据需求，为客户同时安排了两地的急救车服务，以确保客户安全转运。

2013 年 2 月 22 日早，救援中心接到客户最新信息得知，客户因身体不适暂收治于当地医院，救援中心立即安排医生协助了解客户情况，并进行重新评估。根据评估结果，安盛医疗团队认为客户情况适宜飞行且病情平稳，在征求病人及其家属的意见后，转运如期进行。

下午 4 时许，安盛护送医生抵达病人所在医院，与主治医生进行沟通，并查阅病人的相关医疗报告。根据与病人及医生的沟通，安盛护送医生评估病人情况良好，可以按照既定计划前往香港进行治疗。

下午 5 时许，病人在护送医生的陪同下，乘坐救援中心提前安排好的救护车辆前往机场。救援中心根据客户的情况，提前为客户申请轮椅等服务以方便客户正常搭乘航班。

晚 8 时许，航班准时起飞，为了预防在航班上出现特殊情况，安盛医生在全程陪护下保证着客户的安全与健康。晚 9 时许，航班顺利抵达香港国际机场，在安盛医生及急救车的护送下，陪同客户前往指定医院。晚 11 点 30 分许，在安盛医生的护送下，客户以平稳的状况住进提前预订的香港 St. Terasa 医院病房，并移交相关手续，转运顺利完成。

营销策略分析

安盛正一步步向全球金融服务领导者迈进。1985 年安盛的营业收入有 73% 来自法国国内，只有 27% 来自其他地区，如今这个比例正好颠倒，高达 77% 的收入来自法国以外。此外，当初安盛的员工有 60% 是法国人，如今法国员工的比例还不到 27%。安盛成功的法则如下：

1. 做自己熟悉的事

安盛能以这么快的速度进军全球市场，与其处在一个成长的行业有关。人寿、产险、意外险、资产管理——我们把这些合称为"财务保障"的行业——在全球处于看涨的趋势，保费成长率始终高于全球 GDP 的成长率。但更重要的是取决于成功的战略。安盛的战略是："永远清楚你要做什么"，公司所做的是协助客户做最好的财务保障规划。

公司提供的服务会根据客户年龄和收入变化而有所调整。通常，一个人年轻时，最需要的是基本的人身保险和财产保障，随着年龄和收入的增加，开始需要利用保险进行储蓄，以及资产的累积。当客户的收入和社会地位达到顶峰时，往往需要退休规划和不动产管理等。安盛的工作就是针对不同年龄和收入的客户，提供最适合的财务建议和规划。如果一次做太多事情，往往会失去焦点，最后什么都做不好，因此，安盛的宗旨就是绝不做自己不熟悉的事，也绝不改变自己的商业模式。唯有聚焦核心业务的成长，才能避免企业规模快速扩大带来的风险。

2. 人性管理赢得人心

在聚焦核心的同时，也必须进行一定程度的多元化。安盛目前有三大主力事业群：寿险与储蓄险、资产管理、产险与意外险，这三者差不多涵盖了客户财务保障的全部内容。

安盛追求卓越的最后一项关键是人性化的管理。对公司而言，员工不只是技术专家而已，他们是所有战略和组织的核心。安盛尊重每一位员工的背景、文化和个人特质，并努力做到集中控制和地区创造力之间的平衡。公司的原则是：一切都可以分权化，但是各部门及分公司必须分享同样的核心价值、关键绩效指针（KPI）、最高管理原则，以及核心资产的配置。建立一个清晰的管理模式和框架非常重要，这会很明确地告诉员工，什么是可以自由发挥的，什么又是绝不能动摇的根本。

在面对员工文化多样性的问题时，安盛的原则也是一样：遵守同样的关键绩效指针、运用相同的技术，其他的员工都可以自由发挥。安盛的文化倡导尊重每一个人，并鼓励不同背景的员工彼此交流和倾听对方，这对多元化的实现也有很大帮助。安盛对员工素质也有一定的要求，除了学历之外，公司更看重员工与生俱来的特质，例如勇气、人际能力、倾听能力等。安盛甄选员工主要看四项特质：魅力、勇气、判断力，还有适度的聪明才智；此外，安盛的员工智商大多在 90 到 120 之间，因为太聪明的人，通常比较难以融入团队工作。

安盛管理调查和分析问题的方法，都遵循一般到特殊的原则：即从总体目标和总业绩指标开始，到低于业绩标准的原因和失去的机会，然后到仔细考察企业活动的有选择的领域。从一般到特殊的方法，能帮助咨询人员紧紧围绕客户单位最关键的事物开展工作，或者让咨询人员把客户单位的各个部门通盘加以考虑，然后寻找最佳方案，以获取预期效果。

资料来源：樊融杰. 安盛以退为进. 英才，2013（1）.

思考题

1. 安盛金融服务在中国和法国的发展有什么不同？
2. 简述安盛金融服务的营销战略。
3. 安盛为什么会成功？

49. 汽车

Nissan （日产）

品牌价值：90.82 亿美元　19%

世界 500 强排名：59

品牌标志：

品牌简介

日产（NISSAN），是日本的一家汽车制造商，由鲇川义介于 1933 年在神奈川县横滨市成立，目前在 20 个国家和地区（包括日本）设有汽车制造基地，并在全球 160 多个国家和地区提供产品和服务。公司经营范围包括汽车产品和船舶设备的制造、销售和相关业务，现任总裁兼首席执行官为卡洛斯·戈恩（Carlos Ghosn）。1999 年，雷诺与日产汽车结成独立的合作伙伴关系，在广泛的领域中展开战略性的合作，日产汽车通过联盟将事业区域拓展至全球，其经济规模大幅增长。

日产汽车的历史从 1933 年生产 DATSUN（达特桑）小型货车的全新日产 Lannia 蓝鸟工厂算起，至今已有 80 余年。但第二次世界大战之前，日产汽车总体上讲仍处在初步发展阶段，无论是生产规模还是产品品种，发展都非常缓慢。

1933 年 12 月，日本产业公司、户田铸物公司注册成立"汽车制造股份公司"，鲇川义介成为公司首任社长。1934 年 5 月，"汽车制造股份公司"更名为"日产汽车公司"，同时，日本产业公司接收了户田铸物公司持有的"日产汽车公司"

的全部股份。

1947 年以后，日产汽车逐步走上快速发展轨道，一方面从国外引进吸收大量的汽车技术开发自己的产品，另一方面将自己生产的产品不断输往海外市场，并不断在海外设厂实现本地化生产。可以说，1947 年以后的 40 余年，是日产狂飙突进的发展时期。在这一时期，日产汽车不仅成为日本仅次于丰田的第二大汽车制造商，而且也成为全球十大汽车制造商之一。

营销策略介绍

1. 环境

（1）外部环境：作为全球最具影响力的体育赛事之一，2010 年南非世界杯受到了媒体和公众的普遍关注，所有体育类媒体及部分大众媒体都在围绕世界杯话题，对球队、球星、教练进行大力传播。为了在有限的媒体传播中占据一席之地，几乎所有行业和品牌都在努力跻身世界杯的热潮之中。由于运动与汽车的密切联系，各大汽车品牌更是看中此次机会，而除了现代汽车已经成为一级赞助商之外，其他品牌只能借势营销，以植入、签约球星代言人、购车送球票等常规方式吸引媒体和消费者的目光。

（2）内部环境：作为国内主流车企，东风日产有必要出现在世界杯的热潮之中，并营造较大影响力。在东风日产全系车型中，奇骏、逍客的运动风格最明显，且产品优势突出，但两款车型并没有在市场表现上取得应有的成绩。

2. 活动概述

（1）世界杯前期，东风日产携手 CCTV5、《体坛周报》、某知名门户网站举办"东风日产奇骏逍客超级球迷竞选活动"。活动以网络选拔、晋级 PK 的方式，从全国球迷中选出两名"超级球迷"。

（2）世界杯期间，两名"超级球迷"前往现场直击赛事，并驾驶奇骏、逍客游历南非大陆。除了可以在每天的黄金时间通过 CCTV5 向国内报道世界杯赛事、球迷活动以及南非风情外，两名"超级球迷"还可以获得 10 万元的高额月薪。

（3）创意亮点：创新性；唯一性；轰动性。

（4）推广效果：网络选拔阶段，"超级球迷"报名人数破万，且活动相关网站浏览量超过 100 万人次，网友的有效选票高达 2380 万余张；世界杯期间，CCTV5、体坛周报、网络报道以及两位"超级球迷"的博客、微博受到的关注不计其数；6 月份，奇骏、逍客共计销售 10737 台，环比增长高达 34.7%，增速高于整体 SUV 市场，其中，奇骏销售 3892 台，环比增长 35.8%，逍客销售 6811 台，环比增长 34%；消费者对奇骏、逍客车型的认知度、好感度迅速提升，到专营店咨询、购买两款车型的消费者数量大幅度增加。

营销策略分析

亮点创意之一：创新性

"超级球迷"在世界杯期间的现场观赛、高额月薪、每天央视播报等工作内容，是每一位球迷的梦想，因此，"超级球迷"堪称"史上最牛球迷"；

"超级球迷"活动的网络选拔覆盖面广阔，全国球迷都可参与其中，并充分享受活动的乐趣；

"超级球迷"与CCTV5合作，在每天黄金时间进行世界杯报道，开创了球迷登上官方媒体报道世界杯的先河；

"超级球迷"首次从球迷角度进行世界杯报道，并在解读赛事的同时，为观众带来了南非风情、人文景观等赛事之外的世界杯信息。

亮点创意之二：唯一性

合作媒体CCTV5，是国际足联唯一授权的世界杯中国电视报道媒体；

合作媒体《体坛周报》，是国内唯一的世界杯报道官方合作平面媒体；

合作媒体新浪网，是国内主要的世界杯官方网络报道媒体。

亮点创意之三：轰动性

对于全国球迷来说，"超级球迷"活动是一次令人血脉贲张、争先恐后的社会性事件；

"超级球迷"PK赛的评委团拥有极强的专业性和巨大的影响力；

"超级球迷"活动是世界杯非官方赞助商举办的借势最为巧妙、影响力最大的公关活动；

继大堡礁"世界最佳职业"之后，"超级球迷"打造了又一个极具轰动性的工作——"史上最牛球迷"。

东风日产利用自身的平台优势，从2012年开始将正式进入NISSAN与启辰双品牌运营的新阶段。"NISSAN"加"启辰"的双品牌战略不仅是基于进一步满足越来越细分的中国汽车消费市场的需要，更是东风日产向第一阵营发展的重要战略。启辰品牌应中国客户需求而生、循中国客户需求而动，它和NISSAN品牌没有高低之分，只有分工不同，双品牌好比是企业的"双核"，共同发力确保东风日产提速更快、发展更稳健。

资料来源：南风窗编辑部. "超级球迷"冠军出炉 东风日产"SUV双杰"助阵南非行. 南风窗，2010（6）.

思考题

1. 奇骏、逍客"超级球迷"营销方案面临的挑战有哪些？
2. "超级球迷"案例成功的因素有哪些？
3. 通过"超级球迷"这个成功的营销方案，你能得到什么启发？

50. 奢侈品

Gucci（古驰）

品牌价值：88.82 亿美元　-14%

世界 500 强排名：无

品牌标志：

GUCCI

品牌简介

　　GUCCI，意大利时装品牌，由古驰奥·古驰在 1921 年于意大利佛罗伦萨创办。古驰的产品包括时装、皮具、皮鞋、手表、领带、丝巾、香水、家居用品及宠物用品等。GUCCI 时装一向以高档、豪华、性感而闻名于世，以"身份与财富之象征"品牌形象成为上流社会的消费宠儿，一向被商界人士垂青，时尚又不失高雅。古驰现在是意大利最大的时装集团。

　　古驰永恒而经典并深受明星们的青睐，其品牌灵感源自演员、公主和名媛等杰出女性。如今其创作总监弗里达·贾娜妮将这一历史悠久的品牌推向了全新的高度。其产品包括：经典鞋履、奢华手袋、珠宝手表等。

　　GUCCI 的标志设计就如同它的商品一样，奢华高贵。金黄的颜色与设计形式所给人们带来的感觉都无可挑剔地展现了其企业的气质，虽然说这样的奢侈品总是会让很多人望而却步，却在人们心中留下了美好的印象。古驰的品牌标志整体和谐，下方的图案体现出整个标志设计的核心，好的标志设计可以把一个企业推上更高的层次，而古驰在标志上就展现出一个更高的层次，一个很多人都想靠近的层次。华丽的设计感使整个古驰的企业标志设计在众多的品牌设计中更显雄风，也增添了其企业气势。

经过打磨过的外观创造出了 GUCCI 具有怀旧风格的产品，这种风格演绎出一种独特的手工制作品质，增强了全新的个性化触感。全新的经过水洗处理的背包融合了工匠大师们创新的专业技能，使每件产品均可呈现出栩栩如生的独特外观。可通过在背包上定制金色首字母缩写，使客户喜爱的配饰成为一件永恒珍贵的传家之宝。

印着成对字母 G 的商标图案及醒目的红与绿色作为 GUCCI 的象征出现在公文包、手提袋、钱夹等 GUCCI 产品中，这也是 GUCCI 最早的经典 Logo 设计。

2014 年，古驰分店遍布全球，涉及服饰、皮件、饰品和香水等各式产品，深受全球时尚人士追捧。

品牌系类：古驰 Chiodo 系列灵感来源于马蹄铁固定于马蹄之上的锥形钉，早在 1960 年就开始出现在 GUCCI 的珠宝及腕表的设计当中，在盛行的双 G Logo 以外，Chiodo 系列想必也是最受追捧的目标。

营销策略介绍

GUCCI 一直定位于奢华、性感、夸耀，带一丝丝摇滚的味道。一场场性感华丽的时装走秀，众多明星名模云集的高级派对、盛大颁奖礼的霓裳魅影、各大时尚媒介的关注与报道，以及各种植入式的广告与名人效应，所有这些与时尚、奢侈品、瞩目人物相关的代表领域，都是 GUCCI 缔造品牌价值的用武之地。无论旗下的鞋具、饰包还是服装，都是上流社会的心头挚爱，将时尚界推崇的理想形象与品牌经营相结合，这就是 GUCCI 最具市场影响力的"品位营销"。

GUCCI 每一期的新品上市都是以限量发售为原则，消费者当然只是"少数人"，根据"物以稀为贵"的规律，反而造成了巨大的市场效应，并最终实现市场利润最大化。这些"少数人"当中，不乏我们熟悉的名流。GUCCI 也深谙名人效应之道。

GUCCI 的产品几乎很少进行打折促销，这也有助于保护品牌的高端品位，保持并提升品牌价值。

20 世纪 60 年代，著名影星奥黛丽·赫本及当时的美国第一夫人杰奎琳·肯尼迪就是忠实的 GUCCI 迷。其后的天后 Madonna、C 罗，这些众多知名且熟悉的面孔在不断地提升GUCCI 的品牌价值与影响力。又因为 GUCCI 幸运地从战乱时期存活到和平年代，因此留住经典与辉煌的收藏意义重大，商品背后的升值潜能很大。

营销策略分析

正如 GUCCI 集团总裁罗伯特所言："人们购买 GUCCI 是因为他们想拥有一个特别的梦想"，而我所理解的这个梦想便是"我要享受生活，我爱我自己"。

1. 品牌风格

古驰品牌一直以生产高档豪华的产品著名。无论是鞋、包还是服装，都是富有的上流社会的消费宠儿。在佛罗伦萨的制作间中，年轻的 Guccio Gucci（古驰欧-古驰）就将古驰作为标志印在那些皮革制品上。

2. 品牌识别

从 20 世纪 40 年代末到 60 年代，GUCCI 接连推出了带竹柄的皮包、镶金属祥的软鞋、印花丝巾等一系列的经典设计，其产品的独特设计和优良材料，成为典雅和奢华的象征，为 Jacqueline Kennedy、索菲亚·罗兰及温莎公爵夫人等淑女名流所推崇。GUCCI 商标以绿红绿、蓝红蓝两种颜色组合为主，从而区别于天然皮革和染色皮革制品。与此同时，公司还以创办人 Guccio GUCCI 名字的首写字母 GG 标志作饰品底纹，同时将优质棉纱称作 GG 布，用于制造手袋、饰品及衣物。

3. 品牌定位

尽管时装牌子令人眼花缭乱，GUCCI 的风格却一向被商界人士垂青，时尚之余不失高雅，这个意大利牌子的服饰一直以简单设计为主，尤其是当季的男装，剪裁新颖，弥漫着 18 世纪威尼斯风情，再融入牛仔、太空和摇滚巨星的色彩，豪迈中带点不羁，散发无穷魅力。

资料来源：靳昊. 中国白领阶层奢侈品消费行为习惯研究. 复旦大学，2010（6）.

思考题

1. 简述古驰奢侈品营销的特点。
2. 古驰为什么实行多元化的品牌战略？
3. 古驰的营销案例给了你哪些启示？

51. 快消品

Danone（达能）

品牌价值：86.32 亿美元　5%

世界 500 强排名：422

品牌标志：

DANONE

品牌简介

达能（DANONE）是世界著名的食品集团，创建于 1966
年。达能集团总部设于法国巴黎，是一个业务极为多元化的跨
国食品公司，集团的业务遍布六大洲、产品行销 100 多个国家
和地区。1996 年集团的总营业额达到 839 亿法郎。在法国、
意大利及西班牙，达能集团都是最大的食品集团，达能也是当
今欧洲第三大食品集团，并列全球同类行业前六名。达能旗下
拥有多个知名品牌，如：达能、LU 和 EVIAN（依云）、多美
滋、脉动、Nutricia、Nutrilon、益力、乐百氏、纽迪西亚、碧
悠、波多、富维克、牛栏（Cow Gate）等。

营销策略介绍

达能的发家史就是一部并购与出售史，多品牌战略最初是
并购的副产品，后来演变为达能的核心战略。并购是吞，出售

是吐，达能就是这样一个不断"吞吞吐吐"的巨人。达能对中国市场的扩张也是伴随着不断地"吞吐"进行的。

1. 达能的中国战略目标

近些年，随着经济的不断发展和营养知识的普及，人们越来越重视饮食的健康性。人们对健康饮食的重视，使得居民对乳制品的消费需求不断加大。同时，由于我国乳制品行业正处于起步和发展阶段，行业结构不合理和乳制品品质问题突出。

作为拥有雄厚资本和先进饮品生产技术的国际乳业巨头达能集团，早就看到了中国巨大的乳制品消费市场和发展空间。因此，达能早在 1987 年在广州设立达能酸奶公司时，就已经制定了十分宏伟的中国战略目标：整合国内的乳品企业，成为中国国内乳品行业的绝对龙头。

2. 达能的中国战略进程及战略布局

自 1987 年广州达能酸奶公司成立后，达能就开始了对中国乳制品市场的战略扩张。其在中国的扩张手段仍然是"吞"（并购）"吐"（出售）。达能进入中国市场后，就开始对国内一系列优秀的饮品品牌采取了并购行为，为其实现整合国内乳品企业，成为中国国内乳品行业绝对龙头的战略目标奠定基础。

下面是达能在中国的战略进程（达能在中国市场的并购与出售进程）：

1987 年成立广州达能酸奶公司。

1994 年与光明先后合资建立上海酸奶及保鲜乳项目，达能占 45.2% 的股份。

1996 年收购武汉东西湖啤酒 54.2% 的股权；与娃哈哈成立 5 家合资公司，获得 41% 的股权，亚洲金融风暴后，拿到 51% 的股权；收购深圳益力食品公司 54.2% 的股权。

2000 年 3 月达能收购乐百氏 92% 的股权。

2001 年，达能亚洲有限公司参股光明乳业，比例为 5%。2004 年收购梅林正广和饮用水有限公司 50% 的股份。

2005 年 4 月达能亚洲持有光明乳业股权，成为该公司第三大股东。到 2006 年 4 月，增持光明股权达 20.01%。

2006 年 7 月法国达能以持股 22.18% 的比例成为中国汇源集团的第二大股东。

2006 年 12 月达能与蒙牛组建合资公司，达能持股 49%，致力于酸奶等产品的生产、研发与销售。

2007 年 11 月达能以 4.1 亿元人民币为代价，终止与光明乳业的合作。达能与光明正式分手。

值得指出的是：娃哈哈、光明乳业是达能中国战略棋盘上两颗重要的棋子。达能如果能够成功地并购这两个集团将会极大地促进达能在中国的战略目标的实现，同时也会对达能在亚太地区战略目标的实现产生积极的推动作用。

但是达能发展的道路并不总是平坦的。娃哈哈集团强力抵制达能集团对娃哈哈的强并，光明乳业的实质控制人第一、第二大股东联合出资组建上海大光明集团使得光明乳业第三大股东——达能集团通过再度注入资金增持股份来获得光明乳业的控制权的希望变得渺茫。达能以光明乳业作为其在国内的旗帜，全面整合中国乳品行业的计划也变得很不现实。娃哈哈、光明和达能的先后交恶实质上是民族品牌对外来资本的抵制。面对民族品牌的抵制，达能的法宝"吞"、"吐"在此时显然有点力不从心了。

根据达能扩张战略的一个原则：在世界各地广泛收购当地优秀品牌，实行本土化、多品牌战略可知，在与中国饮品业的领头品牌娃哈哈形成僵局和与光明乳业分手后，达能必然会寻找新的合作伙伴。

3. 达能对中国战略行动的控制

达能不像其他的外资企业那样以自己的品牌、自己的产品来开发中国的市场，而是通过收购当地优秀品牌，实行本土化、多品牌战略的方式来对外扩张。达能精通此道，它就像一个伪装的猎手悄悄地引诱着自己的猎物。虽然几经伪装，但始终不能隐藏自己的猎手本色。下面把达能比喻成一个伪装的猎手，来分析达能如何控制其在中国的战略行动。

"断竹，续竹；飞土，逐实。"《弹歌》是最早描绘猎手狩猎的诗歌。商场就是个充满陷阱的狩猎场。在狩猎场上，猎手只看猎物的喉颈，为了吃掉猎物可能守候一天，也可能守候几年，还可能披上种种面具，也可能在猎物最不经意的那一刹那进行猎杀。达能就是这样一个有耐心的猎手，20年前它伺机潜入中国市场，拿出十二分的耐心慢慢地等待着猎物的出现。

（1）断竹——打造资本利器

"断竹"是制造武器的第一步，也是打猎的前提。达能的狩猎行为也是从这一步开始的。从1987年开始，达能就已经瞄准了中国市场。最初达能欲靠自己的力量打开中国市场，但达能发现，这不是最好的方法，而恰在此时，它遇到了一个千载难逢的机遇。

（2）续竹——编制捕猎利网

"续竹"是制造利器的第二步，即把竹片绑起来，做成更有杀伤力的武器。事实上，达能正是这样做的，它开始寻找更多猎物并植入其资本。它这样做的目的已不仅仅是猎取一个企业，更在于猎取一个行业，甚至垄断多个行业。于是我们看到了2000年达能把自己的利器插入了乐百氏，2001年涉足光明，2004年收购梅林正广和，2006年跟蒙牛合作，并瞄准汇源果汁饮品。

（3）飞土——意在企业控股权

"飞土"是打猎时对猎物进行攻击。猎手在时机成熟时对他的猎物展开攻击，达能也如此，在时机成熟时开始对它植入资本的企业展开攻击。侵犯控股权就是达能的攻击手段之一。1996年与娃哈哈合作时，达能拥有41%的控股权，亚洲金融风暴后，达能通过各种方式拿到了51%的股权，娃哈哈合资公司猎物到手。娃哈哈合资公司到手后，达能在杭州娃哈哈集团巨大的发展潜力和诱人的利润刺激下，开始出招欲收购杭州娃哈哈集团有限公司旗下的39家非合资公司，意欲彻底掌控中国饮品业的老大娃哈哈集团。至此达能酝酿十年的阴谋浮出水面，宗庆后觉察到了达能的意图，于是展开了激烈的反击，达能和娃哈哈的口水战也自此开始了。2001年达能只拥有光明5%的股权，而到2006年4月，增持光明股权达到20.01%。2006年，达能与蒙牛合作建立合资公司，达能持股49%，这个危险数字的未来走向，我们不得而知。

（4）逐实——垄断行业王国

"逐实"是猎手最幸福的时刻，也是最终目的。如果认为猎手达能的目标是吃掉陷阱里的企业，就大错特错了。达能的目标是吃掉整个行业，而且范围不仅仅限于某一个行业，从它的收购行为可见一斑。

首先，达能意欲控制乳品行业。正如前文中指明的达能宏伟的中国战略目标是：整合中国国内的乳品企业，成为中国国内乳品行业的绝对龙头。于是我们看到达能与光明合作，然后吃掉乐百氏，最后跟中国乳品行业巨头之一蒙牛合作。

其次，达能瞄准整个饮料行业，2004 年收购梅林正广和饮用水；2006 年与汇源合作，成为汇源的第二大股东；同时合资公司娃哈哈也涉猎各个饮品市场。

营销策略分析

达能对中国乳品市场的开发势头凶猛，自 1987 年达能进入中国市场到 2007 年达能牵手蒙牛，达能已经参股了中国所有的乳制品知名企业，也参股或直接控制了 10 多个地方知名饮品品牌，占据了大半个中国乳品市场。到 2007 年，在中国乳品市场的版图上已经形成了一个自东至西、自南至北的"达能带"。达能实现中国战略目标的道路不是很平坦，但达能始终都在一步一步地实施着其整合国内的乳品企业，成为中国国内乳品行业的绝对龙头的战略，并且以深具达能特色的方式控制着其在中国的战略行动。

正反两方面的经验教训理应让中国的企业家明白：在经济活动尤其是诸如跨国并购这样一些高端业务中，聘请专业人士的费用应该是一种投资而非成本。

我们应该感谢达能给我们带来如此深刻的启发与冲击，我们应该感谢宗庆后先生在领导中国民族企业与跨国企业博弈过程中给我们的震撼与思考。"达娃之争"的出现适逢其时，对于融入全球化过程中的中国企业、中国资本乃至中国政府而言，都是一个考验；对于国人的心态、舆论与传媒的成熟、政府管理社会的法治化与政绩考核机制的科学化，都带来了全面的挑战，也使我们的企业、社会更趋成熟。同时，这一事件使我们这个民族对法治理念、契约精神乃至中国的民族品牌保护、国家经济安全以及如何正确面对跨国公司的全球战略都能有更深刻的理解，从而促进社会的成熟与进步。

资料来源：白万纲. 达能：并购战略的成与败. 销售与市场，2012（12）.

思考题

1. 试分析达能如何控制其在中国的战略行动。
2. 简述达能扩张战略的原则。
3. 简述达能中国战略给我国企业进行企业并购的启示。

Nestlé（雀巢）

品牌价值：85.88 亿美元　7%

世界 500 强排名：70

品牌标志：

🎤 品牌简介

　　雀巢（Nestlé）公司由亨利·内斯特莱于 1867 年创建，总部设在瑞士日内瓦湖畔的沃韦；是世界最大的食品制造商。拥有一百多年历史的雀巢公司起源于瑞士，最初是以生产婴儿食品起家。2005 年，雀巢公司在全球拥有 500 多家工厂，25 万名员工，年销售额高达 910 亿瑞士法郎。2011 年 4 月 12 日，雀巢回应"婴儿米粉含致癌物"之说，称其产品完全安全。2011 年 7 月 11 日，雀巢公司宣布，计划出资 21 亿新加坡元（约 17 亿美元）收购糖果制造商徐福记 60% 的股权。2011 年 9 月 8 日全球最大食品集团雀巢公司收购著名民营企业厦门银鹭食品集团有限公司 60% 的股权，雀巢公司从而成为银鹭食品公司的控股方。2011 年 10 月 24 日，雀巢公司被指在双城利用垄断地位克扣奶农。

　　"Nestlé" 的意思是"小小鸟巢"，这个温馨的鸟巢作为雀巢公司的标志，深受消费者熟悉和喜爱，它代表着雀巢公司的理念：关爱、安全、自然、营养。作为全球最大的食品公司，雀巢秉承一贯的理念和原则，以人为本，以质量为重，为世界各国的消费者提供优质食品，带来美好生活。

营销策略介绍

雀巢不仅制造了"史上第一支可以剥开吃"的冰淇淋，还制造了最新一起微博营销的经典案例。

一款售价仅 3 元的冰淇淋能有什么稀奇？但在过去两三个月中，雀巢笨 NANA 却在新浪微博、人人网等社交媒体中至少吸引上百万人讨论有趣的吃法、哪里购买、味道如何。如果再算上它们的"粉丝"，这款今年 2 月底才上市的最新冰淇淋产品已经吸引了上千万人的注意力。

这款冰淇淋确实有点不一样。它很像香蕉，黄色外皮可以像香蕉一样剥开，剥皮后里面包的是牛奶雪条，外皮口感与果冻接近，也可以吃掉。就口味来说，这块冰淇淋并无稀奇，卖点在于吃的时候比普通冰淇淋多了一个"剥开"的动作。微博上的讨论也大多集中于此，比如"史上第一支可以剥开吃的冰棍"、"吃香蕉不吐香蕉皮"等带有趣味的评价得到了大量转发。

"在新浪微博上，笨 NANA 的主动传播者已经达到百万人。"雀巢大中华区冰淇淋业务及品牌发展经理翟威尔告诉《环球企业家》。截至 3 月底，在新浪微博上搜索"笨 NANA"已有近 300 万条结果。

社交媒体上的热议，迅速拉高了雀巢这款新产品的销量，上市仅两个月的笨 NANA 已经成为雀巢大中华区销售排名第二的单品，仅次于已经推出七八年的八次方冰淇淋。翟威尔认为，随着冰淇淋销售旺季的来临，笨 NANA 的"病毒式"话题传播将会更加广泛，注定会成为排名第一的单品。

这当然不是"意外走红"，而是精心策划的结果。从计划把笨 NANA 引入大陆那天起，雀巢就已经决定，改变以往冰淇淋产品大肆撒钱做电视广告的营销策略，替之以成本低得多的更强调与用户互动的数字营销。现在看来，雀巢的确找到了更有效率地让上千万人对笨 NANA 产生好感的方法。

营销策略分析

为了正确贯彻新的方针告知分公司如何实施，雀巢公司制定了三个重要的文件。内容涉及公司战略和品牌的营销战略及产品呈现的细节。

（1）标签标准化，这只是一个指导性文件，它对标签设计组成的各种元素作出了明确的规定。如雀巢咖啡的标志、字体和所使用的颜色，以及各个细节相互间的比例关系。这个文件还列出了各种不同产品的标签图例，建议各分公司尽可能早地使用这些标签。

（2）包装设计手册，这是一个更为灵活使用的文件，它提出了使用标准的各种不同方式。例如，包装使用的材料及包装的形式。

（3）最重要的文件是品牌化战略。它包括雀巢产品的营销原则、背景和战略品牌主要特性的一些细节。这些主要特性包括：品牌个性、期望形象、与品牌联系的公司、其他两个文件涉及的视觉特征以及品牌使用的开发等。

雀巢公司的决策层认识到，经济全球化已使企业营销活动和组织机制由过去的"大块"结构变成了"模块"结构，从而将其工作重点转向组合模块，实施模块组合营销。

1. 经营策略

（1）把握市场

雀巢公司在结构和组织上遵循"权限彻底分散"的原则。雀巢公司里"市场大脑（Market Head）"所表达的就是想法要和市场实况连接在一起，采取的行动和手段都力求能合乎当地的需要和要求。正因为如此，公司产品中仅雀巢咖啡就有100多个品种。各模块（分公司）基于自己的市场具有独立性，但又与其他模块相互联系，共同组成企业的"大块"结构。雀巢公司将其总市场分成各模块市场，每一模块市场由相应模块来负责，从而可以更准确地把握市场动态，提高其对市场需求的准确把握和满足程度。

（2）反应灵活

不快则死，可以说是新经济的黄金法则，是谁也不能违背的天条。市场营销组织的设计应既有利于搜集信息，又有利于针对信息做出快速反应，雀巢公司的模块组合营销恰恰适应了这一要求。各模块具有独立运作于市场的能力，根据其模块市场的变化，在不影响企业总战略的条件下，有权进行适当的调整，采取恰当的策略。

（3）抗风险能力

雀巢的模块组合战略是从企业组织角度考虑抗风险能力的一条可选途径。模块组合强调各模块相对独立的运作于各自的市场，根据各自市场竞争者、顾客等方面的变化进行调整，而企业其他各部分可以无须调整，从而具有了灵活、应变、抗风险性。

（4）组织结构

雀巢公司的模块组合营销，造就了网络型组织结构，也使雀巢公司具有了网络化的特点：一是用特殊的市场手段代替行政手段来联络各个经营单位之间及其与公司总部之间的关系。网络制组织结构中的市场关系是一种以资本投放为基础的包含产权转移、人员流动和较为稳定的商品买卖关系在内的全方位的市场关系。二是在组织结构网络的基础上形成了强大的虚拟功能。处于网络制组织结构中的每一个独立的经营实体都能以各种方式借用外部的资源，对外部的资源优势进行重新组合，创造出巨大的竞争优势。

2. 品牌管理

产品革新：雀巢公司是一位积极的产品革新者。它在亚洲地区聘用的首批食品技术专家便是当地精于家庭、餐馆烹饪的厨师，然后再将食品提高到大规模生产的水平。同时，公司对研发人员进行2~3年的培训，与其他雀巢机构互相交流提高。

质量策略与生产效率：产品一经推出，公司便长期不懈地致力于改进、提高产品质量。例如，亚洲人开始逐渐反感人造调料而倾向于天然调料，因此公司便不惜花费研究预算的25%，开发出一种可通过诸如发酵这样的生物过程提取的肉类调料。公司具有生产制造方面的高超技艺，努力保持其成本在同行业中最低。

产品线延伸：雀巢公司生产不同规格、不同形式的产品来满足消费者的不同偏好，这样可以使雀巢品牌在货架上占据更多的空间，从而有力地防止了竞争者的入侵。

多品牌策略：雀巢公司认为一个精心策划的品牌将使公司受益终身。在每一个市场中，雀巢公司都要从其11个战略品牌组合中的8000多个品牌中挑选出2~3个品牌。此举旨在降低风险并将攻击力集中。

资料来源：郭斌. 我国企业国际营销中的本土化战略探析——以雀巢公司品牌本土化为例. 对外经贸实务，2013（4）.

思考题

1. 雀巢笨 NANA 的优势是什么？
2. 雀巢的营销战略是什么？

Siemens（西门子）

品牌价值：85.53 亿美元 −1%

世界 500 强排名：63

品牌标志：

SIEMENS

品牌简介

　　德国西门子（Siemens）股份公司创立于 1847 年，是全球电子电气工程领域的领先企业。西门子 1872 年进入中国，140 余年来以创新的技术、卓越的解决方案和产品坚持不懈地对中国的发展提供全面支持，并以出众的品质和令人信赖的可靠性、领先的技术成就、不懈的创新追求，确立了在中国市场的领先地位。2014 年财年（2013 年 10 月 1 日至 2014 年 9 月 30 日），西门子在中国的总营收达到 64.4 亿欧元，拥有超过 32000 名员工。西门子已经发展成为中国社会和经济不可分割的一部分，并竭诚与中国携手合作，共同致力于实现可持续发展。

营销策略介绍

　　西门子是一个有着百年历史的国际名牌，其冰箱产品自登陆中国市场以来，道路并非一帆风顺，也有过困惑。在国产冰箱技术不断进步、质量不断提升、产品不断创新的滚滚潮流中，西门子赖以骄傲的"技术"、"质量"难以形成明显的差异优势。然而，在国内同行认为是其"弱项"的通路领域，西门子却下足工夫，创造了生机勃勃的销售活力，其成功的销售通路运作经验对国产家电企业不无借鉴之处。

1. 网络开发上正确处理数量与质量的关系，重质胜于重量，是培育市场、保持可持续发展之道

铺货率是网络开发的重要指标但不是唯一指标。铺货率太低不利于销售，但也不是越多越好。有的厂家虽然铺货率很高，但网点的销售业绩及厂家合作效果却不理想，造成资源浪费。由于各企业资源及效用的实际情况不同，最理想的铺货率难有定说，但西门子可取之处却在于能正确处理网点开发中数量与质量的关系。

西门子在网点建设方面有一个良好的战略规划，在一个地区重点扶持一个点，时机成熟后再增加新的销售网点，所选的点基本是做一个活一个，走的是"以点带线，以线带面"的路线。

西门子重视网络质量还具体体现在两个方面：

（1）对网点的细心培育

销售人员经常深入终端市场与零售商进行广泛的沟通，听取他们的意见，及时解决他们在销售中遇到的困难和问题，在产品展示陈列、现场广告促销、及时补货等方面给予有力支持，处理好厂家与零售商的利益关系。不仅如此，还帮助零售商做市场，如分析消费者，提供有关市场信息，制订销售计划和策略，帮助他们提高经营水平。同时，也严格规范零售商的销售行为，用制度来管理，一视同仁、奖罚分明，避免了零售终端无序经营和乱价现象的发生。

这种市场培育的方式不仅大大提高了终端网络成员的积极性和对企业及产品的忠诚度，增强了他们对产品、品牌、市场的责任心，还使他们的营销水平和能力得到提高，行为更加规范，使西门子从点到面整个网络得以健康、快速、持续地发展。

（2）零售业态的有效组合

目前，家电销售形态大致有百货商场、大型电器城、超市、品牌专卖店、小型电器店等。西门子根据企业实际能力、产品市场拓展的规划和一级市场的特点，大大减少了小型电器店的比例。从消费习惯上看，消费者绝少在小型电器店购买冰箱，且小型电器店由于店面形象及专业力量不足，销售过程中难免会对知名厂家的产品及品牌形象造成损害，因此西门子的售点选择侧重于那些信誉好、对消费者影响力大、走货快，又能树立形象的零售业态。

2. 创造厂家与零售商的互惠协作关系，重视把产品卖给消费者，而非仅仅把产品卖给零售商，是与零售商荣辱与共的双赢之道

西门子冰箱销售采取的是直接面对零售终端的通路模式。其特点是不通过任何中间批发环节，直接将产品分销到零售终端，由厂家直接开拓和培育网络。这种方式虽然有网点拓展慢、交易分散、配送难度大、人力投入大的不足，但在家电产品销售成功与否还看终端的今天，企业对售点的控制力、维护能力、市场沟通能力、人际亲和力则更加重要，只有这样才能真正提高市场的渗透力。因此可以说这种通路模式将成为家电销售发展的趋势。

"情感营销"这个有中国特色的概念在家电销售领域被西门子注入了新内容，成为通路操作的一种"软件"策略，并逐步跳出私人友情的小圈子，成为一种销售沟通手段，

走向制度化、规范化，同时注重通路运作效率、反应，大大增强了通路活性。

3. 卓有成效的导购员管理，注重帮消费者买产品，而不是向消费者推产品，是有效的营业推广之道

为了有效发挥营业推广作用，西门子十分重视导购员的管理，如招聘、培训、激励，拥有了一批优秀的导购员队伍，提高了终端销售的竞争能力。具体体现在：

（1）严格的导购员招聘

西门子导购员管理从开始招聘人员时就严格把关，对被招聘人员的良好品质、个人素质和推销能力等方面提出了具体要求。招聘人员必须通过严格的考试和培训才能上岗，实行制度化管理和操作，对上岗者也引入了竞争淘汰机制。

（2）系统的导购员培训

西门子系统化的培训，包括公司历史、企业理念、生产流程、产品特点、推销技巧、人员举止六个方面，使导购员具有良好的素质、精益的专业知识、熟练的推销技能，能够准确地把握消费者心理，进行有诱惑力的产品介绍，使导购员掌握顾问式销售的方法。

（3）有效的导购员激励

导购员的工作动力来源于两个方面：一是厂家经济利益上的激励；二是精神上的满足，需要一种归属感。西门子为了激发导购员最大的动力，将这两个方面有机地结合起来。一方面是采取"阶梯翻倍"的激励政策，也就是将激励与销量挂钩，把销量划分为几个阶梯，每增加一个梯段提成比例将翻倍增长，而且各梯段的差距比较合理，使政策对导购员具有强烈的吸引力，从而产生向上冲的动力。另一方面是非常注重培养导购员的主人翁精神，细致关心每一位销售人员的生活，使销售人员对企业的感情加深。

4. 保证快速有效的信息沟通，注重的不是单向传递，而是"自上而下"、"自下而上"的双向互动，是把握市场动态、争取主动之道

市场变化万千，谁快速地掌握市场信息并能做出及时的反应，谁就能争取主动，西门子能对市场了如指掌，在于它成功的信息沟通方式和可行的措施。

措施：（1）组成了由导购员、业务员、信息员、市场巡视员全方位的市场信息收集网；（2）制定完整的信息收集及反馈制度；（3）信息收集及反馈的方式多样化、内容细致而全面。

方式：（1）自上而下的信息沟通，传达企业信息，在沟通方面，西门子更加规范和别具一格，除了在私人关系沟通方面取得良好的效果外，在新产品信息提供、存货情况、各型号销售情况、企业经营动向等方面都会定期主动与零售商沟通，并宣传西门子的企业文化，使经销商感到"我就是西门子的一员"；（2）自下而上的信息沟通，了解市场信息。西门子为了实现终端市场信息快速反馈，在区域分公司设有监督热线，专门用来接受零售商的询问和及时了解市场销售情况。

营销策略分析

影响家电销售的两大力量——品牌拉力与通路推力最终将在零售终端得以汇集，对终端市场的精耕细作是提高销售业绩的根本途径，西门子、海尔等品牌的销售业绩从实践中

证明了这一点。

西门子顾问式销售方式充分体现了以人为本的经营理念，在观念和机制上对传统销售方式产生了强烈的冲击，突出在服务中实现销售，不是向消费者推销产品，而是帮助消费者买产品，最大限度地让消费者满意。

未来家电销售通路优势的体现不仅仅在于网点的数量，更在于终端的质量——销售沟通和销售效率；不仅仅在于争取成本优势，更主要的在于如何增强通路活性以及运作机制的独特性。

销售通路对于品牌而言，要解决的问题是什么？第一，有人想要买你的东西，即消费者认可和接受；第二，有人想要卖你的东西，即经销商支持和信赖。一个成功的品牌必须让消费者和经销商共同获益，必须实现消费者、经销商和自己的共赢。西门子将品牌传播的阵地放在了这个关键的枢纽上。

对于消费者，西门子家电强调在零售终端建立"一对一"交流机制。即更多的是在销售现场通过促销员与消费者进行直接的沟通，从而能够有的放矢地满足消费者的需求。在交流的过程中，西门子认为，一个品牌必须把消费者切实地看作平等的交流对象。

对于经销商，西门子强调成为他们期待长期合作的伙伴，像对待消费者一样，为之提供好的产品和服务是第一位的。目前，与西门子发生业务往来的客户达到2000多家，在与他们的合作中，西门子切实地做到了尊重个性需求、及时兑现承诺。西门子家电在政策诚信度方面，在目前中国家电业无疑是一个楷模。但更为重要的一点是，西门子希望成为双赢规则的缔造者，成为市场秩序的维护者。一个西门子家电成熟、周到的品牌形象在客户中树立起来了。

资料来源：吴罡. 西门子工业电源中国市场营销策略研究. 中国地质大学（北京），2013（5）.

思考题

1. 何谓销售通路？
2. 西门子是如何成功地进行通路运作的？
3. 西门子的通路运作给你哪些启示？

54. 金融服务

Allianz（安联）

品牌价值：84.98 亿美元　10%

世界 500 强排名：无

品牌标志：

Allianz ⑪

品牌简介

　　德国安联集团是欧洲最大的保险公司，也是全球最大的保险和资产管理集团之一。安联保险集团于 1890 年在德国柏林成立，至今已有 120 多年的悠久历史。作为一家世界领先的综合性保险和资产管理公司，安联集团的业务遍及所有的金融领域，范围包括寿险和健康险、财产险和责任险，再保险领域中所有险种以及风险管理咨询，并在全球范围内为机构和个人投资者提供资产管理服务。集团最重要的保险业务广泛分布于全球 77 个国家和地区，总客户数量超过 8000 万，以保费收入衡量，安联集团是欧洲最大的保险公司。

　　除人身保险、财产保险和资产管理等主要业务之外，安联集团还致力于为客户提供更全面的风险管理服务。

　　总部设于巴黎的裕利安宜信用保险公司（Euler Hermes），由法国 Eule 集团（隶属于法国 AGF 保险）于 1917 年创立的 Hermes Kreditversicherungs-AG 于 2002 年在安联集团内部合并而来，提供包括贸易信用保险、雇员忠诚保险、债券及担保证书，以及通过子公司提供的债务托收等服务，目前是全球最大的信用保险公司，市场份额高达 1/3 以上，在全球 50 多个国家和地区均设有分支机构。

安联旗下的蒙迪艾尔救援公司（Mondial Assistance Group）是全球最大的救援集团，与世界上 100 多个国家的第三方紧急救援机构建立了合作关系，开通了 24 小时紧急救援热线，提供英语和当地主要语言服务，主要为客户提供道路救援、境外旅游紧急援助等，并与安联保险合作开发国际旅行保险。据统计，蒙迪艾尔每年要处理将近 20 万个医疗援助案例，涉及 200 多个不同国家的 27000 多宗旅行者转运回国案例。

在安联集团总部慕尼黑市的近郊，还设有安联技术中心，它是从事工业事故预防和机动车安全性改良的专业研究机构，每年要撞掉数十台汽车为安联保险划分汽车保险等级进行权威试验，还曾为汽车安全气囊、防盗锁的研发和运用做出过主要贡献。

凭借在全球保险和金融服务领域中的坚实地位和雄厚财力，安联集团拥有全球信用等级评审机构如标准普尔（Standard & Poor）和美国保险评审机构 A. M. Best 所评定的高等信用评级，分别为 AA+和 A++。

此外，安联集团还是欧洲三大股票交易指数之一——法兰克福 DAX30 指数的成分股，是欧洲股票交易市场上主要的蓝筹股之一。

营销策略介绍

安联保险集团作为一家历史悠久的全球性著名保险公司，拥有深厚的保险业务经验积淀，曾在许多著名的历史事件中发挥了重要的影响。在公司创立不久，就成功赔付了 1906 年美国旧金山大地震对一些客户造成的经济损失。1912 年著名的"泰坦尼克号"大型邮轮不幸沉没，安联作为邮轮的承保人，需要给付 7500 万英镑的保险金，这超出了当时安联的支付能力，毕竟那时安联才创立不过 20 余年，但公司毅然通过出售和抵押资产、发动股东拿出自有资产等方式筹措保险金，完成了保险合同规定的给付责任。2001 年美国"9·11 事件"发生之后，安联集团成为赔付额最大的保险公司之一，累计净赔付达 15 亿欧元之多，而当年集团仍实现了 16 亿欧元的净收益，这表明安联在重大的灾难事件后有雄厚的实力来应对客户因巨大经济损失造成的赔付。2002 年欧洲大范围水灾，安联集团的赔付额达 7.6 亿欧元；同年美国的新奥尔良飓风灾害，安联集团的赔付约为 6 亿美元；2007 年六七月间的英国水灾中，安联的赔付额也超过了 1 亿欧元；同年 7 月发生在德国的冰雹和洪水也使安联赔付给客户共计 5500 万欧元。中国大陆的个人客户方面，2011 年 3 月中德安联人寿保险公司在四川省泸州市完成了一笔总金额为 100 万元人民币的意外全残理赔案；2011 年 6 月在四川省成都市完成了一笔总金额为 30 万元人民币的重大疾病理赔案，均为近年来安联在华同类理赔案件当中金额最大的。

作为世界领先的保险集团，安联不光专注于保险产品的开发和理赔服务，还积极致力于客户安全与保障体系的建立。安联的国际旅行意外保险是 25 个申根国家大使馆的推荐产品，集团旗下的蒙迪埃尔救援公司是全球最大的救援集团，可以为购买了国际旅行意外产品的客户在国外旅行途中遭遇意外和疾病时提供雪中送炭的救助。

安联保险集团投资修建了 2006 年世界杯足球赛主赛场——位于慕尼黑市的 Allianz Arena 大球场。此外，安联保险集团还常年赞助世界一级方程式汽车赛及威廉姆斯车队（Williams F1Team），代表全球最高水准的莱德杯（Ryder Cup）高尔夫对抗赛和美洲杯帆船赛（America's Cup）等经典体育赛事。

在亚太地区，安联集团拥有强大的业务网络，并在几乎所有的重要国家和地区设有分支机构，地区总部设于新加坡。为了加强在亚太区的市场地位，安联的举措不断：1998年底，安联收购了澳大利亚第七大保险公司 MMI 的全部股份，使其成为安联的全资子公司；亚太其他地区，安联持股 89%的安宜信用保险香港有限公司于 1999 年 4 月正式开业；同年 5 月，安联收购韩国第一人寿保险公司后成为韩国最大的外国保险公司；6 月，安联在中国台湾收购了两家保险公司从而进入台湾保险市场；7 月，安联在越南获得经营非寿险业务的许可证成为当地首家外商全资保险公司。

目前，安联集团在亚太区的业务发展已进入第二阶段。在此过程中，安联将注重加强其亚太区的市场地位，增加包括资产管理在内的市场份额。安联集团已建立起遍及亚太区的业务网络，为今后的进一步发展奠定了坚实的基础。

通过广泛的国际客户服务网络，安联得以成为许多在中国有大量投资的国际著名工业集团的亲密伙伴。作为主要承保人，安联为世界 500 家最大公司中的近百家公司提供保险服务，包括 IBM、可口可乐、波音、宝马汽车等企业。作为国际主要的工业险承保人之一，安联在世界各地拥有一批高素质的工程师。

营销策略分析

经过多年来的不懈努力，安联在全球许多领域的影响力也是与日俱增，这得益于公司拥有的雄厚实力和 100 多年历史的积累。

作为国际主要的工业险承保人之一，安联在世界各地拥有一批高素质的工程师。这些专家不仅为客户提供专业咨询，还可根据客户的不同需求为他们设计特殊保险保障。而设在慕尼黑近郊的安联技术中心为世界保险企业唯一的专业研究机构，专门从事工业事故的研究预防和机动车安全性的改良。该中心以处于世界领先地位的研究成果和技术经验为工业客户提供了良好的服务，一个典型的案例就是汽车安全气囊的诞生同安联技术中心有着密不可分的关系，另外一些德国汽车制造商的产品研发过程当中，比如大众汽车第 6 代高尔夫的安全系统也得到了安联技术中心提供的支持。

资料来源：王谱. 安联人寿保险中国有限公司竞争战略研究. 湖南大学，2013（11）.

思考题

1. 安联成功的关键是什么？
2. 从安联的案例中你能得到什么启发？

55. 快消品

Colgate（高露洁）

品牌价值：84.64 亿美元　3%

世界 500 强排名：无

品牌标志：

品牌简介

1806 年，威廉·高露洁以自己的名字注册了一家公司，以生产牙膏开始了自己的事业。1890 年，高露洁走出美国本土拓展全球业务。1953 年，在与棕榄公司合并后，正式使用高露洁棕榄（Colgate-Palmolive）有限公司的名称。如今，经过 200 多年的风雨历程，它生产的个人护理用品已经销售到世界 200 多个国家和地区，成为销售额达 94 亿美元的全球消费品公司。

高露洁棕榄有限公司是全球领先的日用消费品公司，拥有 200 多个国家的 40000 多员工，在口腔护理、个人护理、家居护理和宠物食品等方面为大众提供高品质的消费品，其中有很多是广大消费者耳熟能详的全球著名品牌，如高露洁、棕榄、Ajax、Protex、Irish Spring、Fab、Mennen、Simply White 和 Hill's Science Diet 等，特别是在口腔护理、液体香皂和腋下护理领域，在全球具有明显优势。在其他领域，高露洁也有一大批在日用卫生方面为全球消费者所熟知的品牌。

营销策略介绍

高露洁公司是美国一家生产经营洗涤品、牙膏、化妆品的跨国公司。据1995年的统计数字，当年该公司销售额为83.6亿美元，纯利2.9亿美元，拥有资产69.6亿美元，居美国最大500家工业公司中的第77位。今天它占据世界口腔护理品总销量的近50%。

高露洁公司是以经营牙膏为主的企业。创业的头几年，尽管其产品质量不错，但销量总上不去，因此业绩平平。公司的决策者为了本企业的生存和发展绞尽脑汁，但一直想不出一种有效办法。后来老板下定决心，公开征集良策。他在媒介上登出告示："谁若能想出使高露洁牙膏销路激增的创意，即赠送10万美元奖金。"10万美元的奖金是充满诱惑力的，来自世界各地的应征者数以万计。这些应征"创意"中有不少是很有见地的，但高露洁公司决策者仅选中一个。他的创意只有两行字，很简单，只要把高露洁牙膏的管口放大50%，那么消费者每天在匆忙中所挤出的牙膏，自然会多出一半，牙膏的销路因而会激增。高露洁公司按照该创意办了以后，果然销量急速上升。直至今天，高露洁牙膏的管口仍保持这一"创意"。

高露洁公司的发迹，除了因上述招法外，还与其有效的行销策略有关。高露洁公司十分重视销路的选定，它确定销路时，首先分析各种因素，依据客观条件及自己经营的产品性质等，选择最佳的销路。它确立销路的主要依据有以下几个方面：

（1）产品特性。特性包括时尚性、技术性、共用性或通用性，产品的体积、重量、包装、价格和保存条件等，公司根据这些特性区别选定行销道路，比如该公司经营的科学器材属时尚性强、技术性高和专用性突出的产品，就直接卖给用户。价格较低的产品，如牙膏，选定的行销道路就长些。

（2）市场特性。一般说来，市场需求潜力越大，顾客的购买频率高而数量不少，就需要选择较长销路，利用中间商，如牙膏就属这类；如果市场潜力小。顾客又集中一次性大批购买，就可不用中间商，直接进行销售。另外，消费的心理、传统购买习惯或消费方式、消费兴趣的转移，都应成为选定销路的考虑因素。

（3）竞争情况。竞争情况对选择销路影响较大，特别是同类产品竞争，竞争对手选用何种销路是值得研究的。有时候可采用与竞争对手同样的销路，这样比较容易进入市场和占领市场，因为消费者已习惯于这种购买行为了。有时候各种销路被竞争者利用或垄断了，就需要换一种销路开展竞争，以新奇的销路产生不同的效果。

（4）企业实力。企业的财力、规模、信誉、管理经验、销售、财务的能力等，都对销路的选择产生重大影响。一般说来，企业实力强，可以在国内外市场设立广泛的销售网点或连锁点，这比交给中间商销售效果要好。即使选择中间商进行销售，也要有较大的优势对中间商实行控制。

（5）社会环境。一些国家对某些产品实行配额许可证管理，这些配额许可证不是任何企业都可以领取的。还有些国家或地区流行超级市场销售方式，而有些国家或地区则不兴这种方法等等。如何根据这些情况及其他变化作出销路的选择，对企业经营是严峻考验，善者胜，不善者败。

高露洁公司的决策者认为，企业行销渠道的选择依据确定后，还必须进一步根据经验把渠道明细化，即明确行销渠道的宽度。具体说，必须从以下几种形式中选择渠道和分销。

（1）广泛的分销渠道。这又称为密集型分销渠道，它的核心就是尽可能多地使用中间商销售其产品，让自己的产品到处可以见到，以便市场上现有的消费者和潜在的消费者到处有机会购买其产品。

（2）有选择的分销渠道。是指在目标市场中选用少数符合自己产品特性以及经营目标的中间商销售其产品。有些商品专用这种渠道。因为这些产品的消费者对产品用途有特殊需求或对牌子有偏爱，而广泛分销渠道不一定能推销这些产品，或起码效果不那么好。

（3）独家分销渠道。是指在特定的市场区域选择一家中间商经销其产品。这种渠道有利于维持市场的稳定性，提高产品身价和销售效率。

高露洁公司由于在决定市场需要的渠道、选择行销渠道的形式及管理各级渠道上，有战略化的思想和措施，所以其产品，特别是牙膏，畅销于美国乃至全球，迅速发展成为大型跨国企业。

营销策略分析

商品流通渠道策略是企业面临的重要问题之一。社会生产力的发展水平是商品流通渠道和中间商形成和发展的基础。不同商品的自然属性、消费结构、消费方式等特点，形成了功能各异的代销、经销、批发、零售等销售渠道的组织形式。

随着市场范围和规模的扩大以及市场竞争的激烈，企业为了追求最佳的市场交易形式，总是选择最佳的渠道组织形式，以实现企业市场的经营目标。

高露洁战略性地细分了其分销渠道，最大限度地占领了市场，达到了公司和分销商的双赢局面。这一点值得借鉴和学习。

高露洁应该是一家非常重视终端运营的快速消费品企业，其风格鲜明的包装设计本身就是最好的终端展示。同时，为了深化传播主题，高露洁还在终端制造了许多栩栩如生的"没有蛀牙"的终端海报，使得高露洁在终端市场获得了非常好的直接销售效果。

在媒体的眼里，高露洁是一家非常低调的跨国日化巨头，但是在专业研究者的视野里，高露洁绝对是一个值得中国日化企业深度关注的企业，高露洁对中国市场的掠夺丝毫不比宝洁、联合利华弱势，而且，因为高露洁低调，这种危害就具有更大的伪装与欺骗性。

高露洁在全球市场传播一直是非常高调。高露洁产品成功的一个秘诀是，以传播知识做市场营销。如今，高露洁产品的海外销量占总销售量的 70%，这一业绩应当归功于它100 多年来在全世界倡导口腔健康教育，促进提高人们口腔健康意识的系列活动。"我们的目标：没有蛀牙。"一句简单的口号背后有着很多投入。1994 年高露洁棕榄公司与世界卫生组织签订了一项协议，在全球推广"甜美的微笑，光明的未来"口腔保健教育计划，通过与各国政府及专业组织密切配合，在世界范围内开展口腔健康教育活动，旨在帮助儿童从小养成良好的口腔卫生习惯，降低儿童口腔疾病发病率。目前这一活动已在 80 多个国家和地区中实施，每年获益的在校儿童超过 5000 万人。而这一活动的深入开展，也让千万人把高露洁的品牌牢牢记在了心中。

资料来源：唐荣.“超市发”三大牙膏品牌的产品策略、价格策略与促销策略简析——高露洁、佳洁士、中华. 商业文化（下半月），2011（9）.

思考题

1. 高露洁公司的分销策略是什么？
2. 高露洁公司确立销路的主要依据是哪几个方面？
3. 高露洁公司的成功有哪些方面的因素？

56. 汽车

Porsche（保时捷）

品牌价值：80.55 亿美元　12%

世界 500 强排名：隶属大众公司

品牌标志：

品牌简介

　　保时捷，德国汽车品牌。公司的创始人费迪南德·保时捷在 24 岁时（1899 年）已经发明了电动轮套马达，在第二年的巴黎国际展览会上，保时捷已经名扬四海。保时捷汽车具有鲜明的特色，甲壳虫式的车形，后置式发动机和优异的性能，令它很快成为知名的汽车。1963 年法兰克福国际汽车展览会上，展示了保时捷 911 车型，这个设计直到现在还有广泛的市场。它的车体设计者是费利·保时捷的大儿子，费迪南德·亚历山大·保时捷。保时捷带后齿轮箱底盘和 V-8 发动机的 928 型，新技术 959 型，以及带电子调整的四轮驱动系统和无升力车身的 911 Carrera 4 型，是近几年来最重要的发展。

　　极少有品牌能够如保时捷一样，像出售必需品一样出售奢侈品。在新款汽车保时捷 911 的广告中有这样一句广告词："在一个充满多余和肤浅的时代，在一个充满轻浮与粗糙的年代，唯有保时捷 911 是真正的必需品。无可替代。"

保时捷的英文车标引采用德国保时捷公司创始人费迪南德·保时捷的姓氏。图形车标采用公司所在地斯图加特市的盾形市徽。"PORSCHE" 字样在商标的最上方，表明该商标为保时捷设计公司所拥有；商标中的 "STUTTGART" 字样在马的上方，说明公司总部在斯图加特市；商标中间是一匹骏马，表示斯图加特这个地方盛产一种名贵种马；商标的左上方和右下方是鹿角的图案，表示斯图加特曾经是狩猎的好地方；商标右上方和左下方的黄色条纹代表成熟了的麦子颜色，喻指五谷丰登，商标中的黑色代表肥沃土地，商标中的红色象征人们的智慧与对大自然的钟爱，由此组成一幅精湛意深、秀气美丽的田园风景画，展现了保时捷公司辉煌的过去，并预示了保时捷公司美好的未来及保时捷跑车的出类拔萃。

营销策略介绍

上海浦东保时捷中心是保时捷在中国唯一的一家直营店，也是由保时捷参与运营管理的，坐落于浦东东方路上，毗邻美丽的浦东陆家嘴软件园。作为保时捷在中国的唯一旗舰中心，上海浦东保时捷中心整合了超大规模豪华的展厅，并同时拥有 11 个维修工位的保时捷服务维修中心，整个专业团队竭诚为上海及周边地区所有客户提供保时捷全球最高品质的服务。

代理商 Panamera 保时捷捷成（中国）汽车销售有限公司是保时捷在中国大陆以及香港和澳门地区的进口总代理。公司于 2001 年成立，并开始在销售、市场及售后服务等环节为合作伙伴提供专业支持。保时捷中国总部位于上海，来自德国的柏涵慕先生任职董事总经理。在接手保时捷中国业务之前，他曾先后出任宝马集团位于亚非两洲、加勒比海及澳大利亚地区子公司的总经理职务，拥有丰富的汽车行业经验与管理技巧。随着中国汽车市场的日趋成熟，他必将引领保时捷中国开创新的业绩。

保时捷作为豪华品牌，销售的不仅是一辆车，更是一种价值，一种服务。保时捷在服务营销上更是下足了工夫。保时捷这个名称不仅代表着出色的性能和令人难忘的驾驶体验，也意味着极长的车辆使用寿命：过去生产的所有保时捷车辆中，有 2/3 以上至今仍然在路上行驶。这就使得保时捷完全有信心为客户提供长达 10 年的保修服务，在突发意外情况时也能提供最安心和最优质的服务。正所谓二流的企业做产品，一流的企业做服务。保时捷为客户提供了一流的产品，一流的服务，增强了品牌竞争力。

营销策略分析

从营销推广的地点选择来讲，首先保时捷作为一个豪华品牌必须有着准确的市场定位和明确的市场细分。就如案例中所提到的，保时捷并不是所有人都需要，所有人都买得起的。所以在电视、网络媒体上投放大面积的广告并没有多大的效果。因此保时捷的个性营销紧紧结合目标消费群体，在高级住宅区进行推广符合自身品牌定位，以最具实效的方法获得了最大的收益。

从营销推广的方式来讲，保时捷运用个性化营销手段，为每位目标客户制定"私人广告"紧紧抓住了顾客心理。首先，对于保时捷的目标客户来说，他们往往都是社会的精英，在地位、财富上都有很大的成就。他们更希望自己与众不同，得到他人的极大尊重，突出自身高贵的气质。豪华汽车品牌以他们的家为背景定制广告，满足了其这一心理。其次，看到保时捷豪车停在他们的家门口，让顾客对这一景象有了更深的憧憬，激发了顾客的购买欲望。

资料来源：钱丽娜 . 张品秋 . 毕少朴-保时捷在中国的营销战略. 商学院，2013（5）.

思考题

1. 大众集团收购保时捷对其品牌有什么积极影响？
2. 保时捷在中国是怎样依靠市场定位来取得成功的？
3. 以保时捷的一款车型为例，从价格、市场定位等角度分析其成功之处。

Cartier（卡地亚）

品牌价值：79.24 亿美元　6%

世界 500 强排名：无

品牌标志：

Cartier

品牌简介

　　卡地亚（Cartier）1847 年由 Louis-Franccedilois Cartier 在巴黎创办。1874 年，其子亚法·卡地亚继承其管理权，由其孙子路易·卡地亚、皮尔·卡地亚与积斯·卡地亚将其发展成世界著名品牌。卡地亚作为法国顶级珠宝品牌，在它的经典之作卡地亚动物珠宝中处于王者地位的猎豹胸针以晶亮钻石和多彩稀有宝石镶嵌而成，所有热爱珠宝的女士都为卡地亚着迷。卡地亚表除了一部分由设在巴黎的总厂所制造之外，还有相当一部分与"爱彼"、"积家"、"百达翡丽"、"江诗丹顿"等著名公司签约特制。其功能、造型、工艺等可谓博采各家之长，荟萃精华，因而天地广阔。卡地亚凭着国际名牌集团优势，生产并销售卡地亚高档首饰，尤其是女用手提包，深得贵族与富豪青睐。

　　卡地亚的历史中印证着现代珠宝百年的历史变迁，在其发展历程中，始终保持着与各国的皇室贵族和社会名流的紧密联系，如今更已成为全球时尚人士的奢华梦想。卡地亚以其非凡的创意和完美的工艺为人类创制出许多精美绝伦、无可比拟的旷世杰作，因而获得了"皇帝的珠宝商，珠宝商的皇帝"的美誉。

1. 统一视觉，树立符号

统一视觉，树立符号的目的是突出传递品牌的内在理念，并形成独特的视觉风格，建立与众不同的形象。卡地亚主要从两个方面入手，一是颜色视觉，二是品牌符号。一个属于品牌的特别颜色，既能够体现品牌的精神内涵，又能够体现高档的形象，如卡地亚的酒红、蒂芙尼的淡蓝。时间长了，品牌所设定的颜色将成为品牌的记忆视觉。另外，符号可以帮助品牌建立独特的形象，如卡地亚的猎豹、LV 的组合、Burbrry 的方格。国内珠宝品牌除了名字和 Logo，几乎没有其他元素是统一的，名字和 Logo 也缺少现代、国际化的元素，缺少能够提升品牌档次的视觉，更缺少强烈的识别性符号。

2. 赞助奢侈品巡展、高端论坛会议

做巡展，是高端产品展示品牌实力的最佳方法，同时也是一种有效的促销手段。在巡展时，往往能够完成大额销售，还可以树立品牌的立体形象。通过赞助能轻而易举地找到目标细分市场，也是最容易传播品牌声音的手段。卡地亚不仅经常赞助高端奢侈品展，而且每年都会在全球重要城市轮流举办"卡地亚艺术珍宝展"，展出卡地亚收藏的传世经典作品。通过这种形式，卡地亚不仅向世人展示了其辉煌的传奇历程，更引领大家探寻卡地亚高级珠宝背后深邃的艺术世界。

3. 借力艺术，互动公关，传播品牌

购买顶级珠宝品牌并非因为珠宝的本身价值，而是因为品牌提供的精神满足感，这种满足感是无法量化的，这与现代艺术带给人们的感受是一致的。如今不少品牌以赞助艺术展为营销手段之一，正是卡地亚开创了这种先例。它在 1984 年成立了卡地亚当代艺术基金会，致力于在全球范围寻找原创性现代艺术作品，资助现代艺术家的创作、交流与展示，将卡地亚的创新精神和对艺术的执著追求彰显到极致。

4. 俱乐部营销提升忠诚和喜好，增加重复购买和口碑推荐

西方国家强调"class（阶层）"，中国也有"物以类聚、人以群分"的说法。高端群体也有一个圈子，这个圈子体现了相近的生活形态、需求，他们往往通过俱乐部来增强这个阶层和圈子的影响力。

卡地亚俱乐部通过卡地亚艺术杂志展示形象，同时通过俱乐部的口碑增加忠诚度，卡地亚欢迎大众加入俱乐部中，因为每个人都是未来可能的顾客，互动方式完美地完成了一对一的营销。卡地亚俱乐部的营销目的不仅在于重复购买，更多的是提升其在阶层和圈子内的口碑。事实证明，高端品牌拥有固定购买人群，他们决定了品牌的评价系统，是意见领袖，也是公关对象。

5. 融入社会性的公益活动，体现责任感

中国传统理念倡导"富则兼济天下"，奢侈品应当承担起社会公民的角色，积极为

社会公益事业作出自身的贡献。从另一个角度讲，高端奢侈品牌曾经被视作是浪费、奢华和对环境的破坏而遭到公众的质疑，为改变这一认知，许多奢侈品牌将公益活动和参与公益事业当作品牌的重要策略，既能转变大家的看法，又建立了勇于承担社会责任的形象，更有利于赢得公众的好感。卡地亚在全球持续开展"卡地亚灵思涌动女性创业家奖"活动，体现了其社会责任感。

营销策略分析

根据安永会计师事务所不久前发布的《女性消费主义在中国兴起》的报告，到2015年，独立生活或已婚未育年轻女性的购买力将由2005年的1800亿美元增至2600亿美元。中国女性消费者已成为一个不容忽视的消费群体。女性在消费方面拥有很大的发言权，78%的已婚女性负责为家庭日常开销和购买衣物作出决定。在购买房屋、汽车等商品时，23%的已婚女性表示，她们能作出独立购买的决定。其余77%的女性会与配偶商量后作出决定，但她们的个人喜好仍然会对最终决定产生重大影响。

对于卡地亚这样的珠宝、腕表奢侈品品牌，其最核心的消费群体是女性。然而，女人的生意并不总是那么好做，以前她们以价格导向为主，现在更渴求性价比的平衡，对厂商的要求更加严格。消费者现在更看重"贵"字背后的价值和精神，他们在购买奢侈品的过程中有了全新的经验，享受购买的过程和享受产品的过程，和以前相比有了很大的不同。

资料来源：黄牧霖. 卡地亚珠宝文化与中国影响. 中国地质大学（北京），2013（5）.

思考题

1. 结合卡地亚的案例，谈谈你对珠宝奢侈品品牌推广的看法。
2. 对于卡地亚销售渠道的扩展你有怎样的建议？
3. 试列举卡地亚的独特营销手段，并加以分析。

58. 电子

Sony（索尼）

品牌价值：87.02 亿美元　−5%

世界 500 强排名：116

品牌标志：

SONY

品牌简介

索尼是日本的一家全球知名的大型综合性跨国企业集团，成立于 1946 年 5 月。索尼公司由井深大、盛田昭夫共同创立，发展后的索尼公司成为世界视听、电子游戏、通信产品和信息技术等领域的先导者，也是世界最早的便携式数码产品的开创者，世界最大的电子产品制造商之一，世界电子游戏业三大巨头之一，美国好莱坞六大电影公司之一。

1996 年 10 月，索尼（中国）有限公司在北京成立，是 Sony 集团统一管理和协调 Sony 在华业务活动的全资子公司。作为在中国的地区总部，索尼（中国）有限公司在中国国内从事电子信息行业的投资，产品市场推广，顾客售后服务联络，并针对 Sony 在中国的各所属企业进行宏观管理及提供广泛的业务支持，推动 Sony 在中国市场业务的不断发展。

索尼在华销售的产品包括平面特丽珑彩电、背投/等离子/液晶彩电、数码相机、笔记本电脑、家用摄录放一体机、家庭影院系统、DVD 播放机、数据投影机、Memory Stick 记忆棒、聚合锂离子电池等。索尼在华的电子业务规模已经达到 50 亿美元，总投资额已超过 8 亿美元，包括 6 家工厂在内，索尼在华共有大约 1 万名员工。

Sony 集团 CEO 出井伸之曾在 Sony 集团全球董事会上承

诺：把高速发展的中国市场作为未来发展的重中之重，希望中国成为 Sony 东亚业务区域的增长引擎。

营销策略介绍

数十位 Sony 索尼笔记本电脑用户反映电脑内置的风扇噪音大，电脑屏幕出现了"水波纹"现象，严重影响了其正常使用。尽管索尼（中国）有限公司对于用户反映的情况及时出台了延保及解释等措施，但用户并不认可，僵持到 2010 年 1 月 17 日，索尼中国宣布：2008 年 10 月上市的 VGN-CS1 系列、2009 年 2 月上市的 CS2 系列、2009 年 5 月上市的 CS3 系列中部分 VAIO 笔记本在使用一段时间后，LCD 液晶面板屏幕可能出现一条水平线，公司决定在原有 2 年的保修期基础上，延长 1 年保修期，即从用户购买产品起实施 3 年的免费修理服务。而已经购买 3 年延保服务的用户，则不在该政策范围内。

进入 2010 年，针对索尼产品的投诉进入高发期。不久前，人民网通过对 3000 名消费者线上、线下的调查结果分析发现，索尼以 23% 的品牌拥有量占据第二名，但同时，索尼被投诉的比例也与品牌拥有量成正比。在此次人民网的调查中，消费者投诉的重点集中在售后服务上。对于索尼数码相机，反映比较多的问题为：登门维修不及时，维修水平不高，联系不到维修点。

在 3·15 消费维权网上，索尼近几年来的投诉也呈大幅度上升的趋势，仅从 2010 年 3 月 1 日到 15 日半个月内，就有 64 条关于索尼的投诉。

2014 年 9 月 17 日，日本索尼公司宣布，由于移动通信领域业务持续不景气，该公司 2014 财年（始于同年 4 月 1 日）净亏损额或将较此前预计的 500 亿日元进一步扩大至 2300 亿日元（约合 21 亿美元）。

索尼 2015 年 5 月 14 日初步决定，为明确 2014 财年巨额亏损的责任，社长平井一夫等 8 名董事退还全部奖金。这是索尼的董事连续 4 年全额退还奖金。

营销策略分析

1. 营销战略问题诊断

（1）在数字时代反应速度过慢

在模拟技术时代，索尼创造了极度的辉煌。索尼的主业由电子产品、游戏、娱乐、金融四部分构成，前三者是索尼的主心骨。电子产品当中的电视、摄像机、Walkman、游戏业务中的 PlayStation，都是领先市场的霸主级产品，但在模拟时代向数字时代转型的时候，一向嗅觉灵敏的索尼却没有适时改变，终于开始落伍，自 2005 年开始，索尼再也没有号令市场的产品问世。

（2）技术自闭

MP3 业务上，索尼一味坚持独有"ATRAC3"标准，于是 Walkman 在全球范围内被 iPod 横扫，影响全球一代人的 Walkman 就此没落。电视领域，索尼的特丽珑显像管技术曾是模拟时代电视最佳品质的代名词，但一味地固守模拟技术，让索尼错过了等离子和液晶电视的发展大势。DVD 业务中索尼"蓝光"系列产品得不到配套产品的支持，销量一落千丈。在移动视听、移动通信的红海，索爱在苹果等后起之秀的产品面前无所作为。

（3）多元化不能产生协同作用

索尼各业务部门之间明争暗斗，各自为战。整体协作开发能力的丧失，让索尼成了一个捆绑松散的集团公司。索尼软硬件很大程度上忽视了消费者的选择权，其软、硬件常见的排他性让索尼的如意算盘常常落空，不被消费者接受，常常协同不成，反成桎梏。

（4）"地产地销"的局限

索尼的地产地销政策导致它的成本居高不下。做高端产品，卖高端价格，却只能收获非常低的利润率。目前，索尼逐渐由地产地销策略向全球统一采购、统一产销策略转变。

2. 索尼采取的营销对策

索尼一直以"核心技术、差异化产品与高端定位"的竞争优势，在全球市场上获得了快速的发展，其发展模式一度被奉为全球制造业的典范，但在随后的全球经济一体化的市场竞争中，2011 年 10 月 22 日，索尼公司宣布将在日本国内停产 Walkman，无奈地将荣光让位于 iPod，又被苹果紧随其后。索尼在此种情况之下，不得不采取相应的营销对策。

（1）产品更改策略

这是基于改变整体产品要素的思想而产生的产品策略。国际市场的需求与国内市场的需求是有很大不同的，很多产品在某些方面必须作出相应的改变，才能适应国际市场的需要。索尼的产品已经不能满足于现在消费者的消费心理。在产品上要做一些改变。"个性化"方面，该策略显示了很高的灵活性。一般产品的更改着眼于下述几个方面：

①功能的更改。这是一项能给消费者提供更多利益的产品更改内容。

②外观的更改。

③包装的更改。包装的更改与销售地的自然状况和产销两地的运输距离有直接关系，但国际市场营销特别强调包装，是因为消费国的风俗习惯和消费水平更为重要。

（2）聚力开发策略

新产品在按照严格的管理程序生产并打入市场以后，企业不再对这一产品进行小的改动，索尼公司应该把改进的想法积累起来，运用到下一代新产品的设计中去。

（3）集中化的差异化战略

对于 SONY 这样的企业来说，并不适合单一的营销策略模式，而应采取不同的产品线，不同的地区采用不同的营销手段或综合营销模式。索尼的地产地销政策导致它的成本居高不下，在产品上应该考虑大众的心理，推出不同的产品。

（4）绿色战略

①在公司内部宣传环保，注入环保的企业文化。

②制定对环境零负荷的生产目标。

③通过对新产品新材料的研发，给消费者提高更多节能、环保的产品，塑造一个绿色化的公司形象。

（5）尾随跟进策略

这是一种企业着眼于发展刚刚被某家企业开发出来的新产品的策略。在现代社会，由于市场信息系统和各类情报网的建立，先进厂家花大力气首创的新产品，不难被竞争对手很快学到手。所以，先进者不一定很成功，而紧跟者却受益不少，紧跟者可以节省大量研究费用，缩短发展时间，及时跟上先进水平，甚至会超过首创者。

资料来源：张野. 透过西洋镜，看索尼营销新主张. 市场观察，2009（3）.

思 考 题

1. 索尼采取了什么营销策略？
2. 索尼采取了什么销售渠道？
3. 简述索尼的企业文化。

✚ 59. 综合类
3M

品牌价值：72.43 亿美元　17%

世界 500 强排名：377

品牌标志：

3M

📖 品牌简介

  3M 公司，全称明尼苏达矿业及机器制造公司。它于 1902 年成立，总部现位于美国明尼苏达州首府圣保罗市，为世界著名的多元化跨国企业，并且是道琼斯 30 种工业成分指数股票之一。

  3M 公司素以勇于创新、产品繁多著称于世，在其百多年历史中开发了 6 万多种高品质产品。3M 的产品已深入人们的生活，从家庭用品到医疗用品，从运输、建筑到商业、教育和电子、通信等各个领域，极大地改变了人们的生活和工作方式。现代社会中，世界上有 50% 的人每天直接或间接地接触到 3M 公司的产品。

  1984 年，3M 公司的全资附属子公司——3M 中国有限公司在上海注册成立。这是当时在经济特区之外成立的第一家外商独资企业。经过几十年的稳步发展，3M 中国有限公司目前已拥有员工 1400 多人，建有两座现代化工厂，在通信行业的电缆接续系列和光纤接续系列产品中，3M 公司所用的技术和产品始终处于世界领先水平。3M 公司采用先进的通信专利技术，生产和销售各种电话网络的连接、保护和测试产品。3M 公司发明的根据 U 形接续原理连接电缆芯线的技术，在通信电缆芯线接续领域中开创了新的一页，取代了以往传统的扭接、焊锡方式，大大提高了接续质量及生产效率，降低了故障率和维护经费，受到了各电信部门的欢迎。在电缆的保护上，3M 公司为用户提供了一套全面的解决方案。针对不同类型的电缆，如充油电缆可提供 BB 型充油电缆、护套及工具，充气电缆有 2T 电缆护套，还有 SLiC 架空电缆接头外护套，又称之为"通风式"的架空外护套。3M 公司提供的产品齐全且备受肯定。

通过自行开发和设计，3M 公司于 1995 年生产出了新一代的 2178—C 系列光缆接头盒。由于其具有质量优、安装简单方便、可重复开启、密封性能好等特点，很快被中国电信部门接纳，并在近几年的中国国家干线网络上多次使用。

3M 公司拥有强大的技术开发队伍，不断运用最新的技术手段结合中国通信行业的实际情况进行新产品开发。近年来对光缆配套产品的开发及其应用就是其中成功的一例。3M 公司开发的 ODF（光纤配线架系列）、光缆交接箱系列，其外形的设计和安装操作的便易性都很适合国内客户的设计要求，可随时根据客户的要求进行修改，已经被各局采用，并且反映良好。在光缆的测试方面，3M 公司也有很雄厚的实力，光纤识别仪、光（电）缆故障探测仪、用户环路分析仪、光源、光功率计等先进的仪器已被充分认可。而新研制的光缆告警监测系统，可对未来庞大而复杂的光网络故障，通过当前先进的计算机控制管理和网络数据服务技术，对其进行全自动预警和快速故障监测，符合工业和信息化部的规范，其技术也领先于同类产品。3M 公司的所有产品都通过了 ISO9002 质量认证体系。

3M 公司在全球 60 多个国家和地区设有分支机构，产品在 200 多个国家和地区销售，年营业额逾 212 亿美元。作为世界 500 强企业之一，3M 公司在 2003 年被《商业周刊》评为全球最佳表现 50 强之一，在 2005 年被评为全球最具创新精神的 20 家公司之一，并连续两年入选《财富》杂志"最受赞赏的在华企业"。

营销策略介绍

3M 公司是一家拥有百余年历史、年收入在 150 亿美元、雇员总数高达 70000 名的航母式企业，它的成功之处在于其企业的 4 季管理办法。4 季管理法的要点在于任何企业要想在快速变革的环境中获得成功，都必须以适宜的战略为聚焦点。能够娴熟驾驭 4 个管理阶段的企业，就能够以更具文化持续性和环境持续性的方式运作，就能够针对整个利益相关者以及经济、社会和环境需求做出更好的响应和适应。

（1）管理创新阶段。在创新阶段，企业就好像一座实验室，所有员工需要构思出很有前途的创意和远景，并能将此转化为产品、流程或者服务。因此，企业的领导者是自我界定和选择的。创新阶段最有价值的资本形态就是创造力！个人成就通常是在自己提出的远景激励之下，或者全身心投入别人提出的远景之中获得实现的。地位来自于个人对远景的理解和投入程度，以及将远景成功变为现实的努力。

（2）管理成长阶段。在成长季节，规划和脑力活动通常由企业层级中的最高层集中做出。权力通常由指定的权力机构享有，他们负责执行制定的规则。一般而言，成长阶段最有价值的资本形态是实物资本：设施、设备和存货。相对而言，劳动力具有互换性，因此，如果劳动力不能通力合作的话，那么他们根本无法享有杠杆效应。在这种类似机器般的组织中，员工的成就通常依靠目标和福利的激励获得实现。产品开发通常聚焦在原有基本产品线的基础上，开发制造数量更多、容量更大、速度更快或者功能更强的新产品。

（3）管理改善阶段。在持续改善阶段，企业就像是一个学习社区，员工的学习激情高涨，渴望在实践中运用自己的智慧和技能。权力分散化，人们以团队或网络的形式共同工作；企业组织架构相对扁平化，领导力由那些能够促进正式专家团队和非正式专家团队之间功能关系的人所掌握。在该阶段，最有价值的资本形态是信息。员工创造信息，并将其应用于生产活动，对产品和流程进行持续的精练和改进。员工的成就来自于同事的认可，地位则是基于员工对团队成功的贡献程度。为了保持组织的活力，学习型组织必须制定自己的根本使命和核心价值观，必须对自己长远的目的了然于胸，以便在根本性变革时期为企业提供指导。

（4）管理衰退阶段。在衰退期，企业就像是一座正在熊熊燃烧的森林或者即将倒塌的站台。组织架构开始分解，权力趋向分散。领导力从指定的权威人士转移到充满个人魅力的个人身上。身处无次序之中，但人们的行事方式依然明了、清晰和确定。此阶段，最有价值的资本形态是企业的核心价值观和对公司使命及目标的感知。上述要素犹如一种结构，能够有效地使公司和员工在危机时期同舟共济！

此阶段的产品和流程开发从公司的使命感和目标着手，并且探究那些能够反映和推动上述观点的外部创意。通过广泛重组实现成本削减和资本激活，同时，公司实行的市场营销努力聚焦处于衰退期市场中的剩余部分。要想成功地引导公司从衰退期进入新一轮的创新和成长循环，必须全面认可公司的使命和目标。此外，领导必须重拾已遭破坏的员工信任感。

3M 公司通过创建全新产品以及将现有产品多样化，成功地避免了对商品化的盲目追求。3M 公司之所以在长达一个多世纪的时间内一直保持青春和活力，"15% 规则" 和能够不断驱动革新越过生产线、成为增长机器的体系居功至伟。

营销策略分析

4 季管理法的要点在于，任何企业要想在快速变革的环境中获得成功，都必须以适宜的战略为聚焦点。4 季管理法既简单，又具有深远的革命意义。每个企业都是一个鲜活的生物体：出生、成长、成熟和衰亡。每一阶段都与众不同，同时每一个阶段也要求不同的管理战略。为了使企业在整个生命周期都能够表现出色，都能够在变革中依旧赢利，企业必须娴熟驾驭上述 4 个季节。

资料来源：刘铁城. 3M 公司经销商考评体系研究. 吉林大学，2011（12）.

思考题

1. 你认为 3M 公司多元化成功吗？如果成功，它为什么能取得成功？
2. 3M 公司制定的适合中国国情的营销模式有哪些？
3. 简述 3M 公司的成功之道。

60. 金融服务

Morgan Stanley（摩根士丹利）

品牌价值：70.83 亿美元　12%

世界 500 强排名：306

品牌标志：

Morgan Stanley

品牌简介

　　摩根士丹利（Morgan Stanley），财经界俗称"大摩"，是一家成立于美国纽约的国际金融服务公司，提供证券、资产管理、企业合并重组和信用卡等多种金融服务，目前在全球 37 个国家的 600 多个城市有代表处，雇员总数 5 万多人。

　　摩根士丹利是最早进入中国发展的国际投资银行之一，多年来业绩卓越。在 2012 年《财富》世界 500 强排行榜中排名第 261 位。

　　摩根士丹利总公司下设 9 个部门，包括：股票研究部、投资银行部、私人财富管理部、外汇/债券部、商品交易部、固定收益研究部、投资管理部、直接投资部和机构股票部。

　　摩根士丹利涉足的金融领域包括股票、债券、外汇、基金、期货、投资银行、证券包销、企业金融咨询、机构性企业营销、房地产、私人财富管理、直接投资、机构投资管理等。

　　摩根士丹利原是 JP 摩根大通公司中的投资部门，1933 年美国经历了大萧条，国会通过《格拉斯-斯蒂格尔法》（*Glass-Steagall Act*），禁止公司同时提供商业银行与投资银行服务，摩根士丹利于是作为一家投资银行于 1935 年 9 月 5 日在纽约成立，而 JP 摩根大通公司则转为一家纯商业银行。1941 年摩根士丹利与纽约证券交易所合作，成为该证交所的合作伙伴。

营销策略介绍

关注重要客户，实施个性化营销策略，基于其选择 SAS 的产品、技术和应用解决方案，摩根士丹利拥有了完备的数据平台，同时具备了功能强大的数据分析工具。摩根的 CRM 数据集市，整合了所有客户信息，从而提供了对每位客户的全面描述，精确而详细地为 LoFrumento 领导的 CRM 小组为摩根士丹利业务的各个方面提供更精确的分析，从而为客户提供适合其偏好和需求特征的完全个性化的产品和服务，最大限度地满足客户需求，减少重复收费，让利于客户，使其享受到前所未有的 VIP 待遇，为发展与客户之间长期的合作关系打下了坚实基础。

至此，我们欣喜地看到了摩根士丹利在选择正确的信息技术处理平台和确立 CRM 战略后，使得公司快速而正确地从产品营销转换为个性化关系营销，使得其在为客户创造最大化价值的同时也实现了最大化的企业收益。

正是基于 SAS 以及其专业的工作人员，摩根士丹利成功构筑了其客户智能体系框架，使得理论基础、信息系统层面、数据分析层面、知识发现层面、战略层面有机地集合在一起，使其 CRM 战略得以顺利实施和执行。

作为 CRM 战略实施流程中不可或缺的重要环节和实施保证，摩根士丹利同时建立了有效的 CRM 战略评价体系，即绩效管理。

摩根士丹利这种基于 SAS 立足现在，面向未来的 CRM 战略模式为其能在竞争激烈的市场中拥有特定优势奠定了坚实的基础。

营销策略分析

鉴于客观需求，摩根士丹利急需找到一种新型的战略来保证公司的运营和赢利，这种战略须基于能够整合并分析和挖掘大量信息，并将其转化成易于共享和访问的自动化信息平台，同时拥有一种与之匹配的管理思想。这种现代管理思想与信息技术相结合的策略自然成为 Tony 为满足公司发展需求和盈利需求的必然选择——CRM 战略。

为满足公司已设定的 CRM 战略的推进，摩根士丹利基于对节省时间、降低成本及减少问题的综合考虑最终选择了 SAS 的数据仓库和数据挖掘产品，以及营销自动化和战略绩效管理解决方案。

至此，摩根士丹利的 CRM 战略已经确立，支撑其 CRM 的基础信息技术也已明确。摩根士丹利的"客户关系管理战略"也顺理成章地使严重阻碍其发展的传统的"产品营销战略"向更能适合其发展和赢利的"个性化关系营销"转化。

我们不难看出摩根士丹利在实施其 CRM 战略过程中，那些关键的因素基本都在发挥着有效的作用，为其 CRM 战略保驾护航：向各基层全面贯彻关键指标确保了战略实施过程协调一致；调整组织结构，从交易管理转为关系管理；LoFrumento 领导的 CRM 小组专注培养有利于 CRM 滋长的企业文化；SAS 使摩根士丹利得以建立了一个全面集成的自动化信息环境。其 CRM 的成功实施和有的放矢，当然得到了企业高层的大力支持。

摩根士丹利的案例告诉我们，强大而正确的 CRM 系统和良好的客户关系管理在公司运作和赢利方面起到了多么举足轻重的作用。

资料来源：丁汀. 摩根士丹利的风险控制管理及其启示. 中国证券期货，2012（3）.

思考题

1. 摩根士丹利的 CRM 战略对企业发展有何作用？是否值得其他企业借鉴？
2. 摩根士丹利与摩根大通和摩根财团是什么关系？

61. 金融服务
Visa（维萨）

品牌价值：68.70 亿美元　15%

世界 500 强排名：无

品牌标志：

品牌简介

Visa 又译为维萨、维信，是一个信用卡品牌，由位于美国加利福尼亚州圣弗朗西斯科市的 Visa 国际组织负责经营和管理。Visa 卡于 1976 年开始发行，它的前身是由美洲银行所发行的 Bank Americard。

1958 年美洲银行在加州发行了第一张通用型信用卡——美洲银行卡（Bank-Americard）；1976 年美洲银行卡公司（National Bank Americard Inc.），一个金融协会类的组织，于 1976 年更名为 Visa，并发行了第一张借记卡；1987 年 Visa 推出了多币种清算结算服务，促进了跨境支付结算的效率；1997 年 Visa 品牌的支付产品总交易金额突破 1 万亿美元；2008 年 Visa 在纽约股票交易所（NYSE）上市，以高达 197 亿美元的融资额成为美国历史上规模最大的 IPO，股票交易代码为"V"；2008 年 12 月 31 日，美国的借记卡刷卡交易额首次超过信用卡。

Visa 卡可在世界各地 2900 多万个商户交易点受理，并能够在 180 万台自动提款机上提取现金，十分方便。全球流通的

Visa 卡超过 18.5 亿张，足以证明 Visa 是最受欢迎的支付品牌。Visa 提供种类繁多的信用和借记产品，满足各种付款和生活所需。

营销策略介绍

Visa 声明，Visa 的产品除了在卡片上带有 Visa 的品牌标志外，还带有以 "4" 字开头的 16 位 BIN 号。由于 Visa 已将 "4" 字开头的 BIN 号在国际标准组织 ISO 进行了注册，所以所有 "4" 字开头、带 Visa 标志的产品都应当遵守 Visa 的规则。这被业界视为 "Visa 要封堵中国银联的境外通道"。

Visa 则称，此举是为了确保支付系统所有的参与者和利益方都能够享受到 Visa 支付网络给全球持卡人带来的便利及标准化服务和权利保障。Visa 还强调，如果持卡人选择了以 "4" 字开头的双币卡即意味着选择了其交易将通过 Visa 的支付网络进行处理。但 Visa 也同时透露，从来没有、也不会 "封杀" 银联 "62" 字头的卡片在境外走银联的通道。

世界贸易组织（WTO）发布了美国诉中国电子支付世贸争端案专家组报告。报告中专家组驳回了美方有关中国银联在所有人民币支付领域垄断的指控，但指出银联的确在某些特定的领域存在垄断行为。Visa 和中国银联曾经是亲密的师徒，它们为何会反目，闹得不可开交，甚至升级为中美两国关于电子支付服务贸易垄断之争？

营销策略分析

2014 年，中国银联转接清算系统处理银行卡跨行交易 187 亿笔、交易金额 41 万亿元人民币。而在银联成立前的 2001 年，这个数字仅为 916.5 亿元。

为了摆脱 BIN 码的梦魇，银联不惜冒着指责提出过拆分双币卡的想法，并最终决定了三步走的战略，即第一步，中国人拿中国的卡出去用，"中国人走到哪里，银联卡用到哪里"；第二步，在国外银行发行银联标准卡，消费者在中国使用；第三步，在国外银行发行银联标准卡，外国人在国外使用。

与 Visa 和万事达卡两大国际巨头相比，由于自身规模的原因，银联的促销手段显得缺乏吸引力。一位银行内部人士曾告诉记者，为了与银行加强合作，"Visa 和万事达卡给发卡行提供各种培训机会和补贴，还有旅游的机会，但这方面银联就什么都没有"。为了增加发卡量，Visa 还有资金的直接支持，根据银行发卡数量的不同，按每张卡 4~10 美元不等进行返还，甚至有些时候给银行每张信用卡的促销费超过了 300 元人民币。

更重要的还不是这一点。其实仔细分析起来，Visa 被认可和称赞的根源，是其到位的服务和经营多年的完善的系统。这是一个在运作规章保护下的，经过实践检验的完善的体系，正如 Visa 强调的那样，"运作规章的制定考虑到并平衡了各国家和地区的发卡行和收单行的合理利益。Visa 的价值之所以被全球的会员金融机构所认可的重要原因之一就是因其能够严格执行这些运营规章。严格遵守和执行运营规章，也有利于保证对持卡人的服务质量。就双币卡而言，确保运营规章的执行也有针对性地保护了国内发卡行的利益"。

资料来源：陈坚豪. 中国银联与 Visa 的官司之争. 金融科技时代，2012（8）.

1. 简述 Visa 与银联的区别。
2. Visa 为什么会与银联起冲突？

62. 体育用品
adidas（阿迪达斯）

品牌价值：68.11 亿美元 －8%

世界 500 强排名：无

品牌标志：

品牌简介

　　阿迪达斯（adidas），德国运动用品制造商，是阿迪达斯 AG 的成员公司。阿迪达斯由其创办人阿道夫·达斯勒命名，在 1920 年于接近纽伦堡的黑措根奥拉赫开始生产鞋类产品。1949 年 8 月 18 日以 adidas AG 的名字登记。阿迪达斯的服装及运动鞋设计通常都可见到 3 条平行间条，在其标志上也可见，3 条间条是阿迪达斯的特色。

　　阿迪达斯原本由两兄弟共同开设，在分道扬镳后，阿道夫的哥哥鲁道夫·达斯勒开设了运动品牌 PUMA。阿迪达斯的经典广告语是"没有不可能"（Impossible is nothing）。2011 年 3 月，阿迪达斯斥资 1.6 亿欧元启用全新口号——Adidas is all in（全倾全力）。

　　产品类别：球类和田径运动服饰、运动鞋、瑜伽服饰、运动配饰（腕表、眼镜等）、休闲鞋类、男士香水和护肤品等。

1. 防守战略：以静制动、静观中国市场行情

阿迪达斯刚开始进入中国的时候，铺货渠道比较窄，市场占有率不高，只是在一线城市和主要的二线城市能够看到阿迪达斯的身影，它总给人一种高高在上的感觉。

这一方面与德国人的保守、谨慎的性格有关，因为他们对中国市场比较陌生、不熟悉，所以采取一种观望的态度；另一方面与其在 20 世纪 80 年代在竞争中落败耐克有关，这最终降低了阿迪达斯的市场反应能力，而耐克恰恰相反，疯狂地进攻，成为中国体育用品市场的领导者。

2. 反击战略：看准时机进行出击

耐克成为中国市场的老大，中国本土品牌崛起，竞争空前激烈，阿迪达斯如果不进行反击，现在的市场恐怕也将不保，而且进入 21 世纪，中国的体育经济产业得到迅猛的发展，受全民运动、全民健身等因素的影响，中国人对运动、健康越来越重视。

在大环境的影响下，阿迪达斯在原有防守的基础上统一华语区的管理权，开始由防守策略改为反攻了，把中国香港、台湾、大陆所有华语区的管理权进行统一管理，一方面有利于资源的调配，另一方面促进了华语区市场的优势互补。其实阿迪达斯统一华语区的管理权，只是拉响了反击战略的警报，最主要的还是反攻阶段的战略实施，是否能够真的超越。

3. 强攻战略：环环相扣、强势攻击

（1）亲善战术

举行"街头篮球赛"，主要是为了拉动普通体育爱好者，提高阿迪达斯的美誉度和知名度，更是一种与中国年轻人实现情感互动沟通的"亲善"战术，同时也是阿迪达斯侵略耐克擅长的篮球领域的一种策略。

为了将这一活动很好地推行，在此基础上阿迪达斯举行了亚太地区明日之星篮球训练营，所有选手接受来自美国的教练的集中训练，这不仅引起中国年轻篮球爱好者的兴趣，而且得到体育机构和媒介的大力关注和报道。这些为赞助排球和 2008 年奥运会打下了良好的基础。

（2）赞助中国的足球队和排球队

阿迪达斯的优势一直在足球产品上，它赞助过的足球队在奥运会上都曾取得很好的成绩，为阿迪达斯前期领导地位的确立立下汗马功劳。

阿迪达斯在对中国足球市场未来几年的发展趋势进行全面分析和预测以后，对中国足球队提供长达六年的赞助。虽然中国足球目前形势不是很喜人，但是经过一年时间的市场印证：国家队的正版外套、鞋子都已成为阿迪产品销售的新热点，如果中国足球胜出，那么阿迪达斯在中国成就霸主的地位将指日可待。

而赞助中国女排，主要源于女排的佳绩和良好的形象，阿迪达斯希望通过这样的赞助，改变以往给中国人留下的高高在上的印象，实现本土化的运作，以点带面，得到一般

体育爱好者的喜爱，从此感动、亲和中国消费者。

（3）取得 2008 年奥运会赞助权

阿迪达斯与奥运会的联系历史悠久，2008 年奥运会在中国举办，使其成为众多商家提高知名度、实现品牌扩张的必争之地，阿迪达斯斥资 13 亿元一举夺得奥运会的赞助权，毫无疑问，这将意味着北京 2008 年奥运会和北京残奥会的所有工作人员、自愿者、技术官员以及参加冬奥会和 2008 年奥运会的中国奥运代表团成员届时将穿着印有"adidas"标志的体育服饰。这必将为阿迪达斯提供一个独一无二的平台，进而在中国乃至整个亚洲树立阿迪达斯的品牌形象。

4. 品牌构建战略

阿迪达斯根据中国的市场情况，在品牌构建方面进行系列创新，根据目标消费者的不同需求，将阿迪达斯品牌分成三大系列，包括阿迪达斯运动表现系列、运动传统系列和运动时尚系列。

这样划分不仅彰显了自己的实力，而且从根本上改变传统的体育用品公司按服装和鞋类划分的方法，最重要的是满足了不同消费者的需求，为进一步扩大市场占有率提供了有力的武器。

5. 病毒式营销

广告一直都是集图像、声音为一体的传播方式，它能更加形象具体地描述并宣传阿迪达斯。而网络广告更是无处不在，消费者在上网时，阿迪达斯让其观看弹出式广告，消费者在搜索时也能观看到阿迪达斯的广告。

"+10"案例的成功，正是依托这一因素。"+10"案例利用网络广告的模式将其产品的名字 F50 球鞋，一遍一遍地印在观看者的脑海中，如同病毒感染一般，并由观看者将其传播给其他人，以达到病毒营销的目的。

6. 口碑式营销

首先，阿迪达斯利用网络广告进行宣传，这样一来既达到了宣传效果也提高了点击率。阿迪达斯通过 E-mail 定期给其会员赠送打折券、购物券的同时，附加调查问卷，获取消费者对阿迪达斯品牌的期望。

其次，利用网络投票的方式来吸引消费者，让其在投票时可以观看阿迪达斯的产品，尽可能地将他们变为阿迪达斯的消费者。这不仅吸引了消费者也扩大了消费者的层面。

口碑式营销可以是就某一产品进行的优质优量的传播营销，也可以是对某一事件进行营销，从而潜移默化地带动产品销量。

📖 **营销策略分析**

只要你是个足球迷，那你一定记得 2006 年世界杯期间阿迪达斯的那则经典网络广告，一个叫荷塞的小男孩在破旧的街巷苦练球技，此时出现另外一个小男孩提出要挑战荷塞，于是一个不可能出现的故事就此展开：两人猜拳选择组建自己的巨星球队，西塞、卡卡、兰帕德、贝克汉姆、齐达内甚至普拉蒂尼、贝肯鲍尔都成了两个小男孩的队友，一场梦幻般的球赛在广告片中变成现实。

这则叫做"+10"的广告借助虚幻的场景诠释了 Impossible is nothing 的运动理念，哪怕你只是一个普通的足球爱好者，同样可以拥有着与巨星竞技的梦想，最终成为 adidas 的潜在消费群。红极一时不代表永恒取胜，更何况足球装备的鼻祖 adidas 正面临着劲敌耐克猛烈的冲击，光有概念没有清晰的产品显然不能让自己占据激烈市场竞争中的有利地位。世界杯之后的 adidas 给了我们答案，在最近更新的 adidas 全球网站中我们看到了清晰的 adidas2007 足球产品战略，一则全新的足球广告已经浮出水面，可以理解为这是一个在"+10"系列基础上衍生的创意。

adidas 将自己的主打系列明确地分为两类：PREDATOR 和 F50，这两个系列的产品由两支球队代言，这两支球队并非现实存在的豪门，而是由 adidas 旗下的明星构成，身着红色队服的球队由卡卡领衔，该队成员全部穿 PREDATOR（猎鹰）系列，而身着亮黄色队服的球队由梅西领衔，该队成员全部穿 F50 系列，他们将为了"THE FINAL 2007"奖杯而战。adidas 巧妙地设计了一个游戏，你可以加入这两支球队的任意一支，和巨星们并肩作战，而选择球队完全依据你的个性。adidas 同时制作了一个视频广告赋予两个系列产品不同的精神内涵：猎鹰系列代表一个球队有一个巨星，其他 10 人围绕该球星作战；F50 系列则代表球员按照自己的节奏特立独行地比赛。猎鹰队的代言球星包括卡卡、里克尔梅、巴拉克等；而 F50 队的代言球星则是梅西、波多尔斯基、罗本等。

资料来源：龚姝颖. 阿迪达斯巴西世界杯的营销策略分析. 中外企业家，2014（1）.

🦉 思考题

1. 阿迪达斯在中国市场是怎样拓展渠道的？
2. 阿迪达斯采取了怎样的品牌推广模式？
3. 阿迪达斯面对的校园市场有哪些特殊性？

63. 媒体

Thomson Reuters（汤森路透）

品牌价值：65.83 亿美元　−12%

世界 500 强排名：无

品牌标志：

品牌简介

汤森路透（Thomson Reuters）成立于 2008 年 4 月 17 日，是由加拿大汤姆森公司（The Thomson Corporation）与英国路透集团（Reuters Group PLC）合并组成的商务和专业智能信息提供商，主要为专业企业、金融机构和消费者提供财经信息服务，例如电子交易系统、企业管理系统和风险管理系统、桌面系统、新闻以及为法律、税务和会计、科学、医疗保健和媒体市场的专业人员提供智能信息及解决方案。

路透社于 1851 年在伦敦成立，1865 年更名为路透电报公司。1916 年重组为私营公司。自 20 世纪 80 年代起，路透社迅速发展，拓宽了商务产品的范围，同时扩大了其传媒、金融与经济的全球信息采集网络。1994 年，推出路透金融电视服务，为交易员提供即时市场动态。路透社与道琼斯在 1999 年宣布合并其在公司和专业市场的互动商业服务。

汤姆森公司的前身为 1934 年罗伊·汤姆森在加拿大收购的当地一家报纸 *The Timmins Press*。其在 1959 年并购了英国上市公司 Kemsley Group，且将其并入 Scottish Television 与 The Scotsman。

20 世纪 60 年代，汤姆森扩展了其出版领域，成立英国汤姆森出版公司（Thomson Publication UK）并收购了伦敦泰晤士报（*The Times*）。1978 年，汤姆森重组其英国金融业务，成立国际汤姆森集团（International Thomson Organisation Limited）。1989 年，汤姆森报业和国际汤姆森集团合并成立汤姆森集团（The Thomson Corporation）。此后，公司逐渐退出了石油与天然气开发、旅游业，以及百货公司业。

20 世纪 90 年代中期，汤姆森对专业信息服务开始进一步投资。1996 年，它成功收购了西区出版公司（West Publishing Company），标志着向信息服务商迈进的第一步。

2007 年 5 月 15 日，汤姆森公司与路透社宣布合并计划，Woodbridge（汤姆森家族企业）持有 53% 的新公司股份。2008 年 4 月 17 日，汤姆森公司与路透社正式合并，汤森路透诞生。

汤森路透集团 2013 年 10 月 29 日宣布，将在全球裁员 3000 人，占雇员数量的 5%，用以降低成本、提高利润率，更好满足客户要求。CEO 詹姆斯·史密斯表示，本次裁员符合公司制定的"降低成本和操作复杂性"以及迎合市场的战略。

营销策略介绍

在大数据时代，传媒企业创新能力的强弱直接影响到企业的生死存亡。从 2008 年以来汤森路透的发展状况看来，汤森路透的创新经营可以分为三点，即专业知识数据化、电子信息服务精细化和客户群体高端化。在跨国传媒集团日益朝着综合化和娱乐化方向发展的全球传媒环境下，汤森路透走的却是一条与众不同的专业传媒之路。

以 2002 年 7 月计算，路透共雇用 18140 名员工，遍布全球 97 个国家和地区的 220 个城市。路透每天以 26 种语言约刊登 30000 段新闻，其中包括第三者提供的资料，共计超过 800 万字。在全球有 62.7 万终端用户，数据库容量超过 30000 万亿条，包含 40000 家企业信息。

加拿大的汤姆森公司于 2008 年 4 月收购英国路透社后，两家公司合并成为汤森路透集团。在如今的信息时代，人们被信息的洪流所包围，而这些信息大多数是由数字数据的形式存在的。作为一家信息供应商，汤森路透所提供的信息质量和信息服务质量是至关重要的，如果这种信息是便于用户获取和使用以及对用户有益的，是用户职业发展所需要的，那么这些信息对用户来说就有较强的吸引力，会有较高的用户需求。并且，在利用这些信息的同时，可以提高汤森路透的知名度。汤森路透的法律产品 Westlaw 是全球最大的法律检索在线数据库，拥有 27000 多个数据库，1000 多种法学专业期刊数据，300 多种法律通讯和法律新闻，以及法律界最权威的法律词典。这些数据会不断地进行更新，有些数据库每 30 分钟更新一次。它每天的浏览量超过 50 万。

这样的超级信息化使得汤森路透成为最有名也是浏览量最多的传播信息媒体，并且使得其服务精细化和高端化。

营销策略分析

作为世界上最年长的专业财经资讯提供商，路透的崛起、辉煌、衰落和重振都是那么意味深长。

（1）产品定位的困惑：它曾经因为广大投资者快速地提供证券信息而迅速确立财经资讯商的霸主地位，但是在同质化产品无比丰富的年代，路透的定位开始模糊，不仅提供财经资讯，还提供其他领域的新闻和信息，它想把有信息需求的大众和专业化的分众一网打尽；产品线过于漫长，不仅服务于世界金融市场的广大用户，还为企业之间的电子商务市场、健康医疗市场、消费者零售金融市场提供服务，为无线产品市场提供服务，而且所有这些产品和服务都兼顾全球拓展，在庞大的网络和通路中，路透开始陷入迷茫。

（2）过于单一的赢利模式：仅仅以通讯社的形式对外出售信息产品而获得收益，几乎完全放弃了自营的传统媒体产品。

（3）过于迷恋技术：一直专注于交易系统及其解决方案和资讯产品的组合，这实际上是很难企及的完美境界。现在它又似乎把所有的希望都寄托于互联网，希望建立一个基于网络的一体化资讯、分析、交易平台，但是技术并不能解决所有的问题，同时也因为技术更新换代风险很高，有时候反倒会制造问题。

资料来源：胡正荣. 汤森路透创新经营 迎接大数据的挑战. 中国报业，2013（4）.

思考题

1. 为什么汤森路透可以成功？
2. 汤森路透带给你哪些启示？

64. 媒体

Discovery （探索）

品牌价值：65.09 亿美元　6%

世界 500 强排名：无

品牌标志：

品牌简介

探索频道自 1985 年在美国启播后，现今已成为世界上发展最迅速的有线电视网络之一，覆盖面遍及全美 99% 的有线电视订户，是世界上发行最广的电视品牌，到达全球 160 多个国家和地区的 30600 多万家庭，以 35 种不同语言播出节目。

探索频道是全球最大的纪录片制作及买家，它吸引了全球最优秀的纪录片制作人，探索频道的节目被认为是世界上最优秀的纪实娱乐节目。

探索频道节目内容丰富，画面优美，以卓越的拍摄技术带领观众持续走进全球的每一个角落。观众纵然足不出户，也可透过电视机放眼世界、增广见闻。探索频道节目饶富教育意义，寓知识于娱乐，鼓励家庭观众活到老学到老。

探索频道，Discovery 传播公司的旗舰电视网，致力于打造全球最高品质的纪实节目，力求成为电视荧屏上最富活力的电视网之一。

亚洲探索频道于 1994 年成立，为美国 Discovery 传播公司（DCI）的全资附属机构，提供 24 小时精彩的纪实娱乐节目。

探索频道的纪实教育节目不单吸引着全球的观众，更深深迷住亚太地区内现时超过 4000 万个不同种族的订户，其中 900 万户可以一天 24 小时接收探索频道的精彩节目，订户人数在不断增加。

探索频道自 1994 年在亚太区开播以来，一直是 Discovery 亚洲电视网旗下的主打电视频道。该频道提供 24 小时高品质纪实节目，带领观众深入洞察我们周边世界的内在奥秘。探索频道在亚太区拥有 11200 多万订户，始终保持迅速增长的强劲态势，吸引来自不同文化的各阶层观众。2005 年泛亚媒体调查（PAX）的结果显示，探索频道在富裕成人中连续 9 年被公认为亚洲地区收视人口最多的有线及卫星电视频道。在新加坡举办的 2004 年"亚洲电视大奖"评选中，探索频道还荣膺"年度最佳有线及卫星电视频道"。

探索频道通过泛美 8 号卫星播出节目，其订户遍及澳大利亚、文莱、中国内地、中国香港、中国台湾、印度尼西亚、日本、马来西亚、新西兰、巴布亚新几内亚、韩国、菲律宾、泰国、越南、新加坡和南太平洋诸岛等国家和地区。为迎合个别市场的特殊需要，亚洲探索频道节目分别有英语、日语、韩语、汉语、泰语及印地语广播，更有中文、马来文和日文字幕。

营销策略介绍

探索频道亚太电视网宣布，2015 年 3 月 28 日起，开辟一档固定栏目《神奇的中国》，每周一小时对外播出中国题材纪录片。美国主持人兼建筑师丹尼·福斯特担任主持的三集纪录片《运行中国》将成为该栏目的开篇之作。

Discovery 亚太电视网中国区总经理张方介绍，《神奇的中国》将在探索亚太主频道、南亚频道、澳新频道播出，可覆盖亚太 37 个国家和地区的近 1 亿家庭订户。这将是国际媒体集团首次开辟对外介绍中国的专栏，通过成系列、栏目化的排播方式，帮助国际观众了解一个客观、真实、精彩的中国。

开篇之作《运行中国》围绕城市化进程、科技与创新、民生与愿景三大主题关注当代中国经济、科技、社会的新变化和新气象。主持人丹尼·福斯特是美国著名的电视节目主持人、制片人兼建筑师，曾主持过 Discovery 科学频道《工程大突破》等一系列纪录片，备受欢迎。通过《运行中国》，丹尼·福斯特将走遍中国，为观众揭开中国充满雄心壮志的大型项目并探讨其中的突破性创新科技，重新定义外界如何看待现今城市化的中国。透过独家专访，观众可以见识到世界最大的射电望远镜、攀爬到中国建筑最高峰以及了解一个智能手机的应用程序如何影响现代人的沟通方式。

营销策略分析

作为一家具有政府背景并以对外宣传品制作为主要特色的传播机构，探索频道媒体通过与中国的合作，以影像的形式向世界客观、真实地讲好中国故事，把中国的优秀文化和历史介绍给世界，推动中国和世界各国民众之间的文化交流，也使中国民众对探索频道有一个全新的认识。

节目通过探索频道的全球播出网络传播到了世界各地，对外展示了一个快速发展和充满活力的中国。此次双方合作开办固定栏目，将有助于进一步深化合作，整合双方优势资源，制作和传播更多更精彩的中国题材纪录片，推动世界对中国的了解。

探索频道与中国的合作有利于共同启动培训和媒体论坛计划，为国内纪录片制作人创造培训与交流的机会，培养具有国际电视片制作经验的人才。

资料来源：兰天. 美国探索频道对中国纪录片市场化的启示. 新闻世界，2012（12）.

思考题

1. 探索频道为什么要开辟中国节目专栏？
2. 简述《神奇中国》对中国的影响。
3. 中国为什么会乐意探索频道录制《神奇中国》？

65. 电子
Panasonic（松下）

品牌价值：64.36 亿美元　2%

世界 500 强排名：131

品牌标志：

Panasonic

品牌简介

松下电器于 1918 年由松下幸之助在大阪创立，创业时做的是电灯灯座。1927 年制作自行车用的车灯。1951 年松下幸之助到美国，打开了松下电器在美国的市场，让松下电器从 20 世纪 50 年代到 70 年代有了突破性的成长。

松下电器的产品线极广，除了家电以外，还生产数位电子产品，如 DVD、DV、MP3 播放机、数码相机、液晶电视、笔记型电脑等，以及电子零件、电工零件、半导体等。间接与直接投资的公司有数百家。

松下集团始终不渝地以经营理念为核心，以事业部制为经营母体，孕育出了自己的企业文化。这种企业文化可以概括为以下几个方面：

（1）全力专注于某一专项事业的"无退路经营"。各个事业部的经营范围是明确的，无论是事业部部长或一般员工，都以自己所承担的事业为天职，努力使自己最精通这一事业，成为同行中首屈一指的人才，通过自身的努力，不断地改进经营活动，以取得无可争议的成果。

（2）自主责任经营。当松下电器还是一个中小企业时，创业者松下幸之助就为公司制定了"社内规定"。松下集团一直保持着这样的规定："无论松下电器将来发展到什么样的规模，每个员工都不能忘记自己是作为一个商人致力于公司业务的。"公司员工不是政治家、公务员，而是实业家，因此要尽自己的本分，将自己所承担的工作视为天职，勇于开拓进取，努力使自己成为本行业的专家。在松下集团中，这种提法被称为是强化员工的主人翁精神。

（3）集思广益的经营。经营并不是由经营领导者来推行，而是由全体员工的积极参与和筹划来实行的，因此也可以称为全员经营。松下集团积极运用员工提案制度对促进经营的改革发挥了重大的作用。1994 年度共收到提案约 240 万件，平均每人每年约为 26件。正如松下劳工关系处处长阿苏津曾说过的那样："我们的员工随时随地在家里、在火车上，甚至在厕所里都在思索提案。"

（4）顾客至上的原则。正因为顾客购买松下所制造的产品或提供的服务，并由此得到满足，松下才可能繁荣、发展起来。因此松下要求自己不要忘了做能让顾客满意的工作。在松下集团中，对于公司的新员工，不管他们是大学毕业生还是高中毕业生，也不管他们从事什么工作，都要在车间或销售店里进行 3 个月的实习，以加强对顾客至上的切身了解。

（5）造就人才先于制造产品。松下集团并不只看重员工的学历，提拔管理人员是为了发挥一个人的特长，人事部门采取的是灵活透明的管理方法，选拔人才做到公正严明。

可以说，松下集团的企业文化在本土的经营过程中取得了巨大的成功。松下这种刚柔相济、宽严互补的"精神价值观"成为其出奇制胜的秘密法宝。但是，松下集团也清醒地认识到，成功是有地域性限制的，其成功是建立在日本本土社会文化风俗的基础之上的。要想成功地在海外经营，就必须针对当地传统文化的特点，对其进行研究并对企业的管理文化做出适当的调整以适应当地的实际情况。正是因为松下非常重视这一点，并不断地努力改进和完善海外企业的内部文化，所以松下在海外经营的企业也非常成功。

营销策略介绍

在中国，松下电器是高质量产品的代名词。与其他大多数外国公司一样，松下是在中国改革开放以后才开始大举进军的，松下先后通过了国际 ISO—9000 质量认证和 ISO—14000 国际环境保护质量认证。

松下公司的电器产品在世界市场上闻名遐迩，被企业界誉为"经营之神"的公司创始人松下幸之助也因畅销书《松下的秘密》而名扬全球、备受推崇。松下电器所从事的经营涉及与国民生活相关的电子、电器用品和工业所需要的电子器械、电子零部件、半导体等电子技术领域。作为综合性的电子生产企业，松下电器以其完善的销售能力和产品的魅力，在世界各地开展着各项业务。现在，松下电器公司已被列入世界 50 家最大公司中。松下公司实行的事业部制，是其经营管理制度的支柱。在事业部制的管理制度下，松下公司孕育出了自己独具特色的企业文化："无退路"经营、自主责任制、集思广益经营、顾客至上原则和造就人才为先。松下集团在意识到公司的使命，确立了自己的经营理念之后，于 1933 年开始实施各事业部贯彻自主责任经营的事业部制，经过长期的不懈努力，形成了今天的事业部制。

松下电器的事业部可以称为"企业内部的企业"，研究、开发、生产、销售、服务等各部门构成一个整体，各自承担经营责任、实行独立核算，是经营活动的主体。总公司制订着眼于未来5年、10年发展的长期计划，为全公司事业发展的战略确定方向。着眼于未来3年的中期发展计划由各事业部制订，每个事业部都要明确自己所承担领域中事业发展的方向。年度事业计划也由各事业部自己制订，主要是解决短期经营的具体实施方案，检查公司计划实施的情况，各事业部都要在当月做出月份决算，对实际成绩与计划的差异进行研究，并加以调整。这种事业计划相当于事业部与社长之间的合同，如果完成不了，将不得不被视为违反合同，因此，以事业部部长为首，事业部的全体人员都将为完成事业计划而竭尽全力。

基于海外经营的特点，松下集团在遵循其根本经营理念的同时，前社长山下俊彦在1984年提出了松下在海外开展事业的基本思想：

(1) 从事受所在国欢迎的事业；

(2) 依照所在国的有关方针促进事业的发展，同时力争使所在国政府充分理解公司的想法；

(3) 积极推进对海外技术的转让；

(4) 使在海外生产的产品在质量、性能和成本方面拥有国际竞争力；

(5) 建立能赢利的经营体制，自己解决事业扩大所需的资金；

(6) 努力培养当地员工。

总而言之，松下所从事的投资必须是受到所在国欢迎的工作或更明确地说，"为了所在国的人们，依靠所在国的人们"来实现松下的经营理念。在中国，松下电器集团也一贯坚持切合中国实际的经营目标。松下集团希望通过积极培养和录用当地管理人员，促进产品开发和设计的当地化，同时兼顾为中国作贡献，促进国际协调以及国际人才交流，努力使松下的经营理念和企业文化在中国得以实现。松下电器中国有限公司的总经理青木俊一郎把这种做法称为松下经营的中国化，并将能否彻底实现中国化，看成是松下能否在中国经营成功的关键。

营销策略分析

1. 提升产品价值，而不忽悠消费者

松下电器产业株式会社自1918年松下幸之助创立以来，通过提供商品服务，始终以"为了使人们的生活变得更加丰富、更加舒适，并为了世界文化的发展作出贡献"为经营理念。松下幸之助曾经说过，厂商应该像嫁女儿的父母一样去做生意。女儿出嫁后，父母并不是从此高枕无忧了，而是会时刻担心女儿生活得是否美满幸福，是不是让婆家不满意了。商品也是一样，顾客买回了商品，用得是不是顺手，质量是不是过硬，承诺是不是兑现，都应该是做"父母"的厂商们应该时刻操心的问题。厂商如果能抱着这样的态度，那么就会发自内心地去关心顾客的需要，重视商品是否符合顾客的心愿。例如，会想到"顾客使用后是否觉得满意"，"到底有没有发生故障"，"应该去听听他们的意见"，"还需要进行哪方面的改进"等等。如果每天都能抱着这种态度去做生意，厂商和顾客就会相互信任，建立起超越纯粹买卖关系的理想化营销渠道，从而使厂商名利双收。松下幸之助认为，成本价格为90元的商品，以100元的实际价格卖掉，获利10元，这样的生意不能做，因为这样不能使顾客满意。要想使顾客满意，就应该用90元的成本，生产出实际价值为110元或120元的东西，然后以100元的价格卖掉。这种把价值以上的东西提供出去的行为，才叫真正的服务。为此，松下公司从这两个方面去努力：一是把价值100元的商品通过加工手段使其变成110元或120元；二是把价值100元的商品用低于90元的成本制造出来。

2. 将"顾客第一"思想融入服务中

松下电器的服务始终秉承着顾客至上的经营理念，经历了一个从建设、发展到逐步完善的发展过程。2004年是松下顾客服务技术公司成立的第一年。本着"顾客第一"的思想，公司制定了以"随时、随地、一流"为内容的服务战略。"随时"是指通过先进的通信手段，保证服务人员能随时倾听到顾客的声音，保证顾客有问题能够随时解决。为此，松下公司斥巨资兴建了国内一流的顾客呼叫中心系统，值班的服务人员随时可以解答顾客任何有关松下电器产品的购物、咨询、报修、安装、投诉及建议等各种问题；"随地"则是通过遍布全国各地的3000多家松下服务网点，使顾客无论身在何处都能享受到松下高效率的产品服务；"一流"，顾名思义，就是要建设一支规范、专业的服务队伍，以保证在松下产品大幅度增长的情况下始终能提供一流、优质的服务。在此基础上，松下顾客服务技术公司还投入巨资将松下主力服务网点进行形象统一、规范的装修，使顾客感觉更专业，在降低顾客认知风险的同时还提升了企业形象。

3. 广告营销

为了推广其全球统一品牌"Panasonic"，以及标注其下的"Ideas For Life"，松下在中国大规模地投放了品牌形象广告，这些广告无一遗漏地罗列了松下大大小小的众多产品，历数了自己在中国发展的光辉历程，顺便略带沾沾自喜地宣告其品牌理念是"创新完善生活（Ideas for life）"，并且这样的完美生活梦想同样适合中国人。动辄是整版甚至跨版的报纸广告、投放密集的电视广告，松下对广告的运用方法不断变幻。松下不断通过产品改进和促销手段，在消费者心中树立物美价廉的形象。在中国很多电视剧中可以看到松下的植入广告，在一些娱乐栏目中也会有松下的植入广告。近几年来，松下通过各广告手段所提高的品牌知名度愈加在产品的销售中得以显现。

4. 理念宣传

"Panasonic ideas for life"是松下电器新的全球品牌标志，起源于公司创始人——松下幸之助先生的哲学理念。他认为真正的成功来自于能增添人们日常生活实际价值的创意。"Panasonic ideas for life"象征着从研发、生产乃至市场营销、维修服务等各个部门所有员工的承诺——为了使人们的生活变得更加丰富多彩；为了创建更先进美好的社会，以富有价值的创意为基础，提供优质的产品和服务。

5. 服务宣传

松下不仅仅通过张贴服务海报、店面宣传、媒体定位宣传等活动来传递"顾客第一"的服务理念。除此之外，松下公司还派发《顾客服务指南》等宣传单，在网页上宣传服务项目，再加上训练有素的热线服务员和店面接待员的热情服务，使顾客不管从听觉到视觉，都能感觉到松下的一片热忱待客之心，其结果就是顾客们交口称赞："不光是松下的产品值得信赖，服务也同样值得信赖！"服务是最好的广告，而松下的人性化服务更容易深入人心！

6. 形象塑造

作为 2008 年北京奥运会合作伙伴，Panasonic 通过全球化规模的社会贡献以及提供最尖端的技术，一如既往地支持着奥运会活动，力求与全世界的人们共同分享奥运会所带来的感动。Panasonic、世界自然基金会和韩国海洋研究院于 2007 年 9 月在北京以保护黄海生态系统为目标，共同签署了黄海生态区保护支援项目协议书。通过此类活动，松下不断塑造自身良好形象。

7. 人才招聘

松下人员甄选标准如下：

①不忘初衷而虚心好学的人，不墨守成规而常有新观念的人；

②爱护公司，与公司成为一体的人；

③不自私，能为团体着想的人；

④有自主经营能力的人；

⑤随时随地都有热忱的人；

⑥能得体地支持上司的人；

⑦能忠于值守，有气概能担当公司重任的人。

下面看一下松下的招聘故事：

日本松下公司准备从新招的三名员工中选出一位做市场策划，于是，他们例行上岗前的"魔鬼训练"予以考核，公司将他们从东京送往广岛，让他们在那里生活一天，按最低标准给他们每人一天的生活费用200日元，最后看他们谁剩得多，当然，全部剩下是不可能的，一罐乌龙茶的价格是 10 日元，一听可乐是 20 日元，最便宜的旅馆一夜就需要 200 日元，也就是说，他们手里的钱仅仅够在旅馆住一夜，要么就不吃饭，要么就不睡觉。除非他们在天黑之前让这些钱生出更多的钱，而且他们必须单独生存，不能联手合作，更不能给别人打工。

第一个先生非常聪明，他用 50 日元买了一副墨镜，用剩下的钱买了一把二手吉他，来到广岛最繁华的地段新干线售票大厅的广场上，演起了盲人卖艺，半天下来，他的盒子里已是满满的钞票了。第二个人也很聪明，他花 30 日元做了一个大箱子，上面写着：将核武器赶出地球，纪念广岛灾难 40 周年大募捐，他将箱子放在最繁华的广岛上，然后用剩下的钱雇了两个大学生做现场演讲，还不到中午，他的募捐箱就已经满了。而第三位先生真是位没头脑的家伙，或许他太累了，他做的第一件事就是找了个小餐馆，一杯清酒，一份生鱼，几个小菜，好好地吃了一顿，一下子就消费了150日元，然后钻进一辆被废弃的丰田汽车里美美地睡了一觉。

广岛的人真不错，两个先生的"生意"异常红火，一天下来，他们对自己的聪明和不菲的收入暗自窃喜，谁知，傍晚时分，厄运降临到他们头上，一名佩戴胸卡和袖标，腰跨手枪的城市稽查人员出现在广场上，他扔掉了"盲人"的眼镜，摔碎了"盲人"的吉他，撕破了募捐的箱子，并赶走了他雇的学生，没收了他们的"财产"，收缴了他们的身份证，还扬言要以欺诈罪起诉他们。这下完了，别说赚钱，连老本都亏进去了。当他们想方设法借了点路费，狼狈不堪地返回松下公司时，已经比规定的时间晚了一天，更让他们脸红的是，那个稽查人员正在恭候他们的到来，是的，他就是那个在饭店里吃饭，在汽车里睡觉的第三位先生，他的投资是用20日元做了个袖标，一枚胸卡，花30日元从一个拾垃圾的老人那里买了一把旧玩具手枪和一脸化妆用的络腮胡子。

这时，松下公司国际市场营销部课长宫地孝满走出来，一本正经地站在怔怔发呆的"盲人"和"募捐人"面前说："企业要生存发展，要获得丰厚的利润，不仅仅要学会吃市场，最重要的是懂得怎样吃掉市场的人。"

资料来源：赵艳丰. 松下和三星的国际营销智慧. 进出口经理人，2014（8）.

🦉 思考题

1. 松下公司在这次招聘活动中采取了哪些方法？为什么要采取这些方法？
2. 松下公司的人员招聘主要考查候选人哪些方面的胜任能力？
3. 从松下公司的招聘过程中，你有哪些启示？
4. 松下跨国经营战略是否成功？如果成功，它成功的原因是什么？

66. 奢侈品

Tiffany & Co.（蒂芙尼）

品牌价值：63.06 亿美元　6%

世界 500 强排名：无

品牌标志：

TIFFANY & CO.

品牌简介

　　蒂芙尼公司（Tiffany & Co.）是一家于 1837 年开设的美国珠宝和银饰公司。1853 年查尔斯·蒂芙尼掌握了公司的控制权，将公司名称简化为"蒂芙尼公司"，公司也从此确立了以珠宝业为经营重点。蒂芙尼逐渐在全球各大城市建立分店。蒂芙尼制定了一套自己的宝石、铂金标准，并被美国政府采纳为官方标准。蒂芙尼是全球知名的奢侈品公司之一，其蒂芙尼蓝色礼盒更成为美国洗练时尚独特风格的标志。

　　Tiffany 自 1837 年成立以来，一直将设计富有惊世之美的原创作品视为宗旨。事实证明，Tiffany 珠宝不仅能将恋人的心声娓娓道来，其独创的银器、文具和餐桌用具更是令人心驰神往。"经典设计"是 Tiffany 作品的特征，也就是说，每件令人惊叹的 Tiffany 杰作都可以世代相传。Tiffany 的设计从不迎合起起落落的流行时尚，因此它也就不会落伍，因为它完全凌驾于潮流之上。Tiffany 的创作精髓和理念皆焕发出浓郁的美国特色：简约鲜明的线条诉说着冷静超然的明晰与令人心动神怡的优雅。和谐、比例、条理，在每一件 Tiffany 设计中都能自然地融合并呈现出来。Tiffany 的设计讲求精益求精，它能随意从自然万物中获取灵感并撇下繁琐和矫揉造作，只求简洁明朗，而且每件杰作均反映着美国人民与生俱来的直率、乐观以及乍现的机智。蒂芙尼创立不久就设计了束以白色缎带的蓝色包装盒，成为其著名的标志。十九二十世纪之交，蒂芙尼品牌首次使用不锈钢首饰盒，并强调要银色，不要金色。

营销策略介绍

国际珠宝商品牌 Tiffany 公司通过其发布的"What Makes Love True（什么成就真爱）"微网站和应用程序，正在努力将真爱带入人们的生活：由摄影师和消费者上传坦诚的真情照片，向他们展示什么意味着真爱。著名的街头风格摄影师斯科特·舒曼和他的女友格兰斯·多尔在纽约和巴黎拍摄了一些反映夫妇俩真实自然的生活照片并张贴在 Tiffany 微网站上，展现两人真正的爱情。Tiffany 公司表示，从 2012 年 1 月 25 日起，普通消费者将可以在这个网站上注册并上传自己的照片，公司鼓励他们使用 Instagram 应用程序和存储照片展位对照片进行过滤筛选。"今天，销售产品的好处已经是一个过失或失灵的策略，如何挖掘潜在客户深层次的价值观和情感才是关键。"位于迈阿密的 Affluent Insights 公司总裁克里斯·雷米说："蒂芙尼理解营销方式的这种演变，通过感性的销售来接触那些无意于购买更多东西的消费者。这是奢侈品销售的新现实。"

在"爱无处不在"部分的图片中发现真正爱情。点击照片库链接可以将消费者引向多尔女士和舒曼先生拍摄的照片，这些照片已使用蒂芙尼的独家过滤器 Instagram 进行筛选。摄影师拍摄的照片表达他们所认为的真正爱情对他们意味着什么。夫妇分享毛毯、同骑自行车和街头散步的照片，还有亲密的便条、有关在纽约和巴黎的服装以及浪漫地点、个人文章等。

在这里消费者可以查看最流行，最近上传或同一页面上的所有图片。点击图像放大，消费者可以使用照片两边的箭头翻阅图片集。每张照片下方还有文字片段，由舒曼女士和多尔先生夫妇撰写。从 2012 年 1 月 25 日起，消费者将能够通过网站或他们的手机使用 Instagram 的专用标签工具 truelovepictures 提交照片。有些图片是为 Instagram 画廊选择。蒂芙尼已经启动这一过程，即要求用户上传"你是我的真爱，因为……"的主题照片。为了推动客户（自我）管理的发展，蒂芙尼正在世界各地选择商店建立照片摊位，使消费者可以进来拍摄他们的真爱照片，并向他们提供在"True Love in Pictures"中显示的机会。

营销策略分析

蒂芙尼不仅销售产品，而且销售整个生活方式。事实上，这个品牌已经为"什么成就真爱的活动"投入了很多工作。"什么成就真爱（What Makes Love True）"展示有关现实生活的影片、故事，配有浪漫电影和歌曲内容。蒂芙尼所做的是创造一种成为该品牌典范生活方式的环境。"什么成就真爱"展示的许多故事和视频来自蒂芙尼的客户，他们讲述夫妇如何相识并相恋。也有由消费者辅助管理的内容，在这里他们分享爱情故事和地图，指出在纽约发生浪漫故事的时刻和地方。此外，用户可以通过浏览网站找到情歌、浪漫电影、休息室和酒吧，帮助他们在纽约与特别的人儿消磨美好时光。

为了增加营销，蒂芙尼在互联网广播服务商潘多拉上创造了自己的渠道，这是一个由艺术家提供的情歌清单库，如杰克·约翰逊，碧昂斯和 Train 等艺术家或团队。潘多拉的 iPhone 应用程序展示为消费者真爱服务的广告，在那里他们可以点击和下载应用程序。这个珠宝商也通过其网站，社会化媒体页面和附加的 iPhone 和 iPad 应用程序营销"什么成就真爱"。"什么成就真爱"强化 Tiffany 和真爱的想法和联想，很可能使该品牌能够增加其最著名的产品销售——订婚戒指。"富裕的消费者了解爱"克里斯·雷米说，"这是最自然和情绪消费所需要的。这种新的营销战术是 Tiffany 销售爱的长期战略的延续，是独特、与众不同和有个性的。"

　　资料来源：吕莱. 蒂芙尼，地位与财富的象征. 国际市场，2009（3）.

🦉 思考题

1. 蒂芙尼的广告投放有什么特点？
2. 蒂芙尼被消费者定位为奢侈品，那么蒂芙尼是怎样为消费者定位自己的？
3. 奢侈品是否需要人员推销呢？结合蒂芙尼的营销方式，谈谈你的感想。

67. 餐饮

Starbucks（星巴克）

品牌价值：62.66 亿美元　16%

世界 500 强排名：无

品牌标志：

品牌简介

　　星巴克（Starbucks）咖啡公司成立于 1971 年，是世界领先的 title 特种咖啡的零售商、烘焙者和星巴克品牌拥有者，旗下零售产品包括 30 多款全球顶级的咖啡豆、手工制作的浓缩咖啡和多款咖啡冷热饮料、新鲜美味的各式糕点食品以及丰富多样的咖啡机、咖啡杯等商品。

　　1987 年，现任董事长霍华德·舒尔茨先生收购星巴克，从此带领公司跨越了数座里程碑。1992 年 6 月，星巴克作为第一家专业咖啡公司成功上市，迅速推动了公司业务增长和品牌发展。

　　当前公司已在北美、拉丁美洲、欧洲，中东和太平洋沿岸 37 个国家拥有超过 12000 多家咖啡店，拥有员工超过 117000 人。长期以来，公司一直致力于向顾客提供最优质的咖啡和服务，营造独特的"星巴克体验"，让全球各地的星巴克店成为人们除了工作场所和生活居所之外温馨舒适的"第三生活空间"。

与此同时，公司不断地通过各种体现企业社会责任的活动回馈社会，改善环境，回报合作伙伴和咖啡产区农民。鉴于星巴克独特的企业文化和理念，公司连续多年被美国《财富》杂志评为"最受尊敬的企业"。

星巴克咖啡在美国和加拿大的学生和城市白领中非常流行。除咖啡之外，星巴克也提供茶（不管热的还是冰的）、馅饼、蛋糕等。

营销策略介绍

星巴克认为他们的产品不单是咖啡，咖啡只是一种载体，通过这种载体，把一种独特的体验传送给顾客。为体现品牌定位，星巴克店铺进行了特意的设计，店内独特的环境布置和装饰、器具、音乐、优雅的氛围等，无不使人流连忘返。

1. 感官体验

在视觉体验上，星巴克公司通过准确的选址定位，辅以高级设计团队的精美打造，将星巴克咖啡店与周围环境最恰当地融合在一起，既凸显了自己独有的咖啡文化，又和谐包容了周边环境。

在听觉体验上，利用音乐效果烘托是常采用的战略手段。星巴克经常播放一些爵士乐、美国乡村音乐以及钢琴独奏等。这些正好迎合了那些时尚、新潮、追求前卫的白领阶层。

在触觉体验上，选择符合品牌特征的装饰，比如星巴克的桌椅及柜子甚至包括地板都倾向使用木质材料，让消费者感到高雅、稳重及温馨的感觉，而星巴克的沙发更是让人爱不释手，坐起来很舒服。

在味觉上，星巴克咖啡具有一流的纯正口味。星巴克所使用的咖啡豆都是来自世界主要的咖啡豆产地的极品。口感较轻且活泼、香味诱人，并且能让人精神振奋的是"活泼的风味"；口感圆润、香味均衡、质地滑顺、醇度饱满的是"浓郁的风味"；具有独特的香味、吸引力强的是"粗犷的风格"。

2. 情景体验

情景体验是在营销活动中，通过各种手段为顾客创造一个全新的、真情实景的体验。星巴克通过情境尽力去营造一种温馨的家的和谐氛围。星巴克属于美国式消费文化，在店内顾客可以任意挪动桌椅、自在谈笑，并提供数据介绍咖啡的调制和喝法。除了卖咖啡以外，更重要的是让顾客感受到消费时的气氛，烘托出一种"星巴克情调"，这是其他场所所没有的。

3. 服务体验

"认真对待每一位顾客，一次只烹调顾客那一杯咖啡。"这句取材自意大利老咖啡馆工艺精神的企业理念，贯穿了星巴克的服务。为了保证服务的高质量，所有在星巴克咖啡店的雇员都经过了严格而系统的训练，对于咖啡知识及制作咖啡饮料的方法，都有一致的标准。星巴克使顾客除了能品尝绝对纯正的星巴克咖啡之外，同时也可与雇员们产生良好的互动。

4. 社会体验

星巴克特别强调它的文化品位，星巴克这个名称暗含了其对顾客的定位：它不是普通的大众，而是有一定社会地位、有较高收入、有一定生活情调的人群。因此，出入星巴克，也给人们打上了地位、身份的标记，满足了顾客的社会性需求和体验。星巴克一般选址在人流、特别是有钱人多的商场、写字楼。他们的价值诉求不是解渴，而是获得某种独特的文化体验，星巴克同时也是时尚的代表。星巴克内有一个特别的做法，店里许多东西的包装像小礼品一样精致，从杯子、杯垫、咖啡壶的图案与包装，都独具匠心，顾客可以把这些买回家做纪念。

5. 公共关系

与员工的关系：星巴克公司通过权力下放机制，赋予员工更多的权力。各地分店也可以做出重大决策。为了开发一个新店，员工们团结于公司团队之下，帮助公司选择地点，直到新店正式投入使用。这种方式使新店最大限度地同当地社会接轨。创造"关系"资本，跨越企业内部障碍，实现文化、价值观的交流，是创造企业关系资本的基础。

与客户的关系：研究表明：2/3 的成功企业的首要目标就是满足客户的需求和保持长久的客户关系。星巴克也通过征求客户的意见，加强客户关系。他们发现：客户们会建议将新品改良成为另一品种。客户们能够看到一种新产品或服务与星巴克品牌的核心实质的关系。例如：客户不认可咖啡与冰激凌口味的不一致性。

与供应商的关系：星巴克的关系模式还延伸到了供应商们，包括咖啡种植园的农场、面包厂、纸杯加工厂等。

通过我们对"关系"资本的研究表明：星巴克遵从着成功企业的模式。当企业把工作的重心放在主业的时候，同供应商的关系至关重要，特别是关键商品和附加服务的供应商。成功企业知道商业交易和相互信任之间的根本区别，它们使相互信任在采购过程中"制度化"，因此在进行正常业务的时候，成功企业进一步紧密供应商的关系，最后捆绑和整合成战略伙伴。供应商将承担更多的责任和义务。

营销策略分析

从一个咖啡店发展成咖啡帝国，星巴克以事实证明关系资产与有形资产一样至关重要。1987 年霍华德·舒尔茨购买并改造星巴克。15 年后，星巴克已经成为全球最大的咖啡零售商、咖啡加工厂及著名咖啡品牌。目前，该公司已从西雅图的一个小公司发展成为一个在全球四大洲拥有 12000 多家咖啡店的大型企业。星巴克给品牌市场营销的传统理念带来的冲击同星巴克的高速扩张一样引人注目。在各种产品与服务风起云涌的时代，星巴克公司却把一种世界上最古老的商品发展成为与众不同、持久的、高附加值的品牌。然而，星巴克并没有使用其他品牌市场战略中的传统手段，如铺天盖地的广告宣传和巨额的促销预算。在过去的 20 年中，星巴克在广告上的支出大约为 2000 万美元，平均每年 100 万美元。2001 年《商业周刊》分析的世界前 100 名品牌的资料中，宝洁公司的"帮宝适"（Pamper）品牌排在第 92 位（星巴克排名第 88 位），其每年在广告上的支出大约为 3000 万美元。

那么，星巴克从一个西雅图小公司发展成为全球的商业帝国，其秘密究竟何在？事实上，"关系理论"作为星巴克的核心价值观，同烤制高品质的咖啡豆一样重要。星巴克的核心价值观贯穿于公司的业务始终，这种核心价值观起源并围绕于人与人之间的"关系"。

当现代企业集中精力做好主营业务的时候，它们越发地依赖同主要股东们的合作关系——使客户们参与产品的开发，与供应商共享信息资源，与合作伙伴建立广泛和持久的沟通桥梁，企业的各个部门需步调一致。历史证明许多企业已有了一定的心得体验并在不断地完善。随着经济全球化的发展，企业应该以星巴克公司为榜样，用同样严格的手段，管理自己的"关系"网络。

资料来源：袁月. 星巴克在中国"暴利门"背后的市场营销解读. 经营管理者，2014（1）.

🦉 思考题

1. 由案例可以看出，星巴克成功的秘诀是什么？
2. 怎样看待星巴克与客户的关系？
3. 星巴克在许可经营和特许加盟连锁店之间，更倾向于前者，为什么？

68. 科技

Adobe（阿多比）

品牌价值：62.57 亿美元 17%

世界 500 强排名：无

品牌标志：

品牌简介

    1985 年，Adobe 公司在由苹果公司 Laser Writer 打印机带领下的 Post Script 桌面出版革命中扮演了重要的角色，公司名称"Adobe"来自于奥多比溪：这条河在公司原位于加州山景城的办公室不远处。2005 年 4 月 18 日，Adobe 公司以 34 亿美元的价格收购了其原先最大的竞争对手 Macro media 公司，这一收购极大地丰富了 Adobe 的产品线，提高了其在多媒体和网络出版业的能力，这宗交易在 2005 年 12 月完成。2006 年 12 月，Adobe 宣布全线产品采用新图示，以彩色的背景配搭该程序的简写，例如：蓝色配搭 PS 是 Photoshop，红色配搭 Fl 是 Flash，感觉像是元素符号，引起社会极大回响。2008 年，Adobe 公司在 Adobe cs3 基础上推出 Adobe CS4，Adobe CS5 套装，有更多新功能加入。

    市值达数百亿美元的软件公司 Adobe 30 多年来一直致力于帮助用户和企业以更好的成本效益，通过更好的方式表达图像、信息和思想。公司在数码成像、设计和文档技术方面的创新成果，在这些领域树立了杰出的典范，使数以百万计的人体会到视觉信息交流的强大魅力。

📖 营销策略介绍

软件是公司三大重要产品形态（图书、软件、资源）之一，具有技术性强、专业性高、无实体的特点，完全有别于传统的图书。随着信息时代的来临，教育机构对软件的需求量也在飞速增长。但因其起步较晚，产品没有大面积铺开，可借鉴的软件销售经验不多，对软件的销售操作尚不熟悉。

1. 试用策略

公司的软件产品如馆吧、数字图书馆、教务系统等均有在线体验网站，公司将体验账号免费提供给潜在客户试用产品，让其切身体会到产品带来的价值，从而促成购买。先寻找当地的一家或两家重点学校试用，找一个关键突破口，以重点学校的试用影响普通学校，由点到面，逐步铺开。

2. 捆绑软件销售

将软件产品与公司其他产品的销售捆绑起来，如图书馆管理软件或数字图书馆与纸质图书捆绑软件销售、数字资源管理系统与资源网捆绑软件销售，利用其他产品的销售契机，打开软件产品的销售门路，形成协同软件销售。

3. 会议营销

运用软件产品演示会、推介会、培训会等，将意向客户和潜在客户邀请出来，通过软件的现场演示、现场体验，增强客户对产品的了解和认同，提高产品的认知度，促使现场购买和后续购买。

4. 参与投标

综合性的软件项目，涉及的金额一般较大，政府或教育单位一般会通过招投标的方式进行采购。对于一些中小型的软件招标项目，公司可以根据招标要求，广泛地参与软件招投标活动，促成软件产品的销售。

📖 营销策略分析

由案例可以看出，一个软件公司软件的销售，比其他产品的销售更为不易。首先在软件开发前，就要规划好软件产品的目标人群，以及该目标人群对产品的期望要求，包括性能，功能，使用方法，打开方式，外观等，做到为客户定制产品；软件的开发注重创新，要做出一款为顾客定制的创新性产品更为困难；软件的销售也与普通产品的销售不同，软件产品技术性强、专业性高，用户只有在使用过程中才能真正了解产品。阿多比在软件行业是独树一帜的，我们能从中领悟不少门道。

资料来源：赵建凯. Adobe 转型. IT 经理世界，2012（8）.

思考题

1. Adobe 公司为推出"CS5 套件"做了哪些准备？
2. 企业在选择软件过程中主要的关注因素有哪些？
3. 如何向客户销售软件产品？

69. 奢侈品
Prada（普拉达）

品牌价值：62.22 亿美元　4%

世界 500 强排名：无

品牌标志：

PRADA

品牌简介

Prada 于 1913 年由 Miuccia Prada 的祖父 Mario Prada 在米兰创建，坐落于米兰著名的玻璃穹顶购物中心 Galleria Vittorio Emanuele II。Prada 精品店专门销售甄选优质原材料以精湛工艺制作而成的优质奢华旅行用品和配饰。后来，该店成为欧洲贵族和上流社会雅士以及追求品质生活人士最爱光顾的场所。1919 年，Prada 品牌被指定为意大利皇室的官方供应商，也因此被授予塞沃家族的盾徽和结绳标记的使用资格，成为 Prada 品牌标志中的组成元素。

20 世纪 70 年代末，Miuccia Prada 和 Patrizio Bertelli 开始了彼此之间的合作，共同推动 Prada 的国际化步伐。Patrizio Bertelli 在奢侈品行业率先引入全新商业模式，在整个生产链条中实施完美无瑕的质量标准，并对整体流程加以持续而严格的控制。Miuccia Prada 利用其出色的创造力，以巧妙的方式将她在日常生活中积累的经验和对环境的细微观察带入工作之中，她以这种方式预测时尚潮流，同时坚守品牌的质量核心价值观与传统精湛工艺。这种巧妙的平衡使 Prada 成为全球著名品牌，并跻身于全球最具价值的百强品牌之列。

Prada 的一个主要特质便是在所有领域具有创新能力。作为在零售网络中引入新方法的先驱，Prada 是全球首个推出全新革命性店铺概念的品牌，即 Prada Epicenter 店，分别由国际知名建筑师 Rem Koolhaas 和 Herzog & de Meuron 设计。后来，这一做法被业界其他大品牌纷纷仿效。

现在的 Prada 品牌包括男款与女款皮具、成衣和鞋类产品，将创新、精致而新潮的设计与手工产品特有的卓越品质融为一体。此外，Prada 还活跃于眼镜、香水和手机等领域。

Prada 的视野并没有局限在时尚产业之内：艺术、建筑、电影和哲学也都是 Prada 品牌核心价值中不可或缺的组成部分。1993 年问世的 Prada 基金会致力于展现"当代艺术与文化领域最为激进的学术挑战"。它经常组织当代艺术展览和其他文化活动，在国际范围内享有很高的认可度。Prada 与建筑师 Rem Koolhaas 合作的首尔 Prada Transformer 是这种理念的最新代表作品之一。

Prada 隶属于 Prada 集团，Prada 集团是全球奢侈品行业的领先企业之一。集团采用新型业务模式，成功地将工业化生产流程与精湛的制作工艺和卓越的手工产品相结合。集团的制造业务集中于 11 家工厂，其中 10 家位于意大利，1 家位于英国，此外集团还设有研发试验室。Prada 对生产流程中的所有阶段均实施严密监控和直接控制——从原材料的选择、采购（包含外部供应商），到原型的设计，再到外部制造流程与内部制造流程的规划与协调。集团产品销往全球 70 多个国家：除指定奢华百货商店和多品牌店铺外，集团的分销网络还包括 461 家直营店（截至 2013 年 1 月 31 日），为品牌的全球增长奠定了坚实基础。

营销策略介绍

作为意大利充满传奇色彩的绝对一线品牌，普拉达即便在 2008 年经济危机后，其销售业绩也在迅猛增长。在中国，普拉达一直表现得"游刃有余"，作为最早进入中国的第一梯队奢侈品牌，普拉达没有"过分亲民"，而是用跨界营销的方式保持着品牌的神秘感和新鲜度。

镜头快切，在令人目不暇接的场景变换中，观众几乎不可能记住每件衣服和配饰的品牌，但它们都有一个共同名字普拉达——这是 2006 年美国电影《穿普拉达的女王》中令人难忘的情节。

通过冠名，普拉达成功地利用影片将品牌时尚与个性进行了恰到好处的对接，将品牌内涵与时尚的职场女性紧密相连，引起消费者强烈的共鸣。普拉达娱乐跨界营销是继鼻祖式的《蒂芙尼的早餐》后又一品牌与名人结合进行宣传的范例，脱离了单纯的"谁在用普拉达"的模式，进入"什么样的人在用"的层次。之后普拉达针对中国影迷和在中文官网上进行相关服饰搭配和电影情节的深度营销，取得不俗效果。

然而普拉达的跨界野心远不止于此，在娱乐营销上大获成功的同时，还在尝试跨界手机领域。针对亚太区市场对奢侈品手机的消费热情不减，并对带有品牌 Logo 和直观特点的奢侈品手机颇有好感。2007 年，普拉达联手 LG 公司推出了一款 LGPRADA 手机，黑色的机身结合普拉达简洁大气的设计，让高贵气息和迷人的科技魅力融为一体。另一款银色版本的包装中还附赠了一款银色的普拉达皮质手机包，而在中国地区，因为赠品而专门选

69 奢侈品 Prada（普拉达）

购银色版本的不在少数，以至上市不久银色版就完全断货。LGPRADA 问世后先后在中国香港、中国台湾、新加坡、中国内地的北京、上海等地销售。虽然 LGPRADA 手机价格不菲，但上市后依然受到消费者的热烈追捧。受限于奢侈品的特性，该手机只能限量发售，这令许多粉丝只能望"机"兴叹。

跨界营销开启了普拉达在亚洲疯狂扩张的野心。而上市后普拉达也表示所得款项将投资于其野心勃勃的扩展计划中。该公司目前已在全球范围内拥有 319 家精品店。目前，普拉达品牌在中国内地已拥有 19 家专卖店，分布在 13 个城市。除北上广外，普拉达未来会进一步扩展在二三线领先城市的市场份额。

营销策略分析

营销策略：在渠道策略上与普通快销品迥然不同。它要求渠道在保持一种不饱和的状态下，尽可能地完成对目标市场的有效覆盖，简而言之就是——少而精贵、缺而不滥。

跨界营销：作为最早进入中国的第一梯队奢侈品牌，普拉达继续保持着它高端奢华的定位，并且用跨界营销的方式保持着品牌的神秘感和新鲜度。增设自营门店限制大宗渠道售出。

创新的店铺概念：正是普拉达成功的关键因素之一。普拉达每创建新店，都将商场建筑风格和周边消费环境、宾馆或街道的质量、店面空间大小统筹考虑。精心、独到的选址和美轮美奂的店面设计使普拉达专卖店往往成为城市中心的地标。

图片营销：以 gif 图片的形式来宣传自己新一季的时尚产品。这些动态图片由 Prada 与生活在巴黎的美国艺术家 Vahram Muratyan 合作，以非常简洁鲜明的笔触色彩来诠释 Prada2012 春夏系列的复古风格，文艺又梦幻的情调。

娱乐营销：通过传播，可以使消费者对品牌建立认知，形成独特的品牌联想。普拉达天马行空般的想象力在其传播策略上体现得淋漓尽致。

成功经验：2010 年世博会意大利馆的礼宾接待人员身着 Prada 专门设计的制服亮相世博会。他们的制服以罗缎和弹力绸等面料制成，通过运用玫红、白色、金属色等鲜亮活泼的色彩搭配，有力地凸显出 2010 年世博会意大利馆礼宾接待员们时尚优雅的形象。2012 春夏米兰男装时装周在米兰开幕，米兰男装时装周是全球四大著名时装周之一，堪称男装时装界的一大盛事。2012 年 9 月意大利奢侈品集团普拉达在前 9 个月内销售净额为 17.3 亿欧元，较 2010 年同期增长了 24.9%；集团净利润大幅攀升 75% 至 2.732 亿欧元。

资料来源：侯春婷. 品牌故事：普拉达（Prada）. 中国纤检，2013（3）.

思考题

1. Prada 的销售渠道与普通品牌有什么不同？
2. Prada 的店面选址有什么独特性？其销售终端的特色体现在哪些方面？
3. Prada 在经营其众多的下属品牌的过程中，遇到了怎样的困境？

70. 金融服务
Santander（桑坦德）

品牌价值：60.97 亿美元　13%

世界 500 强排名：67

品牌标志：

品牌简介

西班牙国家银行桑坦德银行是全球知名的多功能银行，该银行目前在全世界排名第九，在欧元区排名第二。其北京代表处成立于 1993 年，北京代表处同中国的银行建立了非常良好的关系，在业务上保持着良好的合作关系。

在符合中国金融法规的前提下，西班牙国家银行通过代表处的平台为中国的基础设施建设提供了一系列的金融服务。这些服务包括出口信贷、贸易融资等。他们对中国市场的了解和建立的联系令其客户在贯彻其商业目标时受益匪浅。

营销策略分析

1. 差异化营销

桑坦德银行的零售业务在欧洲和拉美市场处于领先地位，该行在经营过程中更注重对客户需求的研究与把握，并在不同市场采取了差异化的渠道策略。

在西班牙，物理网点仍是个人客户办理金融业务的最重要渠道。桑坦德银行以强大的分行网络为基础，依托先进的客户关系管理系统实现渠道整合。客户关系管理系统记录下客户每一次交易的内容和所使用的渠道，分析客户的需求特点、交易习惯和渠道偏好等特征，银行据此制订有针对性的产品推介和营销方案。

在巴西，一些银行网点的规模很大，单个网点配备的 ATM 机数量可以多达 30 台。桑坦德银行根据这一特点，将 ATM 机由单纯的交易终端拓展为金融产品的销售平台。将客户关系管理系统与 ATM 机网络相连后，客户通过 ATM 机完成个人贷款、信用卡的申请，还可以进行基金申购和赎回交易等。从实践情况看，ATM 机网络对该行在当地市场的产品销售有显著的促进效果。

在智利，当地金融业通过互联网渠道销售产品的机制十分成熟，桑坦德银行也将网银打造成主要的营销渠道，为客户提供随时随地的产品销售和交易便利。目前，智利市场的网银销售量在桑坦德集团中占比是最高的。

在墨西哥，客户更习惯于使用电话银行渠道，因此桑坦德银行将电话银行中心作为一个主要的营销渠道，根据不同业务的特点设计了差异化的电话银行流程，并为电话客服代表销售产品和挖掘客户提供充足的激励。

这种差异化营销极大地提升了西班牙国家银行的市场竞争力，使得银行业务在当地更加受欢迎。

2. 多渠道营销

桑坦德银行将成为首家向企业客户提供云数据存储服务的全球性银行。该行正力图反击某些大型科技集团给其业务带来的竞争性挑战。此举凸显出，在对抗金融服务业新一批搅局者的斗争中，银行正试图将它们在 IT 领域的大量投资以及监管层对银行电脑系统的密切审查转变为它们的竞争优势。

运用新的技术手段，提升客户对于服务的期望度，让顾客更加满意。同时金融业本身就是一个服务性行业，金融服务者对于客户的态度好坏直接决定了客户要不要和其继续合作下去，金融服务者只有不断地改进自己的业务类型，不断地优化服务，提升服务质量，提高服务效率才能赢得客户的满意。

3. 品牌营销

2014 年圣诞节期间，欧洲第二大银行桑坦德银行带来了劲爆的 ATM 互动。

作为迈凯轮车队的赞助商，活动请来了目前效力于迈凯伦车队的英国一级方程式赛车手简森·巴顿，他藏身于 ATM 内。顾客前来取款时按下"Jeson"按钮，神奇的一刻就发生了——简森·巴顿从 ATM 里冒出来为其送上额外的 100 英镑，给顾客的震惊还没减退时，简森·巴顿又送上圣诞礼物来继续"轰炸"顾客，作为 Santander 银行 2014 年 Secret Santander 活动的最后一部分，真心让客户惊喜连连。

4. 校企合作多渠道营销

桑坦德银行于 2013 年举办了一系列针对不同领域教职员工的项目。请中国人民大学有兴趣的教职员工自行上网申请参加。一旦申请成功，桑坦德银行将承担项目费与合理食宿费用，申请者只需自行承担国际旅行费。

西班牙国家银行与中国人民大学合作这一营销手段是互利共赢的，二者都非常乐意，西班牙国家银行通过这一项目，可以提前锁定客户群，为出国留学的人们提供良好的金融服务，然后通过金融服务再向这些客户收取一定的费用。短期内可以获得人们的关注，长期来看可以挖掘潜在客户。

营销策略分析

西班牙国家银行的品牌营销活动在当时获得了非常高的评价，同时广大的使用客户也获得了惊喜，从而使得人们对于桑坦德银行的印象更加深刻。西班牙国家银行的这种个性化的品牌营销成功的关键在于结合了圣诞节这个节日的氛围，在圣诞节当天人们都是欢乐的、喜庆的，每个人都很开心，再加上西班牙国家银行的这一创意，将原本快乐的人们的兴奋点推向最高，使得人们难以忘记这一活动，从而获得良好的传播效果。

资料来源：林欣. 西班牙银行动态拨备制度考察. 财会月刊，2013（8）.

思考题

1. 为什么西班牙国家银行要实行差异化的营销策略？
2. 西班牙国家银行的品牌营销具有什么特色？
3. 西班牙国家银行赞助中国人民大学教职员工留学项目的目的是什么？

71. 商业服务

Xerox（施乐）

品牌价值：60.33 亿美元　−9%

世界 500 强排名：137

品牌标志：

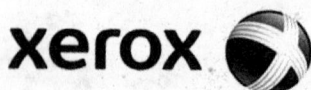

品牌简介

　　富士施乐株式会社成立于 1962 年，总部设在东京。小林阳太郎先生是公司董事会主席，有马利男先生是公司的总裁。富士施乐在全球共有 60 多家子公司或销售分公司，共有员工约 34000 人。2003 财年，富士施乐全球收入首次达到 10020亿日元（100 亿美元）。富士施乐是日本富士胶卷株式会社和美国施乐公司各占 75% 和 25% 股份的合资企业。富士施乐是日本国内和亚太地区开发、生产以及销售世界级的办公和印刷设备/系统，数码单色及彩色多功能设备，以及文件管理软件、解决方案和服务的业界领袖。同时富士施乐也向全球其他市场提供数码复印机、多功能一体机以及打印机。富士施乐对于研发的关注使其在业内不断有所突破，获得大批专利，并成为全球技术的领导者。富士施乐以其先进的技术、设备和服务为客户提供更大价值，并促进其生产力和工作效率的提高。施乐公司和富士施乐有着长期的技术分享协议。协议允许双方相互享用研究成果和技术。这使得施乐和富士施乐的服务、解决方案以及产品能够从双方的科研成果中获益。富士施乐在中国深圳、上海、中国台湾的桃园；日本海老名、铃鹿、竹松和富山，以及韩国仁川设有工厂。

作为 500 强企业，富士施乐是最早在中国使用 ERP 的公司之一。在进入中国之后，又针对中国的情况，开发了 Sales Force Automatic（SFA）销售管理系统，以加强销售过程与客户关系的管理和跟踪。

营销策略介绍

富士施乐有着直销的传统，不仅在日本如此，到了中国市场，富士施乐依旧保持这个特色。

销售人员每天回到公司后要填写 SFA，更新今天所进行的销售过程，销售经理每天审核，以掌握进程，并根据情况与销售人员面谈，进行指导，必要时与销售人员一同拜访客户，以促成订单的签约。

为解决销售人员忙碌没有时间录入数据的问题，每个销售小组配备了一名助理，助理可通过电话联系销售人员或面谈来整理记录销售人员每天的销售情况并录入 SFA 中，保证第一时间进行更新，销售经理可按销售人员来进行查询，可查知其有多少客户在跟进，跟进到何种程度，哪些单子签约的可能性比较大，所配机型的高低，合同金额大约是多少，对有疑问的及时进行辅导和改正，这样就对每周甚至每月能达成的销售额心中有数，同样区域总监，VP 都有相应不同的权限查看 SFA 并进行指导，这套强有力的销售管理系统使得每个季度实际完成的销售额都与预期的基本相符。

SFA 也在很大程度上提供了销售信息的管理和共享，SFA 与 ERP 系统相连，可以从 ERP 系统调取客户信息，包括联系人、电话、地址、现有机型、每月印量、服务合同、租赁合同、应收账款、客户购买的竞争对手的机型、维修记录等。这一方面使得销售人员的流动对公司造成的影响减到最低，另一方面也使得公司在必要时重新分配区域，升迁、病假、休假时，接替人员能轻松获取所需信息。

与此同时，富士施乐也大力运用分销手段。分销可增加商品销售的覆盖面，有利于扩大商品的市场占有率。富士施乐有 2 个分销渠道，一个是复印机渠道，另一个是打印机渠道。复印机渠道主要销售富士施乐的低端复印机，销售量以黑白居多，打印机渠道主要定位于桌面办公系统，即以 A4 的激光打印为主。

富士施乐主要的产品集中在高端领域，而广泛的分销渠道是推进低端产品的有效手段。根据 IDC 统计，2004 年，富士施乐打印机在中国的销售台数增长率达到 228%，成为亚太地区打印机业务成长速度最快的公司；2005 年第四季度，富士施乐激光打印机销售台数和销售额占整体市场的 4.6%，其中彩色激光打印机销售台数占到 7.1%，跃居前三；2006 年第一季度，富士施乐激光打印机在中国市场的份额达到 4.3%，市场排名第四位，营业额排名第三位，高达 48% 的增长速度已经远远超过了整个行业 13% 的增长速度，富士施乐依旧保持业界增速最快。

由此可以看出，渠道有着更快的覆盖速度和更广的覆盖范围，同时渠道的复合不可避免，富士施乐在 2005 年已经开始做融合的工作即实施 VICP 计划，该计划是一个针对核心代理商及重要经销商的支持计划。这个计划加强了富士施乐与核心代理商之间的沟通和交流，也给代理商提供了非常新鲜的信息，包括一些国际市场上的资讯，以及管理销售方面的培训。在 2007 年富士施乐继续大力推进 VICP 计划，加强渠道培训，提升代理商的水平和服务客户的能力。

营销策略分析

过去打印机业务几乎全部依赖直销和传统渠道，而打印机行业"得渠道者得天下"的行话也来源于此。传统渠道可以说是打印机行业的命脉，当前电商成为不可逆转的潮流。在电商时代，富士施乐由被动接受转为主动面对，富士施乐在电商方面不是弄潮者，但必须接受，富士施乐还需要主动适应市场变化，以积极的心态调整富士施乐的思维模式和做法，才有可能在未来的竞争中不被挤出去。

被动接受与主动面对电商潮流的不仅是富士施乐的态度，同时也是富士施乐所有合作伙伴应有的态度。在富士施乐，目前电商还无法全部替代传统业务，尤其是涉及技术服务等，电商的进化也非一朝一夕之事，重新定义代理商的价值，不断发掘价值是代理商和富士施乐在未来下决心要做的事情。富士施乐很早就开始尝试电商平台，京东、天猫等平台均有相应产品销售，但富士施乐会更加多地重视并支持传统渠道。以新产品小 V 经济型系列产品为例，据了解，前期的销售以传统渠道为主，并不会快速介入电商平台，富士施乐的这种做法会给代理商与合作伙伴非常强的信心。

在富士施乐，小 V 经济型系列前期不在电商平台销售，更多是出于对传统渠道的保护，富士施乐对于电商与传统渠道仍然是采取二八原则，富士施乐的主要业务增长还是源于传统渠道的合作伙伴，长远来看，电商与传统渠道业务一定会并行，如果运作好，一定会各自找到不同的客户群，各自的盈利模式都能够取得发展。

资料来源：朱洁青. 富士施乐复印机营销策略研究. 上海外国语大学，2013（6）.

思 考 题

1. 为什么富士施乐投入如此大的成本发展 VICP 计划？相较于同类竞争者，其制胜之道在于什么？

2. 简述富士施乐公司的营销策略。

72. 综合类

Caterpillar（卡特彼勒）

品牌价值：59.76 亿美元　−12%

世界 500 强排名：187

品牌标志：

品牌简介

美国卡特彼勒公司（CAT）成立于 1925 年，总部位于美国伊利诺伊州，是世界上最大的工程机械和矿山设备生产厂家、燃气发动机和工业用燃气轮机生产厂家之一，也是世界上最大的柴油机厂家之一。

90 年来，卡特彼勒公司一直致力于全球的基础设施建设，并与全球代理商紧密合作，在各大洲积极推进持续变革。卡特彼勒是建筑机械、矿用设备、柴油和天然气发动机以及工业用燃气轮机领域的技术领导者和全球领先制造商。

1. 在华展望

为了加大投资力度和发展业务，卡特彼勒（中国）投资有限公司于 1996 年在北京成立。目前卡特彼勒在中国投资建立了 23 家生产企业，制造液压挖掘机、压实机、柴油发动机、履带行走装置、铸件、动力平地机、履带式推土机、轮式装载机、再制造的工程机械零部件以及电力发电机组。

卡特彼勒（中国）投资有限公司已在中国建立了办事处，培训和产品服务中心，为日益增长的设备用户提供及时周到的服务。由 5 个代理商组成的经销服务网络为各行各业提供适用的机器和设备，并给予综合性售后服务，使用户在作业中取得更高的经济效益。

卡特彼勒承诺，以领先的优势，为世界各地致力于基础建设、资源的开发和运输的设备用户，提供物有所值的机器、发动机产品和售后服务。

2. 合资经营

2010 年 10 月 18 日，卡特彼勒（中国）投资有限公司和中航力源液压股份有限公司签署合资经营协议，设立合资公司。该公司主要从事建筑行业用中载泵、重载泵以及马达的设计和生产。合资公司将同时为卡特彼勒及第三方机械设备商提供配套部件。这一战略联盟将巩固卡特彼勒的供应体系，有利于拓展其在华的零部件业务，提高核心零部件产能，为卡特彼勒扩大在中国的机械产能做铺垫。

据了解，该公司将成为卡特彼勒在中国设立的首家关键零部件合资公司，项目落户无锡市，合作双方将带给合资公司专业技术、经验和庞大的销售渠道，将通过提供优质的技术和产品支持中国政府实现装备机械行业复兴的目标。

2010 年 9 月 29 日，卡特彼勒公司宣布扩大在华生产线计划以便进一步满足不断增加的中国市场需求。在吴江新设的工厂将着重生产 8 吨以下的小型液压挖掘机。该工厂隶属于卡特彼勒建筑工程产品事业部，该事业部在美国、日本、巴西、英国均进行生产运营。吴江厂的建设将根据江苏省政府的批准进行。计划于 2010 年底动工，2012 年落成并投入生产运营。卡特彼勒为中国用户提供的小型挖掘机主要由徐州厂和日本相模厂生产。吴江厂投产后，徐州厂和相模厂将有更多的产能提供给卡特彼勒其他产品。吴江厂是卡特彼勒提升在华产能长远投资计划的组成部分。投产后，将巩固卡特彼勒在中国建筑设备生产厂商中的行业产能领先地位。

2010 年 7 月，美国卡特彼勒公司、纳维斯塔国际集团与中国江淮汽车已经以接近 40 亿元人民币（5.86 亿美元）的总价值达成合资计划。其中包括建造卡车和发动机在内的两个合作项目。柴油发动机项目，由江淮汽车和纳维斯塔国际集团计划各出资 50%。计划中的合资重型卡车公司将在江淮汽车位于合肥的制造基地成立，产能规划为 4 万辆。如果进展顺利，该协议也意味着卡特彼勒和纳维斯塔国际集团将跻身于中国 1500 亿元人民币的重卡市场，与戴姆勒公司和其他欧洲企业展开竞争。

3. 天津新厂

2010 年 11 月 19 日，卡特彼勒公司宣布在天津空港经济区建造最先进的工厂，扩大其全球大型发动机生产能力，项目投资额达 3 亿美元，是卡特彼勒迄今为止在中国投资最大的新型发动机厂。2013 年投产后，成为卡特彼勒全球第 3 个 3500 系列发动机生产基地，为中国和亚太地区的客户提供行业领先的发动机产品。

卡特彼勒及其独立代理商对中国市场进行了可观的投入，进一步丰富了在中国的产品和部件种类，优化售后服务，拓展各省的代理商体系。卡特彼勒在中国的雇员人数已超过 7400 人。

4. 中国采购

据英国金融时报报道，全球最大挖土设备制造商卡特彼勒计划将中国工厂复杂部件的采购尽可能多地从日本转移到中国。

卡特彼勒新兴市场主管表示，随着中国制造复杂部件的能力不断提高，卡特彼勒将减少日本的产能，增加中国产能。

卡特彼勒公司在中国的挖掘机工厂约有41%的部件是从日本进口的，但正计划在5年内将这个比例至少缩减1/4。

卡特彼勒的计划被认为是对日本工业基地的一个打击，同时标志着中国制造领域日益成熟。

营销策略介绍

卡特彼勒已是工程机械行业的世界级巨头，当下如此大手笔的多线作战，足以证明其对工程机械行业的信心，它想借机扩大企业的市场份额，壮大企业实力，争取到更多更好资源。在中国的这一系列战略举措很明显地说明了卡特彼勒将在中国建立一个可持续的长远发展目标。在卡特彼勒涉足的所有业务领域，卡特彼勒都是公认的领导者：在建筑、矿用设备、往复式发动机、工业用燃气轮机等领域，卡特彼勒都居领先地位。

卡特彼勒的产品和服务帮助客户走向成功：卡特彼勒团队始终把客户满意度放在首位。卡特彼勒交付创新的产品和高度整合的解决方案，使客户获得最佳的投资回报率。

分销系统是卡特彼勒的竞争优势之一：卡特彼勒与每位独立代理商的关系提升了卡特彼勒产品和服务的价值。

卡特彼勒的供应链被公认为世界一流：在业界，卡特彼勒拥有最低的销售渠道总成本和最佳的资产利用率。

卡特彼勒的业务模型激发创业热情，带来增长并实现全球性的规模：卡特彼勒的矩阵式业务模型是大型公司进行水平对比的公认基准，因为它在保留业务单位自主权力和创业热情的同时也利用了精心筛选的通用流程、技术和核心竞争力，卡特彼勒视未来全球市场的增长为必然，而不是一个选择。

卡特彼勒的员工才能过人并勤恳敬业：卡特彼勒的范围覆盖全球，拥有多元化的业务和人才，并提供安全的工作场所。

卡特彼勒的财务业绩始终如一地为股东带来丰厚回报：卡特彼勒通过技术和制造寻求稳固的增长、提高的生产效率和创新，以此不断前进。

实现2020愿景可使卡特彼勒成为一家适合工作、投资的伟大公司，以及一个真正令人敬佩、使全球发展成为可能的全球领导者。归根结底，对于卡特彼勒团队的所有人来说，因为卡特彼勒今天的努力，明天的世界将更美好。

卡特彼勒今天的努力创造明天的美好世界：卡特彼勒致力于使进步成为可能。

卡特彼勒产品特点：（1）价格昂贵。（2）销售量低。（3）设备运行环境恶劣，常易损坏，发生故障，需要维修和更换零件。因此，卡特彼勒选择当地分销商为其销售产品并提供售后服务。它们需建立了一种长期、稳定的合作关系，这些分销商都是独家代理，保证为用户提供专业的、稳定可靠的服务。

卡特彼勒选择分销商比较严格，一般都是当地的中小型企业，这些企业熟悉当地情况，接近客户，掌握需求状况，能为客户提供快捷的服务，确保机器的正常运转，使停机时间缩短到最低程度。公司承诺，对于世界上任何地方的卡特彼勒产品，都可以在48小时内获得所需的更换零件和维修服务。

分销商一般都具有一定的经济基础，信誉良好，它们买断卡特彼勒的产品，然后再卖给客户。这样做可以保证分销商对机器和用户的高度负责，同时分担卡特彼勒公司的风险，保证现金流，使公司财务处于健康的运行状态。卡特彼勒更愿意与家族企业打交道，在他们看来，家族企业比公众企业在政策上更具有连贯性。卡特彼勒的产品寿命一般在10~12年，有些长达20~30年。公众企业有可能不如家族企业那么稳定。

分销系统不仅仅是从工厂到用户的单向通道，它是一个双向过程，客户的需求信息需要通过这一渠道反馈回来，促使公司推出新产品，改进服务。在当地寻找分销商要远比企业自己设立分销机构有利。

卡特彼勒与分销商之间的关系有人称其为"家庭式的关系"。不对分销商进行压榨，是最主要的原则。企业在分销产品时，经常出现在市场不景气、东西卖不动时，就打分销商的主意；而一旦发现有利可图时，就越过分销商自己做。这样虽然可以获得一时的利益，但却会损害与分销商的长期合作关系，最终坑的是自己。

卡特彼勒还帮助分销商向用户提供分期付款等信用，同时在存货管理和控制、物流、设备维护工作程序等方面给分销商以支持。公司每年都出版多种书面技术材料，供分销商的技术人员参考，并随时按照分销商的需要向他们的员工提供培训服务，包括如何制订企业计划，预测市场，管理电子信息系统，以及从事营销和广告活动。

卡特彼勒建立了全球电子网络系统，将分销商和公司总部、公司的供应商和仓库连接起来，这样不仅有利于零部件的库存分享，而且还可以对卖出的产品进行远距离监控，了解设备的运行情况。

卡特彼勒与分销商进行深入而坦诚的交流。公司与分销商之间不应当存在什么秘密，高层管理人员之间每年都要举行一些地区性的会议，就每一种产品的销售目标以及双方应做的努力进行讨论。公司还定期邀请所有的分销商到公司总部进行为期一周的会议，对公司的战略、产品计划和营销政策进行全面的回顾。公司最大限度地开放了自己的信息资源，所有公司的雇员和分销商的工作人员都可以到电脑中查询信息，如销售趋势及预测、顾客满意的调查数据等。

卡特彼勒鼓励公司员工与分销商工作人员多接触，加深了解，增进友谊。公司还组织各种活动，让分销商的子女从小就对卡特彼勒发生兴趣。比如，办一个有20~25名分销商子女参加的联谊会，请他们参观工厂，亲自操作机器，还为他们提供暑期临时工作的机会，欢迎他们大学毕业后到卡特彼勒来工作。

资料来源：道格拉斯·欧博赫曼. 卡特彼勒与中国共赢. 工程机械与维修，2013（4）.

思考题

1. 为什么卡特彼勒在中国的发展如此迅速？

2. 世界工程机械老大和中国工程机械一哥联姻，这对我国民族工程机械业而言，究竟是祸还是福？

73. 奢侈品
Burberry（博柏利）

品牌价值：58.73 亿美元　5%

世界 500 强排名：无

品牌标志：

品牌简介

　　1856 年，年仅 21 岁的英伦小伙子 Thomas Burberry 一手创立了 Burberry 品牌，在英国南部的 Hampshire Basingstoke（汉普夏郡贝辛斯托克）市开设了他的第一家户外服饰店。至今 Burberry（博柏利）已拥有近 160 年的历史，是具有浓厚英伦风情的著名品牌，长久以来成为奢华、品质、创新以及永恒经典的代名词，其多层次的产品系列满足了不同年龄和性别的消费者需求，公司采用零售、批发和授权许可等方式使其知名度享誉全球。在 Burberry 首席创意总监克里斯托弗·贝利的创意理念领导下，该品牌不断与时俱进，在充满现代感和崇尚真我表达的同时，又承袭了最初的价值理念和 1856 年创立至今的品牌传统。

　　博柏利的风衣和香水在世界有很高的知名度。博柏利带有一股英国传统的设计风格，以经典的格子图案、独特的布料、大方优雅为主。除传统服装外，博柏利也将设计触角延伸至其他领域，并将经典元素注入其中，推出香水、皮草、头巾、针织衫及鞋等相关商品。

营销策略介绍

2011 年伦敦时装秀，他们通过现场网络直播的形式将其呈现给全世界观众，并且赢得了阵阵好评。

2012 年 Burberry 为其台北旗舰店开张呈上了全球 3-D Stream 时装秀，远在芝加哥、伦敦的消费者都可以通过现场直播观看盛况。

2013 年 Burberry 又进行了一次大胆创新：Burberry Kisses。这一次 Burberry 将英国奢侈品精华和 Google 所引领的数字化网络革新完美地结合在一起。在与 Google 的合作中，他们推出一项有趣贴心的服务 Burberry Kisses，只要使用 Google 的 Chrome 登录 kisses. burberry. com，然后在屏幕上印下用户的唇，这项应用将把其的浓情送到其爱的人眼前。Burberry 的 CCO 表示：我们为现代科技添加了一些人性的关怀，我们认为数字营销应该更人性化。有趣的是，这个应用不仅仅是针对女性消费者而设计的，他们这次也为男士预留了无口红选择。当然，用户会发现 5 支备选口红是 Burberry 美容系列新品。用户可以通过逼真的 3D 效果场景看着自己的吻漂洋过海，最终抵达目的地，英国的浪漫的确让人渴望！

博柏利的创意令人惊讶，这种传播手法值得国内众多品牌学习与研究。将内容搭载数字平台，利用新奇的营销手法给顾客一个惊奇，使得顾客对品牌的认知度得以提升，使得顾客的忠诚度也有所加强，让大家喜爱这个品牌，为人们留下了良好的印象。

2014 年 Burberry 在上海与《iWeekly 周末画报》合作共同推出了以海上新梦为主题的线上营销活动。以"海上新梦"为主题，令内容呈现更具层次感和内涵，上海的摩登与传统，不同的人、不同的职业、不同的梦想间的交融碰撞更衬托出品牌的兼容并蓄与历久弥香，不仅完成了品牌以最佳形象广而告之的基本任务，更加帮助品牌完成了一次可传颂，可纪念，可保留，有积极文化意义的艺术作品展览，帮助品牌成为文化内容的主要创作者和参与者，积淀了品牌的历史文化厚度与更深层次的社会参与，为促进目标受众的美学教育也增添了不可磨灭的一笔余晖。整合现代传播旗下多平台共同传播，充分发挥各平台传播优势，巧妙配合，差异化传递品牌诉求，专题图文、采访花絮视频……丰富的呈现形式令内容更鲜活。此次营销活动的基本思路：

（1）整合现代传播旗下多平台共同传播，ModernWeekly，iWeekly，Life，Numero，ModernTV，U+Eliteclub 等。

（2）纸质媒体与移动媒体相互呼应，充分发挥各平台传播优势，专题图文、采访花絮视频……丰富的呈现形式令内容更鲜活。

（3）邀请 4 位时尚/艺术相关领域的 KOL 进行 1 对 1 的 QA 专访，以上海这座摩登都市为背景，讲述自己对城市、事业、梦想及着装方面的独到见解。

博柏利的此次线上营销活动得到了众多媒体的关注，吸引了年轻人的目光。此次营销活动与传统的线下推广等手法不同，结合年轻人的爱好，以网络为媒介，以梦想为内核。这个梦想我们认为具有双重含义，首先是博柏利的梦想，其次是众多年轻上海人的时尚之梦。采取网络这个移动平台降低了营销的成本，同时利用平台的可移动性，使得信息的传播更加便利。这次网络营销能够取得如此效果，主要是源于良好的方案策划能力，以及将内容做到极致。

📖 营销策略分析

全球范围内奢侈品消费者平均年龄一降再降。世界奢侈品协会发布的 2010—2011 年度报告显示，75% 的中国奢侈品消费者年龄低于 45 岁，年龄在 18~34 岁的消费者占到了 45%。而在日本和英国，18~34 岁年龄段的消费者分别占到了 37% 和 28%。如何找到一种语言和途径与这些富裕的年轻消费者们对话，并避免变得过分大众，是每个奢侈品牌都在思考的问题。

"我们在努力把品牌塑造成既传承经典，又不乏时尚与青春的气息。"为了达成这种品牌定位，Burberry 选择了互联网——这种更为年轻、富有生命力的媒介来进行品牌宣传，并热烈地拥抱了社交媒体，使其变成与互联网一代进行密切对话的渠道。你是否能够想象，Burberry 这样一个以服饰为主打的奢侈品品牌，其官方网站的招聘启事中第一句就写着 "Digital innovation is at the heart of the Burberry brand"（数字化营销创新是 Burberry 品牌的核心）。当盘点 Burberry 在过去 10 年的新媒体探索时，才发现从官网建成到第二次改版，从 Facebook 上的品牌主页到 Twitter 上的官方账号，再到 Youtube 上官方发布的视频，Burberry 在社交媒体上已经抢占了领先位置。

而作为敢于尝鲜的回报，Burberry 在 Facebook 上已经积攒了将近 700 万的全球粉丝。在 2010 年，Facebook 欧洲副总裁 Joanna Shields 就称 "Burberry 已经不再是简单的服装设计公司，难能可贵的是它懂得如何激发社区关系并利用其俘获消费者的心"。当然，这其中不乏 Facebook 对其平台上最大品牌之一的溢美之词。但有太多的品牌将社交媒体局限于浅层的品牌营销工具，每日定时定量更新内容，但却不会花费心思去挖掘社交媒体如何与公司的核心业务产生真正意义上的互动与支持。

Burberry 对于社交媒体的全线出击仅是其拥抱新科技的第一步，用户甚至会在国内的优酷、豆瓣上看到 Burberry 已经入驻。但我们都清楚，这些"插红旗"式的官方账号，仅仅属于品牌入门级的社交媒体营销必备。科技对于奢侈品牌更深层面的改造正在逼近其核心业务，Burberry 和其他在互联网领域勇于探索的品牌，正进行着新一轮的科技进化。

资料来源：郑婷. Burberry 英伦皇家的传奇. 绿色中国，2011（8）.

🦉 思考题

1. 简述数字营销与网络营销的区别。
2. 从博柏利的数字营销中你得到了哪些启发？
3. 实施网络营销的要点是什么？

74. 汽车
Kia（起亚）

品牌价值：56.66 亿美元　5%
世界 500 强排名：242
品牌标志：

品牌简介

　　起亚汽车公司成立于 1944 年，现隶属于现代集团，是韩国最早的汽车制造商。起亚作为韩国汽车工业的驱动力，在使韩国跻身世界五大汽车生产国中发挥了积极的作用。公司有完善的乘用车和商用车生产流水线，拥有 330 万平方米厂房的牙山湾工厂和 79 万平方米厂房的所下里工厂，公司具有年生产 100 万辆汽车的生产能力。起亚的车系已经覆盖了从轿车到 SUV、MPV 的各种车型，其中很多车型多次获得各项殊荣。

　　起亚的名字，源自汉语，"起"代表起来，"亚"代表在亚洲。因此，起亚的意思，就是"起于东方"或"起于亚洲"。源自汉语的名字、代表亚洲崛起的含义，正反映了起亚的胸襟——崛起亚洲、走向世界。

　　起亚汽车现行的标志是由白色的椭圆、红色的背景和黑体的"KIA"三个字母构成，而更改后的标志变为亮红的椭圆、白色的背景和红色的"KIA"字样，给人更加新鲜活泼的感觉。起亚汽车公司标志是英文"KIA"，形似一只飞鹰，象征公司如腾空飞翔的雄鹰。

1. 起亚的体育营销

近年来，起亚汽车连续 3 届成为世界杯的官方赞助商。作为全球范围内的强劲上升品牌，起亚汽车不仅因时尚外形 "Design Kia" 的家族气质备受追捧，还通过不断耕耘于体育营销，完美诠释出东风悦达起亚 "年轻、运动、激情、活力" 的品牌形象。

目前，起亚成功赞助了 2002 年韩国男足世界杯、2004 年雅典奥运会、2006 年德国世界杯、澳大利亚网球公开赛等大型体育赛事，让更高、更快、更强的体育精神随着现代起亚的品牌向世界各个角落传播。赞助了 2009 年澳网公开赛、2008 年欧洲杯、2010 年世界杯，2014 年巴西世界杯，同时作为国际足联的六大官方合作伙伴之一，还将参与 2018 年和 2022 年世界杯和 FIFA 的相关赛事。

体育活动背后蕴涵商机。随着体育热潮的广泛传播，体育以观赏性、竞技性和游戏性的特点，成为全人类的主要盛典之一，也是最被广泛认同的人类活动。由此，产生的注意力经济和体育经济，深深影响着企业发展或品牌增值。

2. 起亚的体验营销

从 2008 年开始，每逢有起亚汽车赞助的国际性赛事，东风悦达起亚都有落地的公关活动回馈消费者。如东风悦达起亚经常组织观战团，亲临赛场，共享国际顶级体育赛事。

除此以外，东风悦达起亚还举办企业五人制足球赛等消费者可以亲身参与、体验运动激情的赛事及活动。东风悦达起亚杯企业五人制足球赛已经成功举办四届。2008 年，东风悦达起亚将民间五人制足球赛带入中国，并为业余五人制足球在中国的发展不断努力。随着越来越多的球迷关注、参与到这一赛事，企业五人制足球赛不仅成为一项在国内业余足球圈备受关注的王牌赛事，同时也成全国球迷共同的节日。

此外，东风悦达起亚各地经销商也积极举办各种乒乓球赛、羽毛球赛等业余比赛，吸引体育迷们参与其中，尽享运动的快乐。

起亚的体验营销与体育营销相结合，首先是利用了体育这个平台，再搭载体验营销，使得营销活动的成本大大降低，同时也促使人们将其对于体育的热爱转移到对于车的热爱上。

3. 起亚的微博营销

2010 年 10 月，东风悦达起亚尝试着在腾讯开通了官方微博，这个小小的举动在后来的几个月里，为其带来了出乎意料的惊喜。2010 年 12 月的广州车展上，东风悦达起亚通过腾讯微博与网友分享了 K5 的整车外观、内饰及车展现场的实时资讯，让 K5 在初次亮相时就获得广泛关注，尤其是那些没能亲临现场，或对东风悦达起亚不熟悉的用户。接着，东风悦达起亚发起了 "纵横中国·K5 型" 活动，通过腾讯微博发布活动信息——召集网友拍摄、上传以 "发现城市格调" 或 "发现 K5" 为主题的照片参与活动，还可以邀请好友为其作品投票。参与活动的网友除了在腾讯微博上分享自己的作品外，还可以分享对 K5 的印象以及期待。在 2011 年 3 月起亚 K5 的上市发布会上，最热门的 "微博上墙"

出现在现场，众多网友通过腾讯微博进行实时互动。

经过几轮传播，K5 被更多人知道和了解。现在，在腾讯微博上搜索"K5"，会出现超过 150 万条结果。在东风悦达起亚官方微博上有这样一条消息："微博作为企业客服新平台，对此东风悦达起亚深有体会。K5 预热、上市期，喜爱和关注 K5 的博友都通过微博了解预热活动、上市时间及许多新车的官方信息。在此，再次感谢广大网友对于东风悦达起亚腾讯官方微博的支持。"《汽车与驾驶维修》杂志主编朱伟华认为，微博在 K5 的营销中创造了极大的价值，不但在众多的潜在用户中扩大了产品知名度，东风悦达起亚也通过微博了解到用户对 K5 抱着怎样的期待。从 K5 微博营销案例中我们不难发现，首先，东风悦达起亚巧妙地运用了腾讯微博的自媒体属性，让每个参与人都成为媒体和营销者。其次，通过抓取诸如 NBA 扣篮大赛这样网友关注的话题，激发网友的参与热情，保证了用户对 K5 及东风悦达起亚的持续关注。最后，腾讯微博上聚集了一些知名度高、有公信力的意见领袖，通过口碑传递，他们对 K5 全面、客观、公正的介绍或推荐，更容易被网友接受。

营销策略分析

起亚汽车一直积极协助各项体育赛事的准备和运作，此次与巴西世界杯的再次携手，不仅是对体育精神的传承，同时也是起亚品牌文化的累积。而东风悦达起亚组织承办的一系列世界杯主题活动，也吸引了众多的中国消费者参与其中，与品牌展开互动，这无疑是此次东风悦达起亚"结缘"世界杯系列体育营销获得成功的最好证明。

这一系列举措，就像一颗颗珍珠，东风悦达起亚用体育营销这条线，把它们串成一根璀璨夺目的项链，让消费者无时无刻不感受到东风悦达起亚的品牌激情、运动的脉搏。

东风悦达起亚营销团队始终认为，体育营销是一个系统工程，就像储蓄一样，你不停地往一个罐子里丢硬币，当时你可能感觉不到什么立竿见影的效果，但是消费者通过不停的体验，他们会受到潜移默化的影响。

也许可以用销售成绩来佐证东风悦达起亚体育营销的成功。近年来的飞速发展让这家成立刚过十年的中韩合资车企，名列行业第七位，成功跻身主流车企行列。东风悦达起亚在 2014 年 12 月实现销量近 6.7 万辆，全年累计销量达到 64.6 万辆，以 18% 的同比增幅再次刷新企业年产销纪录，位居国内汽车品牌销量第八名。这在 2014 年整个行业微增长的大环境下，已经成为受人瞩目的"东风悦达起亚现象"。

资料来源：刘宗贤. 加速推进百万级销售体系　东风悦达起亚汽车有限公司总经理苏南永专访. 汽车与配件，2014（3）.

思考题

1. 起亚为什么如此热衷体育营销，年年赞助大型赛事？
2. 简述起亚体验营销的特点。
3. 起亚微博营销成功的秘诀在哪里？

75. 餐饮

KFC（肯德基）

品牌价值：56.39 亿美元　-7%

世界 500 强排名：无

品牌标志：

品牌简介

　　肯德基（Kentucky Fried Chicken，KFC），是美国跨国连锁餐厅之一，同时也是世界第二大速食及最大炸鸡连锁企业，由哈兰德·大卫·桑德斯于 1930 年在肯塔基州路易斯维尔创建，主要出售炸鸡、汉堡、薯条、蛋挞、汽水等高热量快餐食品。

　　肯德基现隶属于百胜餐饮集团，并与百事可乐结成了战略联盟，固定销售百事公司提供的碳酸饮料。截至 2013 年底共有约 7000 家门店。

　　传统餐饮企业 O2O 转型先锋肯德基，近日再次传出进军移动互联网的一大捷报：2014 年 12 月 20—29 日期间，肯德基联合腾讯应用宝进行的"圣诞送豪礼"活动，在短短 10 天内，APP 下载量即超 40 万，日均 4 万的下载量较同类传统餐饮企业的 APP 有近 100 倍的提升。

　　1986 年 9 月下旬，肯德基公司开始考虑如何打入人口最多的中国市场，发掘这个巨大市场中所蕴含的巨大潜力。虽然前景乐观，但是诸多难题也使肯德基的决策者们备感头痛，犹豫不决。对这家世界最大的炸鸡连锁企业来说，面前的中国市场是完全陌生的：肯德基的纯西方风味是否能为中国消费者所接受？开发中国市场，不但需要技术资源，更重要的是还需要宝贵的管理资源。此外，从中国不能汇出大量的硬通货利润，即使是中等水平的汇出也不大可能。最为关键的是，要打入中国市场就必须选择一个特定的投资地点。而这又带有很大的不确定性。在情况并不明朗时，KFC 决定对中国市场进行更全面更彻底的调查。它面临的首要问题是：第一家肯德基店址应当选在何处？这一决策将对今后的盈利，对在中国其他地区的进一步开拓以及对投入管理资源时的决心等产生戏剧性的影响。

　　肯德基中国的一个成功要素是其领导团队，特别是其被称为"台湾帮"的先锋领导层大多来自中国台湾，但也不乏来自亚洲其他国家的华人。

　　首先是进入期时，主要的战略为引入西方式的全新的快餐服务体系和餐饮理念。

　　(1) 以其统一标志、统一服装、统一配送方式的全新连锁经营模式，并最终依靠其优质的产品、快捷亲切的服务、清洁卫生的餐饮环境确立了其在中国市场的地位。

　　(2) 一直坚持做到员工 100% 的本地化并不断投入资金人力进行多方面各层次的培训。从餐厅服务员、餐厅经理到公司职能部门的管理人员，公司都按照其工作的性质要求，安排科学严格的培训计划。为使管理层员工达到专业的快餐经营管理水准，肯德基还特别建立适用于餐厅管理的专业训练基地——教育发展中心。

　　(3) 肯德基"以速度为本"的快餐业企业精神使其特别注重发挥团队精神，依靠其团队合作达到高效率，从而保证了营业高峰期服务的正确和迅速，使其形成了高效灵活、完善先进的管理激励机制。其团队合作精神和出色的管理水平正是肯德基立足于市场的秘诀。

　　(4) 优质的服务，在肯德基，顾客得到的服务会比其原来希望得到的服务要多。肯德基的宗旨是顾客至上，正是这一宗旨使每一位来就餐的顾客，无论是大人还是小孩，都会有一种宾至如归的感觉。

　　其次在成熟期，制定了中西方相结合的战略：

　　(1) 肯德基聘请了 10 多位国内的专家学者作为顾问，负责改良、开发适合中国人需求的快餐品种。肯德基一直以炸鸡、菜丝沙拉、土豆泥作为当家品种，但是由于中国人饮食口味不断变化，品种过于单一对发展前景不利。肯德基为迎合中国人的口味相继推出了备受中国人欢迎的肯德基"辣鸡翅"、"鸡腿堡"、"芙蓉鲜汤"等品种，对肯德基这家一向注重传统和标准化的老店来说，这是前所未有的转变，肯德基在本地化上的努力得到了消费者的认可和支持。

　　(2) 肯德基特别成立了中国健康食品咨询委员会，研究、开发适合新一代中国消费者品味的饮食新产品，以进一步做大市场。肯德基希望以未来为目标，针对中国市场需求打造一个适应中国的"新快餐"。总结而言，"新快餐"定义为：美味安全、高质快捷；

营养均衡、健康生活；立足中国、创意无限。"传统洋快餐"又有其不足之处，顺应而生，才会有了"新快餐"的概念：①"传统洋快餐"产品种类较少，选择受限；"新快餐"不断开发品种多样的产品，并将适合中国人的口味融合进来，为消费者提供更多选择，提供均衡营养；②"传统洋快餐"以油炸食品为主，高热量、高脂肪；"新快餐"打破传统，采取多种烹饪方式，符合现代人的饮食健康需求；③"传统洋快餐"蔬菜品种少，西式口味不受消费者欢迎；"新快餐"针对中国消费者的口味需求，研究不同蔬菜产品。④"传统洋快餐"面对食品安全形势，照搬美国模式；"新快餐"则打造中国模式的食品安全体系。除此之外，"新快餐"更加关注饮食健康，积极向消费者传播营养健康知识，针对健康与运动开展社会公益活动。

营销策略分析

"特许经营"是肯德基品牌策略成功的代表性策略，具有"中国特色"。肯德基以"特许经营"作为一种有效的方式在全世界拓展业务，至今已超过 20 年。肯德基 1993 年在西安开始了加盟业务，目前肯德基已拥有许多加盟餐厅。肯德基在中国市场的"特许经营"，其条件、模式、费用及特点大致如下：①特许人所应具备条件：肯德基的特许经营店不仅需要加盟者拥有资金这一条件，还需要经营者本身具有一定的素质。②特许加盟模式：肯德基目前在中国发展加盟店的方式不是让加盟者交纳加盟费后自行开店，而是让加盟者出资购买一间正在运营中并已赢利的连锁店。③特许费：新的加盟商将会被授权经营一家在营运之中的肯德基餐厅，每个餐厅的进入费用在 800 万元人民币以上（不包括不动产的购买）。④合同契约：加盟经营协议的首次期限至少为 10 年。未来的加盟商必须自愿地从事肯德基加盟经营 10 年以上。

资料来源：谢桂花.体验经济时代企业营销策略创新——以肯德基为例.福建商业高等专科学校学报，2014（4）.

思考题

1. 简述肯德基在中国转型成功的原因。
2. 简述特许经营的好处。

MasterCard（万事达）

品牌价值：55.51 亿美元　17%

世界 500 强排名：无

品牌标志：

品牌简介

　　万事达卡国际组织（MasterCard International）是全球第二大信用卡国际组织。1966 年美国加州的一些银行成立了银行卡协会，并于 1970 年启用 Master Charge 的名称及标志，统一了各会员银行发行的信用卡名称和设计，1978 年再次更名为现在的 MasterCard。

　　万事达卡国际组织是一个包罗世界各地财经机构的非营利协会组织，其会员包括商业银行、储蓄与贷款协会，以及信贷合作社。其基本目标始终不渝：沟通国内及国外会员之间的银行卡资料交流，并方便发行机构不论规模大小，也可进军银行卡及旅行支票市场，谋求发展。

　　目前国际上有六大信用卡品牌，分别是威士国际组织（VISA International）及万事达卡国际组织（MasterCard International）两大组织及美国运通国际股份有限公司（America Express）、中国银联股份有限公司（China UnionPay Co.，Ltd.）、大来信用卡有限公司（Diners Club）、JCB 日本国际信用卡公司（JCB）四家专业信用卡公司。

VISA（威士卡）、MasterCard（万事达卡）、China UnionPay（银联卡）在全球范围构建了一个刷卡消费的联盟，国内银行与它们合作以后，国内银行发行的信用卡就能在它们联盟范围内刷卡消费，在部分国家和地区可以持银联卡直接消费。用户可以在申请信用卡的时候选择申请 VISA（威士）信用卡还是 MasterCard（万事达）信用卡。

就目前来讲两家国际组织在国内区别不大，区别比较大的是银联卡，就像可口可乐和百事可乐跟娃哈哈，选择哪一个完全可以凭自己的喜好。如果你经常在亚洲、澳大利亚旅游或者刷卡消费的话，那么建议你选择 VISA，因为 VISA 在亚洲和澳大利亚受理的商户数量比较多，使用起来更方便。Mastercard 的优势在于欧洲和北美。经常去欧洲和美洲的朋友可以选择 Mastercard。

营销策略介绍

2014 年万事达卡中国区继续锁定高端人群，推广"无价"理念，让消费者实实在在地去体验，在体验中形成互动，并以此达到口碑效应。

万事达卡品牌在中国大陆地区的市场营销与品牌传播工作重点包含市场营销、品牌管理、体育娱乐营销、公共关系、企业社会责任等多项领域。目前，正致力于全力塑造消费者对万事达卡品牌的喜爱与忠诚，提升万事达卡的品牌知名度和喜好度，持续巩固万事达卡在相关行业中的市场营销领导地位。

万事达卡以"无价"为主题的品牌活动已经在全球开展十余年，其"无价"题材的系列广告也在银幕和网络上广为流传。万事达卡的宗旨是通过一系列体验及礼遇等平台包含"无价之都"、5%乐游赏、大中华尊荣礼遇、万事达中心、Travel With MasterCard 及网购全球万事达等，为更多消费者、战略伙伴和社会成员带来一系列的"无价"体验及礼遇。它传递这样一个理念，即世界上有很多东西用钱能够买到，但作为持卡人，因为拥有万事达卡，所以可以享受一些花钱也买不到的"无价"体验。

2013 年万事达卡中国区围绕"无价"策略展开了一系列的市场营销活动：万事达卡联合北京市旅游发展委员会推出 72 小时尽享"无价北京"活动，持卡人除了可以享受优惠礼遇之外，还可以在特定商户独享优先位、不用排队、不必提前预订，或者可以私享有些不对外开放的服务。而其中最重要的则是一系列花再多钱也买不到的体验，这也就是无价的真谛。万事达卡希望能够借由万事达中心（原五棵松体育馆，2011 年万事达卡冠名后更名）开展更多的尊享体验活动，如演唱会门票买一赠一、首排座位预定及与偶像面对面等，让更多的"万事达人"享受到万事达卡带来的"无价"体验。开启回馈持卡人的"5%乐游赏"积分奖励项目，持卡人通过万事达卡网络在全球知名在线商店及中国港澳台上千家知名商铺刷卡消费，即可享受 5%奖励，希望以此来为消费者提供好的用户体验，增加消费者的忠诚度。针对高端持卡人，万事达卡推出了"与大师共挥传奇"活动，特别邀请了高尔夫大师尼克·费度爵士，亲临北京、上海与持卡人见面，指导打球技法，为持卡人带来"无价"体验。

在推进"无价"体验的过程中，万事达卡发现在中国这个庞大而复杂的市场，难以完全借鉴其他国家或地区的经验，而需要为中国量身定制市场营销策略。而中国的市场环境变化之快，更对万事达卡提出了挑战，需要其快速做出反应，并不断加以创新。2014年万事达卡中国区继续锁定高端人群，推广"无价"理念。

万事达卡会以消费者为核心根据不同用户阶层，选择相匹配的营销平台。对于社交媒体的营销效果，可以说让企业又爱又恨：它的快速及社交属性让企业欣喜，而它的碎片化却让企业担心它的效果。

未来机会与挑战并存：挑战在于，面对飞速发展的市场环境，企业如何快速抓住市场机遇，并与消费者进一步沟通；而机会一旦出现立即抓住，及时作出改变，就极有可能成为这个市场的领导者。但所有的挑战与机会都要回归到内容营销，成功的关键在于内容能否贴近消费者，深入消费者的生活。

"无价"形象的本土传播是在十多年前，万事达推出"无价"主题系列营销活动，在全球的宣传口号是"总有些东西是金钱买不到的，而万事达信用卡与你相伴。"万事达卡开始无价系列营销活动的策划，是为了在全球范围内统一品牌宣传，为万事达卡提供全能的国际平台，成功塑造一个与VISA、美国运通及其他信用卡组织区隔开来的品牌形象。

围绕"无价"这个主题概念，万事达制作了一系列深受大众喜爱的电视或平面广告作品，迄今屡获殊荣的万事达卡真情无价系列广告已经超过430支，在110个国家和地区以51种语言播放，使万事达卡的品牌形象家喻户晓，风靡全球，傲视同侪。"无价"的主题强调了一个理念，即万事达卡了解什么才是人生最重要的东西。为了让中国的消费者对这个国际信用卡品牌有更深入的了解，万事达为中国市场"量身定制"了"无价"广告，加入了本土的创意和文化，中文广告语也随之诞生："万事皆可达，唯有情无价。"

营销策略分析

"无价"主题整合营销的巧妙之处就在于：万事达虽然是一个支付平台，它却强调有些东西是钱也买不到的，着重为消费者提供非物品的体验，那就是和家人、朋友共享美好时光。它的广告显然是针对美国公众对越来越物质化的社会和越来越物质化的人们而提出的，特别强调那些用钱买不到的东西。而这些无形的东西大多和各种人际关系有关，尤其是家庭关系，如为孩子读故事书，陪伴孩子们欢快地玩耍等，这些才是人生中弥足珍贵、千金难买的东西。虽然金钱很重要，但万事达卡并不鼓励消费者随便花钱去购买不必要的东西。万事达卡只希望消费者在金钱与物质之间领会到更大的意义：那就是有信誉的信贷者不单是追求物质的生活，他们更想追求人性化的生活。他们花一样的钱，但他们有不一样的消费理念。他们重视家庭多于个人的享乐，对金钱管理的态度是负责任而不喜欢被奉承。注重人与人之间的和谐情感，平等多于物质的炫耀。这就是万事达卡"万事皆可达，唯有情无价"的真正意义。它能够创造奇迹的根本原因就是结合了严密的市场调研和分析技术，广告公司和客户就能紧扣主题，找到杰出的创意，且与战略密切相关，从而引起人们的巨大共鸣。

资料来源：夏心愉. VISA和万事达将获开放政策 中国银联该如何应战. 金卡工程，2014（5）.

思考题

1. 从发卡组织的角度来看，什么才能吸引消费者？
2. 万事达卡相对于 VISA 卡的营销方式有什么不同？
3. 从万事达卡的案例中你能得到哪些启发？

Johnson & Johnson（强生）

品牌价值：55.33 亿美元 7%

世界 500 强排名：118

品牌标志：

Johnson&Johnson

品牌简介

　　强生公司（Johnson & Johnson）是美国一家医疗保健产品、医疗器材及药厂的制造商，成立于 1886 年，全球总部位于美国新泽西州的新布朗斯维克。强生集团由在全球超过 250 家子公司组成，其产品销售遍及 170 多个国家。强生是道琼斯工业指数的成分股之一，也是财富 500 强的一员。强生向来以拥有良好的名誉著称，并在 2008 年《霸荣杂志》的调查中获选为最受尊崇的公司。然而，其声誉近年来受到产品召回、药物罚金及诉讼等因素影响而略有下滑。该公司在中国香港曾使用"莊生"这个中文名，在 1995 年年底改为"强生"，在中国内地也使用此官方名称，在中国台湾则称为"嬌生"。强生分为四大事业体：消费品（强生）、视力保健产品（强生安适优）、医疗器材（壮生）及药厂（杨森）。

营销策略介绍

　　作为一个百年的全球母婴品牌，强生婴儿不断致力于和中国妈妈们建立亲密联系。但近几年来，竞争对手的持续发力，加上其爆发的品牌危机，使强生婴儿和妈妈们的距离正在逐渐拉远。

为了重塑一个亲民的、与时俱进的新形象，2012年7月初，强生婴儿新妈帮正式成立了。这是一个以强生婴儿官方微博为中心平台，横跨微博、母婴网站、整合线上线下的妈妈社群。在新妈帮，强生以"凝聚你我力量"为核心口号，希望所有的新一代妈妈可以通过新妈帮汇聚智与爱，一起给宝宝更好的。强生希望找到一个社会热点话题作为新妈帮的第一帮来启动新妈帮的成立，并通过这个话题向妈妈们传递新妈帮的价值。强生希望妈妈们了解，在强生婴儿新妈帮里，有其最坚强的后盾和最亲密的姐妹。

1. 目标群体

强生的目标受众是新生代妈妈，她们不会照搬上一辈的育儿经验，而是渴望以探索为先。她们爱宝宝，也爱自由，会上网，更会交流。她们懂得如何通过互联网快速找到最好的育儿知识，懂得如何运用新媒体记录从怀孕到宝宝出生的每一个特别的瞬间，更重要的是，她们懂得如何利用网络结识更多人，互帮互助，分享智慧。

2. 传播挑战

如何找到一个社会热点话题，能够真正引起新生代妈妈的关注和共鸣？

如何挖掘该话题的机会点，使其能够契合并传递强生婴儿新妈帮"凝聚你我力量"的价值？

如何整合各个数字传播资源（网站/微博/母婴垂直媒体/BBS/视频），使强生婴儿新妈帮成立的声音最大限度地放大？

3. 营销目标

强生的传播目标是创造一个具有社会影响力的话题，和广大新生代妈妈产生情感共鸣，吸引她们加入强生婴儿新妈帮进行长期互动，最终提升她们对品牌的好感度和购买倾向。所以，强生制定了三个层面的关键绩效指标（KPI）：

（1）强生婴儿新妈帮上市活动的表现，包括活动本身的社会影响力、目标受众对活动主题的知晓率以及在社会化媒体上的相关话题数量等；

（2）强生婴儿新妈帮主要平台的表现，包括新妈帮的认知度和好感度、新妈帮新浪微博的粉丝数和每日互动量等；

（3）以上两点对强生婴儿品牌表现的贡献，包括了解、加入新妈帮的消费者对品牌好感度和购买倾向的提升。

4. 策略与创意

强生以"小小空间大大的爱"为口号，发起了一场关爱背奶妈妈的社会化运动。强生对背奶行动中的不同力量实行不同的沟通策略，希望最大限度地提高活动的影响力，凝聚更多力量给背奶妈妈最大的支持。

（1）普罗大众：呼吁。强生制作了一条感人的视频《母爱七平方》，帮助千万背奶妈妈道出了心声。片子在社会化媒体和视频网站上放出以后，便被转载无数。许多背奶妈妈看完以后都流下了共鸣的泪水。越来越多的大众也被片中真实的背奶场景所打动。短短几天，背奶妈妈成为网络上的一个热门议题。

（2）背奶妈妈：行动。在强生婴儿新妈帮官方微博上，强生创造了一个专题页面。任何人在这里都可以为身边的背奶妈妈申领一张哺乳室魔术贴，这一张小小的魔术贴，将闲置空间变成临时哺乳室供背奶妈妈使用，让妈妈们可以在里面放心挤奶。强生在写字楼投放楼宇广告，正在大楼里上班的妈妈看到之后可以马上上网去领取哺乳室魔术贴。强生还收集新妈帮里的背奶经验，提供给有需要的背奶妈妈。同时，淘宝网也在配合下制作了一个专题页面，给背奶妈妈们提供哺乳设备的优惠信息。

（3）企业：改变。强生在专题页面中推出了一张背奶地图，让所有人都可以在地图上标示哺乳室位置，方便周边的背奶妈妈快速找到最近的哺乳空间。同时，强生推出了企业光荣榜，让所有真正做出改变的企业可以得到全社会的关注和表扬。强生还通过适当的微博公关手段，联系一些知名企业的行政或管理人员，向他们传递其价值。随着哺乳室魔术贴的向外发送以及强生的不断号召，越来越多的哺乳室在地图上绽放，越来越多企业加入哺乳室的建设中。

当然这还不够，强生渴望的是全中国的背奶妈妈们都能拥有真正的舒适的哺乳室环境。强生还在努力，"背奶行动"将会持续下去，让影响力进一步扩大。

4. 营销效果与市场反馈

仅仅不到一个月的努力，强生便为背奶妈妈们赢得了前所未有的支持声音，并大大壮大了强生婴儿新妈帮的队伍。

截至 2013 年 8 月 6 日，共有 1032977 人访问了背奶妈妈专题页面，1500 人成功申领了哺乳室魔术贴。数万人分享了背奶妈妈的活动信息，整个背奶行动在社会化媒体上的影响力达到了 207963751 人次。背奶视频总共产生了 1832708 次观看，在社会化媒体和视频网站上获得好评无数，许多妈妈为此落下眼泪。

背奶妈妈活动为强生婴儿新妈帮带来了 25067 个新成员，微博粉丝增长率达到 120%，总共产生将近 6 万次的微博互动。60% 的妈妈对本次行动高度赞扬，97% 参与过活动的妈妈与身边的人开始讨论背奶妈妈的问题。74% 的妈妈对强生婴儿新妈帮提高了认知，感受到新妈帮的力量。

更重要的是，通过本次行动，92% 的妈妈表示她们更加喜欢强生婴儿品牌。86% 的妈妈愿意在今后购买强生婴儿产品。

强生《母爱七平方》从创意、执行到传播一气呵成，取得了巨大的成功，不得不说《母爱七平方》为我们提供了一个优秀的整合营销案例范本。

对"背奶妈妈"群体的关注是案例的成功基点。第一步，内容视频在电视、网络及楼宇同步投放，诉尽"背奶妈妈"们的艰辛与不易，成功地引起妈妈群体及社会大众的情感共鸣，迅速引起话题热议；第二步，借助社会化媒体的强大影响力和传播分享性，在强生官方微博上设立专题，号召广大博友申请免费的"临时哺乳室"告示牌，并贴到线下所需的位置；第三步，鼓励网友线上分享哺乳室位置信息图。

整个活动过程让线上线下整合活动有效串联，不仅实现了强生"妈妈的好伙伴"品牌理念对目标群体的精准触达，还取得了积极的社会影响，有效提高了强生品牌的好感度和美誉度。

营销策略分析

强生努力地在健康事业领域工作，在医疗保健领域进行着不断的研发与创新。坚持从消费者和社会角度出发，用真挚、平实的强生信条指导和教育着每一个员工，积极履行着一个强大企业的公民职责，为社会贡献自己的力量。社会公益建设的合作伙伴典范强生在中国长期与一些公益组织和政府相关组织部门合作，通过在各所需地区广泛开展公益项目，来促进其健康发展并成功推动了健康水平的提高。强生广告策略的主要做法是：

1. 实施知识营销提升品牌价值

知识营销是指企业在营销过程中注入知识含量，帮助广大消费者增加商品知识，提高消费者素质，从而达到销售商品，开拓市场的目的。强生的知识营销是很典型的，它在营销过程中打造一系列的概念。

2. 强生的广告策略

（1）定位策略。产品定位策略的决策是一个关键性、核心性的环节，产品定位是否合理，直接关系到广告运动最终的效果，而产品定位的内容，则决定着广告的诉求重点。

（2）诉求策略。强生公司的产品广告有着明确的一致的诉求对象、诉求重点和诉求方法。强生的诉求方法偏重于理性的诉求。"理性诉求"指的是广告定位于受众的理智动机，通过真实、准确、推理等思维过程，理智地作出决定。强生的广告正是通过这种方式告诉消费者如果购买其产品会获得什么样的利益，以达到劝说消费者购买的目的。

（3）表现策略。强生广告多运用示范式，采用消费者的现身说法，让经常使用该产品的人，一般为家庭主妇，来直截了当地用平实而熟悉的语言向消费者进行诉求，向消费者提供一个或多个利益点，来直接阐述商品的特点，用产品的特殊功能来理智地打动消费者。

（4）媒体策略。主要采用电视广告，打开电视，几乎每天都可以看见强生公司商品的广告片。虽然强生公司在报纸、杂志等主要媒体都投入广告费，但鉴于其主要生产大宗低利的家庭用品，它把大部分广告费投放在电视这一最大众化的媒体上。它的这一媒体策略在中国也十分明显。同时电视媒介的可视性也更能充分展示强生产品的功能。

（5）投放策略。在常年做广告的同时配合不同的促销方式，综合运用。强生的广告是常年无间断进行的。几乎每天我们都可以在电视上看到强生的产品在进行宣传。这与其他品牌不同。其他品牌一般使用跳跃式的广告或是在产品市场导入期及销售旺季到来之前进行广告宣传。强生的无间断广告策略和其产品有关系。日用医疗用品，是普通家庭日常使用的消耗品，属于消费者经常购买的商品。如邦迪、止痛药、感冒药等，消费者几乎每隔一段时间就要采购一次。常年的广告首先使消费者认知强生的品牌，长期的广告也会引起消费者尝试购买的欲望，加之产品的较高品质使消费者对产品产生认同感，逐渐使消费者成为强生的固定消费群，强生的市场占有率也进一步提升。

资料来源：宋华颖. 强生：奥运营销的"赢家". 中国对外贸易，2008（9）.

思考题

1. 你怎样看待强生赞助奥运会这一行为？
2. 强生的赞助营销对其未来发展有什么影响？

Shell（壳牌）

品牌价值：55.30 亿美元　−12%

世界 500 强排名：3

品牌标志：

品牌简介

　　荷兰皇家壳牌集团（Royal Dutch/Shell Group of Companies），又译"蚬壳"，是目前世界第一大石油公司，总部位于荷兰海牙和英国伦敦，由荷兰皇家石油与英国的壳牌两家公司合并组成。它是国际上主要的石油、天然气和石油化工产品生产商，同时也是全球最大的汽车燃油和润滑油零售商。它也为液化天然气行业的先驱，并在融资、管理和经营方面拥有相当丰富的经验，其业务遍及全球 140 个国家，雇员近 9 万人，油、气产量分别占世界总产量的 3% 和 3.5%。2014 年 3 月 19 日，国际能源巨头壳牌的发言人宣布，已在 2014 年 1 月决定退出共同开发乌克兰黑海 Skifska 海上气田的谈判。

　　壳牌是一家全球化的能源和化工集团，总部位于荷兰海牙，Peter Voser（傅赛）担任集团首席执行官。荷兰皇家壳牌集团的母公司是荷兰皇家壳牌有限公司，注册地是英格兰和威尔士。

荷兰皇家石油于 1890 年创立，并获得荷兰女王特别授权，因此被命名为荷兰皇家石油公司。为了与当时最大的石油公司美国的标准石油竞争，1907 年荷兰皇家石油公司与英国壳牌运输和贸易公司合并成立荷兰皇家壳牌集团。公司实行两总部控股制，其中荷兰资本占 60%，英国占 40%。集团公司下设 14 个分部，分别经营石油、天然气、化工产品、有色金属、煤炭等，其中石油、石化燃料的生产和销售能力居世界第二位。公司在中国广东惠州的石油化工合资项目总投资 43 亿美元，2005 年 10 月落成投产，是目前中外合资最大的项目之一。荷兰皇家壳牌集团行政总裁是 Peter Voser，董事会主席是 Jorma Ollila。壳牌在中国的发展轨迹已经超过一个世纪。目前，壳牌是在中国投资最大的国际能源公司之一，其所有的核心业务都已进入中国，包括上游业务、下游业务和项目与技术部门。壳牌在中国的总部位于北京。壳牌集团今天已发展成为世界最大的国际石油公司：

（1）勘探和生产的区域分布最广，并创下油气深水开发的世界纪录；

（2）全球最大的私营天然气生产商和贸易商，也是国际液化天然气技术先驱；

（3）全球最大的汽车燃油和润滑油的零售商，液化石油气及沥青业务也处于国际领先地位；

（4）世界最大的化工产品经营者之一。

壳牌的业务十分广泛，包括石油天然气的勘探开采，石油产品和化工产品的生产营销，煤炭及天然气的生产、加工、营销、发电业务以及可再生能源。

营销策略介绍

壳牌在大约 50 个国家勘探石油天然气，在 30 多个国家提炼石油，把石油销往 100 多个国家。这样，一个地方发生动乱对该公司的其他部分不会有大的影响。在政治气候微妙的国家，公司通过垄断市场以确保获得高额利润。产品多样化限于相互紧密关联和协同的能源和化工行业，极少越出熟悉的行业范围。此结构极易有效地拉平季度不同的收益，在勘探和生产、提炼、销售以及相关化工产品之间保持了良好的平衡态势。应变力强是公司成功的关键。公司密切注视世界各地政治、经济形势的变化及其对国际石油市场的影响，并随时准备应付一切不测。公司经常向各地分公司灌输危机意识，分公司每年都要举行 4 次石油供应突然中断的演习。壳牌船队会随时遇到突如其来的模拟意外。这种能力给公司带来了巨大益处。尽管目前全球各大石油公司合并风潮迭起，壳牌采取的种种举措将继续牢固地保持自己在国际石油工业界的领先地位。

荷兰皇家壳牌公司创立了政策指导矩阵，主要是用矩阵来根据市场前景和竞争能力定出各经营单位的位置。市场前景分为吸引力强、吸引力中等，无吸引力 3 类，并用赢利能力、市场增长率、市场质量和法规形势等因素加以定量化。竞争能力分为强、中、弱 3 类，由市场地位、生产能力、产品研究和开发等因素决定。由矩阵可看出，对落入不同区域的产品，用了不同的关键词指明应采用的战略类型。这里必须指出，由那些矩形组成的区域并未精确地加以限制。该公司的经验是：

（1）各区域的形状是不规则的；

（2）区域的边界不固定，可以相互变化；

（3）在某些情况下，区域之间允许重叠。

处于矩阵中不同位置的拟议战略可概括如下：

（1）领先地位：优先保证该区域产品需要的一切资源，维持其有利的市场地位；

（2）不断强化：应通过分配更多的资源，努力使该区域产品向下一区域移动；

（3）加速发展或撤退：该区域产品应成为公司未来的高速飞船。不过，只应选出其中最有前途的少数产品加速发展，余者放弃；

（4）发展：这个区域中的产品一般会遇到 2~4 个强有力的竞争对手，因此，没有一个公司处于领先地位。可行战略是分配足够的资源，使之能随着市场变化而发展；

（5）密切关注：该区域产品通常都有为数众多的竞争者。可行战略是使其能带来最大限度的现金收入，停止进一步投资；

（6）分期撤退：这些区域应采取的战略是缓慢地退出，以收回尽可能多的资金，投入盈利更大的经营部门；

（7）资金源泉：可行战略是只花极少投资于未来的扩展，而将其作为其他快速发展的经营部门的资金来源。

营销策略分析

1. 细节体现卓越

2006 年 6 月 6 日，壳牌在天津的经销商销售代表接到一个反映使用壳牌出现问题的反馈电话，打电话的是当地一家非常有影响力的大客户。当时正在拜访经销商的壳牌销售人员立即将情况上报壳牌相关部门，技术部收到 Email 后迅速派技术工程师赶赴现场解决问题。通过可以现场检测润滑油的"润滑油检测器"，技术工程师发现问题出在一些车辆行驶里程已经超过 20 万~30 万公里，却没有做定期保养，相应配件存在巨大隐患上。查明问题后，技术工程师进一步为客户提供了具体的问题解决方案。从 6 日客户反映情况，到 8 号早上提供问题的具体解决方案，壳牌之所以能有这样迅速的反应速度，很大程度上依赖于其团队拥有的卓越的执行力。

2. 高效送货

为方便服务经销商，壳牌在各个区域均配有相应数量的车辆和人员，按照规定，经销商发出订单后，必须在 24 小时内送货。此外，通过精确测算，壳牌要求销售人员对自己负责的所有客户的拜访频率要达到两周一次。通过销售人员每天拜访结束后填写拜访表格，以此来保证机制能正常实施，对市场发生的情况能在第一时间获悉，便于壳牌及时做出调整，出台相应的策略。

3. 多渠道策略

润滑油的销售渠道多样，针对不同的渠道壳牌的销售人员采取了相应的销售策略。比如出租车公司的用油和普通家庭的用油有很大不同，出租车每天行驶的里程和起步停车的频率都远远超过了家庭用车，根据出租车的使用规律它更需要使用好油。壳牌还跟渠道客户做联谊，在一些地区帮对方组织一些羽毛球、篮球比赛，这些都是为了与渠道发展更好的合作关系。虽然这些工作很琐碎，但是做好了，对壳牌与客户之间的关系会有很深的影响。

4. 高端计划

根据统计数据，在汽车养护产品选择和使用上，高级润滑油的顾客数量将以每年20%的速度增长，虽然汽车的数量在飞速上涨，但是人们对汽车使用的油的好坏却没有太多的认知，总觉得只有豪车才需要用好的油，其实这是错误的认识，汽车用好的润滑油会减少车子受损的可能性，对车子的保护是非常必要的，所以，壳牌要加强用户对这一情况的正确认识，努力开拓中国市场。

5. 壳牌的成功关键

（1）灵活应对多变形势，科技创新主导资源开发。①借助政治力量，与各大石油公司合作，获得中东石油开采权；②全球统一采购，有利于讨价还价；③凭借高科技，开采偏僻的石油资源，获得巨大利润。

（2）基于核心能源打造一体化的业务链整合。作为一家全球化综合性能源公司，壳牌从事的业务遍及油品、化工、可再生能源勘探与生产、天然气与电力，形成了完整的一体化业务链条。

资料来源：石强. 壳牌：十年创新关爱. 今日工程机械，2013（8）.

🦉 思考题

1. 壳牌为什么要收购统一石油化工有限公司？

2. 2005年之前壳牌给中国消费者的印象是一家典型的外资企业，2005年之后壳牌的中国本土化色彩越来越重，如何理解壳牌的中国本土化？

3. 从壳牌的角度来看，在中国市场上，近几年来，消费者需求发生了哪些变化？

Harley-Davidson（哈雷戴维森）

品牌价值：54.60 亿美元　14%

世界 500 强排名：无

品牌标志：

品牌简介

　　1903 年，William Harley 和 Davidson 三兄弟在密尔沃基创建了著名的 Harley-Davidson Motor Company——哈雷戴维森摩托车公司，100 多年来，它经历了战争、经济衰退、萧条、罢工、买断和回购、国外竞争以及市场变幻的重重洗礼，并经受住了所有考验。如今哈雷摩托车已经行销到 200 多个国家和地区。尽管经济萧条，哈雷仍以年销量 15.7% 的比例增长，今天，哈雷戴维森公司比以往任何时候都更加强大。而且，它并没有因此而放慢发展的步伐。

　　一个多世纪以来，哈雷戴维森一直是自由大道、原始动力和美好时光的代名词。密尔沃基摩托车的形象在全世界车迷心中生根发芽，他们狂热地忠诚于 V 形双缸驱动的摩托车以及制造它们的公司。

　　公司被《福布斯》杂志提名为"年度最佳公司"及 400 名最佳公司之一，并且"哈雷"连续跻身于美国十大最著名品牌，与可口可乐和迪斯尼公司齐名。也许哈雷戴维森摩托车比任何其他 20 世纪的产品都更具深意，因为它象征着美国，它的成功是美国传统制造业的传奇。

哈雷戴维森不仅生产摩托车，还生产 6000 多种部件和配件。此外，哈雷戴维森还拥有一系列摩托车服饰及多样化商品。哈雷的"MotorClothes®服饰"包括服装、鞋、服饰配件、骑行装备、个人物品、家庭用品、玩具、收藏品或特许商品之外的各种小纪念品。

哈雷戴维森第一次进入亚洲市场的时间可追溯到 1912 年哈雷向日本出口摩托车。日本是哈雷在美国经销商网络外开拓的第一个海外市场。1992 年，哈雷于新加坡开设第一家授权经销店；1995 年，哈雷在中国香港开设第一家授权经销店；1999 年，哈雷进入韩国和印度尼西亚市场；2005 年，哈雷正式进入中国内地。2006 年，哈雷在泰国的第一家授权经销店开业。2008 年，哈雷的亚洲代表处落户上海，台湾第一家授权经销店开业，并重新进入马来西亚市场。

目前哈雷戴维森亚洲公司的营销网络覆盖 10 个国家和地区，包括日本、澳大利亚、文莱、关岛、印度尼西亚、韩国、马来西亚、新加坡、泰国和中国，拥有约 30 家授权经销店。

目前哈雷戴维森指定授权经销商网点分布在北京、上海、青岛、温州、大连、成都、苏州、武汉、唐山、重庆、天津和长沙 12 大城市，还在 6 地分别成立了哈雷车主会。哈雷戴维森正不遗余力地引领中国休闲摩托车市场的发展，将象征着自由大道、原始动力和美好时光的哈雷戴维森独特的安全驾乘体验带给中国的摩托车爱好者。通过授权经销商，哈雷戴维森为中国的摩托车爱好者提供经过认证的美国制造的高档哈雷戴维森摩托车——Touring（巡航）、Softail（软尾）、Dyna（戴纳）和 Sportster（运动者）5 个车系，引领摩托车服饰时尚的哈雷戴维森 MotorClothes®服饰及相关产品和售后服务。

营销策略介绍

1983 年，哈雷摩托车成立了品牌社区性质的车友会——Harley Owners Group（哈雷车友团），将其粉丝聚于一堂，并被简称作 HOG。今天，HOG 已发展到 115 个国家，在中国有数千位死忠粉丝。HOG 的死忠粉丝大多数是消费力极高的中青年男性，对他们来说 HOG 更是一种生命存在的方式。那么品牌商是如何在组织之初，分析、调用商品本身的所有人文内涵的？HOG 又是如何发扬自己巨大的组织力和影响力的？

1. 放下自己，相信顾客

传统品牌领导者经常谈到"口碑"，但他们最不信的，却恰恰是顾客能帮自己创造大规模的推广和大规模的销售。问题在于，他们没有给顾客可以帮自己主动传播的内容和素材。

更关键的是，他们不认为顾客在市场中占有主动性，也不相信基于人文和情感的交流，能激发顾客"自发创造推广内容"的能量。但是，时代已经变了！

2. 寻找人、产品和文化的融汇点

我们见过太多的"文化营销"，但如果不是落实到与个人生命体验、族群文化精神对

接的层面，都只能是放空炮，打不到人的心坎上。

无论多么传统还是多么冷门的行业，都可以寻找到真正的人文感动点。这些感动点，必然处于人、产品和文化的融汇点上。企业可以不像哈雷机车那样，成为美国文化的一个标志，但却可以聚焦细分领域，制造或应用各式各样的亚文化分支。粉丝不会为商业疯狂，但却会为人文买单。

3. 组织，组织，再组织

哈雷戴维森永续发展的最佳方式就是亲身体验并快乐分享。诸如 daytona bike week（在美国佛罗里达）等集会正发挥着产品开发中心的作用。在那里，哈雷戴维森看到数千辆摩托车并观察客户如何驾驶它们，他们通过讨论获得新的灵感，然后通过车手们试骑新款产品得到真实而全面的反馈。如果顾客希望全面了解哈雷戴维森及其产品如何设计，不妨亲临一次这样的集会，车手们畅所欲言，他们决定着哈雷戴维森前进的方向。

1983 年，哈雷戴维森成立了哈雷车主会以满足骑手们分享激情和展示自豪的渴望。1985 年，49 家地方分会在全美生根发芽，总会员达到 60000 人，迅速发展的势头一直持续到 20 世纪 90 年代，1991 年，第一次欧洲 HOG 集会在英格兰切尔滕纳姆举办，HOG 正式成为国际性的组织，拥有 685 家地方分会和 151600 名全球会员；随后，HOG 发展到亚洲，新加坡和马来西亚都成立了新的分会；1999 年，全球会员数量突破 50 万大关，地方分会近 1160 个；今天，超过 1000000 的会员人数让 HOG 成为世界上最大的由生产厂商赞助的摩托车组织，而且它的规模还在不断增加。

哈雷戴维森自进入中国以来不遗余力地积极扩展其经销商网络，开展市场活动，从而进一步推进国内高档休闲摩托车市场的发展。哈雷曾参加了上海、大连和成都三地的国际车展，以及上海和北京两地的国际顶级私人物品展，以其一系列积极举措向中国各地观众展示其原装美国进口的哈雷戴维森摩托车以及 MotorClothes® 摩托车服饰与配件。

营销策略分析

在美国有句谚语："年轻时有辆哈雷戴维森，年老时有辆凯迪拉克，则此生了无他愿。"哈雷摩托车之所以出名，不仅仅在于它的设计理念、产品质量，更多的在于它所创造出来的两轮文化以及哈雷精神，其品牌文化已经深入全世界摩托车迷的脑海里。玩哈雷的人从事的行业各有不同，但是有一点是相同的——他们都被哈雷和它所代表的生活方式深深吸引。哈雷车迷是一群成功的、充满活力的摩托车爱好者。他们喜欢休闲的生活方式，富有冒险精神，而且非常热衷于与别人分享对哈雷摩托车的激情，分享哈雷带给他们的独特驾乘体验。

HOG 到今天为止，依然被定义为一个 "sponsored community marketing club"，也就是受到品牌商赞助的社团营销性质的俱乐部组织。从一开始，哈雷公司在理念上就设定：HOG 不仅是促销产品，更是"推销"一种生命存在的方式。HOG 的死忠粉丝绝大多数是消费力极高的中青年男性，他们感觉自己的聚集秘诀就是哈雷摩托本身。但实际上，HOG 绝不仅仅只是一个自然形成的品牌消费者聚集体。所有 HOG 成员都认为：哈雷不仅仅是一部摩托车；它和它背后的故事几乎容纳了一切让男人肾上腺素狂飙的元素——自由、流浪、包容、狂野、财富虚荣、民族主义……但同时我们要明白，HOG 也发扬了自己巨大的组织力和影响力。

资料来源：于子竖. 圆梦美利坚　中国哈雷万里骑士的"朝圣"之旅. 摩托车，2013（12）.

🦉 **思考题**

1. 有人说哈雷精神可以概括为三点：一是富有激情；二是追求自由；三是享受生活。对此你怎么理解？

2. 哈雷的全球战略体现在哪些方面？

3. 哈雷公司是如何在各种不同外部市场的影响下调整自己的战略计划的？

DHL（敦豪）

品牌价值：53.91 亿美元　6%

世界 500 强排名：无

品牌标志：

品牌简介

　　DHL 是全球著名的邮递和物流集团 Deutsche Post DHL 旗下的公司，主要包括以下几个业务部门：DHL Express，DHL Global Forwarding，Freight 和 DHL Supply Chain。

　　1969 年，DHL 开设了他们的第一条从旧金山到檀香山的速递运输航线，公司的名称 DHL 由三位创始人姓氏的首字母组成（Dalsey, Hillblom and Lynn）。很快，敦豪航空货运公司把他们的航线扩张到中国香港、日本、菲律宾、澳大利亚和新加坡。在敦豪航空货运公司致力建立起一个崭新的、提供全球门到门速递服务网络的构想下，20 世纪 70 年代中后期敦豪航空货运公司把他们的航线扩展到南美洲、中东地区和非洲。

　　2002 年开始，德国邮政控制了其全部股权并把旗下的敦豪航空货运公司、丹沙公司（Danzas）以及欧洲快运公司整合为新的敦豪航空货运公司。2003 年，德国邮政收购了美国的空运特快公司（Airborne Express），并把它整合到敦豪航空货运公司里。2005 年，德国邮政又收购了英国的英运公司（Exel plc），并把它整合到敦豪航空货运公司里。至此敦豪航空货运公司拥有了世界上最完善的速递网络之一，可以到达 220 个国家和地区的 12 万个目的地。

　　2007 年 1 月 26 日，敦豪宣布正式启动在中国国内的货物空运业务。

2014年11月19日，河北廊坊开发区某工厂全厂领导和工人都在焦急等待着一个DHL快件（一个重要配件）来恢复生产。但恶劣的天气仿佛要和他们做对，大雾弥漫整个北京，首都机场很多航班晚点，飞机上的快件也迟迟不能落地。

急客户之所急，是DHL员工的共同想法，中外运敦豪的员工提货时，已是晚上7:00，虽然早已过了下班时间，而且天气恶劣，京津塘高速已经封闭，但中外运敦豪的两位工作人员还是克服了所有困难，在晚上10:32将快件安全送达客户手中，尽最大努力保证了工厂及时恢复生产。普通员工的这种工作态度，正是中外运敦豪强调的"Candospirit"的体现。

1986年12月1日由敦豪与中国对外贸易运输集团总公司各注资50%在北京正式成立中外运敦豪国际航空快件有限公司，它是中国成立最早、经验最丰富的国际航空快递公司。合资公司将敦豪作为国际快递业领导者的丰富经验和中国外运集团总公司在中国外贸运输市场的经营优势成功地结合在一起，为中国各主要城市提供航空快递服务。

它在国内21个城市设立了130多个办事处，形成了国内最具规模、覆盖面最广的空运速递网络。该公司有员工1800多名，拥有运输车450多辆，其市场占有率达到了1/3。中国台湾由于信息产业发展迅速，因此在未来几年内将继续成为亚洲快运速递业的一个重要市场。DHL在中国台湾取得了42%的市场占有率，在10个城市设立了25个办事处，聘用了900多名员工，并拥有160部运输货车。

自成立以来，DHL将国际航空快递业领导者的丰富经验联袂中外运集团总公司在中国外贸运输市场的经营优势，为中国各主要城市提供国际和国内的文件、包裹和货物的快递和物流服务，成为为数不多入主中国的国际快递公司（此外还有FEDEX、UPS、TNT等）中的佼佼者。其在中国建立了最广泛的快递服务网络，服务覆盖全国318个城市，近几年平均每年以35%~40%的速度增长。在2006年中外运敦豪成立20周年之际，DHL还宣布启动"中国优先"战略，继续扩大在中国的投资。

可以说，DHL是中国快递业的最大赢家和中国经济贸易发展的见证者。谈到远景目标，DHL给的答案是：做到空运业全国第一，海运业第二，物流业前三名，做中国快递物流市场的市场领袖，并保持全面领先优势，在国际快递行业中提供最佳服务给客户。随着其"一路成就所托"的品牌形象的更新，DHL也在加快其本土化创新和开拓疆土的步伐。

1. DHL物流公司优势分析

（1）高标准的人才

DHL有全球统一的经理人甄选标准，即计划、团队管理、自我激励、沟通能力等10

种核心能力。在全球相通的选才平台上，DHL 的一些经理人往往是在某一国家得到培养，锻炼成长，而在另一个国家酣畅淋漓地发挥他的才能。在中国，DHL 正在经历前所未有的高速发展，因而公司对经理人的要求更高：一方面要求他们是物流操作的行家里手，另一方面他们还要具备跨国公司工作的经历和管理理念。

（2）DHL 非常看重雇员对企业文化的认同

DHL 始终把推广企业文化与培养员工的职业素养结合在一起。满足客户不断提高、个性化的需求，是服务业不断追求的境界，也是 DHL Candospirit 的精髓；与此同时，行业的特点以及不断升级的服务标准，对公司的协作能力提出了很高要求。在这样的背景下，DHL 强调：Candospirit（能够、并愿意为客户尽力服务）和 Teamwork（团队协作）两种精神的结合，始终把握着市场的先机。

（3）完善的人才培养体系

国际化专业人才是企业的核心竞争力，而科学、完善的人才培养体系就是保持这一核心竞争力的坚强后盾。作为国际化企业，DHL 拥有一套完善的员工激励制度。企业对优秀员工的评选激励是多层次、多角度的，从优秀雇员、优秀销售员评选到优秀经理人评选；从季度奖到年度奖；从地区、全国奖励到区域，乃至全球范围的大奖，DHL 的员工有很多机会得到企业的认可。通过完善的激励制度，DHL 让员工充分体验到公司对其价值的认可，享受认真投入的回报。

（4）快乐工作留住人才

人才是企业存在和发展的基础。对于服务行业，特别是高科技含量、高团队协作的快递物流行业，人员的素质更是企业的命脉。中外运敦豪始终把人才作为企业的核心竞争力，这一宗旨在企业文化、制度等方面都有深刻体现。留住人才，才能够保持企业的核心竞争力，进而实现公司的发展。中外运敦豪的开放管理模式，让员工最大限度地保持快乐。其全国作业部地面作业经理宗立国说得好："很多企业问如何让客户快乐，我说，要让客户快乐，首先要让我们的员工快乐，只有这样，快乐才能通过他们的笑脸和双手传达到客户。"

（5）迅速铺设网络建设

目前，中外运敦豪已经在中国市场建立了最为完善的快递服务网络，拥有 56 个分公司，北京、上海、广州、深圳等四个国际口岸作业中心，以及青岛、大连、成都、武汉、厦门、福州、西安等 7 个直航口岸作业中心，业务网络覆盖全国 318 个城市，并以 37% 的市场份额在中国的国际快递市场独占鳌头。尽管如此，中外运敦豪始终将网络建设摆在重要的战略地位，对于一个以"精工细作"取胜的产业来说，不断追求完美是取胜的关键。

（6）细化专业服务内涵

中外运敦豪以近 40% 的市场份额稳居中国航空快递市场的领导地位，作为领导者，中外运敦豪从未满足于这一成绩，而是始终强调细化服务内涵，不断开发新产品，致力于用更丰富的产品、更贴身的服务，主动满足客户对快递服务的更高期待。中外运敦豪最新推出的"快件价值保险"是针对快件在运输途中因外在因素导致的物理损失或丢失，承担赔偿责任的保险。

2. DHL 物流公司存在的问题分析

DHL 物流公司在发展过程中遇到了很多问题：

（1）DHL 物流公司还停留在过去的基础上提供快递服务，不能够成为真正综合快递服务提供商；

（2）DHL 物流公司无法为国内市场提供有效服务；

（3）另外，物流作为一种社会化要求很高的行业，从整个社会、国家或全球的角度来看，DHL 物流公司并没有使社会处于快递运作的最优状态。

（4）其价格较高，包裹价格高于文件价格，导致部分客户流失。

3. 货运需求的影响因素分析

①市场环境变化将影响货运需求，包括国际、国内贸易方式的改变和生产企业、流通企业的经营理念的变化及经营方式的改变等。

②宏观经济政策和管理体制的变化对货运需求将产生刺激或抑制作用。

③货运服务水平对货运需求也存在刺激或抑制作用。

④技术进步诸如通信和网络技术的发展、电子商务的广泛应用，对货运需求的量、质和服务范围均将产生重大影响。

⑤消费水平和消费理念的变化也将影响货运需求。

4. DHL 物流公司解决问题的措施分析：

业务流程再造已成为当今世界企业管理领域关注的热点问题。业务流程再造的兴起与发展，引发了 DHL 管理前所未有的变化，如 DHL 流程的变化、DHL 组织结构变化、DHL 管理系统及管理模式变革等。这些变化对 DHL 变革而言是重要而深远的。

此外，还应做到以下几点：

（1）不断创新，改革落后的物流机制。

（2）细分服务市场，有效地为社会提供服务。

（3）建立较综合的、系统性的技能和整合应用技术的全球化网络并制定全面系统的供应链战略。

（4）信息化、科技化，反应机制迅速化。

（5）合理调整邮费，建立全面的邮递网点。

资料来源：赵建凯. DHL 运送"服务". IT 经理世界，2011（4）.

🦉 **思考题**

1. DHL 物流公司有哪些优势？

2. DHL 物流公司存在哪些问题？

3. 简述 DHL 物流公司解决问题的措施。

Sprite （雪碧）

品牌价值：53.65 亿美元　−5%

世界 500 强排名：属可口可乐公司

品牌标志：

品牌简介

雪碧（Sprite）是可口可乐公司 1961 年在美国推出的柠檬味类型汽水。

"Sprite" 饮料于 1961 年在美国市场一经推出，便迅速成长为世界汽水市场的热销品牌之一，现在 "雪碧" 的营业收入已经占可口可乐公司总收入的较大比例。

"雪碧" 一词，音译自英语 Sprite，原意为妖怪、精灵。作为一种饮料，把它译为 "雪碧" 可谓是煞费苦心。雪，有寒意，符合汽水的清凉口感；碧，清澈碧绿，契合瓶身外包装颜色，既符合中国消费者的认知，又巩固了品牌形象。在大夏天，这样的饮料名，听着就想喝。这样的字又何止 "一字千金" 呢？

可口可乐把 "Sprite" 作为引入中国市场的主要战略品牌，并融合中国传统文化音译成 "雪碧"，在汉语中有纯洁、清凉的含义，使人在炎热的夏季里联想到一片纷飞的白雪，一潭清澈的碧水，顿时有一种清凉之感，产生 "挡不住的诱惑"。"雪碧" 一贯奉行世界级明星代言策略，张惠妹、世界跳水皇后伏明霞等先后倾情演绎年轻、时尚的品牌内涵，广告语"透心凉，心飞扬"曾成为年轻一代人争相传颂的"歌谣"，其品牌知名度几乎是家喻户晓、妇孺皆知，"雪碧"已成为中国柠檬味汽水市场的领导品牌。

营销策略介绍

"音乐本身是年轻人生活中的激情点，但是它不属于任何人和任何品牌。而雪碧在利用音乐作为自己的营销方式的时候，最关键的是要做得与众不同。"上海世博会全球合作伙伴可口可乐（中国）饮料有限公司雪碧品牌市场部总监马文在接受记者采访时表示，雪碧在阐述自己的营销策略或者音乐营销定位的时候，其实倡导的是年轻人的表达自我，"不一定非要成为明星才有权利享受音乐、参与音乐，作为一个普通的年轻人，音乐可以是在某个时刻和场合非常适合的表达方式，你就可以参与其中。"

2009年1月16日，雪碧中国原创音乐流行榜在北京举行颁奖典礼，这也是雪碧中国原创音乐流行榜的第8个年头。在过去的8年里，雪碧始终坚持了这种利用音乐的营销方式，在高层的平台上建立起雪碧品牌与音乐的关联。事实上，雪碧从1984年进入中国市场以来，直接针对的是柠檬味的碳酸饮料市场，"晶晶亮，透心凉"的口号也准确地概括了产品本身的特性。而在情感角度上，雪碧的品牌定位则是相对年轻的。雪碧品牌首先针对的是20岁上下的消费者，强调的是年轻人无拘无束、自由自在的特点，鼓励年轻人表达自我。而音乐正是这些年轻人最关注的激情点。业内人士认为，任何一个品牌在选择一种营销方式的时候首先要关注两点：第一点就是我要对谁沟通，对谁来说这件事情；第二，就是在跟这些人沟通的时候，会采取一个什么样有效的方式能够到达我的受众。

1. 让消费者自己成为主角

事实上，音乐营销作为一种针对年轻人有效的营销策略，已经被越来越多的品牌所应用并取得了不错的效果。如蒙牛酸酸乳冠名的"超级女声"就曾经被评为年度最佳的营销案例，更有趣的是，可口可乐的老对手百事可乐也一直是音乐营销的行家，百事可乐不仅拥有强大的明星阵容，在几年前也曾经运作了一个"百事风云榜"的流行音乐榜单。在雪碧中国原创音乐流行榜之外，雪碧还赞助了其他音乐活动，其中包括与湖南卫视合作的"绝对唱响"；与江苏卫视合作的"名师高徒"等音乐活动。这些都成为鼓励年轻人通过音乐来表达自我，展示自己的才华，充分地追求自己梦想的平台。

2. 音乐营销的长效机制

其实在过去的8年里，雪碧中国原创音乐流行榜每年都有新的内容出现。最初是广播节目，直到3年前通过与湖南卫视的合作才把它做成电视节目，同时还配合了"红人馆小型演唱会"的地面上的活动。整个雪碧中国原创音乐流行榜逐渐发展成整合的音乐营销。

营销策略分析

当今对于一个企业来说，品牌变得越来越重要，企业也开始加大品牌方面的投入，进行品牌宣传。以品牌论成败的时代，若企业不能很好地把握，企业必定不能在众多的企业竞争中脱颖而出。大企业都会有相应的品牌推广案例，通过企业品牌推广案例的借鉴，再结合企业自身的诉求点，才能真正做好品牌推广。

雪碧品牌由此而注入更多活力和时代气息。雪碧长期以来通过音乐平台和年轻消费者进行沟通，所累积的众多音乐营销资源，也将随着品牌口号的升华继续提供更有力的支撑。无论是重量级的华语乐坛代言人周杰伦、林俊杰、张靓颖等，还是连续5年的音乐选秀节目，都将年轻人所推崇的活力、灵感、炫酷气质展现得淋漓尽致。

从定位层面看，原创音乐的特征就是年轻化，这一特质不但适用于已经在音乐上有成就的明星，同时也适用于热爱音乐但不出名的爱好者。锁定关注原创音乐的年轻群体，是雪碧品牌音乐营销的主旨。雪碧品牌市场部总监马文表示，雪碧选择音乐作为营销的一种工具和平台，首先是考虑到音乐在年轻人生活中的地位。此外，从品牌本身定位的角度来讲，音乐非常适合这个品牌。雪碧的外在特性就是一直倡导年轻人勇于自我表达、自由自在、无拘无束的生活方式。选择音乐来做雪碧的品牌营销，目的是建立雪碧与年轻人之间的一种沟通。

资料来源：任蕾蕾. 雪碧品牌广告的符号学透视. 鸡西大学学报，2011（2）.

思考题

1. 雪碧的广告宣传是怎样结合其市场定位的？
2. 雪碧的音乐营销对其品牌发展有怎样的影响？

82. 快消品

Lego（乐高）

品牌价值：53.62 亿美元

世界 500 强排名：无

品牌标志：

品牌简介

乐高公司创办于丹麦，至今已有 80 多年的发展历史，追本溯源，还得从它的金字招牌 LEGO 说起。商标"LEGO"的使用是从 1934 年开始，来自丹麦语"LEg GOdt"，意为"play well"（玩得快乐），并且该名字首先迅速成为乐高公司在比隆（Billund）地区玩具工厂生产的优质玩具的代名词。

多年来，"LEGO"图标也变化了多种形式，最新的图标是 1998 年制作的，它是在 1973 年的版本基础上稍作调整而成，使之更便于在媒体上传播和识别。第一个生产地在丹麦的一所红房子中，那里就是乐高开始的地方。

乐高公司创立于丹麦的一个小城镇——比隆。他的创始人克里斯第森先生出生于 1891 年，是一个出色的木匠，有着自己的木制加工厂。他为人忠厚，坚毅，性格乐观幽默，积极向上，这使他能够在 20 世纪 30 年代欧洲的经济危机时顺利地渡过难关。

1. 木制乐高

克里斯第森先生开始将他精细的木制手艺和艺术感应用于木制玩具。他在工厂里挂起了块木牌，上面刻了他的座右铭："只有最好的才是足够好的。"这条格言直到今天仍然是乐高公司的第一准则。

2. 塑胶乐高

从 20 世纪 40 年代后期开始，乐高公司开始成为一个家族性质的企业。克里斯第森的四个儿子陆续加入了公司。卡尔乔治曾经受过细木工方面的训练，负责塑胶生产；哥尔德是一个奶品商，负责木制玩具的生产；乔恩负责运输；从 50 年代起，哥特弗雷德开始担任助理执行总裁，此时他们也已经发展成为拥有 140 人的小工厂。哥特弗雷德一直在思考，当进口玩具的禁令取消后，如何使玩具业发展起来？能考虑出口吗？1953 年公司开始与挪威的一家塑胶工厂合作，挪威的工厂从比隆租用模具，在挪威生产并销售乐高玩具。

3. 业务拓展

在 80 年代初，乐高集团开始延伸生产线至教育方面，一个独立的教育产品部门专责发展此类产品供应给学校、幼儿园及早教机构，在设计时并已考虑到伤残儿童。今天，这个部门已经改名为 Dacta。除此之外，成功的乐高组（Lego theme）还包括太空组及城堡组。

直至 80 年代末，海盗组主导着乐高集团，领导它成为整条生产线中最成功及最热卖的积木组之一。其他构思如得宝（Duplo）及科技组也开始相继投产，例如有名的得宝动物园及科技汽车（TECHNIC cars）。此外，乐高开始发展儿童服装。而于 1988 年举办的第一届乐高官方建设世界锦标赛（LEGO World Cup Building Championship），更提高了乐高的国际声誉，纵使其产品销售已走向国际，但它的根始终在自己的故乡——丹麦。

营 销 策 略 分 析

乐高的成功有多方面的原因，以下就是其中几条作为营销者可以学以致用的内容营销策略。

1. 内容背后传达理念

内容需要有一个更大的理念进行引领：哪怕已经成年，你依然可以施展你的想象力。大人们通过拼出自己的乐高小人或模拟场景并将这些分享到"乐高创造"，来实现自己的"想象力"。借助乐高，大人们仿佛又变回了孩子。

一个内容营销者需要在自家的内容中找到想要传达的最深层的品牌理念，然后以此为所有行动的指导原则。深层内涵意义重大，不然营销就有很大风险流于肤浅。企业必须思考，对于其用户到底什么才是真正重要的。

2. 围绕品牌构建社区

在乐高的网站上，消费者有机会认识其他有相同爱好的人。这些网站上的内容，包括视频、图片以及留言板，构建起了人们渴望的社区。

想一想公司如何才能将用户聚集到一起。在网上，人们总在想方设法寻找建立个人化联系的途径，毕竟光是浏览总是缺了一点人情味。

3. 将内容创造交给用户

乐高将创造内容的机会更多地交给了自己的用户，这可以让用户感觉自己成了公司成就的一部分，从而换来更高的品牌忠诚度。

鼓励用户来创造内容，要实现这个目标，企业可以建立社区、举行比赛或是鼓励投稿来向其他用户展示。

4. 用独特视角表现当下热点

在社交媒体上，乐高懂得如何借助当下热点，并将自己的品牌营销融入其中。举例而言，他们并没有简单地写上一句"恭喜威廉、凯特生下小王子乔治"，而是用乐高搭出了三人的形象来庆祝这一喜事。

找到让自己的品牌融入时下热点事件的方法，正确的操作可以让品牌营销事半功倍，这可比按时更新状态或是转发新闻强多了。

像乐高这样充满创意和想象力的内容可以帮助企业取得辉煌的成就。

资料来源：白中. 全球玩具产业中的乐高传奇研究. 四川外国语大学，2014（4）.

🦉 思考题

1. 乐高是如何运用内容营销的？
2. 乐高在产品推出的同时会如何运用各种媒介？
3. 进入互联网高速发展的时代，越来越多的传统玩具受到了电子虚拟游戏的冲击，乐高是如何对待冲击的？

John Deere（约翰·迪尔）

品牌价值：52.08 亿美元　2%

世界 500 强排名：323

品牌标志：

🎙 **品牌简介**

　　位于北达科他州法戈市的集成电子元器件制造商 John Deere Electronic Solutions 公司，作为首家 OEM 企业，顺利通过 IPC J-STD-001&IPC-A-610 QML 认证，被列入 IPC 可信资源库。

　　John Deere Electronic Solutions 的生产工艺与产品质量，完全符合 IPC 两大重要标准：IPC J-STD-001（《焊接的电气与电子组件要求》）与 IPC-A-610（《电子组件的可接受性》）对三级产品最为严格的要求，这意味着该公司生产的电子组件具有很高的可靠性。为此，作为电子行业的最佳实践典范，该公司被列入 IPC QML/QPL 可信资源库。

　　John Deere Electronic Solutions 公司运营经理 Bryan Bossert 说："John Deere Electronic Solutions 作为先进电子制造行业的领导者，已有 100 多年的历史。我们承诺产品质量和客户成功，这一承诺驱使我们要达到甚至超越 IPC QML 认证项目设定的标准目标。我们很荣幸获得 IPC 对我们在电子组装行业卓越表现的认可。"

IPC QML/QPL 认证是一项电子行业供应链的认证，依据 IPC 标准的要求，对电子企业的产品和生产工艺进行审核与认证。

IPC 认证项目总监 Randy Cherry 说："与其他审核项目不同，IPC 认证项目专业深入地评估企业的产品和工艺是否符合 IPC 标准。我们很高兴看到 John Deere Electronic Solutions 成为 IPC 可资信 QML 供应商中的首家 OEM 成员。"

📚 营销策略介绍

美国约翰·迪尔公司（John Deere）于 1837 年成立。它由一家只有一个人的铁匠店发展为现今在全世界 160 多个国家销售，在全球拥有约 37000 位员工的集团公司。从 1837 年至今，公司一直遵循约翰·迪尔的价值观：对产品质量、顾客服务、诚实经商的承诺，尊重个人贡献。通过持续不断的改进和有益的成长，公司努力为股东创造价值。

1. 发展战略

（1）发展和追求商业中的每一方面都占有主导地位。

（2）在全世界农业设备市场扩大约翰·迪尔优秀的主导地位。

（3）为约翰·迪尔品牌的发展创造新机会。

2. 公司业务与产品

公司在建筑、森林、草坪和草皮培养等农业设备生产方面占主导地位。另外，公司也生产柴油机和其他工业动力设备，在信用卡、健康护理和专门技术方面提供产品和服务。

3. 约翰·迪尔公司在中国

约翰·迪尔公司始终致力于中国农机市场的发展和培养。20 世纪 70 年代初，约翰·迪尔公司董事长威廉·休伊特先生率美中贸易全国委员会访华。80 年代，约翰·迪尔向黑龙江佳木斯联合收割机厂和河南开封联合收割机厂转让了先进的联合收割技术，向天津、沈阳和长春三个拖拉机厂转让了先进的拖拉机生产技术。此外，约翰·迪尔公司一直以培训中国工程技术人员成为中国的农机设计与制造方面的专家为己任，并取得了丰硕的成果。

1995 年，约翰·迪尔公司在北京成立办事处。1997 年，约翰·迪尔与佳木斯联合收割机厂建立了中国农机行业第一家合资企业——约翰·迪尔佳联收获机械有限公司，从此约翰·迪尔公司在中国的项目进入一个崭新的阶段。90 年代，约翰·迪尔为中国新疆地区设计生产出能采收 30~60，8~68，10~66 公分行距棉花的摘棉机，为新疆棉花收获机械化打下了坚实的基础。2000 年初，约翰·迪尔公司相继在中国注册成立约翰·迪尔（中国）投资有限公司，约翰·迪尔（天津）国际贸易有限公司，进一步加大了在中国的投资力度。为了能够生产出中国农业用户买得起、用得起的高质量产品，约翰·迪尔公司于 2000 年 8 月与天津拖拉机制造有限公司成立了约翰·迪尔天拖有限公司。2004 年 12 月

16 日，约翰·迪尔佳联收获机械有限公司成为约翰·迪尔公司的全资公司。约翰·迪尔公司将秉承用户至上的宗旨，以高质量的产品和服务最大限度地满足中国农业用户的要求。

营销策略分析

生产出第一架犁后的 10 年，约翰·迪尔每年制造 1000 架犁。公司创办早年间，约翰·迪尔制定出开展业务的几条原则，这些原则一直得到忠实的执行。其中一条是他对高质量标准的坚持，约翰·迪尔发誓："我绝不把自己的名字放在不能体现最佳性能的产品上。"

他早期的一位合伙人责怪他不断更改设计，说这是多余的工作，因为他们生产出什么，农民就得买什么。据说约翰·迪尔回答道："他们不必非买我们的产品，别人可能打败我们，我们就会失去生意。"约翰·迪尔公司在其历史上，一直极其强调产品的开发和改进，对产品研发的投入占利润的百分比一贯高于行业内大多数公司。

资料来源：刘佳妮. 约翰·迪尔与经销商"携手耕耘，共创未来". 农机市场，2012（12）.

思考题

1. 简述约翰·迪尔的发展战略。
2. 简述约翰·迪尔的核心价值观。
3. 简述约翰·迪尔的企业文化。

Jack Daniel's（杰克·丹尼）

品牌价值：51.61 亿美元　6%

世界 500 强排名：无

品牌标志：

品牌简介

　　杰克·丹尼酒厂位于田纳西州的莲芝堡，是美国最古老的注册酒厂。杰克·丹尼酿酒厂坐落在盛产上好米、黑麦以及大麦芽的田纳西山谷。杰克·丹尼的威士忌之所以与众不同，是由于它在提炼出威士忌酒后还把它放在 10 英尺厚的用糖枫树烧成的炭上面过滤，经木炭醇化后的威士忌酒被放入酒库里碳化过的白栎木桶内存放和陈化。恰是这最后一道工序使杰克·丹尼生产的威士忌酒，获得了"田纳西威士忌酒"的美名。该产品多年高居美国威士忌销量冠军。威士忌如同香槟一样有着悠久的历史。在众多知名的威士忌品牌中，杰克·丹尼的历史可追溯到一个多世纪前，其酿酒厂是美国历史记载上最古老的酿酒厂。

　　在杰克·丹尼酒厂 130 年的历史中，除杰克·丹尼本人以外，只有 6 个人担任酿酒师，杰夫是该厂现任的总酿酒师。对于杰克·丹尼的威士忌酒来说，所有出售的酒都经过他的亲自品尝，他品尝时总是将新酿造的酒与陈酒进行比较，以确保威士忌的质量始终不变。杰克·丹尼作为世界知名的酒类品牌，曾达到全美销量第一，全球销量第四。

杰克丹尼酿酒厂已经成为美国著名的历史旅游胜地。它于 1866 年获得营业许可，所酿造的陈年田纳西香醇威士忌一直沿用杰克先生 1866 年所使用的方法，并始终遵照其创始人的座右铭："滴滴精酿，始终如一。"

虽然它只是地处田纳西州仅有 300 多户人家的林奇堡，然而就是这样一个名不见经传的小镇，却因为威士忌酒而名扬海外，每年都会有源源不断的来自世界各地的威士忌迷聚集在此。

1850 年，作为家里第 10 个孩子的杰克·丹尼出生在田纳西的一个大家庭之中。离家出走的他，曾经跟随一个传教士学习酿造威士忌的手艺。此后他在自己十几岁的时候就买下了一座酿酒厂，并在 1866 年第一个向政府注册。就是在这一年，凭着自己的勤奋和对威士忌一丝不苟的严谨态度，以及南方人特有的朴实诚信，杰克·丹尼很快使以自己名字命名的威士忌打开了销路。

营销策略介绍

1. 4P 分析

杰克·丹尼是世界 10 大名酒之一，在酒业中占有很大的领导地位，对该公司的营销方法进行 4P 分析，可以全面地了解杰克·丹尼公司的发展情况。

（1）产品。杰克·丹尼使用上好玉米、黑麦和麦芽作为制造威士忌的材料，采用材料发芽、磨碎、发酵、蒸馏、炭化、陈年、装瓶这一精致的制作流程，以确保威士忌的质量始终不变，为杰克·丹尼平添了与众不同的味道，并最终获得"田纳西威士忌"的美名。

（2）价格。杰克·丹尼在定价方面采用了低价格策略，价格均在 100~200 元，在名酒行业中杰克·丹尼的酒价处于偏低地位，以适应中低端消费者的需求，并打造自己的酒业市场。

（3）促销。主要集中在节假日以及婚庆活动中的促销，使用套装礼盒以及传统式买一赠一的捆绑销售政策的形式进行销售。

（4）渠道。杰克·丹尼采取商超、大中型餐饮业以及网络营销的形式进行销售，分销渠道主要分布在餐饮业和网络营销方面。

2. 铺货

对于终端零售店非常多的日用品、食品等，在新产品、新品种上市时，实行地毯式铺货方式是一种很有效的营销策略。在产品入市阶段，企业协同经销商主动出击，将货物送达终端，通过实行地毯式铺货的方式迅速提升终端的铺货率。

（1）地毯式铺货方式——杰克·丹尼营销策划方案的特点

①集中营销策划。集中人力、物力、财力实行地毯式营销策划铺货，其气势宏大，对每一片区域的短期影响力很强，容易让终端客户和消费者记住所推广的品牌。

②快速营销策划。实行地毯式铺货，铺货时间非常集中，高效、快捷地在目标区域开拓批发商、零售商，一个目标区域市场完成 80% 的铺货一般不超过 30 天。

③密集营销策划。采用地毯式铺货方式在目标区域市场密集开拓食杂店、夫妻店、中小型超市、连锁店等零售店和酒店、餐饮店，即一个门店挨一个门店，铺货不留空缺，从空间上达到密集型覆盖。

④系统营销策划。实行地毯式铺货期间，工作系统而细致，且要求一步到位。

（2）实施地毯式铺货——杰克·丹尼营销策划方案成功的关键

地毯式铺货只能成功，不能失败。如果铺货失败，将会打击业务员和经销商推广产品的积极性，增加后续工作的难度。要使地毯式铺货能成功，必须做好以下几点。

①认真挑选经销商。要在短期内迅速将产品铺到零售终端，必须有经销商的协作，以经销商为主，同时厂方配合经销商主动出击，充分发挥经销商的网络优势。经销商要有吃苦耐劳的实干精神，要有销售经验丰富的业务员，具备送货服务的车辆，以保障营销策划运输服务。挑选经销商时，要选择有终端经营意识，有发展愿望的成长型经销商。营销策划不能选择坐等顾客上门的"坐商"。

②制订明确的铺货目标和计划。在"铺货"之前，应由业务员进行踩点调查，掌握目标区域批发市场和零售市场的特征，包括产品批零差价、货款支付方式、同类产品的促销方法、消费趋势及其共性等和铺货对象的分布状况。

3. 宣传

①以常规通路为前期产品切入市场的形象展示点，到产品切入市场后期，延伸为产品购买的支撑点。

②将婚宴用酒的特殊通路作为目标客户的接触点，通过严密的利益线设计，将特殊通路变为产品与目标客户的直接沟通和交流点，强化产品的口碑宣传效果。推进目标客户对产品品牌的信任和接受。

③通过常规通路和特殊通路的合理组合，快速提升消费者对该品牌的信心和信任，最终达成互动行销。

4. 提高全员动力

①目标客户的购买利益线设计，提高产品在众多竞争品牌中的竞争力；

②传统销售渠道的利益线设计，推进产品快速进店和上市，同时要兼顾产品的首次进店和上货的利益推动；

③特殊通路各环节的利益线设计，确保与目标客户首次接触的信息和信心传递到位，加深品牌在目标客户心目中的印象，促成后期的购买行为；

④企业内部营销人员的利益线设计，一个好的营销人员利益线设计政策，往往可以达到事半功倍的效果。

营销策略分析

杰克·丹尼的整个生产过程都有着极为严格的规定，而且早在选玉米、黑麦和大麦等原料的环节就严格把关。这些谷物用酒厂附近的山泉水加工，成为一种麦芽浆。泉水温度常年保持在华氏 56 度，不含铁质，但富含石灰质。杰克·丹尼的威士忌就是通过古老的，使麦芽浆变酸的方式酿造出来的。当然，这种威士忌不是真正的酸性酒，我们把它叫做酸麦芽浆威士忌酒。

发酵的最后结果就是产生了所谓"酿酒人的啤酒"，然后把它装进蒸馏器里提炼。如果把提炼出来的威士忌立即装入桶内存放和陈化，它就可能成为波本威士忌酒。但是，杰克·丹尼酿酒厂在提炼出威士忌酒后还把它放在用糖枫树烧成的炭上面过滤，于是酒就缓缓地滴下来。恰恰就是这最后一道工序使得杰克·丹尼生产的威士忌酒远远胜过了波本威士忌酒。

资料来源：张矢的. 杰克·丹尼——历史悠久的美国威士忌名品. 中国酒，1995（8）.

思考题

1. 杰克·丹尼的消费人群怎么划分？
2. 杰克·丹尼在定价上有什么特点？
3. 试对杰克·丹尼的宣传提出好的方案。

85. 汽车

Chevrolet（雪佛兰）

品牌价值：51.33 亿美元　2%

世界 500 强排名：隶属通用汽车公司

品牌标志：

品牌简介

　　雪佛兰作为通用汽车集团下最大的品牌，按迄今为止的累积汽车生产量计算，雪佛兰能算得上是世界上最成功的汽车品牌。目前，它在美国销售排行榜上位居第一。它的车型品种非常广泛，从小型轿车到大型 4 门轿车，从厢式车到大型皮卡，甚至从越野车到跑车，消费者所需要的任何一种车型，都可以在雪佛兰中找到一款相应的车型。自 1912 年推出第一部产品以来至今销量总量已超过 1 亿辆。其市场覆盖到 70 个国家，曾经创下每 7.2 秒销售一部新车的纪录。2004 年雪佛兰全球销量超过 360 万部新车，占全球汽车当年销量总量的 5%。作为通用汽车旗下最为国际化和大众化的品牌，雪佛兰拥有强大的技术和市场资源。

　　从 2005 年 2 月起，从前的韩国大宇车型在欧洲也换上了雪佛兰的金领结，这家韩国汽车制造商也已经归属通用汽车，在它旗下有马蒂兹、卡罗斯、旅行家等一系列畅销车型。2010 年 1 月 11 日新赛欧上市，6 月 1 日雪佛兰新赛欧两厢上市，"赛欧"这个经典的品牌获得了完美的新生。

雪佛兰是通用汽车全球知名汽车品牌之一，90多年来，一直以生产安全可靠的汽车产品享誉业界。上海通用汽车将本土化设计与改造理念融入雪佛兰，曾担任君威、凯越等车型本土化改造的泛亚汽车技术中心有限公司已经完成了对雪佛兰车型的本土化设计与调校，稳定的产品性能、良好的经济性将成为雪佛兰产品的共同特点。

上海通用汽车位于烟台的东岳生产基地针对雪佛兰轿车的特点，在产品规划、生产制造、零部件采购等方面完全纳入上海通用汽车的一体化管理，并使其在制造工艺、产品质量、管理模式乃至经营理念等方面保持与上海通用汽车同步的水准。

而采购体系则完全按照上海通用汽车现有标准执行，从对供应商的考核标准，到所供应的产品的严格检测，都为可靠的产品品质提供了保障，同时，也保障了消费者的根本利益。

📖 营 销 策 略 介 绍

雪佛兰汽车公司是于1911年由一个瑞士人创建的，当时其产量排世界第六。公司于1918年推出首台雪佛兰货车，也就是这一年雪佛兰公司被通用公司购并。但它的销量已超过所有其他美国品牌，其供货品种多种多样。

区别于上海通用汽车别克销售店，雪佛兰体现温馨、亲切的风格，使顾客有回家的感觉。比如雪佛兰的销售人员不着西装，取而代之休闲装，科学化的管理，年轻化的销售队伍更孕育着雪佛兰品牌的勃勃生机。有70%的雪佛兰经销商来自与上海通用汽车合作多年的别克经销商，其成熟的售前售后经验将为首次购车的消费者提供更贴心到位的服务。针对消费者普遍关心的售后服务以及零配件价问题，上海通用公司在保证"雪佛兰配件价格将很有竞争力"的同时，更设计了叫号服务、销售顾问、免费保养维护等一系列具有针对性的温馨亲切的服务举措。今后，上海通用汽车雪佛兰售后服务中心还将给用户更多的惊喜，做到真正为顾客着想的贴心服务。

上海通用汽车自成立以来，始终致力成为国内领先并具有国际竞争力的汽车企业，其信心建立在其多品牌和全系列车型的战略上，不断创新和开拓新的细分市场的能力上，建立在从品牌到产品，从开发到制造，从营销到服务整个体系的差异化竞争优势上。这种优势还将在雪佛兰身上延续下去，使雪佛兰必将是普通消费者的购车首选。

2014年12月，汽车产销环比和同比均呈一定增长，月度产销量均创历史新高。2014年，汽车产销双双超过2300万辆，增幅与上年相比有所回落。其中最耀眼的明星车型当属刚刚在2014年4季度完成全面换代的雪佛兰科鲁兹家族，12月全国销量达到惊人的35603台，荣登2014年末销量排行榜冠军。

📖 营 销 策 略 分 析

1. 消费者分析

作为目前国内最火的紧凑型家用市场，买车的消费者年龄已经开始逐渐年轻化，这也是为什么现在的紧凑型车变得越来越年轻和越来越运动。汽车界一般都是3年一小改7年一换代，可是科鲁兹上市了这么多年却依然毫不改变。

科鲁兹诞生于通用的 Delta Ⅱ 平台，这也是通用目前最新的紧凑型轿车平台，它继承了雪佛兰车型的家族特点，前脸的造型与著名的大黄蜂有些神似，凭借整体流畅和谐的造型和雪佛兰品牌的影响力，科鲁兹也取得了不错的群众口碑。年轻人群特别喜欢，据我们调查，25~35 岁年龄段人群是科鲁兹的主力。科鲁兹的外形的确够潮够时尚，棱角分明的轮廓，上扬的灯眉令科鲁兹非常有型。科鲁兹是通用紧凑车型平台——Delta Ⅱ 平台的首款车型，源自欧宝的 Delta Ⅱ 平台血统纯正，令克鲁兹的车身设计和底盘调校可圈可点。

2. 目标消费群的需求分析

（1）心理特征分析

中端品牌汽车的购买者在看重汽车价格的同时，对汽车的品牌、质量、顾客的口碑，还有 4S 店的售后服务同样十分重视。中端品牌顾客心理特征如下：

①渴望创造人生的价值，自己的能力得到发挥和认可，相信未来充满可能性。积极向上，乐于接受挑战，突破自我，富有实干精神，专注且精力旺盛。

②有明确的预算，认同物有所值但不牺牲品质，对于日用消费品，不会费尽周折去货比三家；在合适的价格范围内，喜欢就买。对于耐用消费品，喜欢多方面收集资料并进行对比；紧跟国际潮流趋势，注重质量、口碑、服务。喜欢去大型超市、当地中上等商场。

（2）消费群的需求洞察

①品牌态度。重视品牌和口碑，但不忠诚于单一品牌，认为品牌体现了产品、个人品位、质量保证和服务水平，多数人不太在意品牌档次是否代表了个人身份，信任主流的大品牌、合资品牌。

②对性价比高的汽车的追求。科鲁兹的高端配置、高性能和高性价比将给中端消费群的消费理念带来强烈的冲击，许多在进口豪车中才会出现的高科技配置以及优雅动感的造型设计无不显示出上海通用雪弗兰日趋精进的造车工艺。

③对心理上情感上的追求。中端消费群在消费过程中不但追求生理的需求和满足，更多的是在追求心理上的需求，追求一种感觉、自身价值的认同。只有优良的汽车品质、良好的售后服务才能使消费者的心理需求得以满足。

雪佛兰的成功在于其营销策略的运用，下面分别从几方面对雪佛兰的营销策略进行分析。

（1）产品策略分析。雪佛兰轿车充分运用通用汽车全球技术资源，将其在中国的业务融入全球业务中，为消费者提供更丰富的汽车产品和更高质量的服务，雪佛兰轿车一直在中国坚持推行本土化的产品策略。雪佛兰轿车本土化产品策略的目标是利用通用汽车丰富的全球资源，为中国消费者提供更丰富的产品选择，实现合作伙伴、消费者、中国汽车工业、通用汽车共赢。因此，通用汽车没有像其他汽车公司一样，在中国采用滚动发展的战略，而是大规模投资中国汽车工业，实施本土化战略。通用汽车认为，必须在中国建立起坚实的发展基础，才能在以后的竞争中处于有利位置。

产品目标市场定位为事业有成，进取心强的高收入人群所构成的市场，这部分人群生活稳定，希望在成功基础上再次超越，体现并提升自我价值成为这部分人群的追求。他们追求时尚，个性张扬。

（2）价格策略。雪佛兰采取多层次的价格，使消费者买到适合其价位的汽车。雪佛兰在专卖店的价位跨度从 80000~22000 元，主要分三个层次：

①以赛欧为主的低价位 100000 元以下车型；

②以科鲁兹、景程为主的中价位 100000~150000 元的车型；

③以科帕奇为主的高价位 200000~300000 元的车型。

（3）渠道策略。主要集中在网络营销和 4S 店，雪佛兰采取的是集中代理营销，其中网上营销占有很大的优势，因为雪佛兰在低等价位车系中性价比高，所以受很多消费者的青睐。

（4）促销策略。当中国许多行业还在对当前国际营销理论中最流行的"整合营销传播"理论加以学习和分析时，通用汽车在雪佛兰轿车上早已开始实践并取得了明显的成效。大手笔的"整合营销传播"是通用汽车品牌推广的一大特色。通用不仅在各类电波、平面媒体上有着"一掷千金"的硬广告投入，更综合运用了各种软性的宣传工具。

资料来源：刘晓云. 雪佛兰"变形"营销记. 成功营销，2014（8）.

思考题

1. 雪佛兰的竞争对手有哪些？

2. 试对雪佛兰进行 SWOT 分析。

3. 你能对雪佛兰的营销策略提出怎样的建议？

FedEx（联邦快递）

品牌价值：51.30 亿美元　16%

世界 500 强排名：238

品牌标志：

FedEx.
Express

品牌简介

联邦快递（FedEx）是一家国际性速递集团，提供隔夜快递、地面快递、重型货物运送、文件复印及物流服务，总部设于美国田纳西州。

联邦快递隶属于美国联邦快递集团，为顾客和企业提供涵盖运输、电子商务和商业运作等一系列的全面服务。联邦快递集团通过相互竞争和协调管理的运营模式，提供了一套综合的商务应用解决方案，使其年收入高达 320 亿美元。

联邦快递集团旗下超过 2.6 万名员工和承包商高度关注安全问题，恪守品行道德和职业操守的最高标准，并最大限度满足客户和社会的需求，使其屡次被评为全球最受尊敬和最可信赖的雇主。

联邦快递设有环球航空及陆运网络，通常只需 1~2 个工作日，就能迅速运送时限紧迫的货件，而且确保准时送达，并且设有"准时送达保证"。2013 年 4 月 1 日起，联邦快递中国有限公司实施 GDS（全球分销系统）中国区全境覆盖计划，在武汉设立中国区公路转运中心，正式将武汉作为全国公路转运枢纽，承担武汉自西安、郑州、长沙、南昌、上海、重庆、成都、广州 8 条公路干线，16 个往返班次的货物分拨与转运业务。

营销策略介绍

FedEx 网站能在短期内速度崛起，自有多个原因，其中之一是它旺盛的竞争力。FedEx 的竞争力就体现在它在 Internet 上构建的智能化运输管理系统，其核心威力体现在对企业用户和个体用户的吸引力上。

对于企业用户，FedEx 的智能系统能与用户企业网无缝连接，或通过 Web 页面直接介入用户物资运输中。这样的结果是，任何公司在逻辑上都可直接将 FedEx 庞大的空运阵容和陆地车队当作自己的运输资源；而且 FedEx 智能系统还告诉他们，一切最快并非一切最佳，明智的运输方案应是各种待运物资送抵目的地总体等待时间最短或最实时的解决方案。

一般企业不具备智能物资排运系统，也无建立的必要。FedEx 知道其系统对它们有独特吸引力，就主推"整体大于部分之和"的协作化、智能化货运解决方案，深受各类企业欢迎。如一家全球性女装零售商兼家居饰品商打算自己做产品的贮储和批发业务，它请求使用 FedEx 的系统来跟踪本企业的订单、检查库存、安排运货时间等等。结果，FedEx 使其实现了所有接单送货均在 48 小时内完成。

FedEx 的成功杰作之一，是其向计算机直销巨头 Dell 公司提供的"全球一体化运输解决方案"。它将 Dell 在马来西亚和美国本土总部分为两大整机及零部件制造与供应中心，对于世界任何一地、任何单位数量的零件或整机需求，均由 InterNetShip 系统排出总体成本最低、最快捷的优化递送方案，以"展示 Dell 对其顾客的那种'成功、质量和服务'的独具魅力之承诺"。而它介入另一行业领袖——优利系统（Unisys）的供货业务时，更显示出该系统在处理不确定、突发性紧急需求时的非凡能力。

对于个人用户，FedEx 网站的规范化作业流能使他们方便地进行自我服务，可以接发订单、提交运输业务、跟踪包裹、收集信息和开账单等。

该网站每月有 300 多万次的访问，所有数据都同时进入公司内部网。由于约 2/3 的运输是通过该系统自动处理，极大地降低了用户使用 FedEx 电话应答中心的巨额查询费用，从而为其节省了数百万美元，成本的降低就意味着竞争力的增强。

FedEx 网站证明：在当前信息时代，一个公司的先进系统、运作模式和处理的信息，其价值远不止于在公司内部。它能在"整体大于部分之和"营销理念下，借助于国际互联网冲破无数企业在行业范围、物理形态和地理行程上的差异，彼此在虚拟的作业环节上实现无缝连接；借助于这种连接，一个企业可以让其先进的管理技术、战略资源，如时间管理、信息管理、复杂的后勤规划、庞大的空中与陆上贮运资源等对其他无数企业产生如天体黑洞那样的无穷吸引力。

公众现在已经把"交给联邦快递"这句话同遵守诺言等同起来。这一成果来之不易，诚如 FedEx 电子贸易营销经理布朗称："无论顾客是通过电话、亲自上门，还是通过国际互联网，我们的目标都是要保持百分之百的顾客满意。"

1. 联邦快递公司的 SWOT 分析

①公司内部因素的优势（strength）与劣势（weakness）。

S1. 稳健的财务状况；

S2. 先进的技术；

S3. 品牌优势；

S4. 先进的企业管理；

S5. 优秀的人力资源；

S6. 行业信息优势；

S7. 社会和政府关系优势。

W1. 进入国内市场时间较短；

W2. 成本较高；

W3. 网络覆盖率不足。

②公司外部因素的机遇（opportunity）与威胁（threat）。

O1. 政策法规促进行业健康发展；

O2. 经济环境向好；

O3. 社会环境促进快递服务需求；

O4. 快递相关技术的高速发展。

T1. 现有市场竞争激烈；

T2. 潜在的市场进入者；

T3. 替代品的竞争。

③SO 战略。利用优势把握市场需求；拓展品牌优势；

④WO 战略。扩大业务量以降低单位成本；扩大服务网络。

⑤ST 战略。为高端市场提供差异化服务；降低现有顾客的议价能力。

⑥WT 战略。重点发展现有市场。

以上通过 SWOT 的综合分析，能够得出联邦快递可以采取的各项策略。在不同时期或拥有的优势不同时，可以根据各项策略发展公司。

2. 波特五力模型和业务层战略的关系

竞争力量	业务层战略		
	低成本战略	差异化战略	集中化战略
现有企业的竞争	能更好地进行价格竞争	品牌忠诚度能使顾客不理睬你的竞争对手	竞争对手无法满足集中差异化顾客的需求

竞争力量	业务层战略		
	低成本战略	差异化战略	集中化战略
潜在进入者的竞争	具备杀价能力以阻止潜在对手的进入	培育顾客忠诚度以挫伤潜在进入者的信心	通过集中战略建立核心能力以阻止潜在对手的进入
供应商的议价能力	更好地抑制大卖家的砍价能力	更好地将供方的涨价部分转嫁给顾客方	进货量低供方的砍价能力就高，但集中差异化的公司能很好地将供方的涨价部分转嫁出去
购买者的议价能力	具备向大买家出更低价格的能力	因选择范围小而削弱了大买家的谈判能力	没有选择范围使大买家丧失谈判能力
替代品的威胁	能够利用低价抵御替代品的竞争	顾客习惯于一种独特的产品或服务因而降低了替代品的威胁	特殊产品和核心能力能够降低替代品的威胁

我们知道国内快递行业的基本特征为现有企业之间的竞争非常激烈，供应商和购买者的议价能力都很高，而来自潜在进入者和替代品的竞争则很小。波特认为，企业需要采取一般战略，即低成本、集中化、或差异化战略，目的是降低以上五种竞争力量对企业的影响程度。因此在这样的行业结构中，联邦快递公司想要取得竞争优势，就应该避免直接的竞争，同时降低供应商和购买者的议价能力。因为目前潜在进入者和替代品的竞争很小，所以无需对它们加以太多关注。

资料来源：尹赟. 我国民营快递业如何做强——美国联邦快递公司的成功启示. 中外企业家，2013 (11).

🦉 **思考题**

1. 联邦快递公司 SWOT 分析中的 S 分别有哪些？
2. SWOT 分析中得出的 ST 战略是什么？
3. 波特五力模型的分析得出了什么结论？

Land Rover（路虎）

品牌价值：51.09 亿美元　14%

世界 500 强排名：254

品牌标志：

品牌简介

1. 名称

路虎（Land Rover），曾在中国大陆翻译成"陆虎"（中国香港地区称为"越野路华"）。在 Range Rover 正式在中国销售前，国人一直把 Range Rover 翻译成"陆虎"，但是当 Ranger Rover 准备正式在中国上市时，发现"陆虎"已被国内一家汽车企业抢注商标，没办法，只得在中国注册"路虎"商标。

2. 基本简介

路虎公司是世界上生产四驱车的公司之一，也是著名的英国越野车品牌。主要是专业越野车的生产和销售。或许正是这一点，才使得路虎的价值——冒险、勇气和至尊，闪耀在其各款汽车当中。

主要产品：神行者、极光、发现、揽胜、卫士。

3. 企业文化

罗孚集团是英国一家古老的汽车公司，罗孚（Rover）是北欧的一个民族，生产自行车时就使用罗孚作商标名。1904 年生产汽车，仍以"罗孚"为车牌名。2008 年 3 月 26 日，印度塔塔集团出资 23 亿美元，收购福特旗下的捷豹和路虎两大品牌，在国际车坛引起震动。路虎销售于 140 多个国家，它已经从 1948 年的实用性车型发展成为今天的多功能四驱车，面向的是那些不断追求全新生活体验的人士。路虎得到了普遍的认可和尊敬，这是其他制造商的汽车无法与之相媲美的。路虎车是其品牌价值的终极体现：直至今天，由路虎公司生产的所有路虎车中，还有 3/4 仍然在被使用。1966 年，罗孚公司并入利兰汽车公司，成为利兰公司的美洲虎-罗孚-凯旋部，1988 年被英国宇航公司收购，1989 年正式更名为罗孚集团，1990 年又与日本本田汽车公司在技术和资金上进行合作，1994 年终于被德国宝马公司接管。现该集团生产的汽车产品分为三类：越野车、轿车和 MG 跑车。

2000 年 3 月，福特汽车公司向宝马集团支付 30 亿欧元（39 亿美元），以购买其旗下所有四轮驱动系列产品，包括 Range Rover，Discovery，Freelander 和 Defender。

4. 品牌标志

由于罗孚民族是一个勇敢善战的海盗民族，所以罗孚汽车商标采用了一艘海盗船，张开红帆象征着公司乘风破浪、所向披靡的大无畏精神。路虎是全球著名的越野汽车，标志就是英文：LAND ROVER。

营销策略介绍

1. 营销架构整合落定

2013 年下半年，宣布合资一年后的奇瑞与捷豹路虎确定了营销整合方案。按照最初计划，未来国产车和进口车都将在一个网络里进行销售，而在发展新经销商和渠道管理上，也将由股东双方共同参与组建的"整合营销组织"统一管理，共同决策。

也就是说，捷豹路虎新经销商的加入，必须得到奇瑞和捷豹路虎的共同批准或授权。从这个方案出发，捷豹路虎（中国）计划在内部成立一个整合营销部门，负责捷豹路虎进口车和国产车的市场、销售和售后服务工作。奇瑞捷豹路虎市场等部门也将搬入捷豹路虎（中国）办公区，与相关联的部门联合办公。

按照此前预估，这一"整合营销组织"的方案应在今年 3 月底之前完成，捷豹路虎（中国）还打算在这个时间点公布营销体系的组织架构。

但由于双方在一些具体的职位设置以及利益分配上始终未能达成一致，这个试图整合两家公司的联合组织虽然早已建立，并形成了工作流程，却始终无法实际运作，本打算在 2 月中旬就搬入捷豹路虎（中国）办公区合作办公的奇瑞捷豹路虎市场、营销等部门也不得不推迟搬入计划。

在公开场合接受媒体采访时，奇瑞捷豹路虎方面已经把营销整合的最后时间点推后，只表示会在国产车上市前完成整合。

2. 服务营销

路虎中国全面打造体验式营销新标准。2010 年 10 月 26 日，世界顶级奢华品牌、全球豪华 SUV 领导者路虎正式授权的路虎森林公园广州体验中心在广东南昆山国家森林公园开幕。此次全新启用路虎森林公园广州体验中心，将成为路虎中国消费者服务平台的延展，为中国的路虎车主带来更为纯正的品牌体验。路虎体验是路虎在全球设立的路虎体验文化服务品牌，不仅提供了极具特色的体验环境，更为路虎爱好者创造更多的体验路虎品牌文化和环保越野理念的机会。

3. 网络营销

作为汽车行业的领先者，路虎更是汽车行业运用网络营销的先行者，路虎认为通过线上和线下结合的市场推广，可以有效提升品牌知名度和整体形象。因此，在越野鉴车会活动中，路虎携手网络营销伙伴——北京大雅科技公司，采取不同于传统推广模式的网络推广与现场活动相结合的市场活动模式，突显路虎品牌的高科技、顶级卓越的形象。

4. 绿色营销

路虎汽车以打造绿色营销链为目标。绿色价值链是传统价值链的拓展，是从汽车产品设计、材料采购、产品制造、产品营销、物流配送、产品消费直至产品回收再生的动态闭环流程。打造绿色价值链，不但把绿色价值最大化，更把绿色价值战略化，且始终积极投入于环保、野生动物保护、二氧化碳减排补偿计划等可持续发展领域，并与全球多家环保和人道主义组织保持长期而形式多样的相关合作。

5. 路虎汽车的渠道

为了满足不断增长的市场需求，路虎正在加大对中国市场的投入，包括拓展经销商网络、提升经销商服务能力、完善员工培训体系等方面，旨在为消费者带来最奢华的产品选择的同时，确保他们能享受到最尊崇的服务。随着路虎保有量的不断上升，路虎正不断加强经销商网络建设，以提升客户服务体验。到 2013 年 3 月，授权经销商数目将达到 130 家，几近覆盖了中国全部区域市场。与此同时，捷豹路虎（中国）已经在北京、广州、浙江湖州三个城市建立了路虎体验中心，还将在成都开设第四家路虎体验中心，陆续铺开的路虎体验中心将覆盖全国各核心区域。

6. 产品的差异化战略和质量技术

为了实现差异化，捷豹路虎（中国）一方面加大了本土化力度。市场竞争日益激烈，打造出适合本地市场的产品越发重要，捷豹路虎（中国）团队投入了大量精力，进行市场调研并提供适合中国市场的专属车型。另一方面，捷豹路虎（中国）也推出了独具特色的品牌活动。2012 年 3 月份推出捷豹的 "ALife" 活动，拉动品牌在中国市场的认知提升和美誉度提升；同时，路虎方面，2011 年广州车展上推出了揽胜极光维多利亚·贝克汉姆限量版，所合作的维多利亚女士是业界知名的设计师，与品牌有高度切合的气质，对产品在华地区的销量提升将起到非常重要的作用。而在渠道建设上，捷豹路虎（中国）也投入了大量精力，原来其经销商网络主要部署在一线城市，现在越来越多向二三线城市，甚至四线城市扩展。

营销策略分析

事件：根据 2015 年 3·15 晚会报道，路虎极光频遭消费者投诉的就是其引以自傲的 9 速变速箱存在缺陷，频发的途中熄火或倒挡失灵问题令车主感到"恐怖"。据了解，该缺陷无法经过升级软件、更换变速箱等手段解决。

面对越来越多车主的质疑，路虎（中国）公司却将变速箱故障的原因，直接推到了用户身上，并称这些故障都是"极偶尔的，不是大面积的"。捷豹路虎汽车贸易（上海）有限公司的工作人员表示，车辆变速箱故障是因为国内用户的驾驶习惯不当，"开车太着急"而引起的。而在路虎（中国）的官方网站上，记者始终看不到任何关于路虎极光变速箱故障的说明或者公告。

大部分出现变速箱故障的路虎极光，都仅仅行驶了几个月，针对解决不了的变速箱故障，路虎给出的最终解决办法只能是免费更换变速箱。而事实却是，即使更换了新的变速箱，但故障仍不时出现。一方面，路虎（中国）始终不愿承认他们的变速箱存在问题；另一方面，全国各地的 4S 店里，因变速箱故障来维修的路虎极光车数量却在不断增加。

路虎公司在自己的中文官方网站上，突出强调路虎的专业品质。既然如此，便更应当对自己的产品负责，不能仅仅把专业精神说说而已。毕竟，车的质量好坏直接关乎人的安全。

回应：针对中央电视台 3·15 晚会报道的关于进口路虎揽胜极光九速变速器的问题，路虎（中国）及授权经销商非常重视，由此给消费者带来的不便和困扰，我们深表歉意。

自收到部分客户的问题反馈后，路虎（中国）一直积极制订解决方案，并已于 2015 年 1 月 19 日起，对 2014 至 2015 年款的进口路虎揽胜极光（车辆识别码范围为 LV000001～LV996116）主动推出了最新的变速器软件升级措施，同时已就该解决方案在国家相关部门备案。此项升级措施正在持续推进中，我们将进一步协同经销商以最快的速度加速完成。

于 3 月份开始销售的 2015 款国产路虎揽胜极光，目前在售车型所装配的 9 速变速箱已是最新状态，不存在故障批次问题。

客户满意度一直是路虎（中国）的长期追求，我们将不懈地向中国消费者提供更好的产品与服务。感谢媒体及社会各界对路虎品牌的关注。有关事件的进展，我们将积极配合相关部门，并与大家保持沟通。

召回：捷豹路虎（中国）19 日晚宣布，主动召回在中国大陆地区涉及问题的部分 2014 年和 2015 年款共计 36451 台进口路虎揽胜极光，同时还将对问题批次车辆九速变速器保修期延长至 7 年或 24 万公里。

根据捷豹路虎（中国）公布的信息，此次召回的进口路虎揽胜极光，包括生产日期为 2013 年 7 月 15 日—2014 年 6 月 3 日的 2014 年款，以及生产日期为 2014 年 6 月 3 日—

2014 年 12 月 24 日的 2015 年款。

捷豹路虎（中国）表示，本次召回范围内的部分车辆，在某种使用情况下，可能会产生变速器故障灯亮，并出现换挡性能下降、变速箱噪音等问题。经过反复的技术认证，确认相关故障是由于变速器软件不匹配导致。对此，捷豹路虎（中国）将为涉及范围内所有车辆进行免费检测并进行软件升级，以优化九速自动变速器的性能。

与此同时，为了表示对中国消费者的歉意，捷豹路虎（中国）特别宣布：对所涉及车辆的九速变速器的保修期延长至 7 年或者 24 万公里（自车辆购买之日起，以先到者为准）。另外，在召回车辆免费软件升级完成后 1 年内，为涉及问题的车主赠送极光基础保养服务包 2 次。

资料来源：王书海. 路虎汽车零部件经济批量采购模式研究. 首都经济贸易大学，2008（6）.

思考题

1. 路虎汽车是如何实现服务营销的？
2. 简述路虎汽车的网络营销。
3. 路虎汽车是如何实行绿色营销的？

88. 科技

Huawei（华为）

品牌价值：49.52 亿美元　15%

世界 500 强排名：228

品牌标志：

品牌简介

　　华为技术有限公司是一家生产销售通信设备的民营通信科技公司，总部位于中国广东省深圳市龙岗区坂田华为基地。华为的产品主要涉及通信网络中的交换网络、传输网络、无线及有线固定接入网络和数据通信网络及无线终端产品。华为为世界各地通信运营商及专业网络拥有者提供硬件设备、软件、服务和解决方案，于 1987 年在中国深圳正式注册成立。

　　以"服务创造价值·合作共赢未来"为主题的 2014 华为中国企业业务服务合作伙伴大会于 10 月 17 日在苏州正式拉开帷幕。

　　2014 年 10 月 9 日，Interbrand 在纽约发布的"最佳全球品牌"排行榜中，华为以排名 94 的成绩出现在榜单之中，这也是中国大陆首个进入 Interbrandtop100 榜单的企业。

　　2015 年，华为被评为新浪科技 2014 年度风云榜年度杰出

全球品牌 100 强营销案例集

企业。

营销策略介绍

1995 年，华为开始走向海外市场。直到 1999 年，才形成规模，并建立大的营销和服务网络。

1. 国际营销战略

华为的进入战略以及竞争战略与其发展成长阶段密不可分，也是伴随着华为不断发展的三个阶段逐渐形成的。故其进入与竞争战略也大致分为以下三个阶段。

（1）尝试阶段，在这一阶段，华为公司作为国际市场上的新生力量对如何拓展国际市场以及应当设置怎样的组织结构、如何配置市场资源、如何了解国际市场需求、需要怎样的国际市场人才等，一切都不清楚。在这一阶段，华为可以说是屡战屡败，屡败屡战直到零的突破。作为华为公司来讲，其商业是面向全球，对全球所有的国家和客户，在这一阶段华为不断摸爬滚打就是让一些国家和企业不断了解华为认识华为。华为以亚非拉为基点起步，简单地概括就是建设"农村革命根据地"。

（2）扩张阶段，在两年左右的时间里，华为公司的代表处开始遍及全球，分布在 40 多个国家。通过长时间地摸索市场定位，华为"打扫干净屋子再请客"，让他们来自己的家了解中国了解华为，从而扩大知名度。

（3）精简组织架构阶段。在这一阶段华为已经形成了市场的全球布局，为了更好更快地促进企业的迅速发展，除财权和少部分人事权外，华为将所有的权力下放到了国际市场第一线，同时也精简了部门，从而避免了机构尾大不掉，以及企业决策贯彻执行不力和对市场反应缓慢而造成损失。

2. 国际营销组合策略

（1）产品策略。华为产品线的深度和广度，足以使其能够制定各种不同的产品组合策略来满足客户的各种具体要求，从而获得客户的认可，但是其在互联网解决方案中的高端路由器，落后于美国的思科公司，其"电信管理服务"业务竞争力也较弱。如果公司想长期立足，还要在生产硬件的基础上转变发展方式。在当今，只是生产出质量过硬的硬件已经不再是企业的核心竞争力了，最为关键的是，公司是否能够为客户提供后续的一系列公司问题软件化解决方案。华力必须努力和客户构建长期合作关系，为客户源源不断地提供软件服务，提高公司产品的后续软件解决能力，使公司具有长期发展动力。

（2）价格策略。华为之所以能够发展到今天很大一部分原因要归功于制定了适合不同国家和区域的价格策略，价格是除了技术因素外华为发展的又一重要法宝。作为以价格优势为立足之本的华为，是擅长于制定价格策略的。在价格方面，华为在不影响自己公司运营以及保证华为所需要的合理利润基础上，以低于其他同类公司 20%～30% 甚至更大的价格优势迅速占领市场，在国际上面临其他西方巨头时价格毋庸置疑是其杀手锏，然而华为在国际上正在承受来自中国另一电信设备供应商的压力。

（3）渠道策略。华为经过多年的打拼已经营建出了适合自己发展的渠道策略。在固定网络和移动网络的渠道建设上华为采用的是总经销加总代理的模式，在互联网产品上采用直销、分销模式。在发达国家华为的渠道与其发展水平相适应，但是在发展中国家由于政治经济等一系列原因，分支机构较为缺乏。渠道建设还有待于改善。

（4）促销策略。我们可以从日常生活中了解到，华为公司在对产品的宣传和广告投放上比较保守。除类似于3G手机等终端产品有少许广告投放外，其他业务和产品、公司形象宣传行为很少。华为主要是通过邀请目标客户以及参加各种展览会来树立其形象。

营销策略分析

1. 自主品牌、高科技出口

今天来看，华为的海外战略是成功的。这不仅仅是因为华为海外市场的销售收入已经达到220亿美元，而更值得欣慰的是，华为的所有出口产品均为高科技产品，均为华为的自主品牌。也就是说，华为的海外战略从一开始就选择了一条最艰难的道路——自主品牌出口。

华为模式的成功某种程度上改变了世界对中国企业和中国产品的看法。2005年4月28日，英国电信宣布其21世纪网络供应商名单，华为作为唯一一家中国厂商与国际跨国公司入围"八家企业短名单"。英国电信对于供应商的选择在业内以苛刻著称，尤其对于此次被称为业界最具前瞻性的下一代网络解决方案。因为英国电信未来5年将为此投资100亿英镑，所以"八家企业短名单"的产生就耗时两年。

2. 技术上的杀手锏

品牌出口的重要基础之一是技术，特别是高科技行业，没有核心技术，品牌会空壳化，没有生命力。所以，华为从一开始就非常重视自主的技术路线。

自主技术路线背后是巨大的风险。道理十分简单：投入高科技研发，有可能血本无归。但是华为选择了挑战风险。以华为的特定用途集成芯片（A-SIC）研发为例，早在1999年，华为就意识到开发WCDMA、ASIC技术是一种必然趋势。当时业界尚无任何成熟的ASIC，某西方公司已经公开宣布他们将于2002年推出ASIC。于是当时很多声音认为自己开发风险太大，不如今后直接购买该西方公司的技术。但华为认为，要提高WCDMA产品的国际竞争力，就不能在核心技术上受制于人，因此必须启动自己的ASIC项目。事实证明，华为走对了，在华为ASIC技术突破后，这家西方公司却一再宣布延迟推出芯片，最后彻底放弃了该芯片的开发。

3. 农村包围城市

中国革命成功的一条关键经验是农村包围城市。同样，华为的海外战略也借鉴了这条经验。

世界如此之大，东方不亮西方亮。欧美跨国公司吃欧美市场的肥肉，我可以先去啃亚非拉市场的骨头。不能正面碰撞，我先迂回侧翼。1995年，华为开启了拓展国际市场的艰苦漫长旅程，起点就是非洲和亚洲的一些第三世界国家。这一步华为也动了心思，认真研究了"国际形势"：太穷的没有支付能力，赚不到钱。太有钱的看上的是欧美大公司，不会选择你的产品。只有手头紧，但未来经济发展有潜力的国家才是最合适的目标。

这一战略思路很清晰，但真走起来也非易事。华为的可贵之处在于坚持，在于能够承受"屡战屡败、屡败屡战"的折磨。从1995起，经历了6年的漫长拼搏，一直到2001年华为在国际市场才真正有了成效。这一年，华为的产品已经进入非洲、亚洲等十几个国家，年销售额超过3亿美元。华为的品牌也开始在这些第三世界国家逐步叫响。

4. 撬开核心市场的坚冰

没有人永远甘心看别人吃肉自己啃骨头，雄心勃勃的华为更是如此。其实，从1998年开始，华为就把触角探向世界的核心市场——欧美。

进入欧美也是先从边缘做起。1998年就奔赴莫斯科开拓市场的李杰说："刚到莫斯科，我们就马不停蹄把俄罗斯的每一个地区都跑了一遍，竞争对手滑雪、和家人团聚的时间我们都用来攻取阵地。但是，1998年我们一无所获。1999年还是一无所获。但我们坚持了下来，并告诉大家，华为还在。"锲而不舍的坚持让华为最终有了收获。虽然第一单合同只有38美元，但到2001年，华为与俄罗斯国家电信部门签署了上千万美元的GSM设备供应合同。2002年底，华为又取得了3797公里的超长距离国家光传输干线的订单。到2003年，华为在独联体国家的销售额超过3亿美元，位居独联体市场国际大型设备供应商的前列。

东欧、南欧相继打开市场后，华为开始挺进西欧、北美，并把欧洲地区部的中心设在巴黎。

从非洲转战欧洲的邓涛已经升任公司副总裁，他告诉记者，刚开始的确艰难。当初，华为欧洲地区部只有两个人，连运营商的门都进不去。因为欧洲人认为中国只能生产廉价的鞋子，对中国人能生产高科技产品闻所未闻。比如前些年华为参加戛纳电信展，法国电视台的报道题目竟然是："中国居然也有3G技术？"充满了怀疑和不屑。

后来，华为动了脑筋，要推华为品牌，先让客户了解中国。于是他们印制了反映中国建设成就和美丽风光的精美画册送给客户，又通过各种渠道，把客户请到国内，安排的参观线路是北京—上海—深圳，向客户展示中国改革开放后的巨大变化，展示华为的规模和实力。这样逐步改变了客户对中国和华为的认识。当时法国第一个吃螃蟹的电信公司采用华为设备后，法国一些媒体觉得不可思议，要求到华为采访。结果一位法国记者到华为采访后，连北京都没去就马上回国，赶写了一篇"惊世骇俗"的文章，告诫欧洲的电信制造企业：你们将会受到这家中国企业的严峻挑战。

如今，华为产品已经进入包括德国、法国、英国、葡萄牙、荷兰、美国、加拿大等欧美14个发达国家。而且，华为还在全球建立了8个地区部、55个代表处及技术服务中心，销售及服务网络遍及全球。

资料来源：刘红燕. 华为公司国际化路径与模式分析. 改革与战略，2014（7）.

思考题

1. 简述华为国际化道路对中国企业走出去的启示。
2. 简述华为国际化带给国内通信制造企业的思考。
3. 华为的企业文化是什么？

89. 酒类

Heineken（喜力）

品牌价值：48.22 亿美元　14%

世界 500 强排名：463

品牌标志：

品牌简介

喜力啤酒是一家荷兰酿酒公司，于 1863 年由杰拉德·阿德里安·海尼根于阿姆斯特丹创立。2012 年，喜力在世界 85 个国家拥有超过 165 家酿酒厂，聘请约 65557 人。共酿制超过 170 种顶级、地区性及特制啤酒。

1863 年时年 22 岁的杰拉德·阿德里安·海尼根购买了位于阿姆斯特丹中的一家被称为 "De Hooiberg"（荷兰语，意为 "干草堆"）的酿酒厂。1874 年，这家啤酒厂更名为 "喜力啤酒公司"（Heineken's Bierbrouwerij Maatschappij），同年于鹿特丹开设第一家分厂。1886 年，法国大化学家路易斯·巴斯德的学生 H. 亿利博士在喜力实验室中研发了 "喜力 A 级酵母"（Heineken A-yeast）。这种酵母至今仍然是喜力啤酒的关键原料。次年，海尼根改用底部发酵酵母。

1953 年海尼根的孙子成为喜力的第三代领导，他为品牌的识别作出了很大贡献，创意地把喜力啤酒瓶的颜色都统一为绿色，把 Heineken 品牌标志中的三个英文字母 e 巧妙地设计为微笑的嘴巴。喜力的成功在很大的程度上得益于它成功的广告宣传和精美的包装。

2012 年 11 月 15 日，喜力完成了对新加坡亚太酿酒厂 40% 股份的收购，至此，喜力总共拥有新加坡亚太酿酒厂 95.3% 的股份，直接进入了亚太市场。喜力在中国有上海、广州、海口三家工厂，中国区总部设在上海。如今，喜力品牌已成为世界大联赛之一的欧洲冠军联赛的大型赞助商。

营销策略介绍

喜力啤酒，来自荷兰的"百年老字号"，一直与体育颇有渊源。它借力欧冠联赛提高了其在欧洲以及全球的知名度，又联手橄榄球期待提高消费者的品牌忠实度，如今喜力的足迹也开始在一些地方赛事延伸。我们将从体育赛事的角度，浅析一下喜力的国际品牌化战略之路。

很多熟悉欧冠联赛的球迷，一定不会对喜力啤酒感到陌生。这家来自荷兰的啤酒品牌拥有悠久的历史，如今在全球喜力已是享誉盛名的国际品牌。喜力一直与体育赛事颇有渊源，其在体育赞助方面已经活跃了多年，其中最负盛名的应该属于与欧洲冠军联赛合作了。当然，喜力在全球化道路上，还不断完善自己的推广战略，包括后来开始赞助橄榄球世界杯以及冠名赞助了欧洲橄榄球冠军杯。除此之外，喜力也积极参与一些地方赛事，比如美网公开赛、上海网球大师赛等。

1. 借力欧冠联赛

喜力与欧冠结缘，要始于 1994 年，但在 2005 年以前，喜力主要在欧洲地区推广自己的品牌，因为那时候欧冠联赛主要观众人群集中在欧洲。到了 2005 年之后，随着欧冠转播在全球范围的扩展，喜力也调整了品牌扩张目标，进而转向全球推广的战略。由于欧冠在全球有着较高知名度和影响力，以及广大的粉丝基础，因此在欧冠比赛中的广告能使得喜力获得全球范围的曝光。据悉，现在喜力啤酒每年给欧冠联赛的赞助费高达 4000 多万英镑。

2. 橄榄球新战略

足球与橄榄球这两项运动各有特色，橄榄球球迷通常被认为忠实度要高于足球球迷。喜力赞助知名橄榄球联赛以及橄榄球世界杯正是看中了橄榄球球迷的这一特点。所以除了赞助足球，喜力还冠名赞助了欧洲橄榄球冠军杯，而这项赛事又被称为喜力冠军杯。同时，喜力也是 2015 年橄榄球世界杯的全球合作伙伴。赞助橄榄球成为喜力提高品牌忠实度的重要战略举措。

3. 牵手地方赛事

虽然借助欧冠、橄榄球世界杯等，喜力啤酒的品牌知名度不断提升，但是喜力显然不仅仅满足于此。在地方赛事发力，也是喜力啤酒全球战略的重要组成部分。就拿上海网球大师赛来说，喜力啤酒是上海网球大师赛创始赞助商之一。2014 年，喜力在温州、温岭、上海三地分别打造的"喜力网球屋"，就吸引了大批消费者驻足参与，不少热情的球迷亲身体验了一把在运动场挥起球拍的快感。

而在 2014 年上海网球大师赛决赛现场，喜力也举办了各种精彩的球迷活动及互动体验，在比赛间隙，会有明星球员来到喜力空中包厢或是啤酒花园，现场的网球迷们从而有机会近距离一睹球星偶像的风采。赛事期间，喜力还为球迷们呈现振奋人心的"喜力时刻"，玩转心跳！比赛休息时，镜头扫视全场、定位一位正在享用喜力的球迷，并送上喜力"铁金刚"。

4. 社交应用互动

喜力意识到了球迷参与互动对品牌推广的重要性，因为很多球迷在看球赛时，会用手机或电脑上网发送有关比赛的信息。于是，喜力在几年前开始与英国雅酷公司合作，推出了一款叫做"球星"的手机应用，这款应用在苹果的 iTune 以及 Facebook 上都可以免费下载。球迷们在观看欧冠的同时，还可以打开这款应用分享有关比赛的看法，同时又可以与其他人展开有奖竞猜，答案越准确的人得分越高。

5. 举办线下活动

喜力啤酒除了积极组织球迷线上活动以外，还会组织一些线下活动，比如喜力欧冠桌上足球比赛这样的球迷赛事。欧冠奖杯巡展、欧冠派对等等也是喜力经常采用的手段。喜力的这些做法，很容易就提高了球迷观赛的乐趣，而且也提高了喜力的品牌认知度，从而拥有了更多忠实、可靠的消费者。

如上所述，喜力啤酒与足球、橄榄球、网球等知名赛事合作，其一是因为这几项运动在全球拥有广泛的球迷基础，能迅速提高喜力在全球的知名度；其二是喜力可以借助这些赛事来合理地运用自己的营销技能以吸引消费者，并培养他们的品牌忠实度。正是有了这些基础，喜力的全球化战略可以一步步地扎实地走下去。

营销策略分析

首先，喜力为什么要做运动营销？探讨这个问题之前，暂时把眼光放大一些，来看看啤酒跟人到底是什么关系。台湾《广告》杂志对此的论述颇为精辟：人会喝啤酒像喝可乐一样随兴吗？当然不会，喝啤酒比一般饮料慎重，却比高酒精的烈酒近人。情人的烛光大餐不会用啤酒，但在大众欢乐的场合，啤酒却是主角，欢乐才是啤酒的气氛，这是啤酒特殊的地方。啤酒用欢乐催化人的感情。而要动真感情，还是要烈酒的帮助吧。而纵览欢乐的场合，总脱离不了音乐、运动、亲朋好友的聚会，正所谓以酒助兴，以乐助酒，运动、音乐与啤酒有了极为贴切的结合点。经验一：探究消费者和行业的特性，找到营销切入点。

其次，作为针对高端的品牌，喜力清楚地认识到消费者消费的不仅仅是口感、包装等功能性的价值，更重要的是认同、享受、体验品牌所带来的情感价值，运动、音乐等娱乐形式提供的独特体验无疑是情感价值生动传达的极好媒介。经验二：当品牌日趋强调情感价值时，运动、音乐是情感体验的触媒。

最后，喜力选择什么样的资源进行运动营销？如果我们把喜力比作一个人，则他无疑是一位雅皮人士，细致而又典雅，自信又不乏理性控制下的激情，朋友不多，但多为同道好友，男女不限。酒不会至酣，最多是朦胧，于朦胧中喜力人会举着330ml小喜力瓶子轻吟"杨柳岸，晓风残月"，此种风情，非他莫属，当然是喜力。

赞助并不意味着在赛场上竖一两块广告板，电视上获得15秒曝光，赞助的最终目的是和消费者沟通，让其在运动、赛事及推广活动中体验企业的品牌主张，消费其产品。基于此，喜力在网球公开赛前夕举行了大型的路演活动，活动中，充分强调了与消费者的互动、沟通。

其中特别值得一提的是喜力专门为此路演从英国引进了虚拟网球游戏，旨在通过高科技的游戏为网球公开赛热身，吸引更多球迷关注网球和喜力公开赛。此游戏最大的魅力就在于它源自真实的网球比赛，参与者能亲身体验到真实网球比赛的刺激，感受世界网球巨星的精湛球技。

喜力的这一招可以说又一次彰显了其时尚、国际、年轻品牌个性。

资料来源：郭湛东. 喜力，"市场化"的品牌最有效. 销售与市场，2013（5）.

思考题

1. 简述荷兰喜力啤酒推广欧冠联赛的营销技巧。
2. 荷兰喜力啤酒公司为什么选择体育营销？
3. 如果喜力啤酒将在中国市场进行营销你有什么建议？

90. 媒体

MTV（音乐电视网）

品牌价值：47.63 亿美元　−7%

世界 500 强排名：无

品牌标志：

品牌简介

　　MTV（音乐电视网）是传媒巨头维亚康姆集团旗下的一个 24 小时播放音乐录影带的音乐电视频道，它成立于 1981 年 8 月的美国，曾经引起巨大轰动，现有 9 套音乐和儿童节目，已经覆盖 140 余个国家。1995 年时，作为维亚康姆的先行军，MTV 以开展节目交换的形式进入中国，同年获得在中国三星级以上酒店和涉外小区的落地权，向其覆盖下的全国 30 多个省市的有线电视台提供自制的四档节目：《MTV 天籁村》、《MTV 学英语》、《MTV 光荣榜》和《MTV 明星档案》。1999 年起与中央电视台合作的 "CCTV—MTV 音乐盛典" 获得极大成功，2003 年 MTV 中国被允许在广州落地，更成为它在中国发展道路上的里程碑。至此，MTV 在中国观众尤其是年轻人一代的心目中已经成功地铸造了金字招牌。MTV 的收益每年在中国的增长速度是 30%~50%，远远超过了它在其他国家和地区的增长速度。

营销策略介绍

1. 内容为王

在媒介领域，无论新闻报道或是娱乐节目，内容质量从来都是传媒公司在竞争中取胜的根本途径。而与其他跨国传媒集团相比较，MTV 的主要优势就在于内容，而且 MTV 的后盾维亚康姆本身就是一个内容王国，在节目制作方面，维亚康姆被称为制作黄金时段节目的高手。它每周可以制作 24 小时的黄金时段节目，这一数字远远超过它的竞争对手。在这样的强力支持下，MTV 在进入中国市场后，针对中国高质量的音乐电视节目稀缺、制作能力普遍不高的情况，以内容为王是其适应市场需求的经营战略。

2. 本土化运作

MTV 乃至维亚康姆一直坚持的理念就是本土化运作，这也体现在中国市场上面。为了更好地进入中国市场，维亚康姆在中国到处寻找合作伙伴。现在旗下《学英语》、《天籁村》、《光荣榜》等节目就是跟国内的有线或无线电视台合作的。除此之外，MTV 在中国市场的本土化运作还体现在人力资源的本土化上。在节目主持人的选择上，MTV 鼓励和培养本土化主持人，增加与中国受众的亲和力，就是 MTV 的特色，也是 MTV 能在全球迅速发展的法宝。MTV 有李霞、林海、张峥等一批优秀主持人，他们都是内地人，最了解本地受众的文化品位，也非常了解世界流行乐坛。两者结合起来，就是推广一个国际化音乐台的复合型人才。事实也证明，他们为 MTV 在中国的发展起到了非常关键的作用。

3. 品牌战略

品牌经营以及维护是每一个媒体集团最为注重的环节，MTV 更是如此。作为全球最为著名的音乐电视频道及年轻人最喜爱的频道，其品牌价值潜力毋庸置疑。

针对中国市场，尤其是主要受众的年轻人，MTV 对他们的心理、情感、喜好、教育背景、家庭情况、生活习惯等诸多指标作了深入的分析和研究，然后针对目标受众策划制作不同的节目，只要这些年轻人想欣赏流行音乐，那么 MTV 就是最好的选择。同时，在中国市场，MTV 用的是本地的主持人，播放的是本土的音乐，这种契合很容易赢得中国观众的共鸣，从而在中国老百姓心目中建立品牌知名度。此外，MTV 还举办了很多活动，从而使 MTV 这个品牌在中国家喻户晓。例如"CCTV—MTV 音乐盛典"以及"MTV—莱卡风尚大奖"两个影响深远的颁奖典礼，深受中国观众喜爱。

2006 年 10 月，百度 CEO 李彦宏在出席百度与 MTV 的签约仪式时表示，"用怎样的语言来评价两者合作都不过分。将来人们会看到，中国正版网络娱乐由此拉开了序幕"。也就是从这一天起，全球知名音乐品牌 MTV 天籁村——跨国传媒巨头维亚康姆（Viacom Inc.）旗下的一档娱乐电视节目——网民可在百度影视频道免费下载观看。这次合作，MTV 还将他们的合作伙伴海碟唱片、天娱、大国文化、艾迴和摩登天空等亚洲顶尖唱片公司引入与百度的合作体系中。MTV 以及它的合作伙伴——亚洲 5 大唱片公司的加盟，对于百度而言，具有特殊的意义。

由此，百度成为众矢之的，曾收到至少 8 家以上音乐公司的律师函或者诉状，其中包括环球、百代、华纳等国际唱片巨头，指控百度侵犯了他们数百首歌曲的版权，并且要求百度停止 MP3 搜索业务。这场作为中国互联网领头羊的百度与唱片业的风波，以《信息网络传播权保护条例》（以下简称《条例》）的正式生效而宣告结束。

《条例》甫一出台，搜索引擎一片叫好。百度、搜狐等搜索引擎服务商都表示《条例》的实施让其承担法律责任的概率大大减少，让其驶入了一个"避风港"。但搜索引擎的死对头——音乐版权也祭起《条例》这把尚方宝剑，认为《条例》更是对其权利的进一步明确而又严格的保护。

而这场风波留给唱片公司的思考是，作为提供作品链接的搜索引擎运营商所享受的避风港免责条款，说明人们对互联网自由、共享精神已形成共识，传统唱片业再对数字化潮流造就的新的生态环境视而不见，必将因抱残守缺而被淘汰。传统唱片业处在一个转型求生存的关口。

📖 **营销策略分析**

在 MTV 和百度的合作中，它们对商业模式的描述是：维亚康母公司提供正版内容，百度提供宣传平台和传播通路，用户可根据自己的需要对这些精彩内容选择免费在线浏览或付费下载观看，以此打造一个全新的娱乐平台，也为广告主开辟更具人气的产品、形象展现空间。

MTV 与百度合作，仅仅是正版网络娱乐时代的一个开始，对影视、唱片业与互联网之间的关系，以及新的广告模式的形成，都具有开创性和示范性。此次合作表明，网络娱乐对于传统影视、唱片业的冲击，会有更积极的解决方法，一个新的产业生态，或许将由此形成。下面进行 SWOT 分析。

1. 优势分析

在中国传媒领域中，尤其是向中国观众提供音乐电视这一方面，MTV 和 Channel［V］是实力互相抗衡的一对。

维亚康姆派遣 MTV 先行进军中国市场，是一种以内容为主的发展模式。其特点是：难度小，成本低，见效快，收益低，潜力小。而 Channel［V］是默多克的新闻集团旗下的一个音乐电视专业频道，它在中国的发展模式却是以渠道为主，这种模式特点的是：投资大，周期长，高风险，高回报。MTV 坚持"内容为王"的战略发展模式，使得其在中国的同期收视率是 Channel［V］的 3 倍之多。同时，MTV 能够做到内容为王的一个非常重要的条件就是，它不仅拥有母公司维亚康姆的雄厚经济实力及其所有子公司的内容共享的资源支持，还拥有全球五大唱片公司的电视播放权，内容本身比 Channel［V］更国际化。这些使它的内容设置更加符合中国年轻人的胃口，受到他们的欢迎。

2. 劣势分析

与竞争对手 Channel［V］相比，MTV 采取的是以内容为主的运营模式。但其实无论是以内容为主还是以渠道为主都是相对的，要想在一个市场上站稳脚跟并获得稳定扩展，内容和渠道一个也不能少。所以我们有理由相信，"内容为王"只是维亚康姆中国攻略中基于合作态度的阶段性策略，而频道落地才是它的最终追求。

但由于政策限制，外国媒体还难以在中国全面铺开，受众数量比较有限，因此对广告主的吸引力还不够大。所以，MTV 在中国虽然有可观的广告收入，但是这些收入尚不能抵节目制作、包装、推广的成本。冠名权获得的利润跟 MTV 在北京、上海两地的办公费用、数额巨大的公关费用（据称作为在广东落地的交换条件，维亚康姆帮助中央电视台 9套落地美国的花费就高达 2000 万元人民币），以及引进节目版权的费用、包装推销栏目的费用相比，显然是入不敷出。究竟怎样才能尽快打破这一尴尬局面，是关乎 MTV 生死的问题，也是其最大的劣势。

3. 机会分析

2004 年 2 月 10 日，原国家广电总局发布《关于促进广播影视产业发展的意见》，进一步明确了我国关于传播业的开放大氛围，这些规章和规范性文件的陆续发布，大大降低了广播电视产业市场准入的门槛。政策上的逐步宽松和中国市场的逐渐开放，对于国外大型资本来说当然是件好事。MTV 当然会抓住这一契机，继续拓展其在中国市场的发展。

同时，经过近几年的发展以及国家政策倾斜，我国的付费电视已经开始逐渐普及，虽然还没有达到国外高度普及的程度，但是毋庸置疑，中国付费电视市场有着诱人的发展空间。因此，MTV 必然会加大对这一块市场的关注，甚至加大投资力度。

4. 威胁分析

中国加入 WTO 之后，传媒业的开放程度越来越大，速度越来越快，但中国对外国媒体的限制比对国内媒体的限制依然多。这些限制包括三方面的内容：第一，资本进入的限制：所有权的限制、资本运作方式的限制；第二，市场覆盖的限制：区域的限制、市场占有率的限制；第三，内容标准的限制：意识形态、文化传统、民族习俗等。毫无疑问，这些限制都在一定程度上束缚了包括 MTV 在内的外国资本的发展。

资料来源：谈思岑. MTV 的受众分析及传播效果研究. 成都理工大学，2013（5）.

🦉 **思考题**

1. 简述 MTV 在中国的发展战略。
2. 简述 MTV 和百度合作的亮点。
3. MTV 和百度的合作会带来什么改变？

Ralph Lauren（拉尔夫·劳伦）

品牌价值：46.29 亿美元　-7%

世界 500 强排名：无

品牌标志：

品牌简介

时装界"美国经典"品牌拉尔夫·劳伦（Ralph Lauren）是有着浓浓美国气息的高品位时装品牌，款式高度风格化是拉夫·劳伦旗下的两个著名品牌"Lauren Ralph Lauren"（拉夫·劳伦女装）和"Polo Ralph Lauren"（拉尔夫·劳伦马球男装）的共同特点。除时装外，拉夫·劳伦品牌还包括香水、童装、家居等产品。Ralph Lauren 勾勒出的是一个美国梦：漫漫草坪、晶莹古董、名马宝驹。Ralph Lauren 的产品无论是服装还是家具，无论是香水还是器皿，都迎合了顾客对上层社会完美生活的向往。拉夫·劳伦的时装设计融合幻想、浪漫、创新和古典的灵感，所有的细节架构在一种不被时间淘汰的价值观上。

"Polo Ralph Lauren"，这是针对成功的都市男士所设计的个人化风格服装，介于正式与休闲之间的款式，方便他们出入各种都市休闲场合。

生活在都市的人们可能对"Polo"、"拉尔夫·劳伦"的商标都不陌生，它们来自于一个上百亿美元的时装帝国——Polo Ralph Lauren 公司。这个公司生产的商品从服装到香水，从床上用品到奢侈的豪华器皿，几千种商品在遍布全球的若干工厂中生产出来，既被米兰和纽约的时尚尖端人士评头论足，也可以满足不发达国家中年轻人对时髦和名牌的追逐。缔造了这个庞大帝国的人，就是拉尔夫·劳伦。可是这位早在1992年就获得美国设计师协会终身成就奖的时装设计行业翘楚，却不认为自己是时装设计师，而只是个"具有紧贴时代的意识"的人，他的作品不过是在表现自己脑海中早就存在的意识世界中的概念。

营销策略介绍

1968年，拉尔夫·劳伦男装公司成立，并推出第一个品牌"Polo Ralph Lauren"。1971年，拉尔夫·劳伦再推出女装品牌"Ralph Ralph Lauren"，Ralph Lauren的女装真正符合了美国精神——一种不因潮流而改变、永恒并具个人风格的穿着感。

其后，拉尔夫·劳伦陆续推出"Polo Jeans Company"牛仔系列、"Polo Sport"年轻休闲系列以及专为上流社会女性打高尔夫球而设计的"Ralph Ralph Golf"。无论品牌如何更新，拉尔夫·劳伦的服装永远流露出一股自由舒适而华贵内敛的气息。

拉尔夫·劳伦集团1976年从领带起家，之后相继推出男装、女装、婴儿装、童装、运动装以及皮具、箱包、帽、袜、眼镜、饰物、家居用品等等几千种商品，这些商品在遍布全球的若干工厂中生产。目前集团已经发展为拥有11个不同的女装品牌和6个男装、童装和家用品品牌，年销售额上百亿美元的时尚帝国。拉尔夫·劳伦仍然是公司CEO和主席，掌握公司90%的表决权。现在，拉尔夫·劳伦的专卖店遍布五大洲30个国家和地区。

拉尔夫·劳伦带给时尚界最大的财富，就是他在服饰界率先倡导了一种推销生活方式的营销方法。他本人也说："我们创造了一个世界，并邀请人们加入我们的梦想，我们是生活方式的革新者，通过讲述故事和创造商店氛围的方式激发消费者加入我们的这种生活方式。"

营销策略分析

1. 品牌识别

（1）马球标志：这是拉夫·劳伦最著名的标志，从Ralph Lauren选择贵族的马球运动为品牌Logo，就可联想他设计服装的源起。

（2）Polo衫：由拉夫·劳伦创造出的Polo衫，前短后长的衣摆，正是为打马球时往前冲锋的动作而设计。

（3）棉质长袖衬衫：这几乎是拉夫·劳伦男女装皆宜的经典款式，用来搭配正式的西装、窄裙，非常具有美国风味。

（4）美国国旗标志：牛仔穿着是最能表现美国精神的，因此拉夫·劳伦以美国国旗来象征。

2. 体验式营销

（1）店铺环境

拉尔夫·劳伦创造性地把销售的产品当作一种生活方式的概念推销。虽然在1963年，威廉·莱泽就提出了被业界称为"生活方式"的营销理论，然而此理论被商业界最成功应用的是拉尔夫·劳伦。在1970年，劳伦就说服布鲁明黛尔把领带、西装、衬衫和雨衣搭配在一起陈列在他特别布置的专柜销售。当时他用红木和土黄色装饰品把专柜布置得像一家绅士俱乐部。一旦走进代表Polo生活方式的地方，消费者就不单是购买衬衫，而是到处走走逛逛搭配成套购买。

这种购物环境刺激形形色色羡慕和崇拜这种生活方式的消费者，也带给他们本来属于贵族成员、社会名流和特权阶层的一种归宿感和优越感，同时也吸引其他国家羡慕和向往美国上流社会生活的消费者。

（2）广告创意

拉尔夫·劳伦的广告诉求方式也是独具匠心别具一格，能够带给消费者丰富的联想，激发他们美好的想象。在 *Vanity Fair*、*W* 和纽约时尚杂志上长达20页的广告版面，就像一组引人入胜的电影画面在富丽堂皇的庄园内，暖暖的火苗在壁炉里燃烧，几位风度翩翩的绅士和美丽的女士都衣着合体优雅，生活的画面令人浮想联翩而又向往羡慕。Polo用一组连续的画面展示了它的服装、配件和家具。拉尔夫·劳伦在向消费者展示产品的时候，不仅考虑到消费者本人的穿衣特点，更会考虑到消费者的穿衣背景和生活方式。拉尔夫·劳伦本人也会借助自己的成功形象，亲自充当模特展示产品。例如在高级男装紫标的广告中，他展示了成功男士的形象。

（3）终端服务

私人装扮顾问：公司销售员有能力充当消费者的私人装扮顾问，可以针对其个人特点建议适合他们的衣服和配饰。一旦有新款产品，在它们上市之前公司销售员就可以帮助挑选消费者所需要的商品。

私人购物时间：消费者可根据自己的时间安排来选择购物时间。公司销售员可以根据消费者的要求前往消费者家里或办公室量体定制。

店内服务：为了让消费者放心愉快地购物，店内提供零食和点心。销售员也乐意亲自为消费者提供购物之外的特别服务，例如预订饭店和沙龙。公司的目的是根据每一位消费者的需要提供个性化的服务。

宠物服务：Polo拉尔夫·劳伦零售商店对宠物态度友好，商店可以为消费者的宠物提供衣服，也可以在消费者选购的时候，带宠物出去散步。

当天送货服务：在Polo拉尔夫·劳伦店购物后，如果消费者不方便携带，商店可在当天内送到消费者家中或是酒店内。但消费者需要知道此服务的限制条件。

专业定制和修改服务：无论是新购服装还是以前拉尔夫·劳伦经典系列的服装修改，拉尔夫·劳伦都确保每一件衣服合体合身。每一家商店都可以根据消费者的时间安排定制和修改服装。

补给服务：购买后如需要补给服务，例如需要袜子、T恤，消费者可以要求此类服务，销售员乐意为消费者提供公司的任何产品。

孩子穿衣顾问服务：销售员可以提供消费者孩子的穿戴服务，也可以提供夏令营的服饰。如果需要的话可以将消费者孩子的姓名缝制在各种产品上。

这种个性化、人性化的全方位服务不仅会让消费者体验到作为顾客真正上帝般的礼遇，还体验到作为 Polo 顾客的尊贵、自由购物、细微服务的优待。

3. 多元品牌管理模式

竞争压力的日益增大，使多元品牌管理模式浮出水面。拉尔夫·劳伦就是这种品牌管理模式的典型之一。

然而这种多元化品牌策略也容易让消费者迷惑和混淆各个品牌之间的关系和定位，而且容易分散公司的资源。所以采用这种品牌管理模式时，需要协调好每个品牌的位置和作用，要让这些品牌整体运作，达到协调平衡的目的。不能像传统的品牌管理那样各自为政、相互竞争，需要维护母品牌的形象，明确主要利润的来源和公司资源的主要流向。

资料来源：漆为欢. Polo 衫的艺术审美及设计元素运用. 丝绸，2013（6）.

思考题

1. 拉尔夫·劳伦的主要消费阶层有哪些？
2. 拉尔夫·劳伦的产品有什么类型？
3. 举例说明拉尔夫·劳伦的体验营销方式。

Johnnie Walker（尊尼获加）

品牌价值：45.40亿美元　−6%

世界500强排名：无

品牌标志：

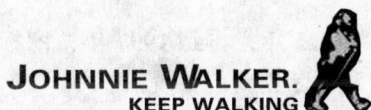

品牌简介

提起世界第一洋酒巨头英国帝亚吉欧，就不得不提到其旗下的 Johnnie Walker（尊尼获加）苏格兰威士忌。Johnnie Walker 世界十大名酒之一，以卓越酒质享誉全球的尊尼获加成立于1820年，是全世界最大的苏格兰威士忌生产商，历史悠久。旗下有红牌、黑牌、金牌、蓝牌、绿牌、尊豪、尊爵七大产品线，特别是它的 Black Label（黑牌）备受全球品酒师推崇。

尊尼获加的商标本来是一个走路中的英国绅士，但到了2000年初期，为使商品更国际化，帝亚吉欧把原来清晰的尊尼获加商标的人像变成一个抽象形体，去除了原来商标人物的种族特色，其品牌代表"Keep Walking（永远向前）"的理念。

自1805年诞生以来，Johnnie Walker 这位英伦绅士已经款款走过2个世纪，不仅成为苏格兰威士忌的代表之作，而且影响和改变了2个世纪以来，全世界人民的饮酒方式及其衍生的生活理念。Johnnie Walker 家族所创造的一切，其原动力正是来自于"Keep Walking"的精神。1920年，Johnnie Walker 就已向全球120个国家出口，在可口可乐走出亚特兰大之前便成为第一个真正的世界性品牌。1933 年，生产 Johnnie Walker 的 Distillers 公司被授予皇家特许权，向乔治五世国王特供威士忌，至今它仍是英国皇室的威士忌官方供应商。2005 年，为了纪念 Johnnie Walker 品牌 200 周年诞辰，一瓶 Johnnie Walker 限量极品"蓝牌"威士忌·1805 家族珍藏已经开展了慈善拍卖，此款限量版威士忌将被赠与包括中国在内的世界各地为社会做出突出贡献的 200 名社会各界精英。

营销策略介绍

1908 年著名的插图画家汤姆·布朗为公司设计标志，而他给出的这个标志被认为跟尊尼获加的创始人约翰·沃克非常相似：长及膝盖的裤子、工装衣服、眼镜、帽子和手杖。手不仅是用来拿绅士手杖，更是勾兑出无数独一无二的威士忌的一双手；脚不仅是因为它与行走有着千丝万缕的联系，还在于一种精神意义的形成：不断前进，永不放弃。"行走的绅士（Striding man）"代表着尊尼获加对高品质的极致追求，正如高球场上，永远没有最好，只有更好。对于勾兑威士忌的艺术也是如此：一丝不苟的精神，永远不断探索、前进的步伐。

从 1908 年到 1925 年，再到 1997 年，商标行走的绅士的不断改进，恰恰体现了尊尼获加的开创精神和不断创新的传统。

1999 年尊尼获加"不断前进"恰到好处地运用了尊尼获加标志新"行走的绅士"，结合标志着个人现实生活经历的仪式——旅途，为尊尼获加注入新的品牌力量，展现品牌魅力。

第一，更加简洁化。尊尼获加原有代表 1925 年左右绅士风度的标志"阔步行走的人"，在设计简约化的 20 世纪 90 年代，显得过于笨重和落伍，而年轻人，是简约化的推动者和偏好者。尊尼获加为了适应年轻人的需求，在保持原有"阔步行走的人"基本图案不变的情况下，对其进行了简化，简洁的服饰以及抽象的风格，更有了时代感和运动感，受到年轻消费者的关注。第二，改变了行走的方向。从右向左行走了将近 90 年左右（1909—1997 年）的标志，突然被发现好像是在不断后退，这与人们的视觉习惯有关，而新的定位诉求点强调的是永远向前（过去中文名称为"约翰走路"和"红方"、"黑方"），由左向右走才有这种效果。为了真正与"不断向前"的定位相匹配，尊尼获加改变了行走的方向——从左向右旋转了 180 度。

尊尼获加品牌包含不同档次的产品，并用不同色彩来命名，针对冒险的年轻人形成了一个阶梯式的实现梦想的产品线步骤。

"Keep Walking"是尊尼获加始终坚持永远向前的品牌精神与理念。不论是在产品酿造抑或是品牌发展历程中，尊尼获加始终坚持一贯的最佳品质保证，以及不断前行的态度。尊尼获加行走绅士的形象正是传递着"Keep Walking"的精神，形象地表现出 Johnnie Walking 就是一个一直向前迈进的行进者。

营销策略分析

1. 产品阶梯

尊尼获加产品的阶梯，就是实现梦想的阶梯。第一步是尊尼获加红牌，18 美元，尽管价格不贵，但也是一种高级威士忌。就像人们最初取得成功的阶段，不是很富裕，但是已经具备以后发展的潜力。第二步是黑牌，25美元，被视为年轻消费者身份的标志，是同时代的同一等级勾兑酒中高品质的代表。这是实现梦想的重要一步。第三步，是金牌，65美元的价格并没有阻止目标顾客消费的步伐。最后，就是最高级的蓝牌，160~180美元一瓶，被称为"有灵性的酒品"，与众不同，显示了其消费者的出类拔萃：因为只有他们可以消费得起酒单中最为昂贵的苏格兰威士忌。四种威士忌代表人生不同阶段的成功，因而消费者都希望沿着尊尼获加的阶梯登上个人事业和人生的最高峰，成为尊尼获加蓝方的消费者。1997年面临挑战之后，尊尼获加并没有开发出新的系列产品，只是把1997年推出的纯麦芽威士忌在2004年更名为绿方重新上市，因此其成功摆脱困境的主要原因并不在于产品创新方面，而在于为产品规划和整合了一个一致的定位点，并在产品外观方面进行适当调整，以与品牌标志和定位点相匹配。

2. 广告传播

世界第一大烈酒集团Diageo（帝亚吉欧）旗下品牌Johnnie Walker推出了突破以往全球播放统一广告片的营销原则，由集团全球总裁保罗·华尔士亲自拍板为中国度身定制了第一支广告大片，播出后影响不凡，国人不但为广告中表现中国在世界经济、政治、科技等突出领域取得的成绩而欢呼雀跃，更认同品牌所代表的"Keep Walking"的理念。

除了关注利益目标之外，关注社会更成为企业自身的头等大事，中国提出了和谐社会的理念，而当今社会的主流是经济建设，企业则是社会上数量最多、雇员最多、掌握和消耗社会资源最多的单位，无疑，企业在社会和谐中起着重要作用。

3. 定位

尊尼获加历来的形象都是一个正统的、老牌的苏格兰威士忌品牌，而随着现有消费者的老龄化，品牌显得与潜在的年轻消费者格格不入，因而尊尼获加急需"新鲜血液"的加入来吸引新的消费者。因此，帝亚吉欧公司在1999年后，试图把目标顾客向下延伸，吸引那些喜欢尝试和冒险的年轻人。

实际上，我们很难用人口统计特征来描述尊尼获加的目标顾客群，不过他们大多为中产阶级，追求梦想和成功，或者已经是成功人士。冒险对于他们来说是一种习惯。概括地说，目标顾客群是那些不断追求梦想的绅士，他们有些唯我独尊，走自己的路，任由他人评说。长期以来，公司把目标顾客分为追求梦想的不同阶段：开始追求梦想，取得阶段成功，最终实现梦想。处于不同阶段的人，有不同的收入，不同的经历和不同的偏好，自然对威士忌也会有不同的需求。但是，尊尼获加对快速增长的年轻人市场并没有给予应有的重视，开拓这一市场极有可能会给尊尼获加带来新的发展机会。

4. 语路系列

（1）语路计划

"尊尼获加"《语路》系列短片抓住了一种迥异于一般广告的诉求点对中国广大的消费者进行别样的宣传，令人惊叹。

看过《语路》系列短片之后会发现，整支短片下来除片头以及片尾的 Logo 显露短片与"尊尼获加"有关之外，并没有明确地以语言或者图像进行品牌的宣传强调，或者产品的优越方面的强调以及功能诉说。按照消费者行为可以分析出，影响消费者行为的因素包括 4 个方面：①心理核心；②决策过程；③消费者文化；④消费者行为的结果。而首先要把住的第一道传播关口就是消费者的心理，纵观"尊尼获加"在中国的现状不难分析出，该品牌在中国还处于介绍阶段，这一时期的重点在于拓宽品牌的知名度。

消费者在接收信息的过程中有一个认知反应的过程，而这个过程中，消费者的认知反应可以分为三个方面，即抗辩，支持，以及源害，"抗辩，是指对信息表示不同意；支持，是对信息表示同意；源害，是指对信息的损贬和攻击"，显然抗辩和源害都是非常消极的反应。通常情况下主动了解和被动接收所承载的态度是对立的，在《语路》系列短片中所有暴露的信息几乎都是处于正面的地位，这在很大程度上抵除了受众的抗辩和源害反应的心理，吸引消费者主动去了解，接收信息，从而加深了"尊尼获加"《语路》系列短片的宣传效果。

（2）去"植入化"的《语路》系列片

所谓的"植入式广告"，是指把产品及其服务具有代表性的视听品牌符号融入影视或舞台产品中的一种广告方式，给观众留下较深的印象，以达到营销目的。如此看来"植入式广告"是所寄托影视或者舞台产品的一部分。

在如今视频产品如此时髦的年代，植入式广告已不再新奇了。在这种形势之下，产品或品牌的宣传成为一种可以寄托于其他艺术表现形式的新行径。虽然《语路》系列短片具有情节、人物等因素，但它的确是完全去植入化的，整套短片中"尊尼获加"并没有穿插于短片的情节或内容中，只是作为一种点缀出现于片头片尾，是与短片本身毫不相干的部分。

资料来源：王海霞. 基于网络环境的奢侈品品牌互动营销策略——以"尊尼获加"为例. 新闻世界，2013（9）.

🦉 思考题

1. 尊尼获加的目标消费人群有哪些？
2. 尊尼获加的分销渠道主要有哪些？
3. 尊尼获加在品牌传播过程中使用了哪些策略？

93. 酒类
Corona（科罗娜）

品牌价值：44.56亿美元　2%

世界 500 强排名：无

品牌标志：

品牌简介

　　1925 年世界上第一瓶科罗娜（Corona）特级啤酒由莫德罗（MODELO）集团精心酿制而成。科罗娜特级啤酒以其独特的口味成为世界上销量第一的墨西哥啤酒。因其独特的透明瓶包装以及饮用时添加白柠檬片的特别风味，在美国一度深受时尚青年的青睐。

　　墨西哥莫德罗啤酒公司创建于 1925 年，它在墨西哥拥有 8 座现代化工厂，4.3 万名员工，年产啤酒 1800 万箱（约4100 万吨），在本国的市场占有率达 60%以上，并且出口到全球 150 个国家和地区。墨西哥莫德罗啤酒公司目前有 10 种产品，科罗娜是主力产品和世界第五大品牌，美国进口啤酒的第一名。1997 年以来，科罗娜特级啤酒年年获得美国最权威的酒类分析杂志颁发的最特别奖项："HOT BRAND"（最发烧品牌）。1995 年，北京马仕商贸有限责任公司将科罗娜特级啤酒正式引进中国市场。到 2001 年年底，按国家和地区计算科罗娜特级啤酒在中国的销量列亚洲各国第一，世界第五。2001 年，墨西哥总统福克斯访华，中国特意选用科罗娜特级啤酒作为宴会的唯一指定啤酒。

营销策略介绍

世界上销量第一的墨西哥啤酒的营销策略的核心是塑造科罗娜的品牌形象，使它扎根于消费者心目中，形成口口相传的乐于传颂的美妙故事。

（1）科罗娜啤酒的特点：①透明玻璃瓶包装，色泽金黄的液体与蓝色 Logo 相衬非常亮丽；②口味淡爽，饮后无口臭；③热量低，是一种低卡路里啤酒，热量只相当于普通啤酒的 1/3；④有加柠檬饮用的传统。

（2）产品定位：由于当时中国大陆透明玻璃瓶装啤酒很少见，很新奇，色泽金黄的液体与蓝色 Logo 相衬，酒与瓶交相辉映，外观非常漂亮，极为诱人。另外这种亮丽的外观能衬托出浪漫情调，综合产品的特性和特点，联想到拉丁美洲人的热辣风情，挖掘产品的个性，使其具有鲜明的异国酒文化色彩，容易记忆，将浪漫情调作为产品的定位，广告定位语：科罗娜——最有情调的啤酒/科罗娜——情人啤酒，科罗娜啤酒很漂亮，把它比作啤酒中的情人一点也不过分；在酒吧这种异国情调氛围中，喝科罗娜啤酒更能体会浪漫情调。

（3）消费群定位：科罗娜偏重于 18~35 岁的有文化、懂生活、讲品位、收入较高的年轻人，这样的人易于接受新鲜事物，喜欢追求时尚，淡化价格因素，因此年轻的白领阶层是科罗娜的主要消费群体，广告策略就要围绕着这一群体来制定的。

（4）价格定位：科罗娜属于进口高档啤酒，与喜力啤酒相当，不同于普通啤酒，这样的高档啤酒主要进入酒吧、夜总会等娱乐休闲的夜店，价格要适应这些场所的定位，批发价 160 元左右/箱（6.7 元/瓶），酒吧、夜总会等夜店零售价 20~80 元/瓶。

（5）竞争对手定位：荷兰的喜力啤酒，喜力偏重成熟的成功男士的路线，科罗娜偏重时尚浪漫，兼顾女士的路线。

（6）销售终端定位：销售以娱乐业为主阵地，以餐饮业、零售业为拓展阵地。推进路线为娱乐业（酒吧、夜总会等夜店）→餐饮业（西餐厅、高档中餐厅）→零售业（宾馆饭店、中高档超市）。

（7）广告宣传定位：注重塑造异国情调的亚文化，针对年轻白领人群，突出"最有情调的啤酒"的文化色彩，把科罗娜的点滴信息分解、编纂成亚文化故事，运用亚文化来做深度诉求和传播。

（8）广告传播途径：以终端促销为主，以公共媒介宣传为辅的组合传播策略。公共媒介主要用于树立品牌形象，吸引消费人群，扩大潜在的接受科罗娜的受众范围。终端促销主要针对直接消费者；传播媒介采取包容性大、便于深度诉求的，以软文为主，广告为辅的传播方式，塑造和烘托科罗娜啤酒与众不同的文化情调，循序渐进地传播，打动受众，创造口碑传播效应，以较小的费用不断扩大传播面和消费群。

（9）为酒吧等销售终端正名：针对原有在中国人头脑里对酒吧认识的误区，要消除酒吧是资产阶级藏污纳垢的场所的印象，需要为酒吧消费场所正名，破除旧观念，才能使正经的人走进酒吧，从而推展消费群体。

营销策略分析

1. 放弃传统创新技术

莫德罗啤酒厂创建于 1925 年。经过几代人的奋斗，莫德罗现已成为啤酒销量世界排名第一的国际化大企业。据利纳雷斯介绍，20 世纪 50 年代前，莫德罗啤酒厂通过不断扩大投资，推出新品牌，逐渐抢占了墨西哥国内市场。像"莫德罗"、"科罗娜"、"胜利"等品牌，都是在那个时代成为全国知名品牌的。1956 年，莫德罗啤酒厂成为墨西哥啤酒销量最大的厂家。

在成为全国啤酒行业的"领头羊"之后，莫德罗仍然不断求新，改革生产和营销模式。面对越来越大的市场需求，莫德罗将提高生产过程现代化程度列为扩大生产能力、满足市场需求的当务之急。他们从美国重金聘请啤酒专家，改进啤酒生产工艺流程。在专家的帮助下，莫德罗舍弃了以往传统的手工制作工艺，改用先进的机械酿造技术，使分布在各地的莫德罗品牌啤酒都能保持一致的质量和口味。正是在这个时期，利用香槟生产工艺发酵而成的新科罗娜啤酒诞生了，它比一般的啤酒口感更为清醇，色泽更为明亮，刚投放市场就受到了追捧。

2. 高档价位突破市场

在营销上，莫德罗集团也大做文章。公司积极参与或者举办各种节日聚会，推广产品，并创建了营销人员与顾客交流的制度，发现不足及时解决。此外，公司还建立了分布广泛而科学的配送体系，各州、市的配送点都有卡车司机随时待命，发送啤酒。他们在配送的同时还奉送镇酒冰块，这种周到的做法在炎热而干燥的墨西哥深受客户欢迎。凭借生产和营销模式的创新，莫德罗集团进一步巩固了自己在国内市场的领先地位。

20 世纪 70 年代，莫德罗集团开始向国际化企业的方向发展。公司创建之初也曾探路美国市场，业绩很不理想，但是积累了一些可借鉴的经验。公司决定重整旗鼓，成立了对外销售部，积极开拓国际市场。

经过市场调查，公司发现，到墨西哥海滩度假的美国人常常喜欢带科罗娜啤酒回国，作为留念。于是，公司决定改变以往"低价促销"的战略，针对美国中产阶级的市场需求，把销往美国的科罗娜定位为"高档价位"啤酒。很快，用长颈玻璃瓶盛装的科罗娜啤酒开始出现在美国的酒吧和餐厅里，人们一边品尝科罗娜，一边回忆在沙滩阳光下度假的美好时光。目前，科罗娜已成为全球销量增长最快的品牌啤酒之一。

"No Cornoa No Party"是产品的宣传口号，希望在任何地方、任何时候都能给科罗娜啤酒的消费者带来欢乐时光与独特的热带风情。正是这种鲜明的经营理念使产品在竞争激烈的高档啤酒市场中很快站稳脚跟。科罗娜啤酒作为世界知名品牌一直处在国际啤酒业的最高端。

科罗娜啤酒的行销被国际啤酒界公认为"真正的文化营销"，虽然"科罗娜加柠檬"号称天然绝配，不可克隆，但它的个性化营销思路却很值得那些热衷于广告战、兼并战的中国啤酒界人士研究和借鉴。

3. 中国市场倡导时尚

科罗娜特级啤酒进入中国高档啤酒市场十余年来，一无张扬的广告，二无大规模的终端促销，反而成为中国各大城市酒吧和各娱乐场所长年热销的啤酒，在平平淡淡中却取得了令人信服的成功。分析其中原因有以下几个方面：

首先是产品具有鲜明的特点，在全球重点推广透明玻璃装的特级科罗娜啤酒，使长颈透明的啤酒瓶成为科罗娜的品牌标志。瓶体的粗细正好能一手全握，给消费者带来了品味啤酒的舒适感和乐趣。轻柔而不乏鲜明的酒花味，入口清雅而淡爽，这是科罗娜品质的最大特征，也是其多年风靡世界而不衰的最大本钱。

其次是注重品牌个性化经营。科罗娜20世纪90年代前期刚刚进入北京市场时仅投入了很少的广告，还在报纸上做了些软性宣传，但科罗娜特级啤酒的销售场所始终集中在酒吧、歌舞厅等娱乐场所，并不急于迅速增加销量，而是着意于将产品培养成为时尚和欢乐的引领者。科罗娜对终端市场的明智选择，为其与生俱来的拉丁文化的神秘感找到了发挥作用的巨大空间。准确地说，科罗娜在中国的世界高端啤酒的形象，就是从外国人云集的北京三里屯酒吧街开始辐射到中国青年消费群体中的。

科罗娜啤酒保持销量持续增长的秘诀除了只在墨西哥本地生产，选料精良，工艺精细，确保每瓶啤酒的优良品质和纯正口味外，还针对国内外市场的变化，通过提高企业自主创新能力，不断改善生产工艺和国际营销模式，从而打造并保持了科罗娜啤酒的国际品牌。

4. 引领时尚定位高端

说起科罗娜啤酒，人们首先想到的就是喝科罗娜加柠檬。这个典故是在偶然的情况下，从美国与墨西哥的边境流传开来。墨西哥龙舌兰酒的传统喝法是加柠檬，柠檬的酸甜滋味可引发龙舌兰酒的香醇浓烈。于是，墨西哥人开始把柠檬放入科罗娜啤酒中，发现柠檬的酸甜与清凉的科罗娜竟是绝配，此特殊喝法于是在美墨边境流传开来，并成为独一无二的"科罗娜加柠檬"。科罗娜啤酒将市场定位于青年消费群体，"科罗娜加柠檬"既谐和地提升了传统风味，又在一定程度上满足了年轻人的猎奇心理和个性化消费的习惯，引领着一种其他品牌啤酒所无法替代的时尚，使得产品在进入任何一个新市场的初期都会引起年轻消费者的关注。这为后期的市场拓展奠定了基础。

资料来源：孙照广. 倡导欢乐时尚的科罗娜啤酒. 啤酒科技，2006（3）.

🦉 思考题

1. 简述科罗娜啤酒在中国市场面临的难题。
2. 科罗娜啤酒如何定位？
3. 简述科罗娜啤酒保持销量持续增长的秘诀。

94. 酒类

Smirnoff（斯米诺）

品牌价值：44.07 亿美元　-4%

世界 500 强排名：无

品牌标志：

品牌简介

帝亚吉欧（Diageo），来自英国，分别在纽约和伦敦交易所上市的世界五百强公司，是全球最大的洋酒公司，旗下拥有蒸馏酒、葡萄酒和啤酒等一系列顶级酒类品牌。在全球不同国家，在不同酒类市场，帝亚吉欧旗下品牌都在演绎着成功的故事。

帝亚吉欧旗下品牌斯米诺是全球销量第一的洋酒品牌，以其纯劲口感风靡全球，其根源可追溯到 19 世纪的俄国。品牌创始人 P. A. 斯米诺于 1864 年开始酿酒，在取得巨大成功之后，成为俄国皇室御用供酒商。1934 年，斯米诺伏特加开始在美国生产。在当时美国人很少喝伏特加的情况下，斯米诺被定义为"白色威士忌"。20 世纪 50 年代，由斯米诺伏特加原创的"斯米诺劲骡"以其上佳独特口感开创了鸡尾酒先河，斯米诺也因此引发了全球鸡尾酒革命。之后出现的"血腥玛丽"、"螺丝刀"、"伏特加马天尼"也成为伏特加鸡尾酒中的经典。2005 年，由《纽约时报》举办的伏特加盲测评选中，斯米诺在 21 款世界高级伏特加中脱颖而出，被专家评审团选为"最受欢迎的伏特加"。斯米诺更是 007 系列电影中不可或缺的形象之一，几十年来，詹姆斯·邦德凭借那句"伏特加马天尼，要摇的，不要兑的"令斯米诺伏特加风靡全球。现今，斯米诺伏特加畅销全球 130 多个国家。斯米诺伏特加由小批量手工酿制、经三次蒸馏加上一次传统俄式铜器蒸馏而成，是为纪念俄国皇帝亚历山大二世于 1855 年登基所特别调制的，其顺滑纯劲口感深得对品质要求极高的俄国皇室青睐。斯米诺伏特加作为世界顶级伏特加，是混饮的最佳选择。

斯米诺是目前在伏特加市场上当仁不让的销量冠军。Smirnoff 在全球 130 多个国家销售，堪称全球第一伏特加，占烈酒消费的第二位，每 6 秒就有一瓶 Smirnoff 售出。Smirnoff 对品质严格把关，有着极其严格的酿制要求，致力于酿造世界上最好的伏特加。其挑选最好的谷物为原料，经悠远传统的铜质蒸馏器酿造工艺 3 次蒸馏，再经 10 层过滤以达到最平滑、纯净的极品。每滴酒精都需至少 8 小时才通过 14000 磅活化木炭。其独特的彻底过滤法和 47 种质量控制标准使其在伏特加酒工业中具有无可匹比的特点。可以说，Smirnoff 是纯净、完美的伏特加的典型代表。

📖 营销策略介绍

伏特加语源于俄文的"生命之水"一词当中"水"的发音"вода"（一说源于港口"вятка"），约 14 世纪开始成为俄罗斯传统饮用的蒸馏酒。

如果将斯米诺伏特加与绝对伏特加的广告策略进行对比的话，它们俩完全选择的是不同的广告宣传路线，而彼此所收获的成果都是十分让个人满意的。但从源头上来讲斯米诺伏特加的优势更大些，因为美国人认为伏特加最好的就是俄罗斯产的，而斯米诺伏特加的根源可以追溯到 19 世纪的俄罗斯，1934 年在美国生产，并在 20 世纪 50 年代引发了鸡尾酒革命。

而绝对伏特加跟它相比之下似乎相差甚远，绝对伏特加在 15 世纪由 Lars Olsson Smith 创始，是瑞典威恩仕集团旗下品牌，在 20 世纪 90 年代开始进军美国。绝对伏特加遭到了美国市场的排斥，公司便委托 TBWA 广告公司为绝对伏特加做广告，并取得了很大的成效。

绝对伏特加通过一系列的市场调查得出了其在美国市场销售状况不好的结论，它在 TBWA 广告公司的策划下作出了适合绝对伏特加的广告，主要以"绝对（ABSOLUT）"为首字，并以一个表示品质的词居次，例如"绝对完美"、"绝对清澈"、"绝对创意"，画面则以特写的瓶子为中心，视觉效果非常突出，并且绝对伏特加已经将其营销推广渗透到了各种视觉艺术当中，包括积极赞助时装、音乐、美术等活动，将绝对伏特加的时尚元素和这些活动巧妙结合，从而产生很多绝对伏特加的粉丝，他们被绝对伏特加艺术效果超强的广告所吸引，很多消费者争相购买绝对伏特加的海报，绝对伏特加的销量直线上升。公司大大增加了其产量，逐步打开了美国市场，并且不断研制丰富的品种来吸引消费者。

斯米诺伏特加本身就是俄罗斯所产的伏特加酒，自然在美国就拥有相当好的市场，而它的广告策略则是同绝对伏特加不同的策略路线，它走的是影视路线，从第一部 007 影片至今，用斯米诺伏特加调制而成的"伏特加马天尼"因其纯劲口感而成为"詹姆斯·邦德的永恒之选"。同时也得到了更多的消费者的青睐。斯米诺伏特加通过采用密集的英国式派对、电台广告、QQ广告、高校周边酒吧户外广告等宣传手段，吸引和培养年轻消费者。而在市场投入上，斯米诺利用了帝亚吉欧公司在夜场强大的网络基础和丰富的产品线形成"斯米诺+J&B"组合，以低价出售给店家。

营销策略分析

国际一线品牌在中国市场的洗牌速度之快，超出所有人的预料。市场向一线品牌集中的背后，是三大因素在主导：

一是巨头发力。虽然销量和一线威士忌品牌相去甚远，伏特加代表品牌之一的绝对伏特加一直坚持在夜场推广。价格错位竞争也吸引了一群相对高端的白领消费者。

二是伏特加整体形象大幅提升。目前，伏特加的消费者可以感觉到伏特加整体形象的变化。2005年左右，伏特加给中国消费者的整体印象还是另类、低端，但是，随着部分主流品牌的引导，伏特加所蕴含的品位和时尚个性逐渐显现。例如，绝对伏特加已经将其营销推广渗透到了各种视觉艺术当中，包括积极赞助时装、音乐、美术等活动，将绝对伏特加的时尚元素和这些活动巧妙结合。此外，绝对伏特加除了延续它在国际上的文化传播方式以外，还巧妙融入一些中国元素，以贴近消费者。

三是消费回归理性。除了巨头的发力和引导让伏特加回归品牌时代以外，消费者的逐渐成熟和理性，也是伏特加在中国市场逐渐回归主流的重要原因。从市场上能够清晰地观察到，在第一轮潮流中那些曾经的伏特加爱好者，发生了很大的分化：一部分对品牌不敏感的年轻消费者，早已经开始"喜新厌旧"；另外一部分真正的伏特加热爱者，特别是白领阶层，对伏特加的品牌认知则更加深刻，对一线品牌开始忠诚，让二三线品牌丧失了生存的土壤。

应该说，斯米诺和绝对之间的竞争对于双方来说，是挑战也是机会。近年来世界上伏特加总量增长很快，目前全球总量超过威士忌，这是一个趋势，而中国市场，随着洋酒消费势头越来越迅猛，也将慢慢跟上趋势，对于中国伏特加市场来说，将迎来一个新的伏特加消费热潮。

资料来源：斯米诺_百度百科http://baike.baidu.com.

思考题

1. 为什么斯米诺会成为伏特加市场的销量冠军？
2. 斯米诺的国际化垄断战略对中国企业走出去有何借鉴意义？
3. 简述斯米诺广告对其产品销售的影响。

95. 快消品

Kleenex（舒洁）

品牌价值：43.30 百万美元　−7%

世界 500 强排名：无

品牌标志：

品牌简介

　　1924 年，美国金佰利公司推出了世界上第一张面巾纸，从此消费者拥有了柔软、舒适、清洁的面巾纸。"Kleenex"（舒洁）一词，也被收录进英文字典，成为"纸巾"的代名词。作为全球最知名的面巾纸品牌，Kleenex 多次被美国《商业周刊》评为全世界 100 个最有价值的品牌之一。

　　Kleenex 代表着最佳品质、柔软舒适的感觉和如家的温馨。从品质卓越的卫生纸和擦手纸到更多的创新产品，例如，Kleenex 折叠式擦手纸和大卷擦手纸都是以专利技术 Absorbency Pockets 制造，吸水力更强，吸水速度更快，使 Kleenex 产品独一无二。

　　就像历史上的很多伟大发明都来自偶然事件一样，Kleenex 的诞生也有一个传奇的故事。金佰利公司在第一次世界大战中就开始研发了一种在毒气面具中使用的过滤材料，一次偶然的机会，研究人员发现熨烫这种纤维素材料会使它变得平软，这项发现直接导致了 Kleenex 卫生纸的开发。

　　虽然起初它被作为一种消除冷霜或化妆品的物品来推销，但到了 1930 年，显而易见的是，如果把这一产品作为一种一次性手绢来推销将能够吸引更多消费者。于是，新的广告宣传在第一年就使销售额翻了一番，这使舒洁成为美国推销业重要的成功案例。

舒洁是世界上最知名的生活用纸品牌。多年来，一直致力于提供最优质的产品给广大的消费者。舒洁纸巾采用 100% 原生木浆，并加入特别的柔软纤维，以最柔软细致的纸巾，让心和家人一起舒适起来，始终给自己和家人温暖和关爱。

金佰利是世界级家用纸类、无纺布及吸水体方面技术的创始者，在 130 多年的创业历史中拥有了众多的发明成果和世界首创。公司的三项核心业务遍及全球：个人健康护理用品、消费者用纸巾产品和非家用类产品。在这些领域，公司所拥有的著名商标是信誉的象征，也是公司最有价值的资产。

现在的金佰利已经成为全球最大的纸巾生产厂商和全美第二大家庭和个人护理用品公司，年营业额近 150 亿美元，在 37 个国家设有生产设施，产品销往 150 多个国家和地区，全球员工将近 64000 人。金佰利还是《财富》杂志 500 强之一，自 1983 年以来，一直被《财富》杂志评为最值得敬佩的公司之一。

金佰利在中国的业务发展始于 1994 年，并于 1998 年成立了金佰利（中国）投资有限公司。截至目前，金佰利在北京、南京、上海、广州等地拥有 4 家生产机构。金佰利公司致力于在中国的长期发展战略。在近 10 年的奋斗历程中，金佰利公司在国内取得了良好的业绩，特别是在新产品开发、技术创新以及质量控制、环境保护等方面所作的努力被国内业界广泛称道。

营销策略介绍

舒洁纸巾创意广告欣赏：

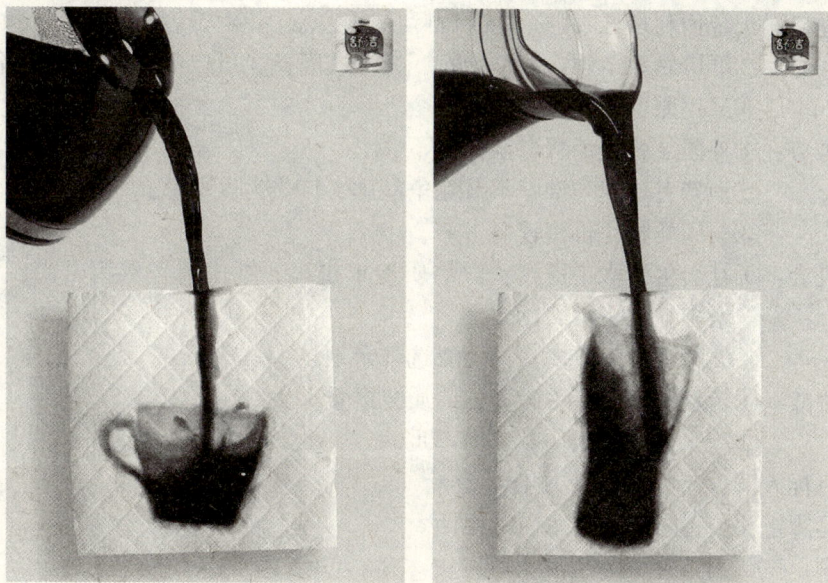

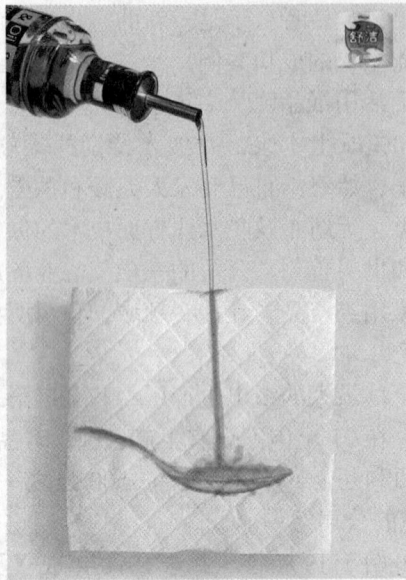

从如此漂亮细腻而又独特创意的图片可以看出舒洁纸巾对广告投入的细心，这几幅图片形象深入消费者心理，突出舒洁不同于其他纸巾品牌的特色，从而使舒洁销量大幅度上升。

营销策略分析

现在市场上纸巾的品牌大致可以分为清风、心相印、洁柔、舒洁、贝柔、小宝贝等。销售前五名为心相印、清风、洁柔、小宝贝、舒洁。下面对金佰利进行 SWOT 分析：

(1) 优势：①金佰利是五百强企业，国际认知度高，让消费者信任。

②纸巾质地柔软，造型独特，样花式新颖，可以吸引不同消费者。

③采用原生浆原料，质量安全。

(2) 劣势：①外国品牌，消费者认知度不够。

②消费者口碑与推荐不及竞争品牌，广告力度不够。

③与同类相比价格较高。

(3) 机会：①社会生活水平提高，对品质追求也高，纸巾消费成为时尚，使用人数增多，购买潜力巨大。

②纸巾种类较多，消费者选择余地多。

(4) 挑战：①市场上纸巾品牌较多，同质化严重。

②与其他品牌相比竞争力不足。

(5) 目标人群：15~35 年青中年。

(6) 品牌定位：追求优质有水平的生活。

资料来源：雷光. 舒洁面巾纸的广告策划. 美术大观，2010 (10).

1. 简述舒洁成功走进中国的原因。
2. 简述舒洁成功对中国企业的借鉴意义。
3. 简述舒洁广告成功带给你的启示。

Hugo Boss （雨果·博斯）

品牌价值：42.70 亿美元　3%

世界 500 强排名：无

品牌标志：

BOSS
HUGO BOSS

品牌简介

注册地：德国麦琴根（Metzingen）

品牌线：HUGO BOSS 分为 HUGO 和 BOSS 两个品牌，主营男女服装、香水、手表及其他配件。

BOSS 品牌的消费群定位是城市白领，具体又细分为以正装为主的黑牌系列，以休闲装为主的橙牌系列和以户外运动服装为主的绿牌系列。

HUGO 是针对年轻人的服装系列，它的设计较前卫时尚，并采用最新面料制作服装，适合追逐流行时尚的年轻男士。

HUGO BOSS 的风格建立在欧洲的传统形象上，并带有浓浓的德国情调。它从不随波逐流，设计内敛典雅，没有矫情的细节，也没有多余的配饰，却注重社会的认同。在质地和做工上，HUGO BOSS 一贯维持着欧洲最大男装生产商的一流水准。

HUGO BOSS 已经在全世界 100 多个国家和地区开设了专卖店。其产品一直以质量、品位和华贵气质备受推崇。除男装以外，HUGO BOSS 如今还开发出了女装系列，该品牌的眼镜、香水、手表、鞋类和皮具等，也同样以其优秀的品质，获得市场的认可。

HUGO BOSS 集团的品牌家族包括核心品牌 BOSS 旗下的一系列独立产品外，旗下潮流品牌 HUGO 也涵盖了不同时尚领域。

HUGO 品牌是前卫的代名词，深深吸引了前卫创新时尚人士的眼球。

尽管 BOSS Selection 系列只面向男性顾客，但是其所有的品牌都同时向男士和女士推出采用上乘面料和独特设计的服饰，包括与之相搭配的配饰、香水、眼镜以及手表系列。

HUGO BOSS 品牌分 BOSS HUGO BOSS、HUGO HUGO BOSS、BALDESSARINI HUGO BOSS 三个品牌营销。

BOSS HUGO BOSS 仍是公司的核心品牌，以上班族套装为主。HUGO HUGO BOSS 则特别为潮流触角敏锐的男士而设计。BALDESSARINIL HUGO BOSS 以品位超凡，要求严谨的男士为对象。

在经营策略上，HUGO BOSS 针对旗下各品牌的特点，其销售点也有区别。BOSS HUGO BOSS 主要在高素质的男装零售店发售；HUGO HUGO BOSS 的销售点是一些时尚的服装店；BALDESSARINI HUGO BOSS 则以高级豪华的男装店铺为销售点。

三个品牌 BOSS，HUGO 和 BALDESSARINI，分别代表三种不同的气质和生活信念。不论是服装，还是皮具、眼镜都秉承这一分类。在服装王国获得成功以后，HUGO BOSS 于 20 世纪 80 年代初开始进军香水世界。它的香水产品依然遵循这三大系列。

在德国市场，它们会以最快速度从一些不适合于其最新流行形象的零售商店里撤出来，宁可遭受损失也不愿使品牌降级，这个策略已被普遍成功地应用。

国际时尚品牌 HUGO BOSS 的男、女服饰一直以其优雅的品位、极富现代感的设计和无可挑剔的品质在全球范围内受到人们的钟爱，而今的 HUGO BOSS 品牌在人们心目中早已成为时尚服饰的同义词，并始终在国际时尚舞台上扮演着引领者的角色。

2013 年，华裔设计师吴季刚被钦点成为 Hugo Boss 旗下 Boss 系列女装艺术总监。吴季刚表示："我一直都很喜欢 HUGO BOSS，他们一贯的非凡剪裁设计，加上在 HUGO BOSS 设计实验室中各种高科技的先进设备，我计划呈现一系列充满强悍又充满女人味的女装系列，让它与品牌最具代表性的男装并驾齐驱。"

营销策略介绍

2013 年 9 月 12 日晚上，首届雨果·博斯亚洲艺术大奖（Hugo Boss Asia Art Award）入围艺术家群展在上海外滩美术馆开幕。从当年开始正式推出"雨果·博斯亚洲艺术大奖"，每两年一届，选择外滩美术馆作为亚洲的合作方，旨在挖掘、鼓励和支持亚洲的新锐艺术家。展览开幕前的媒体发布会上，外滩美术馆馆长 Larys Frogier 和雨果·博斯代表 Hjoerdis 博士介绍了他们的合作。雨果·博斯一直在美国与古根海姆美术馆合作推出"雨果·博斯艺术奖"。Hjoerdis 博士特意说明，雨果·博斯和外滩美术馆将长期合作此艺术大奖。

由于外滩美术馆的地理位置，第一届雨果·博斯亚洲艺术大奖的入围艺术家都选自大中华区。首届入围的艺术家有关尚智（香港）、胡向前（北京）、李杰（香港）、李燎（深圳）、黎薇（北京）、鸟头（上海）和许家维（台北）。据悉，艺术奖选拔出入围名单后，通知各位艺术家为此次群展准备作品，提供勘察场地和布展期间的往返旅费及 5 万元人民币作为创作经费。入围艺术家群展一方面展示每位（组）艺术家近期较为人熟知的作品，另一方面展示他们为此次展览特意创作的作品。

胡向前在展览开幕现场表演了行为作品，接受观众提问并以语言和行动进行解答；李燎的新作《艺术是真空》以富有节奏性的方式立体地讲述了艺术如何影响自己的私人感情生活，作品颇受现场观众好评；黎薇根据外滩美术馆建筑结构创作了悬吊的雕塑《救命》；鸟头继续堆砌式的摄影风格。除了这几位在大陆颇具名气的青年艺术家外，香港艺术家李杰在内地也具有一定知名度，他此次继续在作品中体现对日常空间的改造，将整个外滩美术馆六层的咖啡馆作为创作空间。香港艺术家关尚智的作品注重思考社会政治经济背景之于个人生活的投射，吸引了许多参观者的关注。来自台北的许家维今年代表台湾参加威尼斯双年展，这是他的作品第一次在大陆展览。他表示，自己对展览效果非常满意，也喜悦地看到，大陆的观众对他表现东南亚当地传统文化变迁的作品表现出认同。

营销策略分析

雨果·博斯服装非常巧妙地利用与艺术的合作，来增加品牌的知名度。利用自己品牌的名字来命名艺术奖的名称，打响了品牌，也让更多的国内人所熟知，并且通过艺术的比赛形式来挖掘更多的艺术设计和艺术的灵感。有很多的知名服装品牌没有想到通过与艺术奖的结合，来提高品牌的认知度和名气。所以雨果·博斯公司在这点上是做得非常好的。雨果·博斯的想法非常新颖，容易被大众所接受且识别度高。通过这次国内的艺术比赛雨果·博斯也能更加了解当地的文化习惯、消费习惯，从而能使其更好地从各个方面入手来进行营销。雨果·博斯的营销策略是非常值得借鉴的。

资料来源：杨利红. 探访 Hugo Boss 高歌猛进的访 HugoBoss 首席执行官 Claus-Dietrich Lahrs. 中国制衣，2013（9）.

思考题

1. 从雨果·博斯中你能学到什么？
2. 雨果·博斯公司为什么要实行多元化战略？
3. 为什么雨果·博斯公司在中国很少有代理？

97. 金融服务

PayPal（贝宝）

品牌价值：42.51 亿美元　New

世界 500 强排名：属 eBay 公司

品牌标志：

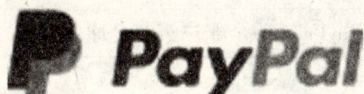

品牌简介

PayPal（在中国大陆的品牌为贝宝），是美国 eBay 公司的全资子公司，1998 年 12 月由 Peter Thiel 及 Max Levchin 建立，是一个总部在美国加利福尼亚州圣荷西市的因特网服务商，允许在使用电子邮件来标志身份的用户之间转移资金，避免了传统的邮寄支票或者汇款的方法。PayPal 也和一些电子商务网站合作，成为它们的货款支付方式之一，但是用这种支付方式转账时，PayPal 收取一定数额的手续费。

PayPal 是备受全球亿万用户追捧的国际贸易支付工具，即时支付，即时到账，全中文操作界面，能通过中国的本地银行轻松提现，为用户解决外贸收款难题，助其成功开展海外业务，决胜全球。

营销策略介绍

PayPal 集国际流行的信用卡、借记卡、电子支票等支付方式于一身，帮助买卖双方解决各种交易过程中的支付难题。

在跨国交易中超过 95% 的卖家和超过 85% 的买家认可并正在使用 PayPal 电子支付业务，其服务对买家和卖家分别具有以下特点。

买　　家	卖　　家
安全	高效
付款时无需向商家提供任何敏感金融信息	实现网上自动化支付清算，有效提高运营效率
享有 PayPal 买家保护政策	多种功能强大的商家工具
简单	保障
集多种支付途径于一体	PayPal 成熟的风险控制体系
无需任何服务费	商家因欺诈所遭受的平均损失不到其收入的 0.27%
两分钟即可完成账户注册，具备多国语言操作界面	内置的防欺诈模式，个人财务资料不会被披露
便捷	节省
支持包括国际信用卡在内的多种付款方式	只有产生交易才需付费，没有任何开户费及年费
数万网站支持 PayPal，一个账户买遍全球	集成 PayPal，即集成所有常见国际支付网关

营销策略分析

PayPal 在全球 190 个国家和地区，有超过 2.2 亿用户，已实现在 24 种外币间进行交易。

1. 品牌效应强
PayPal 在欧美普及率极高，是全球在线支付的代名词，强大的品牌优势，能让用户的网站轻松吸引众多海外客户。

2. 资金周转快
PayPal 独有的即时支付、即时到账的特点，让用户能够实时收到海外客户发送的款项。最短仅需 3 天，即可将账户内款项转账至用户国内的银行账户，及时高效地帮助其开拓海外市场。

3. 安全保障高
完善的安全保障体系，丰富的防欺诈经验，业界最低风险损失率（仅 0.27%），不到使用传统交易方式的 1/6，确保用户的交易顺利进行。

4. 使用成本低
无注册费用、无年费，手续费仅为传统收款方式的 1/2。

5. 数据加密技术

当用户注册或登录 PayPal 的站点时，网站会验证用户的网络浏览器是否正在运行安全套接字层（SSL）3.0 或更高版本。传送过程中，信息会受到加密密钥长度达 168 位（市场上的最高级别）的 SSL 保护。

用户信息存储在 PayPal 的服务器上，无论是服务器本身还是电子数据都受到严密保护。为了进一步保护用户的信用卡和银行账号，PayPal 不会将受到防火墙保护的服务器直接连接到网络。

资料来源：宋爽劲. PayPal 中国新战略. 新经济，2013（10）.

思考题

1. 如何利用 B2B、B2C 网站进行推广？
2. 如何利用 Google 关键字广告？
3. 如何利用 PayPal 的知名度拓展海外市场？

98. 汽车

MINI（迷你）

品牌价值：42.43 亿美元

世界 500 强排名：隶属宝马汽车公司

品牌标志：

品牌简介

  Mini 是由英国汽车公司推出后被宝马公司持有的一款汽车品牌，该汽车品牌是一款风靡全球、个性十足的小型两厢车，1959 年 8 月 26 日由英国汽车公司（BMC）推出，在半个多世纪的历史里，Mini 获得了巨大的成功。2000 年旧款 Mini 停止生产，Mini 品牌的新持有者宝马（BMW）宣布推出 Mini 的继承车款，并将新车的品牌定为 MINI（全为大写英文字母）。

  宝马认为，Mini 有着广泛的群众基础，从大老板到打工一族，从年长者到青年一代，都大有追随者，尤其是当今欧洲各国流行小车热，Mini 车是许多人迷恋的对象，这是宝马车系所无法取代的。宝马为 Mini 投入近 3.6 亿欧元，重建了设在英国牛津的 Mini 车厂。2001 年，经过宝马重新设计的全新 MINI 问世了。并从那时开始，MINI 车系拥有了固定的三个车型：MINI One，MINI Cooper 和 MINI Cooper S。当然，我们永远不能忘记 John Cooper Works 改装的 Mini，那是非官方但是更胜官方的最强 Mini 版本。

1. 案例背景

小而不弱，充满力量。作为一款 50 多年来荣获汽车赛事桂冠无数的小车，速度一直是 MINI 的杀手锏。"MINI 中国任务"则是全国"激动车驾驶员"的年度嘉年华。

2. 活动目标

"MINI 中国任务"在 2011 年吸引了 6 万多人报名，约 1.3 万人体验海选，而这些人正是有购车意向的潜在客户。

2012 年的"MINI 中国任务"如何通过新的网络渠道进行招募，以扩大赛事影响力，并积累更多有购车意向的潜在客户？

3. 活动策略

MINI 认为，实名制社交网络人人网不失为一个"找人"的精准渠道。而且，早在 2012 年初，"MINI 星球"就入驻了人人网，积累了数万名品牌好友。有了如此基础，找人顺利进行。

4. 活动创意

2012 年是"MINI 中国任务"举办的第三年。2012 年的主题为"速战，速决"——海选覆盖全国 36 个城市，北京终极对决的冠亚军车队将分别获得"MINI 中国任务"特制版一年和半年的免费使用权。

5. 活动执行

（1）投放社会化广告，获得更多点击

带好友信息的社会化广告，吸引更多人点击，前往品牌主页"MINI 星球"，接受"MINI 中国任务"，赢取全民暴走权。

广告曝光：212877717 次。

广告点击：576756 次。

CTR：0.027%。

（2）品牌主页，变身报名主场

直接调取用户姓名，并通过 FLASH 动画，引导用户留下手机号、驾驶经验及城市、优化用户体验。

招募任务特工：52168 人；积累意向客户：4012 人。

报名成功者将获得"MINI 特工任务单"并同步到人人相册。

340 万次新鲜事曝光，让 MINI 爱好者的朋友们相继报名。

（3）手机置顶新鲜事，小投入，大回报

广告曝光：175210 次；广告点击：2936 次；CTR：1.6%。

招募任务特工：2812 人；积累意向客户：729 人。

（4）糯米网 0 元抢购

招募任务特工：26970 人；积累意向客户：1519 人。

6. 推广效果

通过人人网、糯米网、车问网三大平台，"MINI 中国任务"获得多达 2.12 亿次的广告曝光和 340 万次的新鲜事曝光，招募任务特工 80721 人，积累意向客户 6260 人，极大地提升了赛事影响力和意向客户参与率。

营销策略分析

MINI 不是一个理性的品牌，但几乎所有人都承认，MINI 是一个个性的选择。事实上，在宝马集团内部，如果从理性的角度来说，消费者选择宝马车型，会有更大的空间和更知名的品牌。而 MINI 要做的就是感性营销，做出自己的个性。

个性就意味着不大众，这个不大众的品牌要做的就是如何在市场上去争取更多更个性的人，在销量的增长上能高于其他的汽车品牌。

如果回归代步工具本身，在车内空间这一最重要的购车指标上，MINI 无疑是最不明智的选择。

尤其在中国市场上，几乎所有的人都认为，"大"是所有消费者的第一需求，事实也确实如此，自主品牌都是靠着巨大的车内空间和便宜的价格来占领市场的。

对于 MINI 品牌，公司要做的就是继续加深其个性。MINI 就是一个新潮的、时尚的、独一无二的小车。对于 MINI 来说，公司尊重竞争，但公司认为其没有竞争对手。处在社会变革期的中国消费者越来越追求个性化，这对 MINI 来说意味着巨大的市场潜力。

资料来源：赵涛. 宝马 MINI E 纯电动车入局 为新能源汽车革命推波助澜. 瞭望, 2010 (12).

思考题

1. 宝马公司 2000 年出售了路虎，为什么不出售 MINI？

2. MINI 如何表现其个性？

3. MINI 在用户忠诚的强化层面是如何做的？

99. 酒类

Moët & Chandon（酩悦香槟）

品牌价值：41.31 亿美元

世界 500 强排名：无

品牌标志：

品牌简介

　　酩悦香槟（Moët & Chandon）是法国名酒，有 270 多年的历史，曾因拿破仑的喜爱而赢得"Imperial（皇室香槟）"的美誉。铭悦香槟已成为法国最具国际知名度的香槟，两个多世纪以来，一直是欧洲许多皇室的贡酒。

　　作为全球最受欢迎的香槟品牌，酩悦香槟自 1743 年创立以来，始终是成就与魅力的典范。酩悦酒庄将香槟推广到世界各地，以成就、创举以及传奇的先锋精神闻名于世的酩悦香槟也因此为全球所知晓。"酩悦香槟"是辉煌传统和摩登愉悦的代名词，在 270 多年的时间里，酩悦携宏伟与慷慨之举，为生活中最为成功的瞬间，无数次举杯欢庆。

营销策略介绍

　　法国酩悦年份香槟 Brut Impérial Vintage 含有丰富及多样化的酒质，其另外一款法国酩悦年份粉红香槟 Brut Impérial Vintage Rosé，拥有多样化酒质及丰盈的果子味道，酒质丰盈、酒香绵长。之所以被列为法国皇牌酩悦粉红香槟，是因为它只

99 酿类 Moët & Chandon（酩悦香槟）

367

在名为黑品乐（Pinot Noir）的葡萄成熟得最好的年份酿制。

法国酩悦香槟中的名品"Brut Impérial"，丝丝酒香中夹杂着白柠檬和葡萄花蕾的芳香。由于口感酒味丰富，饮后仍留存若有若无的感觉，令人回味无穷。"Impérial"一词既有高级的意思也是皇家的象征。它以三种不同的用于配置香槟的葡萄和谐调配而成。虽然蕴含着千变万化的特性，但其酒质却可多年不变，十分稳定。

营销策略分析

酩悦粉红香槟以个性化定制的魅力，为用户增添独具风范的甜蜜与浪漫。酩悦粉红香槟"粉爱"套装限量版为打造独家爱的宣言配备了全部所需：一瓶酩悦粉红香槟、一支粉红马克笔、一本包含各式爱语的贴纸手册——"成为我的另一半吧！我爱你！让我们一起庆祝吧！嫁给我吧！尽享瑰丽人生！"，无不激发着用户的创意灵感，让其尽情挥洒示爱的美妙心情。

"开启香槟是欢庆时刻最具风范的表达！在这个情人节，酩悦粉红香槟是你展现魅力，致庆浓浓爱意的最佳选择，她让每个爱的时刻分外迷人。"酩悦香槟国际市场与传播总监 Arnaud de Saignes 说，"全球香槟爱好者们与酩悦香槟共同分享着一年中的每一次宏大欢庆。我们非常荣幸再次带来个性化定制的独特体验，将香槟魅力渲染每个欢庆时刻。"

酩悦粉红香槟大胆热烈，随性自然，以其明亮的果香、诱人的口感以及优雅的成熟魅力诠释着酩悦香槟的独特风范。热情洋溢的粉红色酒体透露出迷人的琥珀色，色泽热烈，令人沉醉不已。酩悦粉红香槟糅合了野草莓、覆盆莓和樱桃等红果，香气浓郁鲜活，些许玫瑰芬芳萦绕鼻息，余味则略带辛香。酩悦粉红香槟更融合着浓烈而柔滑的丰盈口感：醇厚多汁的红果口味配以桃果的饱满紧致与薄荷的微妙清新，陶醉用户味蕾的同时，更将感性瞬间甜蜜蔓延。

资料来源：编辑部. 酩悦"心系所爱"2014 限量版粉红香槟闪耀呈现. 世界高尔夫，2014（4）.

思考题

1. 什么是"世纪精神香槟"？
2. 酩悦粉红香槟如何占领年轻人市场？

100. 科技

Lenovo（联想）

品牌价值：41.14 亿美元

世界 500 强排名：231

品牌标志：

Lenovo

品牌简介

　　联想集团是 1984 年中科院计算所投资 20 万元人民币，由 11 名科技人员创办，是一家在信息产业内多元化发展的大型企业集团，富有创新性的国际化的科技公司。从 1996 年开始，联想电脑销量一直位居中国国内市场首位；2004 年，联想集团收购 IBM PC（Personal computer，个人电脑）事业部；2013 年，联想电脑销售量升居世界第一，成为全球最大的 PC 生产厂商。2014 年 10 月，联想集团宣布该公司已经完成对摩托罗拉移动的收购。

　　作为全球电脑市场的领导企业，联想从事开发、制造并销售可靠的、安全易用的技术产品及优质专业的服务，帮助全球客户和合作伙伴取得成功。联想公司主要生产台式电脑、服务器、笔记本电脑、打印机、掌上电脑、主板、手机、一体机电脑等商品。

　　自 2014 年 4 月 1 日起，联想集团成立了四个新的、相对独立的业务集团，分别是 PC 业务集团、移动业务集团、企业级业务集团、云服务业务集团。

营销策略介绍

这是一场由大学生定义的未来平板革命，2014年中国校园顶级设计创意营销赛事全新升级来袭！"我的青春派——2014联想YOGA平板设计营销大赛"全面启动，覆盖31个省市自治区200余所高校，4大报名专项不限专业任何在校大学皆可报名，用大学生的天马行空创意创造属于大学生的未来平板，赢取出国访问交流，400个联想及名企暑期实习机会。

"这不仅是一场比赛，我们想听到你们的声音，一起定义一款属于中国大学生的青春派平板电脑！外观你来定，包装你来定，平板选件你来定，内置APP你来定，营销你来定，未来平板听你的。"

"比的是乐趣，秀的是想法"，从2009年第一届联想创意营销大赛开始，5年来，联想坚持鼓励大学生大胆秀出自己的想法，不设专业、年级限制，为所有大学生搭建一个展示彪悍梦想、放肆翻转创意的青春舞台。同时本次大赛邀请联想平板产品经理及业界专业人士指导参赛选手获得最专业成长。

营销策略分析

所谓4P，就是产品（product）、价格（price）、渠道（place）、促销（promotion）。

从产品方面来说，在全球范围内，联想为客户提供屡获殊荣的ThinkPad笔记本电脑和ThinkCentre台式机，并配备了ThinkVantage Technologies软件工具、ThinkVision显示器和一系列PC附件和选件。在中国，联想个人电脑产品的市场份额接近1/3。联想凭借其领先的技术、易用的功能、个性化的设计以及多元化的解决方案而广受中国用户欢迎。联想还拥有针对中国市场的丰富的产品线，包括移动手持设备、服务器、外设和数码产品等。

从价格方面来说，联想公司认识到，要想在激烈的竞争环境中生存并且获得发展，没有品牌支持是不可能的。公司"放长线，钓大鱼"，采取"高质低价"的销售策略，不惜牺牲短期利益，以提高公司的知名度，树立自己的品牌形象。

正确的经营策略是联想公司跨国经营取得成功的关键，我国其他企业在从事跨国经营时，应汲取联想公司的经验，立足长远，制定正确的经营策略，采取合适的竞争战略，力争创立自己的品牌等。

从渠道方面来说，两头在外，中间在内——合理的价值链地理布局。

所谓"两头在外"，是指联想公司将价值链的最上游环节和最下游环节，即产品开发和产品市场销售这两大环节，设置在香港。香港作为一个世界转口中心，同大陆相比，市场更为完善也更为国际化，信息渠道也更为畅通。将产品研制开发和产品市场销售这两大环节放在香港，使得联想公司的技术人员可以及时获得市场信息和技术信息，了解市场和技术两方面的进展，从而缩短公司产品的开发周期，使公司的计算机产品可以紧跟国际潮流。

"中间在内"，则是指联想公司将价值链的中间环节，即计算机产品的批量生产环节放在大陆如深圳等地的生产基地进行。大陆的劳动力成本、房地产价格都远低于香港，将生产环节放在大陆，可以大大降低生产成本。联想公司除自己在深圳等地投资建设批量生产的工厂外，还同国内其他厂家发展委托加工的合作关系，这样既避免了大量投资与基建，又能在订货量增大时保证供应。

从促销方面来说，联想集团数次在全国范围内开展了大规模促销活动，包括对商用电脑的重点推广和强有力的暑期促销活动以及优惠的促销政策，取得了明显成效。

资料来源：王彦. 联想向互联网营销转身. 成功营销, 2014（3）.

思考题

1. 联想如何将其消费类 PC 产品进行细分？
2. 联想近年策划的是哪五大经典营销案例？
3. 面对戴尔，联想的机会在哪里？

参考文献

[1] 林祖华. 管理学科案例教学中的教与学. 管理科学文摘, 2005 (8).

[2] 郭毅. 市场营销案例. 北京：清华大学出版社, 2006.

[3] 胡春. 市场营销案例评析. 北京：清华大学出版社, 2008.

[4] 许彩国. 市场营销案例分析（成功篇）. 上海：华东师范大学出版社, 2007.

[5] 霍兰德. 市场营销管理案例. 北京：机械工业出版社, 2001.

[6] 徐国伟. 市场营销案例教学的体会与探讨. 商场现代化, 2006 (7).

[7] 颜帮全. 市场营销案例教学存在的问题及对策. 江苏商论, 2006 (1).

[8] 张莹. 市场营销案例教学的思路与方法探析. 安徽技术师范学院学报, 2005 (8).

[9] 朱华. 市场营销案例精选精析. 北京：中国社会科学出版社, 2006.

[10] 何晓民, 周小兰. 市场营销案例教学研究. 南昌高专学报, 2006 (10).

[11] 冉春娥. 市场营销案例教学中应注意的问题. 职业教育研究, 2005 (7).

[12] 苗锡哲. 现代市场营销案例分析. 青岛：青岛出版社, 2001.

[13] 曹刚, 李桂陵. 国内外市场营销案例集. 武汉：武汉大学出版社, 2002.

[14] www.baidu.com.